행정의 윤리

제3개정판

유종해 김택

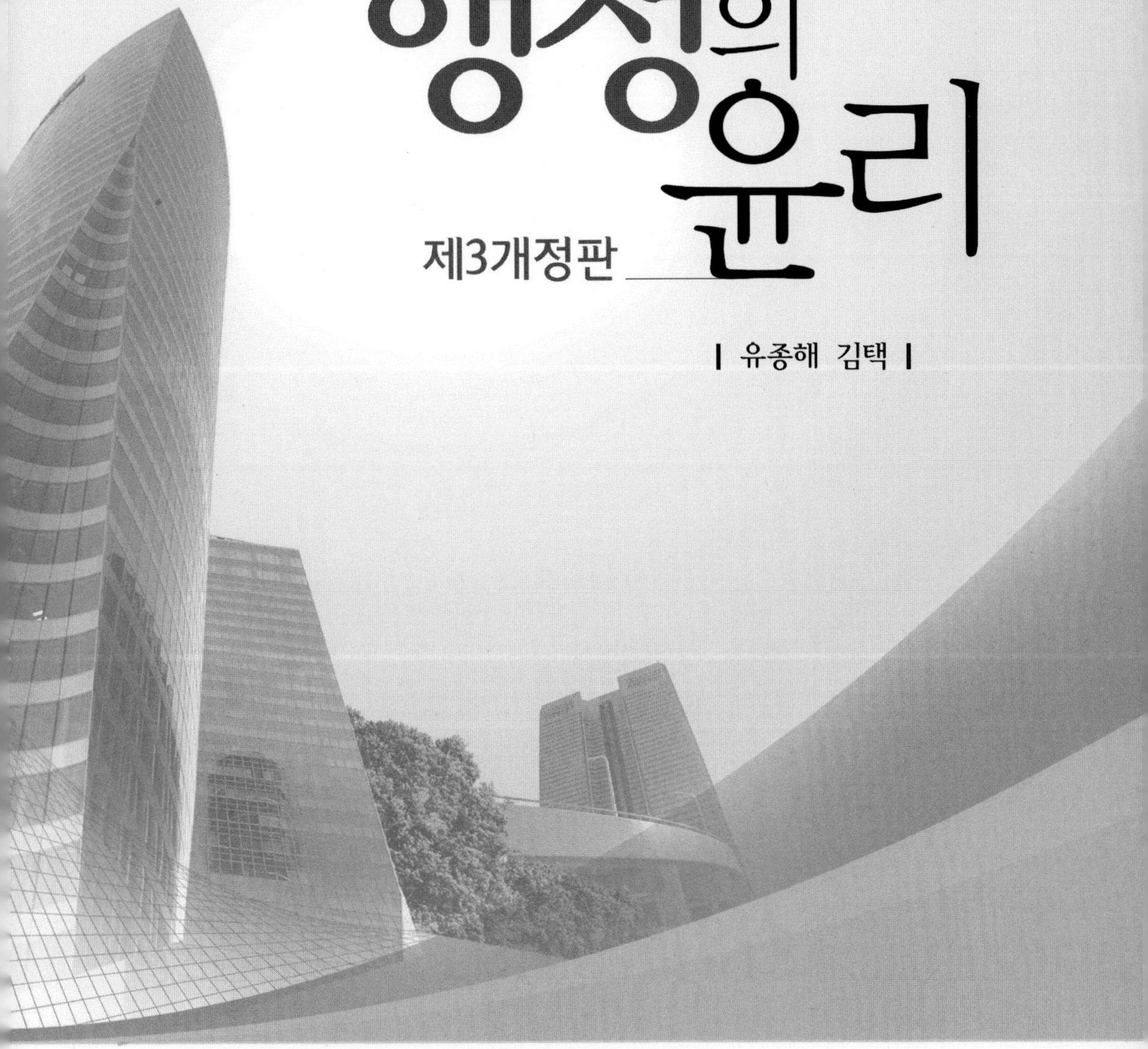

博英社

제 3 개정판을 내며

현대행정이 전문화, 복잡화, 직업화되어가는 상황에서 공직은 특유의 윤리가 필요하고 일반직업과 구별되는 특유한 윤리가 공직목표의 특수성으로 요구받게 되었다. 공무원에게는 공무원에게 요청되는 특유의 역할수행이 따라야 하는데 그것이 윤리적 삶, 윤리적 행위일 것이다. 공직자들은 일정한 행동규범, 행동윤리에 따른 행동을 필요로 하고 이들이 이와 같은 직업윤리나 기준을 준수할 때 민주시민의 기대에 부합하는 것이다.

오늘날 우리는 민주화, 국제화, 지방화 등 행정이념상의 발전이 일어났는데도 불구하고 우리 사회는 결코 이상적인 사회가 되지 못하고 오히려, 무규범, 무원칙 아노미행태와 윤리의식이 매우 무딘 사회로 전락해 버렸다. 이런 상황에서 사회발전의 견인차 역할을 하는 행정인의 공직윤리가 매우 중요하게 인식되고 있다.

행정의 윤리 제 3 개정판을 출간하면서 다음과 같은 점을 강조하였다.

첫째, 공무원의 실태분석이 너무 옛날에 실시된 조사여서 현실과 괴리감이 많아 삭제하였다.

둘째, 부록에 수록된 공직자윤리법 등 옛 조문들을 삭제하고 새 조문들을 수록하였다.

셋째, 중복되거나 부적절한 내용은 삭제하였다. 제 2 개정판에 이어 제 3 개정판도 공무원들이 읽고 더욱더 청렴의식, 공복의식을 강화하길 바란다.

이 책을 다시 출간해 준 박영사 안종만 회장의 후의와 공저자로서 나의 오른팔인 김택 교수의 노고에 이 자리를 빌려 감사드린다.

2010년 7월 1일

유 종 해

제 2 개정판을 내며

약 10여 년 전에 「行政의 倫理」를 세상에 내놓았다. 그 때 행정의 윤리를 썼을 때에는 행정이 전문직으로 다루어지면서 보다 행정의 정체성을 찾아보고자 윤리라는 기준으로 행정학의 전문성과 정체성을 동시에 다루려고 노력하였다. 그런데 정권이 바뀌면서 행정의 부정부패도 정치적 부패와 같이 적지않은 문제로 대두되었다. 즉 공직의 윤리가 논의되면서 행정의 윤리를 대폭 손을 댈 필요성을 느끼게 되었다.

이번에 행정의 윤리 제 2 개정판을 내면서 몇 가지 역점을 둔 곳은 다음과 같다.

첫째, 공직자의 부정부패를 좀더 역점을 두어 윤리적 각도에서 다루었다. 개정된 공직자윤리법을 좀더 자세하게 분석하였다.

둘째, 공직자의 부정부패는 이 분야를 연구한 金澤 교수가 새로이 공저자가 되면서 행정의 윤리를 전반적으로 새롭게 보강하여 부족했던 부분을 대폭 보완하였다.

셋째, 책의 내용에서 중복되거나 부적절하다고 생각되는 부분은 과감하게 삭제하였다. 따라서 새롭게 태어나는 행정의 윤리는 변화하는 행정환경에 적절히 대응하였다.

넷째, 이번 제 2 개정판에서 바라는 것은 한 사람이라도 이 책을 읽은 사람은 일을 처리하는데 윤리적(ethical)으로 행동해 주기 바라는 것이다. 그렇게 하기 위해서 뿐만 아니라 공직자들도 다 쉽게 읽을 수 있게 평이하게 책을 썼다.

행정이 국민에게 봉사하고 민주행정으로서의 인정과 국정관리로서의 위치를 확고히 하기 위해서 필요한 조처를 커버할 수 있는 책이 되었으면 한다.

이 책이 이 세상에 나오게 되는 데에는 누구보다 어려운 출판계의 사정에도 불구하시고 희생적으로 출판을 승낙하여 주신 博英社 安鍾萬 회장님의 후원에

머리 숙여 감사드린다. 또한 공저자로서 그리고 예전부터 나를 힘껏 도와준 젊은 신진 金澤 교수의 노고에 감사드린다.

2006년 1월 역삼동 연구소에서

유 종 해

改訂版을 내며

1992년 초에 「행정의 윤리」를 세상에 내놓았다. 삼년이란 세월이 흘러 다시 개정판을 내놓게 되었다.

그 동안 김영삼 대통령의 개혁정책으로 공직자의 재산등록법이 통과되어 일찍이 보지 못했던 윤리적인 규제가 일어났다. 이러한 제도적 장치는 계속적인 손질이 필요하다고 본다.

그보다 본질적인 일은 우리 사회에 나타나고 있는 윤리적 불감증 현상으로, 범죄가 여전히 우리의 큰 골치 거리이다. 그리고 줄지어 일어난 대형사고 때마다 공직자의 부조리와 부정은 거의 예외 없이 거론되고 있다. 이 순간에도 삼풍백화점 사고로 두 명의 전임 구청장을 비롯한 공무원들이 구속되고 있고, 우리 사회가 큰 소용돌이에 휩싸여 있다. 행정의 윤리는 따라서 행정 분야, 공무원 자신에 국한된 문제가 아니고 모든 국민에 관련된 중요한 문제로 인식되고 있다. 그래서 이번 개정판에서는 특히 공직윤리문제와 그 규제문제를 새롭게 마련하였다.

이 책을 쓰면서 느낀 일은 행정윤리 혹은 공직윤리는 고립된 문제가 결코 아니고, 사회의 중요한 부분에서 상호 연관되어 있으며 국민의 일상적 삶에 영향을 미치는 지극히 중요한 문제라는 것이다. 끝으로 이 책을 세상에 내놓기 위해서 수고하여 주신 박영사의 안종만 사장의 후의와 원고정리와 교정에 수고하여 준 연세대 대학원 신동면 군에게 이 자리를 빌려 감사드린다.

1995년 7월

연세대 행정대학원장실에서

劉 鐘 海 識

序　　文

이번에 새로이 「行政의 倫理」란 책을 세상에 내놓게 되었다. 이 책을 만들게 된 몇 가지 動機를 적어보고 싶다.

첫째, 行政을 둘러싼 環境이 급변함에 따라 행정이 보다 능률적이고 민주적인 행정체계가 되어, 적절히 이에 대응할 수 있는 行政力量을 갖추어야 되는 시대적인 요청이 대두되었다.

둘째, 이처럼 행정의 역량이 높아지면서 행정은 높은 전문성과 독자성이 요청되었고 이에 따라 공직은 다른 직업 못지않게 專門職으로 인정받게 되었다.

셋째, 공직이 전문직으로 인정받을 뿐만 아니라 공직은 공직자체의 목표와 봉사대상의 특수성으로 인하여 특유한 倫理가 요구되게 되었다. 즉 행정관 또는 공무원에게는 국민 전체의 봉사자로서의 責任倫理 등이 고려되지 않으면 안 되게 되었다.

넷째, 이처럼 중요한 행정의 핵심요소라고 볼 수 있는 行政의 倫理문제가 별로 다루어진 바 없고 오직 공직자의 부정적인 행태인 공무원의 不正腐敗만이 부분적으로 다루어져 있는 형편이다.

이와 같은 동기에서 저자는 약 2년의 세월에 거쳐 다음과 같은 틀로 行政倫理문제를 다루어 보았다.

첫째, 行政倫理의 철학적 기반을 논의하며, 행정에서 사용되고 있는 윤리문제의 개념상 不明瞭性을 논의하였다.

둘째, 인간의 존엄성에 입각하여 윤리문제가 다루어져 온 사회적 · 역사적인 기초를 논의하였다.

셋째, 서구사회에서 논의되어 온 인간의 기본권인 自由, 平等, 正義, 衡平, 公益 등을 논의하면서 이 개념이 어떻게 행정의 윤리와 관련되는지를 논의하였다.

넷째, 행정윤리를 적극적인 면과 소극적인 또는 부정적인 면으로 나누어 분석하였다. 행정윤리의 적극적인 면은 행정책임의 문제에, 부정적인 면은 行政腐敗에 중점을 두어 논의하였다.

이와 같은 맥락에서 著者는 행정윤리문제는 공직윤리와 같은 개념으로 파악하여 행정윤리를 체계화하고 공무원의 윤리의식의 확립을 위한 전략적인 처방도 제시해 보았다.

모처럼 뜻을 가지고 시작한 사업이지만 册을 써놓고 보니 아직도 해결하고 보완해야 할 부분이 너무나 많은 것을 느끼게 한다. 그 가운데 하나가 우선 윤리의 철학적 기초를 논의하는 데 그쳤다는 것이다. 이와 같은 제약점을 포함한 많은 부족함을 느끼고 있으나 「行政의 倫理」가 나오게 되면 여러 同學과 實務者들의 값진 비판을 받을 수 있을 것 같아 부족함을 알면서 세상에 내놓게 되었다.

끝으로 이 책이 빛을 보기까지 不撤晝夜 이 책을 다듬어 준 연세대 행정학과 박사과정 車美淑 선생과 沈在範 박사의 노고에 다시금 이 자리를 빌려 감사하는 바이다.

1992년 2월

연세대 연구실에서

劉 鐘 海 識

目 次

제 1 장 序論: 行政倫理의 擡頭

제 1 절 問題提起 2

1. 行政機構 構造上의 變化 5
2. 統治機構에서 行政役割의 變化 6
3. 行政의 社會管理的 機能 6

제 2 절 行政倫理의 새로운 擡頭와 必要性 8

1. 行政倫理의 理論 8
2. 行政倫理의 必要性 11

제 3 절 行政倫理의 接近方法 13

제 4 절 冊의 構成 15

제 2 장 行政倫理의 哲學的 基礎

제 1 절 倫理와 行政倫理 18

1. 倫理의 槪念 18
2. 倫理와 行政의 倫理性 20
3 行政의 倫理性과 公職倫理 22

제 2 절 行政倫理의 哲學的 基礎와 不明瞭性의 解決 27

1. 行政倫理의 哲學的 基礎 27

2. 行政倫理의 不明瞭性을 해결하기 위한 哲學的 方式 ……… 35

제 3 장 行政倫理의 社會的·歷史的 基礎와 倫理的 本質

제 1 절 行政倫理의 社會的·歷史的 基礎 ……… 42
1. 우리 사회의 道德規範 ……… 43
2. 道德規範에 대한 두 가지 接近法 ……… 47
제 2 절 行政倫理 및 理念의 倫理的 本質 ……… 61
1. 正 義 ……… 62
2. 衡 平 性 ……… 66
3. 自 由 ……… 71
4. 平 等 ……… 75

제 4 장 行政倫理의 擡頭와 行政理念

제 1 절 學問的 흐름에서 본 行政倫理 ……… 80
1. 行政의 學問的 展開 ……… 80
2. 行政學에 있어서 倫理問題의 擡頭 ……… 83
3. 行政學 文獻을 중심으로 본 行政倫理 ……… 86
제 2 절 行政理念의 時期的 變遷 ……… 91
1. 行政倫理와 行政理念 ……… 91
2. 行政理念의 時期的 變遷 ……… 93
제 3 절 行政倫理와 公職者 ……… 104
1. 政策決定者로서의 行政人 ……… 105
2. 行政對應性에 대한 市民의 要求 ……… 106

3. 專門職으로서의 行政 108

제 5 장 行政倫理의 積極的 側面: 行政責任性

제 1 절 行政責任性에 관한 基礎的 論議 113
1. 行政責任의 槪念 113
2. 行政國家化와 行政責任의 必要性 114
3. 行政責任의 特質 116
4. 行政責任의 類型 116
5. 行政責任의 基準 118
제 2 절 行政責任性의 含蓄價値와 實際 119
1. 行政責任의 含蓄價値 121
2. 行政責任性의 實際 125
제 3 절 行政責任性의 確保方案 130
1. 司法的 統制 133
2. 市民參與 135
3. 職業倫理綱領 136
4. 代表官僚制 138
5. 公　　益 139
6. 倫理分析 140

제 6 장 行政倫理와 不正腐敗

제 1 절 不正腐敗의 槪念 및 類型 148
1. 不正腐敗의 槪念定義 149
2. 不正腐敗의 類型 157

제 2 절 歷代政府 腐敗評價와 內容 ······ 164
1. 序 論 ······ 164
2. 歷代政府 反腐敗 政策評價 ······ 166
3. 腐敗剔抉을 위한 課題 ······ 168

제 3 절 不正腐敗의 原因分析 ······ 172
1. 制度的 側面 ······ 172
2. 構造的 側面 ······ 177
3. 行政文化的 側面 ······ 180
4. 倫理 · 道德的 側面 ······ 186
5. 犯罪學的 分析 ······ 188

제 4 절 不正腐敗의 防止戰略 ······ 190
1. 不正腐敗 防止를 위한 기존 論議 ······ 190
2. 不正腐敗의 防止戰略 ······ 192

제 7 장 國際的 反腐敗 動向

제 1 절 序 論 ······ 200
제 2 절 아시아 국가의 反腐敗制度 ······ 201
1. 홍 콩 ······ 201
2. 싱가포르 ······ 205
3. 말레이시아 ······ 208

제 3 절 反腐敗制度의 比較分析 ······ 212

제 8 장 公職倫理와 淸白吏思想

제 1 절 序 論 ······ 216
제 2 절 韓國行政의 公職倫理 現況 分析 ······ 218
제 3 절 韓國의 行政文化와 淸白吏思想 ······ 220
1. 韓國의 行政文化 ······ 220
2. 淸白吏 精神 ······ 222
제 4 절 公職倫理와 淸白吏思想 沮害要因 ······ 225
1. 市民倫理 부문의 沮害要因 ······ 225
2. 公共倫理 부문의 沮害要因 ······ 226
제 5 절 腐敗文化改善과 公職倫理 제고방안 ······ 229
1. 腐敗文化 改善方案 ······ 229
2. 腐敗防止 國民意識運動 實踐方案 ······ 234
3. 反腐敗 · 公職倫理 제고방안 ······ 234
제 6 절 結 論 ······ 239

제 9 장 公務員에 대한 倫理的 期待와 行政實際의 葛藤

제 1 절 倫理的 딜레마의 理論的 側面 ······ 242
1. 環境的 水準에서의 倫理的 葛藤 ······ 243
2. 組織的 水準에서의 倫理的 葛藤 ······ 245
3. 個人的 水準에서의 倫理的 葛藤 ······ 251
제 2 절 倫理的 딜레마의 實際的 側面 ······ 255
1. 公務員의 忠誠 ······ 258
2. 公務員의 團體活動 ······ 260
3. 公務員의 政治的 中立 ······ 262

제10장 行政倫理確保를 위한 制度와 바람직한 戰略

제 1 절 行政倫理確保를 위한 制度的 措置 ········· 270
1. 法規的 倫理確保手段 ········· 270
2. 自律的 倫理確保手段 ········· 284
3. 主要外國의 不正腐敗防止를 위한 法規 ········· 290

제 2 절 制度上의 問題點과 바람직한 戰略 ········· 296
1. 行政倫理確立의 制度上의 問題點 ········· 296
2. 行政倫理確立을 위한 바람직한 戰略 ········· 297

제11장 公職倫理 확보를 위한 法制度 改正內容

제 1 절 公務員 行動綱領 ········· 304
제 2 절 각국의 公務員 行動綱領 ········· 306
1. 美 國 ········· 306
2. 싱가포르 ········· 311
3. 日本의 國家公務員倫理法(안) ········· 319
4. 홍콩의 倫理規範 ········· 320

제 3 절 白紙信託制度 ········· 325

제12장 맺음말 327

附 錄 331

參考文獻 365

索 引 381

제 1 장

序論: 行政倫理의 擡頭

제 1 절 問題提起
제 2 절 行政倫理의 새로운 擡頭와 必要性
제 3 절 行政倫理의 接近方法
제 4 절 册의 構成

제 1 장 序論: 行政倫理의 擡頭

제 1 절 問題提起

오늘날 行政을 둘러싼 환경이 급속하게 변화함에 따라 보다 능률적이고 민주적인 행정체제의 역할을 정립하고, 급변하는 환경에 적응할 수 있는 새로운 행정역량이 요구되고 있다. 이는 開放體系인 사회에서 환경이 변화하면 그 사회의 여러 하부구조 · 체제들도 환경변화에 대응해 나가야만 생존하고 발전할 수 있기 때문이다.

특히 행정이 양적으로 성장하고 질적으로 고도화된 오늘날, 정치 · 경제 · 사회를 비롯한 모든 영역에 걸쳐 행정의 역할과 책임이 강화되고 있으며, 그럴수록 행정은 제반 환경변화를 적극 수용할 수 있어야 하고 때로는 변동 그 자체를 의도적으로 촉진시켜 나가야 할 책임을 지게 된 것이다.

즉 現代行政은 불가불 사회체계의 여타 하위부문에 영향을 끼치게 되었고, 사회가 복잡하고 다양하며 多岐化됨에 따라 "行政은 진공상태에서 존재하지 않는다"는 행정의 상황적 속성과 관련하여 행정업무도 다양하고 복잡하게 되었으며 점차 공직도 전문직업으로 인식되게 되었다. 그러나 여타의 전문직업과는 달리 公職은 공직 자체의 목표와 봉사 대상의 특수성으로 인하여 특유한 윤리가 요구되게 되었다. 이에 따라 행정가 즉 공무원에게 국민 전체에 대한 봉사자로서 '責任', '倫理' 등의 요구가 고려되지 않으면 안 되게 되었다.

다시 말해서 行政과 倫理의 문제는 행정의 모든 행위에 관련 되는 것으로서 사명과 목표, 지향해야 할 가치와 당위 등이 모두 여기에 포함되는 것이기 때문에 그것은 행정에 부수되는 것이 아니라 행정에 필연적으로 내재하는 문제이고 행정의 기본문제이다. 이를 구체적으로 살펴보면 다음과 같다.

첫째, 행정은 사람에 의해서 행해지는 것이기 때문에 행정 내부의 여러 조직과 전체로서의 행정조직을 구성하는 개개인의 윤리관, 가치관, 사고방식 등은 행정 전반의 윤리구현의 수준에 절대적인 영향을 미치게 된다.

둘째, 行政의 目標 자체가 윤리적이어야 한다는 점에서 윤리와 행정은 밀접한 관계를 가진다.

셋째, 행정과 윤리의 관련성은 不正腐敗라는 행정윤리의 소극적인 측면에서 명확하게 볼 수 있다.

따라서 行政倫理는 주체로서의 행정인, 당위성으로서의 규범적 기준, 적용대상으로서의 공공업무가 포함되며, 행정윤리는 행정인이 목표를 달성하기 위해 행정기능을 수행함에 있어서 바람직한 가치관 확립과 그 가치관을 구현하는 과정이라 할 수 있다. 그리고 공무원의 가치관 확립과 더불어 조직적인 맥락에서 상황에 적절하게 기준을 변화시키면서 파악할 수 있다. 결과적으로 행정윤리란 실제로 존재하는 공직자의 윤리를 포괄하는 기대윤리라고 할 수 있으며, 기대윤리는 곧 바람직한 행정윤리의 수준이 된다. 행정윤리 수준은 공직자의 윤리의식, 공직사회의 공식·비공식조직, 환경 및 통제의 정도에 따라 그 수준이 다르게 나타나므로 이상의 요인들은 적어도 행정윤리 수준을 결정하는 변수가 된다.

요약컨대, 행정윤리(administrative ethics)는 바로 공직이라는 특수한 직업분야에서 요구되는 특수한 윤리라 할 수 있으며, 공직윤리 또는 공직자윤리와 혼용하여 쓸 수 있다. 다시 말해서 行政倫理란 전체사회 속에서 행정이 담당하는 모든 역할들을 보다 바람직하고 공평한 방향으로 수행되도록 인도하는 規範的 行動基準이다. 이러한 맥락에서 행정윤리의 연구는 행정연구의 중심과제가 되었다고 해도 과언이 아니다.

그리고 마지막으로 행정윤리 확립을 위한 바람직한 전략으로, 주로 세 가지——환경적·조직적·개인적——측면으로 나누어 행정윤리 확립을 위한 전략을 살펴보겠다. 이는 공직 및 공무원은 사회적 환경이라는 틀 내에 위치하고 있으며 환경에 의해 영향을 받는 동시에 환경에 영향을 미치는 상호의존적인 관계에 있는 조직이며, 또한 이들 체계 내에서 유기적으로 작용하는 공무원을 기대하기 때문이다.

윤리란 인간행위의 옳고 그름을 결정하는 일련의 규범 및 규칙을 지칭한다. 이런 의미에서 윤리란 사회생활을 하는 사람들이 무엇을 어떻게 할 것인가에 대한 준거를 제공하는 행동지침이라고 할 수 있으며, 이제는 正義나 自由 등과 같은 절대적 윤리뿐만 아니라 상황적 논리를 주장하는 장대 윤리가 있다. 그런데 인류 역사를 통해 오랫동안 인간의 양심이라는 윤리 이외에 변화하는 상황에 적절하게 요구되는 狀況的 論理로 인해 윤리가 무엇인가에 대해 많은 논란이 있어 왔으며 아직까지 개념의 명료성을 얻지 못하고 있는 실정이다.

특히 이러한 현상은 현대라는 시기적 특성으로 인해 영향을 받게 되었다. 그러면 우선 현대라는 文化期가 주는 특징을 살펴본다면, 첫째, 급격하고 예견치 않았던 폭발적인 변화이다.[1] 생산면, 정부의 재정적 지출면, 그리고 기술의 발전 · 인구의 팽창 등에 있어서 그러하다. 따라서 이러한 변화에 대처하기 위해서 행정에 관한 새로운 역할의 기대가 강조되게 되었다. 둘째, 조직의 규모가 방대하게 커짐에 따라 점차 종래의 조직관리방식으로는 이에 대처할 수 없게 되었다. 셋째, 현대과학기술의 급격한 팽창이다. 이러한 과학기술의 팽창에 따라 다양한 전문가의 숫자가 크게 늘어나게 되었으며, 이들이 창출한 각종 활동을 통합해야 할 필요성이 크게 인식되게 되었다. 넷째, 관리적 행동의 변화에서 파생되는 심리적 위협감이다. 이러한 심리적 위협감은 크게 세 가지의 인식변화를 수반하게 된다. 첫째는 人間에 대한 새로운 개념화가 일어났다. 즉 종래의 피동적 · 단순한 인간관에서 점차 복잡한 인간으로의 인식을 가능하게 했다는 것이다. 둘째는 權力에 대한 새로운 개념이다. 이에 따라 권력의 개념은 종래의 강제위협의 차원을 벗어나 협력과 이성의 차원에서 새롭게 인식되게 되었다. 셋째는 인간적 · 민주적 · 자본주의적 이성을 바탕으로 하고 있는 組織價值觀의 새로운 변혁이다. 따라서 이로 인한 여러 가지 사회병리적 현상이 생겨나서 범죄, 황금만능의 바람직하지 못한 현상이 생겨나 공직자들에 대한 새로운 직무상의 책임성을 요구하게 되었다. 더욱이 이러한 현대가 지니고 있는 몇 가지 특징으로 인하여 行政에 대한 개념도 다음과 같은 경향상의 변화가 일어나게 되었다.

정치적인 맥락에서 보았을 때, 현대 행정은 다음과 같은 특질을 나타내 보이고 있다. 현대 행정은 行政國家 내지 福祉國家와 관련해서 여러 가지 새로운 특질을 수반하고 있다. 이에 따라 현대 행정은 행정기능의 양적 증대와 질적 변화, 공무원 수의 증가, 정부예산규모의 확대 그리고 행정의 전문화 등으로 요약

---

1) Warren G. Bennis, "Organizations of the Future," in *Personnel Administration* (September/October 1967).

될 수 있다.

이를 보다 구체적으로 살펴보면, 현대 행정의 가장 두드러진 특질로 첫째 행정기구 자체의 기구구조상의 변화, 둘째 통치기구에서의 행정역할의 변화, 셋째 사회에서의 행정역할의 변화로 요약하여 설명할 수 있다.

1. 行政機構 構造上의 變化

현대 행정은 그 대상이 확충됨에 따라 그 조직과 구성원이 팽창하고 이에 따라 기구상의 변화를 가져왔다. 그 구조적인 변화로는,

첫째, 單獨制的 階層制의 발달이다. 관료기구의 계층제는 절대군주제, 특히 프러시아 시대에 이미 형성되었고, 그것이 유럽제국에 파급된 것은 19세기 중엽경이다. 이 단독제적 계층제는 최고의 권력을 장악하고 있는 단독자의 의사가 가장 신속·정확하게 실현되도록 그의 지배력이 조직의 모든 계층을 지나서 말단기관까지 도달하는 피라미드형의 형태를 취하고 있다.

둘째, 執務樣式과 人事制度의 합리화이다. 행장기능의 양적·질적 중대, 행정기구의 팽창과 복잡화, 인원의 중대와 집무내용의 전문적 고도화는 사무기기와 행정재화의 발달에 수반하여 집무양식에서의 분업의 발달과 필요한 인원의 확보를 위한 인사제도의 합리화가 이룩되었다.

셋째, 정부기구에 있어서 政策機關의 설치와 執行機關의 강화이다. 행정기능의 증대는 행정기관의 정책입안 기능을 높여 그 결과 심의기관과 행정위원회와 같은 합의제기관의 발달을 보게 되었다. 또한 정치적 요청과 政黨政治의 보급으로 말미암아 집행기관과 행정기관의 분화와 집행기관 고유의 통제기관이 발달하게 되었다.

넷째, 새로운 行政集權制의 발달을 들 수 있다. 현대 행정의 과제는 중앙과 지방간의 관계를 연계시키는 역할로서의 광역적 기능이 요구되며, 이에 따라 새로운 경향으로서 신 중앙집권화는 지방자치와 관련하여 정부의 기능으로서 부각되었다.

2. 統治機構에서 行政役割의 變化(行政國家化 現象)

이상의 행정기구의 변화는 관료제의 발달을 가져왔으며, 권력분립제하의 통치기구 내부에 집행권의 지위의 강화를 가져옴으로써 행정역할의 변화를 가져왔다. 막스 베버(Max Weber)는 현대 관료제 형성의 전제조건으로서 행정의 양적 증대와 질적 고도화를 들면서 이것이 행정관청의 권력적 지위향상에 크게 공헌한다고 하였다.

행정기능의 증대에 따르는 행정내용의 질적 고도화와 정보기술의 관료제적 지배, 특히 군사 · 외교 · 정치 · 경찰 등에 현저하게 나타나는 행정기능의 증대는 직업적 전문가로서의 행정관에 대하여 비전문가로서의 의회정치가, 즉 의원의 무력화를 초래하게 된다.

또한 현대 행정국가에서는 여론의 통합과정이 행정과 대중과의 직접적 경로를 통해 처리되는 기회가 증대되고, 압력단체의 발달에 따라 제이익이 일상적인 집단이익과 행정기관과의 직접적인 교섭과정으로 처리되는 경우도 많아졌다.

이와 같은 현대국가에 있어서 行政權의 강화문제는 행정기능의 증대에 따른 현대 관료제의 발달을 포함하여 議會民主主義論, 혹은 고전적인 권력분립론과의 관련하에 논의되는 것이 보통이다. 더욱이 이 논의의 배후에는 고전적인 의회정치에 수반된 위기의식, 즉 대의제민주주의와 권력분립론의 좌절감 혹은 수정론이 내포되고 있는 경우가 적지 않다.

요컨대 행정기능의 양적 · 질적 발달은 헌법상의 권력분립제하에서 통치기구 내부에서의 행정역할을 높이고 행정권의 우위현상을 보임으로써 행정국가로서의 특징을 보이게 되었다. 이는 현대국가에 있어서 통치양식의 전체적 변동의 일국면에 불과하다는 것을 인식하지 않으면 안 된다.

3. 行政의 社會管理的 機能(福祉國家化 現象)

현대 행정의 발달은 자신의 구조적 변화와 함께 행정기능의 양적 · 질적 확대를 가져와 통치기구에서 그의 지위를 높이게 되었다. 그러나 이는 동시에 사회에서의 행정역할의 증대와 관계가 있다. 즉 행정은 종래 비국가적 활동으로 위임되었거나 또는 문제도 되지 않았던 보건 · 문화 · 교육 · 사회보장이나 전기,

가스 · 교통사업과 같은 과제를 받아들여 행정의 문제로 만들고, 공기업의 발달로 직접적으로 사업행정을 확충하며, 금융조작 · 정부과세 · 가격 통제 등에 의하여 사회관리적인 영향력을 강화하게 되었다.[2)]

이와 같이 하여 행정 혹은 통치는 국가사회에 있어서 관리장의 지배적 지위를 점하게 되었다. 사회관리는 국가의 전속적 특권은 아니나 통치, 즉 행정은 사회관리에서의 불가결하고 압도적인 역할을 행하게 되었다.

이러한 현대행정의 경향은 불가불 사회체계의 여타 하위부문에도 영향을 끼치게 되었고, 행정업무의 다원화 · 다양화 · 복잡화를 초래하였다. 따라서 현대에 들어서면서 두드러지게 나타나는 사회현상의 하나는 專門化現象이다. 이러한 현상은 사회체계 모든 부문에 뿐만 아니라 공직도 하나의 전문직업으로서 인식되게 되었고 이에 따라 공직은 다른 전문직업과는 구별되는 특유한 윤리가 공직목표의 특수성으로 인해 요구되게 되었으며, 이에 따라 공직에 대한 사회적 역할과 그 수행에 대한 새로운 기대를 창출하게 되었다. 이를테면 공무원에게는 공무원에게 요청되는 특유한 역할수행이 따라야 되는 것이다.

이처럼 다양한 직업종사자들에게 일정한 행동규범, 행동윤리에 따른 행동을 필요로 하고 이들이 이와 같은 직업윤리나 기준을 준수할 때 민주시민의 기대에 부합되는 것이다. 그리고 국민의 복지를 추구하고 공익을 달성하고자 하는 행정국가는 행정윤리의 확립을 필요로 하며 개개국가의 행정의 수준은 바로 행정윤리의 수준을 의미하는 것이다.[3)]

오늘날 우리는 민주화 · 국제화 · 지방화 등 행정이념상의 발전이 일어났는데도 불구하고 우리 사회는 결코 이상적인 사회가 되지 못하고 오히려 無規範 · 無原則과 윤리의식이 매우 무딘 사회로 전락하고 있다. 이러한 상황에서 사회발전의 주도적 역할(change agent)을 담당하는 행정 및 공직에서의 윤리적, 즉 행정윤리 · 직업윤리로서 公職倫理의 중요성이 강하게 인식되었다.

---

2) John Naisbitt & Patricia Aburdence, *Megatrends 2000-Ten Directions for the 1990's* (New York: William Morrow and Company, Inc., 1990).

3) H. F. Gortner, *Administration in the Public Sector* (2nd ed.)(New York: John Wiley & Sons, 1981), pp. 92~95.

제 2 절 行政倫理의 새로운 擡頭와 必要性

1. 行政倫理의 理論

(1) 行政倫理의 理綸的 擡頭

행정윤리의 문제는 역사 구조적 맥락 속에서 변화하는 상황적 개념으로 이해되어야 한다. 행정학 성립 초기, 행정의 목표는 무엇보다도 정치로부터 행정의 독립을 확보하여 관리적 효율성을 달성하기 위한 것으로서, 行政의 倫理性은 그 자체로서 커다란 의미를 지니는 것은 아니었다.[4] 그러나 1930년대의 세계 대공황과 제 2 차 세계대전을 경험하며 정부역할의 확대를 특징으로 하는 행정 국가의 대두와 함께 행정실제와 이론에서 정치 · 행정이원론은 더 이상 제자리를 찾을 수 없게 되었다. 행정은 이제 단순히 수립된 정책을 효율적으로 집행하는 역할만을 담당하는 것이 아니라 정책결정과정에서 중요한 역할을 담당하여 정치를 요구하게 되었다. 따라서 정책결정 또는 의사결정에 참여하는 행정인들의 가치와 윤리의 문제가 강조되기에 이르렀다. 행정인은 능률과 절약의 행정원리뿐만 아니라 윤리성과 도덕성이라는 당위적 책무를 떠맡게 되었으며, 공익의 실현자로서의 자세가 요구되기 시작하였던 것이다. 더욱이 Easton(1969)의 후기 행태주의(post-behavioralism)의 제기와 함께 행정이론에서도 가치와 윤리문제에 대한 관심이 증가하기 시작하였으며, 신행정학의 출현은 이러한 경향을 가속화 시켰던 것이다.

그런데 현대 행정에서 행정의 가치와 윤리정에 대한 관심이 보편적 특성이라 하더라도 이에 대한 관심의 정도와 범위는 학자들마다 사뭇 다르다고 할 수 있다. 넓게 구분하여 과학적 관리론의 Taylor(1911), 관리이론의 Barnard(1938), 의사결정론의 Sim-on(1945), 관료제론의 Weber(1947), 다원주의적 정치이론의 Lind-blom(1965), 행정문제에 公共選擇理論을 적용한 Ostrom(1973) 등을 한편으로 묶는다면, 행정문제에 대한 현상학과 비판이론적 관점을 적용한 Harmon (1981), Hummel(1977), Denhardt(1981) 등은 또 다른 묶음에 속할 것이다. 이는

4) Woodrow Wilson, "The study of Administration," *Political Science Quarterly*, vol. 2, no. 1(June 1887).

무엇보다도 행정연구에서의 인식론과 방법론의 차이에서 비롯되는 것으로, 전자를 기능주의적 관점과 실증주의적 인식론에 기초한 것이라면 후자는 해석학적 접근에 기초한 것이다.

(2) 機能主義的 接近과 限界

기능주의적 접근은 Wilson의 "The Study of Administraion"(1887) 이후 행정학 연구의 지배적 접근방식이었다. 기능주의적 접근에서는 실증주의와 합리적 선택이론에 기초하여 조직의 效率性과 生産性을 최우선하며, 이는 과학적 방법과 관리원칙, 예컨대 예산통제, 기획, 체계분석, 효율적 인력배분, 최근 들어 제기된 TQM(Total Quality Managment) 등을 통하여 얻을 수 있다고 가정한다.

한편 기능주의적 접근에서 인간은 그 본질상 합리적이며 이기적 존재라는 合理的 選擇理論의 연역적 패러다임에 기초하여, 인간의 동기와 형태는 예측가능하며 가정과 변수간의 검증을 통하여 경험적으로 설명 가능하다고 파악한다. 따라서 기능주의적 접근에서 행정윤리의 문제는 궁극적 윤리조항이 아니라 기껏해야 법제도적 윤리조항에 관한 것으로 국한된다.

이와 같은 기능주의적 접근은 다음과 같은 점에서 비판가능하다. 첫째, 인간행동은 역사적이며 문화적으로 결정되어 시간과 장소에 따라 다양하므로 일반화와 법칙적 진술이 곤란하다. 자연현상이나 물리현장과는 달리 인간행동이란 각 개인에 따라 특수하며, 내면적 가치에 따라 영향을 받기 때문에 관찰을 통하여 쉽게 인지할 수 없다. 따라서 이러한 인간행동간의 관계는 일방적 · 정태적 · 단면적이라기보다는 상호의존적 · 동태적 · 다면적인 것으로 이해되어야 할 것이다. 둘째, 인간행동에서 주관적인 경험과 가치, 의도가 중요한 역할을 담당하므로 객관화에 문제가 있다. 효과적인 통제를 목적으로 인간경험의 객관화를 추구하는 실증주의적 방법은 인간경험의 의미와 가치를 경시하고 주관적 · 간주관적 세계를 이해하지 못한다. 또한 관찰에 기초한 이론적 명제는 내적 가치를 경시하여 도덕적 행동기준을 제시하지 못하며 이론과 실천의 분리라는 문제를 양산한다.[5)]

이러한 현상은 政策決定過程에서 잘 나타난다. 나라마다 차이는 있지만 정

5) Kathryn G. Denhardt, *The Ethics of Public Service* (New York: Greenwood Press, 1984), p. 155.

책은 다양한 이해와 가치를 지닌 개인 또는 이들을 직접 · 간접으로 대표하는 사람들이 토론을 통하여 결정한 합의의 산물로 이루어진다. 민주주의의 기본정신에 의해서도 이해관계를 가진 사람들이 정책결정과정에 참여하여 그들의 의사를 반영할 수 있는 기회를 주어야 한다. 정책결정과정에 참여하는 사람들은 어떤 정책이 좋고, 어떠한 행동을 취하는 것이 옳은가에 대한 가치판단을 행해야 한다. 따라서 정책결정사항은 사실에 기초한 정책문제 및 정책대안의 기술과 설명뿐 아니라 대안에 대한 규범적 · 처방적 평가를 요하는 것이다. 따라서 가치인식불가지론을 전제로 하는 실증주의적 정책분석은 정치적 이데올로기의 도구로 전락할 수 있으며, 특정한 사회 · 정치적 맥락 속에 존재하는 규범적 지식은 마침내 인식론적 망각 속에 떨어지게 되는 것이다.[6] 이러한 맥락에서 Jestsch(1970)는 기존의 가치관에 구속되지 않는 가치비판적 관점과 기존의 규범에서 해방하고자 하는 규범탐색적 관점이 정책분석과정에서 필요함을 강조하고 있다.

결국 기능주의적 접근에서 궁극적인 도덕적 가치와 윤리적 문제를 다룰 수 없으며, 단지 주어진 도덕윤리적 개념이 어떻게 달성될 수 있는가라는 체계적 질문을 통하여 규범적 중요성이 결정되고 나면 미리 결정된 목적을 기술적으로 달성하기 위한 수단에 관한 것, 예컨대 법제도적 윤리조항 등을 다룰 뿐이다.

현대 관리이론과 행태과학에 함축된 실증적 · 결정론적 가정에 대한 반대로 출현한 해석적 접근은 인간현상을 설명하는 데 있어 과학적 행태적 연구의 타당성에 의문을 제기한다. 행태연구가 사실을 가지고 인간행동을 설명하지만, 해석적 연구는 문화, 언어, 상징, 대상의 의미를 개인적 해석을 통하여 이해함으로써 암묵적 지식을 발견한다. 인간행동과 동기는 외적 요구에 의하여 규정되는 것이 아니라 조직과제, 계층제적 관계, 기능, 역할 등 외적 요소의 의미에 대한 개인적 해석의 결과라는 것이다.

(3) 解釋的 接近과 限界

해석적 접근에서 조직은 목적을 성취하고 문제를 해결하기 위한 구성원들의 집단적 욕구로 인해 조직이 유지되며 지속한다고 가정한다, 다시 말해 조직이 기능적으로 작동할 수 있는 것은 구성원 자신의 의지에 따른 각 개인의 자발적

6) Fisher, *Politics Values in Policy Analysis: The Problem of Methodology* (Boulder, Colorado: Westview Press, 1980), p. 3.

협조에 근거하는 것이다. 예컨대, 기능주의자들에 따르면 윤리조항은 개인이 그들의 의무와 책임을 지닐 수 있는 틀을 제공한다고 가정하는 반면, 해석적 이론가들에 따르면 윤리적 책임성은 개인의 성찰적 의식에서 비롯되는 것이다.

이와 같이 해석적 접근은 윤리적 책임성의 내적 측면에 주목하여 당위적 규범을 포함하며 그 지평을 넓히고 있으나, 개별 주체들이 정치적 합의 형성, 계층제적 관계, 기능적 조정, 구조적 변화와 같은 광범한 조직적 문제해결 영역과 어떻게 관련되어 있는지의 문제가 남아 있다.

(4) 辨證法的 接近

앞에서 살펴본 두 가지 접근방식을 비판하며 출현한 변증법적 접근은 조직민주주의에서 집단적 행동과 참여적 문제해결의 필요를 강조한다. 구조, 기능, 과정 그리고 문화를 포함한 행정의 유지와 변화는 참여자들의 대안에 대한 완전한 이해와 합의의 산물이라고 가정한다. 여기에서 조직적 필요와 개별 구성된 기대간의 창조적 합성을 이루기 위한 시도는 개별 행위자들의 자아성찰적 행동을 통하여 시작되어야 한다. 변증법적 관점에서 행정을 기능적으로 작동하게 하는 것은 개인이 다른 구성원과의 간주관적인 공통경험을 개발하는 것이다. 더 나아가 모든 사회에서 본질적인 것은 행정문화와 사람들에 대한 문화의 영향인데 이는 그들의 행태와 행동이 조직의 규범에 영향을 받기 때문이다. 동시에 개인이 문화적 규범을 어떻게 이해하고 인식하는가의 문제는 행정을 유지하는 데 있어서 중요한 요소로 파악한다.

따라서 변증법적 접근은 행정윤리의 內在的·外在的 측면을 포함하며, 구조와 행위간의 종합적 관계를 파악할 수 있도록 함으로써 행정윤리에 관한 綜合的 接近을 가능하게 한다.

2. 行政倫理의 必要性

행정윤리의 필요성은 물론 행정의 궁극적 목적이라고 할 수 있는 인류의 복지증진과 인간 존엄성의 실현이라는 커다란 목표에서 출발하는 것이겠으나, 행정윤리의 상황적 성격에 비추어 행정국가의 확립에 따른 맥락적 필요성을 고려해야 할 것이다.

(1) 行政機能의 變化

현대 행정은 행정국가화됨에 따라 여러 가지 특징을 수반하게 된다. 가장 두드러진 특징으로는 행정기능의 양적 확대와 질적 변화, 공무원 수의 증가, 정부예산규모의 확대, 행정의 전문화 등으로 요약할 수 있을 것이다. 이와 같은 변화에 따라 국민생활의 거의 모든 분야에 대해 행정이 커다란 영향을 미치고 있다 해도 과언이 아니다.

따라서 공적 문제해결의 주체로서 행정인은 公益의 實現者로서 자세를 확립해야 할 것이다. 왜냐하면 부정부패로 인해 행정 수혜자인 국민에게 직·간접적 피해가 귀속되는 것이며, 행정의 비능률뿐만 아니라 국가자원의 낭비를 초래하고 공공부문에 대한 국민의 신뢰를 떨어뜨려 정당성 위기를 초래할 수 있기 때문이다.

(2) 行政의 權力化와 政治化

行政國家의 출현은 관료제의 양적인 비대화뿐만 아니라 정책결정과정에 관료의 참여를 통하여 행정의 권력화와 정치화라는 질적인 변화를 촉진하였다. 오늘날 官僚制는 국가발전을 위한 경제발전계획의 주도자로서 자원배분자이며, 사회구성원의 형평을 보장하기 위한 자원분배자로서의 역할을 담당하고 있다. 이와 같은 역할변화로 행정부의 권한이 강화되는 반면 이에 대한 통제는 더욱 어려워지고 있으며, 행정부의 정치화는 관료의 가치와 선호의 문제를 새롭게 제기하고 있다. 따라서 관료들에게는 공익성, 형평성, 대응성, 책임성의 가치에 대한 자기성찰과 이를 위한 법제도적 장치가 필요하게 되었다.

(3) 巨大官僚制化

현대 관료제의 복잡화·대규모화와 함께 관료제의 역기능이 출현하고 있다. 관료제의 권위주의와 의식주의, 繁文縟禮(red tape) 등이 그것이다. 권위주의는 국민을 위한 봉사가 아닌 관인지배양식을 초래하였고, 의식주의는 능동적이고 적극적인 행정행태를 위축시킴으로써 변화와 개혁을 저해하는 요인이 되었다.

따라서 이와 같은 관료제의 부정적 현상을 억제하고 국민에게 봉사하는 관료제상을 정립하기 위한 행동준칙과 行政倫理의 확립을 필요로 한다.

(4) 金權萬能思想의 公職浸透

현대 자본주의사회는 시장경제의 위력 속에서 놀라운 발전을 이룩하였으며 체제 자체에 대한 우월감과 확신을 가져다주었으나, 한편으로는 우리에게 상품화의 문제를 남기고 있다. 생산과정에서의 소외는 인간성의 상실, 즉 물화(reification)를 가져왔으며 사회 전체적으로 금권만능사상이 지배하게 되었다. 금권만능사상은 관료제 내에도 뿌리깊게 자리잡고 있으며, 뇌물수수 등을 통하여 사부문에 대한 지대추구행위를 조장하도록 하고 있다.

물론 탈상품화와 탈금권만능사상의 문제는 체제 자체의 구조적 문제임은 분명하지만, 뇌물수수와 공직을 이용한 부패 등의 일탈적 행정현장은 우리에게 행정윤리의 성립을 시급히 요구하고 있다. 이는 현대 자본주의사회의 정부와 시장간의 관계에서 시장 메커니즘의 자율적 자정능력의 한계에 주목하고 정부의 개입적 역할을 통한 시장 조정자, 개혁과 혁신의 주도자로서의 정부기능을 강조하는 것이다.

제 3 절 行政倫理의 接近方法

職業倫理란 모든 직업에 공통적으로 요구되는 일반윤리와 각각의 직업에 요구되는 특수윤리로 구분할 수 있는데, 공직이라는 특수한 직업분야에 요구되는 특수윤리를 公職倫理라 한다. 즉 공직윤리란 국민 전체에 대한 봉사자인 공무원의 신분에서 지켜야 할 규범적 기준을 말한다.

공직윤리는 당위성을 바탕으로 하는 가치함축적인 판단이며(規範性), 외부로부터 구체화된 것이 아니라 인간내면적인 가치체계 속에 잠재해 있으며(內在性), 시대에 따른 가치관의 변화를 반영하는(狀況性) 등 세 가지 특성을 지닌다. 또한 공직이 국민 전체에 대한 봉사자라는 점에서 타 직업보다 더 높은 수준의 윤리가 요구되지만 또한 일반사회의 윤리수준으로부터 제약을 받기도 하는 양면성을 지닌다. 한편 행정이 지향하는 기본방향을 의미하는 행정이념이 실제의 행정현실에서 구체적 의미를 지니게 된 것이 행정윤리 내지 공직윤리라고 볼 수 있다.

이와 같은 새로운 사회발전에 수반하여 새로운 행동기준이 요구됨에 따라 이러한 행동기준과 관련이 있는 행정이념, 행정윤리(공직윤리) 등을 광범위하게 논의할 필요가 생기게 되었다.

이에 따라 이 책의 연구방법으로는 행정윤리를 추상적이고 일반화된 행정문화에 의해 규정되는 행정윤리로서보다는 政府業務를 효율적이고 능률적으로 달성하고자 하는 행정이라는 실제적 상황에서 요구되는 직업윤리로서 공직윤리를 한정하고, 이의 철학적인 기초로서 윤리적 본질을 自由, 平等, 衡平 세 가지 개념들을 통해서 살펴보았다. 그러나 이러한 추상적인 윤리적 본질을 토대로 행정이라는 실제에서 윤리가 부각되는 계기들을 보고, 이에 행정윤리의 직접적인 윤리적 기초를 제시해 준다고 할 수 있는 行政理念의 내용과 시대적 흐름을 보고, 직업윤리로서의 공직윤리를 두 가지 차원 —— 소극적인 측면과 적극적인 측면 —— 으로 나누어 살펴보고 모든 과정에서 공무원에게 요구되는 윤리적 기대에서 일어나는 갈등을 이론적으로 고찰하였다. 이상의 이론적 차원의 논의의 착실성을 높이고자 공무원들을 대상으로 한 실증적인 윤리의식 조사분석을 통해 이론을 재조명하고, 마지막으로 우리 사회에서 적합한 공직윤리의 확보방안을 제시하여 보았다.

이를 위해 사용한 방법으로는 이론적인 측면을 위해서는 행정윤리에 관한 몇몇 문헌들을 검토하였고, 실제적인 측면을 위해서는 현존 통계분석 및 정부간행 자료들을 이용하였다. 그리고 공무원들의 윤리의식을 실증적으로 분석하기 위해서는 계량적 방법을 사용하였으며 SPSS/PC^{+}(version 3.1)을 이용하여 분석을 하였다.

본 연구의 한계로는 행정윤리의 논의가 여러 측면에서 이루어질 수 있으며 행정윤리의 정의에 따라 그 범위도 다양해질 수 있는데, 여기서는 연구의 방법에서 밝힌 바와 같이 직업윤리로서의 공직윤리를 행정윤리라 조작적으로 정의를 했으므로 가능한 한 이 범위 이상의 논의는 하지 않으려 하였으나 부분적으로 공직윤리의 정의에 있어서 혼동을 주는 부분이 있다. 이는 행정윤리라는 거대한 틀 속에서의 공직윤리를 다루기 위해 생긴 현상으로, 실제로 공직윤리가 공직의 직업윤리라고는 하나 실제로 공직이 다루는 업무가 사회와 갖는 유관성으로 인해 초점이 분산될 가능성이 또한 한계로 지적될 수 있을 것이다.

제 4 절 冊의 構成

공직이 하나의 특수한 직업으로 인식됨에 따라 다른 직업에서 나름대로 요구되는 바와 마찬가지로 특수한 직업윤리가 공직자들에게도 적절하게 요구되었다. 그러나 공직은 다른 직업과는 달리 공익추구를 기본적인 목적으로 한다는 이유 때문에 여타의 직업윤리와는 다른 직업윤리의식이 요구되는 것이다.

이 책의 구성은 다음과 같다.

우선 제 1 장에서는 문제의 제기와 연구목적 등을 살펴보고, 연구의 범위와 방법을 설정하고 있으며, 제 2 장에서는 윤리적 맥락에서 행정윤리의 위상을 살펴보고, 윤리의 추상적 가치들인 자유, 평등, 정의, 공익 등의 본질이 체계 있게 논의되었다. 그리고 행정윤리의 철학적 기초를 이루고 있는 여러 가지 논의들을 하였으며, 여기에서 특히 행정윤리의 철학적 논의에서 나타나는 불명료성을 해결하는, 방식에 대해서도 언급을 하였다.

제 3 장에서는 행정학의 학문적 · 사회적 · 역사적 맥락에서 윤리가 중요시되는 논거를 실제로 살펴보고, 제 4 장에서는 행정학의 시대적 흐름에 따라 변천하는 행정의 이념적 본질의 변천에 대해서 살펴봄으로써 행정학 연구에서 윤리의 대두배경을 논의하고자 하였다. 제 5 장에서는 직업윤리로서 공직윤리 내지 행정윤리의 적극적 측면인 행정책임성에 대한 논의와 함축가치 및 실제, 이의 확보방 안들이 다루어지고 있다. 제 6 장에서는 공직윤리의 소극적 측면인 행정부패 및 부조리 등에 대한 논의와 방지조치들이 많은 자료를 통해서 언급되었다. 제 7 장에서는 국제적 반부패 동향을 고찰하였는데 아시아국가의 투명한 법제도적 시스템을 고찰하였다. 제 8 장에서는 공적 윤리의 철학적 논리를 연구하였으며 선현들의 청렴사상과 청백리 정신을 연구하였다. 제 9 장에서는 직업윤리로서 공직윤리의 공익추구 특성에 비추어 공직을 점유하고 있는 공직자들에 의해 야기되는 다른 직업윤리와의 윤리적 측면에서의 딜레마와 공직윤리 내부에서의 소극적 측면과 적극적 측면, 그리고 이들과 다른 직업윤리들과의 딜레마 등의 관계를 다각도로 다루었다. 제10장에서는 이상의 이론적 논의들을 바탕으로 설문조사를 통해 우리나라 공무원들의 윤리의식을 실증 조사하였다. 제11장에서는 행정윤리확보를 위한 제도와 전략을 고찰하였다. 제12장에서는 공직윤리확보를

위한 제도적 방안을 살펴보았는데 최근의 백지신탁제도, 공무원행동강령 등을 살펴보았고 제13장에서는 앞에서 다룬 행정윤리 논의들과 실제적 · 제도적 측면들을 요약하여 결론을 도출하였다.

앞서 설명한 이 책의 구성을 그림으로 나타내면 다음과 같다.

그림 1.1 책의 구성

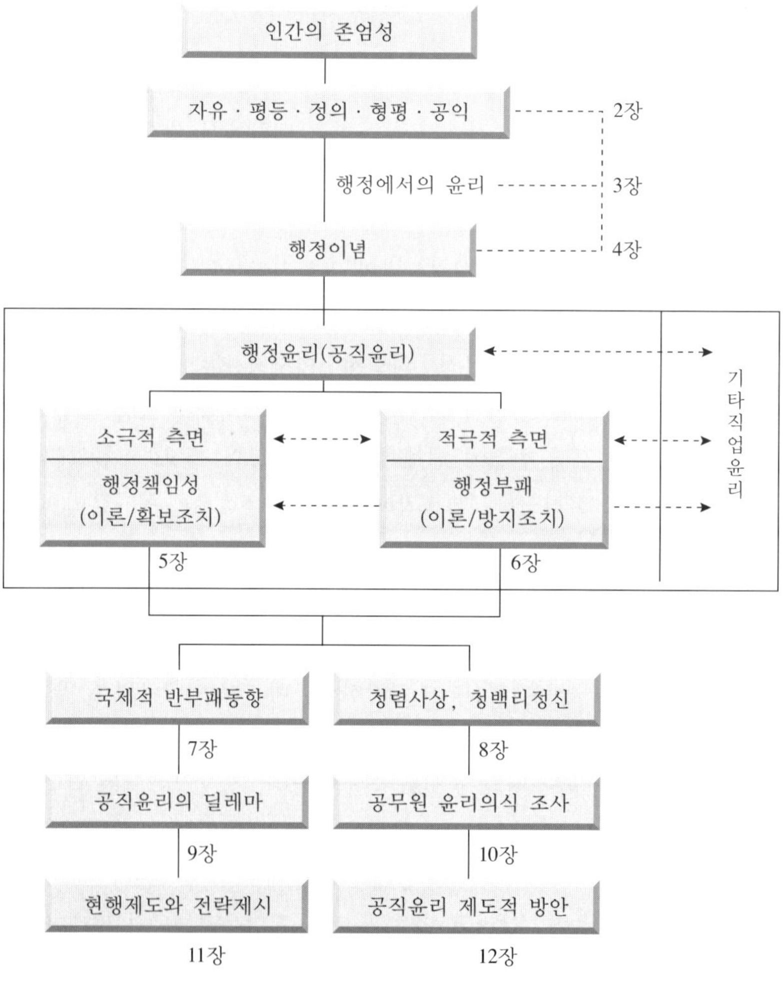

※ ◀----▶ 은 윤리적 갈등을 다룸(9장)

제 2 장

行政倫理의 哲學的 基礎

제 1 절　倫理와 行政倫理
제 2 절　行政倫理의 哲學的 基礎와 不明瞭性의 解決

제 2 장 行政倫理의 哲學的 基礎

제 1 절 倫理와 行政倫理

1. 倫理의 槪念

인간은 사회적 · 정치적 동물이며, 인간의 사고력과 지식의 발전은 현대사회를 대규모화 · 복잡화되게 하였다. 이에 사회적 존재로서의 인간은 언제 어느 곳에서건 여러 가지 규범의 제약을 받으며 살게 되었다. 이러한 제규범은 관습과 법 그리고 도덕 및 윤리로 대별되며, 이 중 가장 기본적인 것은 윤리라 할 수 있다. 그 이유는 도덕 또는 윤리가 관습 또는 법을 평가하는 기준이 되기 때문이다.

倫理(ethics)라는 용어는 아리스토텔레스가 사용한 희랍어 ethos에서 유래한 것으로 다양한 의미로 정의된다.[1] 이러한 윤리에 대한 정의들은 대체로 도덕,

---

1) Robert J. Cavalier *et al.*, *Ethics in the History of Western Philosophy* (Oxford: Mancmillan Press, 1989), pp. 32～69: 이외에도 윤리의 개념은 사회적 가치기준의 변화에 따라 상이하게 규정될 수 있다. 윤리의 다양한 정의들을 살펴보면 다음과 같다. *The Encyclopedia of Philosophy* (1967)에서는 윤리를 일반적인 유형 또는 '생활방식', 일련의 행동체계나 '도덕법전', 그리고 생활방식과 행동규율에 대한 물음으로 상이하나 관련된 방식으로 정의하고, Richard B. Brandt는 규범적 윤리와 비관적 윤리의 두 가지로 구분하고, 윤리이론이란 윤리적 진술에 대한 어떤 의문 또는 대답되어지도록 의도되어지는 반영체"라고 정의하였다. 그리고 Richard Means는 윤리를 가치와 구분하며, 윤리는 사회의 철학적이고 규범적인 기준으로부터 파생된 규범적 행동기준이며(is/human law) 가치는 시간에 따라 변하며 합리적 사회행동의 근저에 있는 규범(ought to/natural law)으로 정의하고 있다. Kathryn G. Denhardt, *The Ethics of Public Service* (New York: Greenwood Press, 1988), pp. 27～33; I. Kant는 "윤리란 善의지에서 나오는 능력이며, 의무는 비록 주관적인 제한과 장애라는 조건 밑에서 이기는 하지만 선의지 안에 포함되는 것으로서 법칙에 대한 존중으로 인하여 행위하지 않을 수 없다"고 정의하고 있다. 김태길, 「윤리학」(서울: 박영사, 1976), pp. 128～132.

가치, 규범 등과 유사한 의미로 혼용되어 사용되고 있다.[2)]

우선 이들 용어들을 구체적으로 정의해 보면, 道德은 어떤 이성적 관념의 체계에 속하는 것이 아니라 인간사회의 일반적 생활양식, 즉 풍습에서 유래하는 것이며, 윤리와 도덕은 문화적 산물이다.[3)] 規範은 사회적 혹은 개인적으로 수용 가능한 특정적 · 묵시적 기준으로[4)] 윤리 · 도덕과 같은 범주에서 파악될 수 있는 것이다. 결국 윤리란 도덕, 규범, 의무 등과 비슷한 의미로도 사용될 수 있다. 또한 윤리와 혼동되는 용어로서 價値가 있다. 이는 주관적인 관념세계에서만 일어날 수 있는 것으로 동기를 유발시키는 힘을 가진 바람직한 것이며, 개인의 마음 · 지각 · 의식의 기능을 말한다.[5)]

즉 倫理(ethics)란 일반적으로 사람이 지켜야 할 행위의 규범으로서 사회생활을 하는 사람들이 무엇을 어떻게 할 것인가에 대한 준거를 제공하는 것으로,[6)] 그 규범성의 유래는 絕對的 倫理說과 相對的 倫理說에서 찾을 수 있다. 영원히 변하지 않는 선천적 규범으로서 시간과 장소를 초월하여 보편적 타당성을 갖는 絕對的 倫理說은 윤리의 체계를 보다 풍부한 인생을 위한 처방으로 보지 않고 그 자체에 절대적인 가치가 담겨 있는 것으로 간주하므로 절대적 윤리설에 충실히 따른다면 윤리의 원리가 신성화되어 사람들을 방황에서 구할 수 있으므로, 하나의 목표를 꾸준히 추구하는 가운데 마음이 평화뿐만 아니라 도덕의 권위가 확실히 서는 동시에 사회질서를 정연하게 유지시킬 수 있는 이점[7)]이 있다.

그러나 이와는 달리 相對的 倫理說은 인간생활의 규범인 윤리를 선험적으로 주어진 것으로 보는 것이 아니라 인간의 사회생활을 통하여 형성되어 온 역사적 산물로 파악한다. 즉 윤리란 인간의 본능적 욕구에서 출발되어 나온 것으로 욕

---

2) 도덕, 윤리, 가치 등에 관해서는 O. Glenn Stahl, *Public Pesonnel Administration*(New York: Harper & Row, 1983), pp. 269~284: F.A. Nigro & L.G. Nigro, *The New Public Personnel Administration*(Ithaca: Peacock, 1976), pp. 323~325.

3) R. Gastil, "Beyond a Theory of Justice," *Ethics*, vol. 85(April 1975), p. 187.

4) G. Vikers, "Values, Norms and Policies," *Policy Sciences*, vol. 4(Manrch 1973), p. 103.

5) Christoper Hodgkinson, *Toward a Philosophy of Administation*(New York: St. Martin's Press, 1978), pp. 105~112.

6) 윤리의 개념은 윤리를 습득하여 신념이나 가치관으로 지닌 상태를 의미하는 주관적 윤리와 사람이 마땅히 지켜야 할 규범을 외재적으로 규정하는 기대윤리로서의 객관적 윤리를 포함한다. 吳錫泓, 「인사행정론」(서울: 박영사, 1983); Terry L. Cooper, *The Responsible Administrator* (Port Washington, N.Y.: Kennikat, 1983), ch. 2.

7) 김태길, 「철학개론」(서울: 서울대학교 출판부, 1976), p. 53.

구의 충돌을 슬기롭게 해결해 나가는 것이라고 이해하는 입장이다. 이에 의하면 윤리란 사람이 지켜야 할 도리로 파악될 수 있으며, 실증적인 면에서 보면 인간이 윤리를 지켜야 하는 것은 당위성 때문이라기보다는 오히려 교육과 관습 등에 의한 태도의 변화, 사회제도, 법률 등에 의한 보장과 강제에 의해 지켜지는 것이다.[8)]

따라서 道德 또는 倫理는 시대와 지역적 상황에 따라 상대적인 의미로 해석될 수 있다고 한다. 듀이(John Dewey)에 의하면 윤리 또는 도덕은 보다 합리적이며 세련된 모습을 지닌 사회적 관습에 불과하다고 한다. 그는 사회적 관심이란 본래 무리한 것으로 출생했던 인간에게 행동의 유형 · 가치 · 기술 등을 부여하는 매체이며, 인간을 보호하는 것이라고 보았다. 즉 인간이 구체적 환경 속에서 행동하는 존재인 이상, 환경에 적응하고 혹은 지성을 통하여 재구성하고, 이에 잘 적응하지 않으면 안 되는데, 그 매개적인 역할을 하는 것이 바로 사회적 관습으로서의 도덕이라고 듀이는 말하였다. 동시에 그는 사회적 관습을 인간의 행위와 상황 속에서 작용하는 '적극적 수단', '자기를 투사하는 수단', 그리고 활동적이고 지배적인 '행동의 처방'으로 보았던 것이다.

이렇게 볼 때, 윤리 및 도덕은 인간욕구의 사회적 갈등을 해결하기 위하여 인간이 만들어 낸 사회규범의 일종으로서 그것은 역사적 산물이며 인간적 소산이고 또한 삶의 지혜라고 할 수 있다. 이러한 차원에서 우리가 윤리 및 도덕을 파악할 때 그것은 상대적인 성격을 띤다.[9)]

2. 倫理와 行政의 倫理性

현대에 들어서면서 사회가 복잡하고 다양하며 多岐化됨에 따라 "行政은 진공상태에서 존재하지 않는다"는 행정의 상황적 속성과 관련하여 이에 부응하여 정부업무의 효율화를 추구하는 행정도 전문직업화하게 되었다. 그러나 행정이 수행하는 업무는 공익이라는 가치를 추구하는 면에 있어서 여타 직업과는 다른 속성을 갖는다.

그러면 여러 학자들의 行政에 대한 定義를 살펴보고 이를 통해 행정의 실체

8) 이서행, 「청백리정신과 공직윤리」(서울: 도서출판 인간사랑, 1990), p. 25.
9) 유종해 · 이왕재(편저), 「고시 국민윤리」(서울: 고시원, 1985), p. 22.

를 파악해 보기로 한다.

행정의 윤리적 의미는 나이그로(F. A. Nigro)의 행정개념에서도 발견된다. 즉 行政이란 공공성을 지닌 협동적인 집단행위이며 이는 고도의 합리성을 지닌 정책형성과정[10]이라고 한데서 알 수 있듯이, 행정은 협동적인 집단노력이고 합리성을 추구하며 공공성과 공익을 추구한다는 의미가 포함되어 있다. 그런데 여기서 행정이 公益을 추구한다는 것은 행정에 있어서의 윤리의 확립을 그 선결문제로 요구한다는 것이다. 또한 행정에 있어서의 중요한 변수는 행정기능의 주체인 行政人 즉 공무원으로, 행정에서 공익의 보장은 공무원 스스로의 윤리관의 확립 여부에 직접적인 영향을 받는다고 할 수 있으며 윤리부재의 행정은 그 이념의 실현이 불가능하다고 본다. 따라서 행정은 윤리와 여러 면에서 밀접한 관계를 갖고 있다.[11]

첫째, 행정은 사람에 의해서 행해지는 것이기 때문에 행정내부의 여러 조직과 전체로서의 행정조직을 구성하는 개개인의 윤리관, 가치관, 사고방식 등은 행정전반의 윤리구현의 수준에 절대적인 영향을 미치게 된다. 즉 개인으로서 公務員의 윤리적 수준은 행정의 윤리와 불가분의 관계가 있으며 또한 정치·경제·사회 각 분야의 윤리도 이와 마찬가지로 상호 영향을 미친다. 따라서 행정윤리의 적극적 측면인 행정책임성의 확보를 위해서는 공무원 개개인의 책임성있는 의식이 중요한 전제가 된다 할 것이다.

둘째, 行政의 目標 자체가 윤리적이어야 한다는 점에서 윤리와 행정은 밀접한 관계를 지닌다. 즉 행정은 다른 국가기능과 마찬가지로 '더 좋은' 국가와 살기 좋은 사회를 실현한다는 윤리적 목적을 지니고 있으며, 이러한 목적에 배치되는 모든 행정작용은 허용될 수 없는 것이다. 즉 윤리와 행정은 행정이 윤리에 입각해야 할 뿐만 아니라 윤리도 행정의 힘을 빌지 않으면 도덕적으로 정당화될 수 없다는 밀접불가분의 관계에 있다. 따라서 행정윤리의 내용이 시대와 국가에 따라 다르다고 할지라도 행정이 윤리에 입각해야 한다는 점은 여전하다.

셋째, 행정과 윤리의 관련성은 행정의 소극적인 측면 ──不正腐敗── 에서 명확하게 볼 수 있다. 이는 공무원 자신의 윤리성보다 개인적 윤리관에 관계가

10) F. A. Nigro, *Modern Public Administration* (3rd ed.)(New York: Harper & Row, 1973), pp. 11~18.

11) 申宗淳, 「행정의 윤리」(서울: 박영사, 1971), pp. 16~34.

있으므로 첫 번째의 것에 해당되며, 행정의 목적이라는 점에서 두 번째 것과 관계가 있으나 일반적으로 행정윤리라고 하면 부정부패의 방지로 생각하는 경향이 많다. 그러나 사실 그러할 경우 행정목적이라는 의미의 윤리와 비교하게 되면 소극적으로 나타나기 쉽고, 다른 한편 행정과 윤리의 목적이 일치되게 된다면 크게 문제될 성질의 것이 아니다. 이러한 관점에서 볼 때, 부정부패라는 소극적 측면에서 행정과 윤리관계는 좁은 의미의 행정윤리를 설명하는 것이기 때문에 소극적인 윤리관을 제시한 것이다. 이는 첫째와 둘째의 것에 관련되기 때문에 함께 해결되어야 하는 것이지만, 이것을 만족할 만한 정도라도 해결하지 못하고 또한 이것이 가장 크게 문제가 되고 있는 것도 그만큼 行政의 後進性을 나타나는 것이 될 것이다. 그리고 이는 결국 개개인의 행정목적의 미확립, 제도와 환경, 사회전반적인 윤리수준, 방지조치의 부족에 기인하는 것이라고 하겠지만 결국은 개개인에 귀착되는 문제이다.

즉 신종순 교수는 행정과 윤리의 관계에 대하여 피프너(J. M. Pfiffner)와 프레스더스(R. V. Presthus)의 견해를 인용하여, 행정의 윤리는 행정의 모든 문제에 관련되는 것으로서 행정의 사명과 목표, 지향해야 할 가치와 당위 등이 모두 여기에 포함되는 것이기 때문에 그것은 행정에 부수되는 문제가 아니라 행정에 필연적으로 내재하는 문제이고 행정의 기본문제이며, 行政倫理의 연구는 行政研究의 중심이 된다고 하고 있다.[12]

3. 行政의 倫理性과 公職倫理

행정윤리는 행정행위에 요구되는 價値基準으로서 공직윤리나 행정이념과는 거의 같은 개념으로 쓰이는가 하면 나아가서는 행정이론을 반영하는 개념으로까지 사용된다. 물론 윤리가 행동규범을 다루는 데 있어서 직접적인데 반해, 이념은 사고방식을 다루는 차원에서 볼 때 간접적이라고 할 수 있으며 이론은 현실을 설명한다는 차원에서 좀더 객관적이라고 할 수 있다.[13]

그러나 사고와 행동 그리고 이를 설명하는 이론은 별개의 것이 아니다. "나

---

12) Nicholas Henry, *Public Administration and Public Affairs* (Englewood Cliffs, N.J.: Prentice-Hall, 1989), pp. 132～133.
13) 유종해, 「현대행정학」(서울: 박영사, 1988), p. 580.

는 생각한다. 고로 존재한다"라는 데카르트의 명제나 "나는 행동한다. 고로 존재한다"라는 화이트(Orion White)의 명제 그 어느 것도 부정할 수 없는 이론이기 때문이다. 그러나 행동과 사고와 이론은 각기 특이한 연을 갖는다. 倫理는 행동의 기준에 비추어 판단되는 가치의 문제이고, 理念은 이러한 가치 속에 특별한 이미지를 포함한다. 그리고 理論은 이러한 '사실'을 설명하는 것으로서 그 자체가 이러한 가치와 이미지를 함축하고 있다.

즉 行政理念이란 행정이 업무를 처리하는 데 있어서 의존하는 일련의 기준으로, 행정에 있어서의 철학적 요소이며 목적성을 띠고 있다. 이처럼 행정이념은 행정이 지향해야 할 당위적 개념이므로 국가가 처한 상황과 시대 · 장소에 따라 그 강조되는 점이 다르다. 이러한 점에서 행정이념은 그 추구하는 내용 자체가 한 국가의 행정윤리나 공직윤리의 기준을 제공한다고 보고 행정이념의 내용을 직접 행정윤리의 기준으로 보았다.

그러면 행정윤리가 어떠한 범주에서 논의될 수 있는지를 살펴보고, 본 책에서 언급될 행정윤리의 범주를 정의하겠다.

행정윤리는 일반적 윤리의 특수한 형태라고 할 수 있다. 따라서 행정윤리는 윤리적 행정의 연구와 실재를 위한 공통적인 준거 틀과 초점 · 강의 · 배경을 제공하기 위한 이론적 틀의 不在를 겪고 있다. 즉 현재 행정분야에 적용되었을 때 '윤리'가 무엇을 의미하는지에 대한 공유된 이해를 제공할 패러다임은 없으며, 그러한 이론적 틀의 부재에 대해서는 이견이 없는 뜻하다.[14] 즉 왈도(Dwight Waldo)[15]는 행정에서 윤리적 · 도덕적 형태를 '혼란스러운'이라고 기술했으며, 보우만(James Bowman)[16]은 "이론과 실제에 있어서 행정적 · 정치적 형태의 윤리적 의미는 대개 연구되지 않은 채로 남아 있다"고 말하였다. 그리고 최근에 로에(John Rohr)[17]는 행정윤리분야의 상태에 대한 보고서에서, "혼란에 가까운 다양성"이라고 기술하였다. 그리고 합의의 영역이 나타나고 있음을 확인하고 있지

14) Kathryn G. Denhardt, *op. cit.*, pp. 1～2.

15) Dwight Waldo, *The Enterprise of Public Administration*(Novato, Calif.: Chandler and Sharp Publishers, 1980), p. 100.

16) James S. Bowman, "Ethical Issues for the Public Manager," in *Handbook of Organization Management*, ed. by William B. Eddy(New York: Marcel Dekker, 1983), p. 71.

17) John A. Rohr, "Ethics in Public Administration: A 'Statre of the Discipline' Repottr," presented to the 1986 Annual Meeting of the American Society for Public Administration (Anaheim, Calif., April 1986), p. 53.

만, 6년 후에 저술한 책에서 로어는 行政倫理는 오직 혼돈의 상태에서 혼돈에 가까운 상태로 발전했다고 하였다.

이상에서 보았듯이 행정윤리가 무엇인가에 대한 논의는 분분하나 몇 개의 범주로 정리하면 다음과 같다.

첫째, 행정윤리를 公職倫理와 같은 의미로 보고, 행정윤리란 행정의 바람직한 목표를 달성하기 위하여 공무원이 지켜야 할 규범적 기준이라고 보는 견해로,[18] 이 경우 특수한 職業倫理와 관계 되는 것으로 파악하는 견해이다.

둘째, 행정목적의 실현과 부정부패의 해소를 행정윤리로 보는 견해로서 개인의 존엄성 또는 국민의 전반적인 생활향상을 실현한다는 행정의 사명과 목표를 지향해야 할 價値와 當爲 등으로 볼 수 있다.[19]

셋째, 공직윤리는 공직자로서 마땅히 그리고 스스로 준수해야 할 行動規範으로서 올바른 판단과 선택, 행위에 필요한 능력을 말한다.[20]

넷째, 공직윤리는 공공정책의 형성과 집행에 있어서 결정을 내리고 그 결정의 책임을 져야 할 사람, 즉 政策管理者가 마땅히 행하거나 지켜야 할 도리, 도덕, 또는 규범이라고 할 수 있다. 이렇게 공직윤리를 공공정책결정에 책임을 지고 있는 정책관리자 차원에서 다루고 있는 허범 교수는[21] 公職倫理가 논의되게 되는 두 가지 시대적 경향으로는, 첫째는 공적 연관성의 확장과 공적 사항의 증대로 인한 행정국가적 경향과, 둘째는 사회 모든 부문에서 나타나고 있는 윤리정의 축소 및 왜곡에 관련한 후기산업사회적 경향을 들며, 이러한 문화공동체의 해체경향과 도덕적 타락성과 같은 시대적 경향을 치유하는 것은 곧 윤리정의 회복으로서, 이에 따라 공공정책결정자들의 윤리적인 문제가 하나의 공직윤리로서 논의되고 있다.

이외에도 행정윤리는 "행정을 함에 있어서 지켜지지 않으면 안 되는 가치기준과 그 가치기준의 실천을 포괄한 뜻"[22]으로 정의할 수 있으며, 그리고 미국의

---

18) 이준방, "한국행정윤리의 실태와 확보전략에 관한 연구"(경희대 박사학위논문, 1986), 7~15면: 김동현, 「직업과 윤리」(서울: 한국정신문화연구원, 1985), p. 56.

19) 신종순, 전게서, pp. 16~34.

20) 백선기, "공직윤리의 구조와 제고전략," 「한국행정학보」, 제16호(한국행정학회, 1982), pp. 238~245.

21) 허 범, "공공정책결정과 공직윤리"(1991), 한국정신문화연구원 개최 세미나에서 제출된 논문에서 참조.

22) 최창호 외, 「행정학」(서울: 법문사, 1979), p. 690.

1940~1980년 초반까지의 행정학 저술 중에서 윤리에 관한 부분을 문헌분석한 덴하트(K. Denhardt)의 경우처럼 "개인적이고 전문적인 책임성을 적용할 수 있는 조직경계 내에서 발견될 수 있는 핵심적인 사회적 가치에 근거하여 독자적으로 결정기준을 비판하는 과정"[23]으로 정의할 수 있다. 또한 "행정을 수행하는 데 있어서 지켜지지 않으면 안 될 공직의 길잡이, 실천가치의 준거로서, 행정윤리는 현실적으로 행정을 직접 담당하는 공무원의 윤리관으로 이루어지고 있으며, 사적 윤리와는 달리 국민의 기대에 부응하는 공공신뢰의 원천이며 행정권력을 행사하는 정당성의 이유라고 보는 견해"[24]도 있다.

이상을 정리하면 행정윤리는 주체로서의 행정인, 당위성으로서의 규범적 기준, 적용대상으로서의 공공업무가 포함되며, 행정윤리는 행정인이 목표를 달성하기 위해 행정기능을 수행함에 있어서 바람직한 가치관의 확립과 그 가치관을 구현하는 과정이라 할 수 있다.[25] 그리고 공무원의 가치관의 확립과 더불어 조직적인 맥락에서 상황에 적절하게 기준을 변화시키면서 파악할 수 있다. 결과적으로 행정윤리란 실제로 존재하는 공식자의 윤리를 포괄하는 期待倫理라고 할 수 있으며, 기대윤리는 곧 바람직한 행정윤리의 수준이 된다, 행정윤리 수준은 공직자의 윤리의식, 공직사회의 공식 · 비공식조직, 환경 및 통제의 정도에 따라 그 수준이 다르게 나타나므로 이상의 요인들은 적어도 행정윤리 수준을 결정하는 변수가 된다.

이러한 행정윤리가 행정에 요구되는 가치기준이라고 한다면 공직윤리는 공직자에게 요구되는 行動規範이라고 할 수 있다. 그러나 양자의 차이는 행정의 개념정의에 따라서 달라진다. 즉 행정을 정부 이외의 일반조직에서도 나타나는 보편적인 현상으로 파악한다면 공직윤리는 행정윤리에 포용되는 개념으로 되어야 할 것이다.[26] 그러나 행정을 공공 또는 정부의 조직관리문제로 한정하면 양자는 같은 개념이 된다. 그리고 일반적으로 정부의 조직관리문제를 行政으로 표현하고 민간부문의 조직관리문제를 經營으로 표현하고 있으므로, 이러한 차원에

23) K. G. Denhardt, *op. cit.*, pp. 26~27 : Mary e. Guy, *Ethical Decision Making in Everyday Work Situations*(New York : Quorum Books, 1990), p. 13.K

24) 박문옥, 「행정학 大意」(서울: 신천사, 1984), p. 576.

25) 李瑞行, "한국행정윤리연구실태에 관한 연구──행정학연구의 경향과 관련하여──," 「한국행정학보」, 제20권 제 1 호(한국행정학회, 1986. 6), pp. 202~203.

26) 신종순, 전게서, pp. 16~34.

서는 공직윤리(public ethics)를 경영윤리(business ethics)와 구별되는[27] 행정윤리의 개념으로 보아야 할 것이다.

공직윤리와 같은 개념으로서의 行政倫理는 공무원의 職業倫理로서 비공무원의 직업윤리와 구별되는 개념이다. 비공무원의 직업윤리는 각 전문직업에 따라서 확보되어 있다. 예컨대 의사의 직업윤리, 종교인의 직업윤리, 기업인의 직업윤리 등이 그것으로 현대의 조직화·거대화되고 있는 실재에서 조직 내에서 활동하는 인간에게 요구되는 것은 조직인 및 전문인의 윤리이다.

현대의 직업인에게 요구되는 윤리는 다음의 세 단계로 나누어 볼 수 있다. 첫째, 개인도덕의 단계로 개인으로서 어떠한 덕성이 요구되는가 하는 문제이다. 둘째는 조직도덕의 단계로 조직과 그 안에 있는 개인과의 관계를 둘러싸고 생기는 윤리적 문제이며, 셋째는 조직체와 외부사회와의 관계를 둘러싸고 생기는 사회적 책임의 문제이다. 이 세 단계의 도덕적 문제는 조직 안에 있는 모든 사람의 문제이지만 그 사람이 맡고 있는 역할이나 지위에 의해서 문제의 성질에 차이가 생기고 강중의 구별이 생긴다. 사회에 대해서 가치 있는 일을 하고 있다고 하는 윤리적 만족을 주고 그의 직업에 사명감을 주게 되는 것이 社會的 責任의 문제이다.[28]

그런데 공직은 거의 모든 전문직업을 망라해서 구성되어 있을 뿐만 아니라, 국회의원이나 판사, 경찰, 소방, 군대 등과 같이 민간에게는 없으나 공직에만 유일한 전문직업이 대단히 많다. 따라서 행정윤리는 각 전문직업으로 구성되어 있는 공직에 공통되면서도 특유한 직업윤리를 바탕으로 요구되는 公務員의 行動規範이다. 공직에 공통되는 요소는 공직이 바로 공익을 추구한다는 점이고, 이에 특유한 직업윤리는 한마디로 국가에 대한 충성과 국민에 대한 봉사라고 할 수 있다.[29] 그리고 국가에 대한 충성과 국민에 대한 봉사의 구체적인 목표는 공익의 달성, 즉 국가안보와 국가발전에 있으며 행정은 이를 자주적인 입장에서 민주적이고도 합리적으로 추구해야 하는 것이다. 여기서 民主的·自主的 및 合

27) Mary E. Guy, *op. cit.*, pp. 7~11. 1987년 452명을 대상으로 한 Hornung의 설문조사에 의하면 "일반적으로 말해서 good ethics란 good business라고 응답한 비율이 95%에 달하고 있음"을 보여주고 있어 이들을 혼용되는 개념으로 파악하고 있다.

28) 김종호, "직업윤리의 뿌리는 사회적 책임," 경향신문, 1981. 8. 3, p. 9.

29) O. Glenn Stahl, *Personnel Administration*(8th ed.)(New York: Harper & Row, 1983), pp. 382~385.

理的이라는 충성과 봉사의 기준과 방법이 행정윤리의 근간이 되는 것이며, 또한 자주적 · 민주적 및 합리적이라는 안보와 발전의 기준과 방법이 행정이념의 근간이 된다. 그리고 행정이론은 이러한 행정윤리와 행정이념을 함축하고 있다. 즉 윤리는 가치와 규범의 행동적 차원에 중심이 있는 반면에, 이념은 원리와 철학의 의식적인 차원에 그 중심이 있다고 할 수 있다.[30] 이러한 차이가 있음에도 불구하고, 본 글에서는 행정윤리를 공직윤리와 같은 개념으로 파악하는 견해를 취한다.

요약컨대, 행정윤리(administrative ethics)는 공직이라는 특수한 직업분야에서 요구되는 특수한 윤리라 할 수 있으며, 공직윤리 또는 공직자윤리와 혼용하여 쓸 수 있다. 다시 말해서 行政倫理란 전체 사회 속에서 행정이 담당하는 모든 역할들을 보다 바람직하고 공평한 방향으로 수행되도록 인도하는 規範的 行動基準이라고 할 수 있다.

제 2 절 行政倫理의 哲學的 基礎와 不明瞭性의 解決

1. 行政倫理의 哲學的 基礎[31]

행정의 윤리를 올바르게 이해하기 위해서 윤리가 내포하는 哲學的 基礎를 논의하면 다음과 같다.

첫째, 윤리적 행위는 의사결정을 위해 수용된 기준을 검토하고 의문을 제기하는 과정을 포함하며, 이러한 과정은 때때로 독립적으로 수행되어져야 한다.

둘째, 윤리기준의 맥락은 사회의 핵심적 가치를 반영해야 하며, 그러한 가치의 이해는 시대에 따라 변화될 수 있고 또한 변화될 것이며, 그럼으로써 행위의 평가기준 또한 변화될 것이다.

이들 요소들은 각각 철학적 윤리전통과 정치사상에서의 선택이라는 관점에서 행정윤리의 모형과 다른 철학적 전통으로부터의 윤리모형과의 사이에서 일어날 수 있는 불일치를 발견하고, 철학적 전통이 행정윤리의 연구와 실제에 얼마

---

30) 박영기, 「현대행정이념」(한남대학교 출판부, 1990), p. 36.

31) Kathyrn G. Denhardt, *op. cit.*, pp. 27～36.

나 광범위하게 응용될 수 있을까에 대해서 논의해야 될 것이다.

(1) 獨立的 批判과 批判基準의 變化

철학사전 *Encyclopedia of Philosophy*(1967)에 의하면 倫理란 용어는 세 가지 ── 일반적 형식 혹은 생활방식, 일련의 행위규칙이나 도덕규범, 생활방식이나 행위규칙에 대한 탐구── 의 다르면서도 연관된 방식으로 사용되고 있다.

첫 번째 정의는 불교나 유대-그리스도교적 윤리이며, 두 번째는 직업적인 윤리에서 발견되는 규범의 개념을, 세 번째는 철학의 한 분야를 의미하는 것이다. 이러한 사용방식들은 인간의 행위를 규제하는 옳은 규범들이 발견될 수 있다는 것과 인간이 이 규범을 준수해야 한다는 것을 단정적으로 말하고 있다. 두 번째 정의의 경우, 그러한 규칙들은 잘 알려져 있다고 가정된다. 세 번째 경우의 규칙들은 더 깊은 탐구와 토론의 여지가 있다고 본다. 옳은 행위의 규칙들이 아직 더 많은 발견과 탐구에 여지가 있다고 한다. 이는 확실히 윤리의 내용범위에 속하는 일로 생각될 수 있다. 바른 행동규칙이 아직도 확정되지 않고 있다면, 이는 현재 사용하고 있는 바른 행동을 포함한 윤리의 과정적 측면이 남아 있음을 말해 주는 것이다.

리처드 브란트(Richard Brandt)는 倫理理論이란 윤리적 사실에 관한 의문에 답하거나 답하려고 노력하는 총체라 정의하였으며 윤리이론을 두 분야로 구분하였다. 첫째, 規範的 倫理는 어떤 윤리적 진술이 왜 옳고 유효한가 하는 것을 다루며, 둘째로 批判的 倫理는 윤리적 진술의 의미와 기능을 분석하고 정당화하는 문제를 다룬다고 하였다.[32]

행정윤리모형에서 사용하고 있는 윤리라는 말은 브란트의 규범적 윤리와 가장 유사한데 그 이유는 그것이 행정의 의사결정에서 행위를 지도하고 옳고 유효한 윤리적 진술의 탐색을 포함하기 때문이다.

또한 브란트는 規範的 倫理란 추상적이건 일반적이건 유효한 윤리적 원칙의 형성뿐만 아니라 이들 원칙의 수용을 방어하고 정당화하는 기능을 한다고 말한다. 또한 몇몇 사회과학분야들은 '制度의 批判과 正當化'를 위해 윤리이론을 사용한다고 한다. 브란트는 규범적 윤리는 어떤 의미에서는 제한이 있다고 하는데

32) Richard Brandt, *Ethical Theory: The Problems of Normative and Critical Ethics*(Englewood Cliffs, N.J.: Prentice-Hall, 1959).

그것은 모든 사람에게 수용되어질 수 있는 기본적인 윤리원칙의 목록을 망라하여 작성한다는 것은 매우 힘들기 때문이라는 것이다. 따라서 아마도 윤리이론의 전통으로부터 우리가 얻을 수 있는 가장 중요한 것은 윤리체계를 위한 모형(model)이며, 그 모형을 통해서 우리는 우리 자신의 윤리원칙체계를 비판할 수 있다고 하였다.

이러한 브란트의 업적은 윤리적인 과정은 정책결정이 이루어지는 과정에서 행동기준을 비판하게 한다는 몇몇 행정윤리문헌에 대하여 신뢰성을 주게 되었다. 다시 말하면, 행정윤리의 내용에 대한 일종의 모형은 제공될 수 있지만, 그것이 행정행위를 지도하는 데 이용되기 위해서는 지속적인 탐구와 분석과정이 필수적이며, 그럼으로써 독립적인 비판과 기준의 변화가 가능하다는 것을 정당화하여 준다.

시몬 드 보봐르(Simone De Beauvoir)는[33] 윤리가 만족스러운 秘法을 제공하지 못하는 것은 과학이나 예술이 그렇게 하지 못하는 것과 같다고 말한다. 윤리는 단지 수단만을 제공하고 있다는 것이다. 확실히, 행정윤리의 절차적 맥락은 윤리적 판단을 할 수 있는 수단이나 모형을 제공하고자 하는 노력을 말한다. 즉 그와 같은 모형을 위해서 윤리적 판단이 이루어지고 분석구조가 제공되고 행정윤리가 행해진다는 보봐르의 말은 이런 맥락에서 이해된다. 그리고 行政倫理를 위해 합의된 비결이나 비법은 없으므로 대신에 윤리적 의사결정의 수단이나 과정을 발달시키는 것이 필요하게 되었다.

그리고 가네트(Campbell Carnett)는[34] 수용된 윤리적인 판단의 비판적 검증은 모든 진보적인 사회질서에 있어 지속적으로 요구된다고 보았다. 이는 수용된 윤리원칙을 인정하지 않는다는 말은 아니지만 수용된 원칙들이 최상일 수는 없으며 무슨 원리가 최상이며 어느 것을 수용해야 되는지를 알아야 된다는 것이다. 또한 그는 인격의 독립성과 개인적 역량의 향상을 위해서 윤리의 연구가 중요하다고 한다. 만약 우리가 살고 있는 체제가 진보적 사회질서라고 가정한다면, 윤리원칙의 비판적 검증은 사회가 진보되기 위해 필요한 과정이라는 가네트의 견해를 다시금 지지할 수 있겠다.

33) Simone De Beauvoir, *The Ethics of Ambiguity, trans. by Bernard Frechtman*(Secaucus, N.J.: The Citadel Press, 1948).

34) Campbell A. Garnett, *Ethics: A Critical Introduction*(New York: The Ronald Press Co., 1960).

또한 허스트 앤더슨(Hurst Anderson)에 의해 언급된 '核心的 價値'(core value)의 한 가지는 개인의 인성의 중요성임을 상기할 필요가 있다. 정책결정기준에 관한 비판적 검증이 행정가의 도덕성을 발전시킨다고 한다면, 그 자체가 가치 있는 소산이라 볼 수 있다.

정치철학에서도 독립비판과 윤리기준의 변화에 관한 관심을 엿볼 수 있다. 예를 들어, 플라톤은 行動形態를 이성과 관찰 및 변증법 에 따라 이루어지는 것이라고 말한 바 있다. 즉 플라톤은 이상적인 공화국의 통치자는 이러한 관계들을 숙고하고 피통치자의 동의와 조정에 입각하여 통치한다고 말했다. 이 말은 두 가지 주장, 즉 비판이 허용되어야 할 뿐만 아니라 바람직하다는 것과 시간의 경과에 따라 행동형태들은 이러한 노력을 통해 더 잘 이해될 수 있다는 주장을 견지하고 있다.

플라톤은 입법과 통치를 해야 하는 엘리트집단이 숙고와 비판의 기능을 할 수 있다고 한 반면, 아리스토텔레스는 어떻게 法을 적용할 것인가를 아는 것 자체는 정의의 덕을 갖춘 이들에게 만 가능하므로 덕과 법 사이에는 또 다른 결정적인 연관이 있다고 인식하였다. 그러므로 법과 규칙을 만드는 일은 행정과업에 법 적용을 어떻게 할 것인가라는 문제로 이해할 수도 있으므로 법 적용방법 자체가 훌륭한 先例와 德의 적용을 요구하는 일이 된다. 그래서 아리스토텔레스의 철학은 행정가가 독립된 판단을 하고 잘 개발된 덕 있는 인격을 나타낸다고 하는 행정윤리모형을 뒷받침하는 것이다.

행정윤리모델의 한 측면은, 윤리기준의 내용은 시대를 초월한 核心價値가 반영되어야 하는 것으로 동태적이고 변화하는 기간 중에 다루어지는 가치를 의미하는 것으로, 여기에서 핵심가치란 앤더슨이 정신적이고 도덕적인 가치의 덕목을 포함하는 말이다. 골렘비우스키(Golembiewski)는 '道德'이란 시대를 초월하여 존재하는 절대적 기준이라 했다. 이에 따르자면, 시대의 실천적인 규범은 아닐지라도 우리 사회의 구성부분으로서의 절대기준을 의미하는 용어로 이해해도 되는지의 의문을 제기한다.

또한 철학자 쿠르트 바이에르(Kurt Baier)[35]는 道德이란 파격적이라 인정되는 어떤 행위를 동의하고 반대하는 이성체계의 한 부분이라고 정의하였다. 또한 道

35) Kurt Baier, *The Moral Point of View: A Rational Basis of Ethics*(New York: Random House, 1965).

德性이란 "일련의 규칙이나 일종의 시험을 거쳐 허용된 선례"로서 보다는 비교적 정교한 규칙체계이며 우리는 부도덕(nolunoral) 혹은 선도덕적(premoral) 사회의 가능성을 인정해야 한다. 규칙과 계율이 시험에 적합한지 여부를 결정하는 작업은 철학자들에게 맡긴다 하더라도, 우리 사회가 파격적이며 인식하는 계율이나 규칙을 발견하는 것은 가치 있는 일이다. 앤더슨은 核心價値를 열거함으로써 이 과업을 시작했으며 로어(Rohr)는 정치체제의 가치의 논의로 이를 심화시켰다. 또한 애들러(M. Adler)[36]는 우리 사회의 중심사상으로서 自由, 平等, 正義, 眞理, 善, 그리고 美를 주장했다. 바이에르(Baier)의 용어들 중 우리가 '핵심가치'라 불렀던 말에 비해 '도덕성'이 더욱 정화한 용어인 듯하다. 그 이유는 도덕성이란 더욱 지속적이고 파격적인 관점인데 반해, 가치(value)란 본질적으로 일시적이고 개인간의 불일치를 더 많이 내포하는 듯하기 때문이다.

리처드 민스(Richard Means)[37]는 그의 책에서 가치와 윤리를 구분하였다. 그가 말한 이 두 용어는 밀접하게 연관되어 있지만 같은 것은 아니다. 倫理를 사회의 철학적 · 종교적 전통으로부터 유래된 행위의 규범기준으로, 價値를 시대에 따라 변하는 합리적 사회행동을 뒷받침하는 규범으로 정의하였다. 그리고 서구사회 윤리를 다루는 철학자들은 윤리적 강제를 '當爲'로 표현한다면[38] 가치는 '存在'로 표현된다는 데 대체로 동의하고 있다.

당위와 존재의 구분에 따라, 토마스 아퀴나스(T. Acquinas)의 정치사상에서 민스의 주장이 뒷받침되고 있음을 알 수 있다. 아퀴나스는 인간의 法이 공동선(common goods)이나 자연법에 대치됨으로써 부당할 수도 있다고 보았으며, 그래서 구속력이 없다고 생각하였다. 인간의 법은 존재인 반면 자연법은 당위인 것

---

36) Mortimer J. Adler, *six Great Ideas*(New York: Macmillan Publishing Co., 1981).

37) Richard L. Means, *The Ethical Imperative: The Crisis in American Values*(Garden City, N.Y.: Doubleday and Co., 1969).

38) Marvin T. Brown, Working Ethics-Strategies for Decision Making and Organizational Responsibility(California: Jossey-Bass, Inc., 1990), p. 21. Brown은 윤리를 규범적 윤리와 기술적 윤리로 나누고 있다. 이들을 표로 나타내면 다음과 같다.

descriptive ethics(기술적)	normative ethics(규범적)
what is(존재)	what ought to be(당위)
explanation(설명)	justification(정당화)
behavior(행동)	action(행위)

이다. 민스가 정의한 '倫理'란 앤더슨이 정의한 '核心價値'와 직결되는데, 앤더슨의 입장과 대부분의 행정윤리 서술가들의 주장이 '당위의 차원'에서 분명히 같은 입장을 취하고 있다. 이러한 이유에서 윤리행위모형이 사용하는 용어를 변경하고 핵심가치와 관련되는 것을 삭제하고 대신 '윤리'나 '도덕성' 혹은 골램비우스키나 바이에르가 말한 사회의 '도덕적 질서'라는 용어를 사용하는 것이 좋을 것 같다. 이것이 현재의 '*存在*'(is)에 기초한 의미를 가리키는 價値의 사용보다는 倫理的이라는 말과 훨씬 더 일치하는 듯하다.

社會的 道德性의 변화하는 다른 측면은 도덕성 자체가 변화하는가 아니면 그 도덕성에 대한 우리의 이해가 변하는 것인가이다. 도널드슨(Donaldson)과 베르헤인(Werhane)[39]은 도덕적 의무의 상대적 기초는 시간과 장소 그리고 환경에 따라 변한다. 반면에 도덕적 의무의 절대적 기초에 관한 보편적 규범을 발견해 내야 하는 것으로 보았다. 相對主義者와 絕對主義者와의 논쟁을 여기에서 해결할 필요는 없을 것이다. 어느 경우든, 행정가들은 시간과 환경의 변화 때문에 또는 더욱 발전된 보편적 규범의 이해 때문에, 도덕적 의무의 정의가 변화하는 것을 알게 될 것이다. 또한 행정가의 의무는 인정되어야 하고 이에 따라 결정기준도 변해야만 할 것이다.

우리 사회의 도덕성올 이해하려는 의식적인 노력과 결과는 민스(Means)가 말한바 ──"우리가 다양한 가치의 전통과 그의 근원에 대해서 주의를 기울인다면, 우리는 社會問題에 더 잘 적응할 것이다. 사회문제에 대한 우리의 인식은 우리의 윤리기준보다 나을 수 없는 것이 분명하다"── 와 같다.

(2) 倫理의 組織的 맥락

行政家의 위치에서 의사결정과 행동의 범위, 이러한 행동에 대한 행정가의 책임부과방법을 살펴보기로 한다. 이것은 어떠한 행동이나 결정이 적절하며 행정가는 조직에서 역할에 따라 어떻게 책임 있는 행동을 할 수 있는가를 결정해준다. 앞서 行動과 決定을 하는 행정가는 엄격한 기준을 적용할 것을 강조한 바가 있으나 여기에서 행정가는 조직의 역할과 요구에 순응해야 하기 때문에 윤리적 행동이 제약된다는 주장은 약간 모순되는 듯 하다.

39) Thomas Donaldson and Patricia H. Werhane, *Ethical Issues in Business: A Philosophical Approach*(2nd ed.)(Englewood Cliffs, N.J.: Prentice-Hall, 1978).

리처드 브란트(Brandt)는 조직목표, 조직에서의 행정가의 역할의 중요성에 대한 철학적 이유를 제시한 바 있다: “일반적으로 … 인정된 道德的 信念은 어느 정도 타당성을 가지고 있다고 가정한다. … 한 집단에서 인정된 도덕적 신념은 확실히 '聯關性' (relevance)을 지닌다.” 이 문제에 대한 깊은 고려가 요망된다고 결론을 내렸다.

만약 '합법적인 권위에 대한 순종' 을 일반적으로 인정된 도덕적 신념으로 볼 수 있다면, 조직의 상위계층의 지시와 충돌하는 의사결정을 내리려는 행정가에게는 '합법적인 권위의 계층에 대한 순종' 이 '중요한 연관성' 을 가지는 것이 사실이다. 이는 행정가는 조직의 권위나 목표에 의문점을 전혀 갖지 말아야 한다는 것이 아니라 단지 권위에 대한 순종에 '중요한 연관성' 을 부여할 수 있다는 것을 의미한다.

토마스 아퀴나스의 사상을 분석한 시블리(M. Q. Sibley)[40]에 따르면 “아퀴나스는 불공정한 법이 존재할 수도 있다고 하연서도 어떤 법이 불공정한지 결정내리는 자가 누구인지는 확실하게 언급하지 않고 있다. 하지만 그는 불공정한 법일지라도 이를 준수하지 않을 경우 혼란이 일어날 것이 예상된다면 준수되어야 한다”고 단언했다.

바이에르(Baier)는 조직이 행정가에게 부가하는 한계에 대해서 설득력 있는 설명을 제시한 바 있다. 그는 개인이 가능한 행동을 할 때 자신감과 신분의 안정을 느끼는 것은 매우 중요한 일이며, 그러한 과정은 인간의 가장 기본적인 필요와 욕구의 실현을 위해 제도와 규칙이 공헌하는 점이라고 보았다. 바이에르는 조직이 정한 규칙이나 절차에 따라서 행동하는 일은 조직의 동료와 일반 시민대중에게 자신감과 안정감을 보여줄 수 있게 해 준다고 한다. 그와 같은 자신감과 신분의 안정성 없이는 혼란이 일어나고 인생의 보람도 없어진다고 말한다.

그러나 바이에르는 行政家가 그의 권한의 범위, 조직의 규칙, 조직의 목표를 절대 벗어나서는 안 된다는 말은 아니다. 오히려 일반시민이 기대하는 바대로 행정가가 행동해 줄 것을 바라는 것이다. 왜냐하면 그와 같은 행동은 장관의 지시를 따른 행동인 것이다. 그러므로 인간이 가장 기본적인 욕구와 욕망의 실천을 위해서 명확한 制度와 規則이 필요하다고 언급했다. 그가 조직에 의해 설

40) Mulford Q. Sibley, *Political Ideas and Ideologies*: *A History of Political Thought*(New York: Harper & Row, 1970).

정된 규칙과 절차를 따르도록 제시한 이유는 이렇게 하는 것이 조직의 동료와 일반대중에게 행정가의 행위를 예측할 수 있게 해준다는 확신과 안정을 주기 때문이다. 안정성이 없는 삶이란 혼란스럽고, 바이에르가 말한 바와 같이 '가치있는 삶'이 되지 못할 것이다. 하지만 이는 행정관이 자신의 권위영역 밖으로 나가서는 안 된다든지 조직의 규율과 목표에 대해 의문을 가져서는 안 된다는 것을 의미하는 것은 아니다. 단지 일반대중이 행정가의 어떤 행동(예를 들면 상위자의 명령에 그대로 따르는 것 등)을 豫測할 수 있도록 하는 것에 상당한 가치를 두는 것도 나름대로의 이유가 있음을 인정하는 것이다. 즉 행정가가 어떤 경우에 있어서는 최선의 방법은 아니지만 조직의 다른 구성원과 일반대중의 신뢰와 안전성을 감소시키는 것보다는 바람직하다고 파악하여 그 방법을 따르는 것이 설득력이 있다는 것이다.

정치사상가인 피터 싱거(P. Singer)[41]는 합법적으로 만들어 낸 민주적인 법을 따르지 않을 수도 있음을 주장했다. 그는 민주주의란 "사회구성원이 合意하는 문제의 해결을 위한 절차이며 의사결정과정에서 분쟁을 해결하는 데 매우 중요하다"고 하였다. 조직구조와 권위체계도 사회구성원이 일반적으로 동의하여 실질적인 도덕적 가치를 지니는 의사결정과정으로 여겨져서 행정가가 이를 쉽게 어길 수 없어야만 한다.

앞서 설명한 여러 철학자의 견해는 윤리적 행정의 모형이 이론상으로 적실성은 지닌다고 볼 수 있다. 그런데 '核心價値'[42]라는 용어는 오도될 수 있으므로 이를 '社會的 道德性'이란 용어로 고친다면 훨씬 온당하다고 보겠다. 이것은 어떤 주어진 시점에서 실제규범이 도덕성과 일치하지 않을 수도 있지만 사회의 궁극적인 기준이 존재함을 뜻한다.

規範은 사회의 윤리와 반드시 일치하는 것은 아니다. 윤리적이 되는 과정은 우리가 준수하는 기준과 사회의 도덕성을 보다 더 잘 이해하는 노력에 불과한 것이다. 사회의 규범과 행정가의 윤리적 행동간에는 상당한 괴리가 있는 법이

41) Peter Singer, *Democracy and Disobedience*(New York: Oxford University Press, 1974).

42) ASPA에서 1990년 행정가들을 위해 윤리적 가치 또는 원칙으로서 제기된 가치들로 정직성, 청렴성, 약속정확성, 충성, 공정성, 보살핌, 존경, 시민정신(준법성, 참여), 업무의 질 우수정 추구, 회답성(책임성), 부적절한 모습의 회피 등을 채택하여 제시한 바 있다. 이처럼 '핵심적인 윤리적 가치'들은 시대 및 상황에 따라 변화를 하게 된다. 따라서 행정가들은 자체의 특수한 직업정신에 비추어 핵심적인 가치의 변화에 적절하게 응답할 수 있어야 한다.

다. 윤리적 행정의 지속적인 발전의 한 면으로, 실제 윤리기준과 사회의 참된 도덕성간의 합일점을 찾으려는 움직임이 있다.

윤리의 철학적 전통에서 행정윤리의 틀을 비판하여 보면 행정윤리의 다방면에서 많은 시사점을 얻게 될 것이다. 하지만 이는 여기서 논의되는 주된 부분이 아니다. 윤리적 행정의 모델은 공공행정윤리 문헌의 조합이며 윤리에 대한 철학적 접근과 일치하는 것처럼 보이지만, 이는 결국 이론적 모델에 불과한 것이다. 앞에서 언급한 바와 같이 행정가들의 윤리적 행동을 실행하지 않으면 윤리적 행동모델은 아무 쓸모가 없게 된다. 모델의 적실성 여부는 행정가의 여러 가지 주위환경에 의해 결정될 것이다.

다음은 행정가들이 부딪히게 되는 행정윤리의 실제적 상황에서 나타나게 되는 불명료성을 해결하기 위한 철학적 방식들을 제시하고자 한다.

2. 行政倫理의 不明瞭性을 해결하기 위한 哲學的 方式

여기에서는 행정윤리의 전반적 이해를 증진시키고 사회환경 내에 내재된 윤리성의 불명료성을 해결하도록 돕고, 또한 그러한 철학적 전통들이 公共行政의 歷史에 미친 영향에 대한 지식을 증진시키는 데 강조점을 두고자 한다.

행정인들은 개별적 혹은 집단적으로 사회, 시민, 선출된 관료 등이 그에게 부과하는 여러 가지 요구와 기대로 인해 가끔 발생하는 도덕적 갈등을 어떻게 다루어야 하는가? 또한 행정인들이 자신들에게 주어진 지침을 비평하고, 자신과 타인들이 지닌 여러 가지 관점에 의문을 제기할 수 있는 기반을 얻기 위해서는 어떠한 도구들을 사용할 것인가? 이러한 노력에 道德哲學과 政治哲學의 傳統이 많은 기여를 할 수 있다고 본다.

앞에서 지적했듯이 행정윤리를 발전시키는 데 있어서 큰 약점 중의 하나는 우리의 철학적 전통과의 교류가 부족하다는 것이다. 도덕철학과 정치철학은 오늘날 행정인들이 직면한 중요한 딜레마들을 해결하는 데 쓰여지는 다양한 접근법을 갖추고 있다. 이 두 哲學觀은 行政實務의 役割과 背景올 규정하는 데 많은 공헌을 했고, 따라서 딜레마 해결에 이들을 사용하는 것은 타당하다고 볼 수 있다.

(1) 道德哲學

이미 제시된 도덕규범의 의무론적 · 목적론적 접근법의 개요가 아마도 道德哲學과 行政倫理와의 연관성에 대해 가장 명확한 설명을 제시해 줄 것이다. 그런데 이 철학적 전통은 그 이상의 장점을 갖고 있다. 첫째, 도덕철학에 관한 지식은 한 관점이나 의사결정의 납득할 만한 정당성을 제시할 때 필요한 논리나 추론을 잘할 수 있도록 도움을 준다. 즉 이것은 논의를 제시하는 방법에 대해 이해를 돕고 도덕적으로 중요한 문제점들을 잘 파악하도록 돕는다. 이런 모든 기술들은 윤리적 심의와 대화를 전개하는 데 필요한 것이다.

둘째, 도덕철학은 레이(Waynes A. R. Leys)가 지적했듯이 비평과 의문제기의 근거를 제공한다. 이는 이의제기의 논쟁과 관점을 제시해 주어 한 상황이나 윤리적 딜레마에 대한 행정인의 이해와 자신의 의사결정을 변호할 능력을 증진시켜 준다. 그러나 릴라(Mark Lilla)가 경고했듯이, 행정인을 民主主義精神의 기반 없이 단순히 윤리적으로 訓練시키는 것은 그들로 하여금 자신들의 관점이 도덕적으로 옳고 그른지를 판단할 능력은 없으면서 그 관점을 면밀히 논쟁하는 능력만을 키워주는 결과를 낳을 수 있음을 명심해야 하겠다. 상반되는 관점들은 도덕철학 내에 수없이 많으므로 올바르게 훈련을 받지 못한다면 도덕철학을 단지 개인적으로 선호하게 된 일련의 행동들을 열거해 놓은 것에 그치는 것으로 간주할 우려가 있다.

셋째, 도덕철학의 적용에 관한 연구는 행정인들로 하여금 집단에 미칠 의사결정의 영향을 고려하고, 개인존중뿐만 아니라 단체도 존중할 수 있는 방법을 제시해 줄 접근법에 관한 전문지식을 갖도록 기회를 제공해 줄 것이다. 다시 말해, 도덕철학에 광범위하게 접함으로써 윤리적 이기주의에 대한 대안들을 제공받게 된다. 도덕철학은 가치판단 없이 사실에 기반하여 대답하고 결정함으로써 중립적이라 가정되는 과학적 분석을 보충할 수 있다는 점에서 중요하다. 그러나 과학만으로는 너무나 협소하고 제한되어 있음이 밝혀져 왔다. "지난 이백년 동안의 지성사에서 무엇이 거짓 없는 사실인가로 간주되는 면에서나 합리적 논쟁의 한계에 있어서 이전에 볼 수 없었던 강한 제한을 주었다. 엄격히 말해서, 우리는 가치에 대해 의미 있게 논의할 수도 없다. 그 이유는 價値는 事實의 세계와 이러한 사실들에 관한 의미 있는 주제의 영역 밖에 있기 때문이다."[43]

번슈타인(R. Bernstein)은 科學과 實證主義의 철학적 전통의 미덕을 명확성과 엄격성, 그리고 비구속적 사색에 대한 건전한 회의로 묘사했다. 그러나 그러한 전통들은 가치가 사고로부터 배제되었기에 질식시키는 듯한 구속용 재킷으로 변해버렸다고 말한다.[44]

비록 과학적 철학의 전통적 개념이 價値問題에 관한 사고를 포함하지 않고 논리적 의사결정에서의 지침이 될 수 없다 해도 그것이 문제를 인식하고 정보를 수집하여 문제를 논리적으로 생각할 수 있으므로 행정윤리의 분석틀에 기여할 수 있다. 이러한 것들은 합리적이면서 논리적인 의사결정에 관한 귀중한 논의들이다. 만약 이와 같은 형태의 기술과 함께 가치가 과학자들이 무엇을 관찰하고 연구하는가를 선택하는 데 영향을 주며, 수집된 자료와 그 해석에 영향을 준다고 생각할 때, 가치선택은 행정행위에 있어 적절한 역할을 담당할 수 있게 될 것이다. 도덕철학과 과학적 분석은 함께 엄격성과 윤리적 사고의 건전한 調和를 제공하게 될 것이다.

(2) 政治哲學

정치철학은 행정윤리와 관련된 문제해결의 자료로서 논의되어지고 있다. 앞서 있었던 민주적 기풍에 관한 논의들은 이의 예로써 행정인의 역할을 다룬 최근 연구의 일부에 지나지 않는다. 예를 들어 챈들러(R. Chandler)[45]는 행정의 역할과 시민의 역할에 대한 로마와 아테네의 해석을 비교함으로써 行政人의 役割을 검토하였다.

정치철학의 또 다른 차원은 '연방주의자'(federalist)들의 관점으로서 헌법에 내재된 도덕적 원칙의 해석을 포함하고 있다. 매디슨(Madison)은 憲法의 비준을 옹호하는 입장이었는데, 왜냐하면 "정의의 원칙이나 소수정당의 장의나 권리에 관한 규칙에 따르지 않고, 타산적이고 횡포적인 다수에 따라 너무 빈번하게 조치들이 결정된다"는 비난을 극복할 수 있는 정부가 헌법에 의해 창조되었기 때

---

43) Richard J. Bernstein, *The Restructuring of Social and Plitical Theory*(New York: Harcourt Brace Jovanovich, 1976), p. xxiii.

44) *Ibid*., pp. xxii～xxiii.

45) Ralph clark Chandler, "The Civil Servant as Trustee: A Reorganization or the Professionalism Discussion," *Dialogue* 5(Summer 1983), pp. 5～21.

문이다.[46] 다시 말해서, 헌법은 개인의 권리가 개입되었을 때 다수의 이익과 선호를 극복할 수 있는 정당한 결정을 위한 근거를 제공해 준다고 생각되었다. 이는 총효용이 모든 경우에 극대화되지는 않는다는 것을 의미하기에 매디슨의 논의는 효용론적인 것에 대항하는 義務論的인 것으로 보인다. 그리고 헌법주의, 작업장의 민주화, 대응성 및 참여성은 그 목표와 행동의 정당성을 제공해 주는 정치철학에 의존한다. 이들은 행정인이 적용해야 하는 기준뿐만 아니라 행정역할과 관련된 문제들을 제시한다. 또한 行政哲學은 그 문제들을 탐구하고 행정윤리의 분석틀을 개발하는 데 유용하며, 국가와 도덕질서 사이의 관계와 훌륭한 정부와 훌륭한 시민의 관계에 관한 다양한 해석을 제공해 준다.

마키아벨리의 저술은 공직으로부터 개인적인 도덕성을 분리시키는 논의의 뛰어난 예로 볼 수 있다.[47] 그러한 그의 공헌들을 열거하자면 끝이 없을 것이다. 그러나 점차 이러한 자료의 가치가 인식되어지고 있다. 그 예로 미국행정학회지(Public Administration Review)는 1984년 특별호에서 '시민권과 행정'을 주제로 다루었는데 많은 기사들이 미국의 건국공로자들의 저술뿐만 아니라 그리스·로마시대, 홉스, 리프만(Walter Lippman), 아라스토텔레스, 스미스(Adams Smith) 등의 저술을 언급하고 있다. 확실히 政治哲學은 행정의 사회·역사적 문맥을 이해하는 데 도움을 줄 수 있으며, 행정에 대한 윤리적 접근에 많은 통찰력을 제공할 수 있다.

이상에서 본 바와 같이 철학적 전통은 행정의 상황변화를 이해하는 데 중심적인 역할을 한다. 이 전통은 관점간의 갈등과 대조가 있을 때 두드러지지만 상당한 합의가 있을 때에도 유용성이 인정된다. 철학적 전통은 행정의 윤리적 딜레마를 인식하고 해결하는 데 필요한 도구를 제공한다.

그렇다면 이것은 분석틀에 대해 무슨 의미를 가지는가? 여기서는 윤리적 의사결정에 있어 행정인이 이해하고 추종하는 道德的 秩序가 있음을 제시하였다. 비록 도덕적 질서의 본질, 자료 또는 내용에 완전한 합의는 없지만 행정윤리에 필요한 기반을 제공한다는 데 충분한 합의가 있다.

여기서 또한 볼 수 있는 것은 사회가 행정인에게서 많은 기대를 한다는 것

46) Henry Steele Commager, *Selections from the Federalist*(New York: Applenton-Century Crofts, 1949), p. 9.

47) Sturt Hamp *et al.*, *Public & Private Morality*(Cambridge: Cambrkdge University Press, 1978), p. 49.

과 행정인의 역할이 전체를 포용하고 있지는 않다 하더라도 매우 광범위하다는 것이다. 이는 행정인이 그들의 업무에 있어 도덕적 질서를 해석하고 집행하는 데 비구속적이지는 않으나 오히려 능동적인 역할을 가지고 있다는 생각을 뒷받침한다. 행정인에 대한 기대의 본질을 결정하고 행정의 결정에 있어 도덕적 판단을 하는데 指針이 되는 많은 자료가 있다.

政治哲學과 道德哲學은 모두 좋은 정부와 좋은 행정과 관련된 수단, 과정 그리고 구조를 밝힘으로써 행정윤리의 過程차원을 논의하는 데 유용한 항목이다. 그리고 행정윤리의 內容차원의 관점에서 정치·철학은 훌륭한 삶, 좋은 사회와 관련된 가치, 권리 및 의무의 관점에서 풍요한 지침을 제공한다. 도덕철학은 어떤 도덕적 확신을 생각하고 결정하며, 행동에 옮기는 데 투입을 제공한다는 점에서 확대된 차원을 제공한다. 정치철학은 많은 의견을 제공하지만 도덕철학은 이들 의견을 비판하고 행정관행에 적용하는 데 철학적 기초로서 기여한다.

제 3 장

行政倫理의 社會的 · 歷史的 基礎와 倫理的 本質

제 1 절　行政倫理의 社會的 · 歷史的 基礎
제 2 절　行政倫理 및 理念의 倫理的 本質

제 3 장 行政倫理의 社會的 · 歷史的 基礎와 倫理的 本質

제 1 절 行政倫理의 社會的 · 歷史的 基礎

헤겔(G. W. F. Hegel)은 普遍的 歷史를 정신세계 ──신의 이성적이고 필요한 의지── 가 그 잠재적인 지식을 전개하는 과정[1]이라 하였으며, 역사를 나무의 종자에 비유하여 "나무의 싹이 그 나무 전체의 특성, 또한 열매의 형태나 맛을 나타내듯이 정신세계의 원형도 그 전체역사를 外延하고 있다"[2]고 하였다. 이러한 역사철학의 맥락을 행정윤리에 착용하여 보면 행정윤리의 본질을 포함한다고 볼 수 있다. 그러나 이러한 본질을 규명하기 위해서는 잠재적인 것에 관한 지식을 탐구하려는 노력이 요청된다.

행정윤리의 잠재적인 국면을 이해하기 위해서는 기존 행정실무의 의무, 책임, 역할과 영향력에 대한 세밀한 고찰이 필요하다. 다시 말해서 행정의 개념을 보다 넓은 의미에서 재조명하여 그것이 행정윤리에서 차지하는 의미를 살펴보아야 할 것이다. 따라서 여기서는 행정의 사회적 · 역사적 측면을 고찰함을 목적으로 한다. 이러한 행정윤리의 각 국면들은 이론적 배경을 바탕으로 사용가능한 접근방법 내에서 논의되어야 할 것이다.

행정의 사회적 · 역사적 맥락은 다음과 같은 세 영역으로 나뉘어 논의할 수 있겠다.

첫째, 지금까지 수용되어 왔고, 앞으로도 수용될 수 있는 기본적인 사회도덕 규범

둘째, 이러한 도덕규범과 사회에 있어서의 행정의 역할

---

1) George Wilhelm Frederick Hegel, *The Philosophy of History*(New York: Dover Publications, 1956), pp. 17~18.

2) *Ibid*., p. 18.

셋째, 위의 영역에서 발생하는 문제점과 갈등을 해결하기 위한 접근방법을 제시하는 전통적인 철학관

이 접근방법의 논리적 근거는 倫理에 관한 논의가 도덕규범에 대한 이해에 기초를 두고 있다는 점에 있다. 도덕규범은 일련의 행위에 대해 사회적으로 옳고 그름을 판단할 수 있는 기준이 되는 규범들이다. 동시에 도덕규범은 현재 윤리적이라고 수용, 규정되는 것을 비판하는 근거가 되기도 한다. 따라서 도덕규범을 정립하고, 실천의 영역에 적용하기 위한 행정의 역할을 논의하기 위해서는 도덕규범 자체에 대한 이해가 필수적으로 선행되어야 한다. 이처럼 도덕규범은 윤리의 개념을 이해하는 데 필요한 기본적 토대로 작용하기 때문에 행정윤리의 내용차원(content dimension)을 개발시킬 수 있으며, 다른 사회적 · 정치적 관계자와 비교하여 행정인의 역할은 행정윤리의 과정차원(process dimension)을 정의하는 데 있으며, 이것은 문제해결과정을 제도화하는 몇 가지 방법을 제시해 준다. 그러나 도덕과 행정윤리에 대한 논의는 본질적인 갈등과 해결되지 않은 문제들을 수반하게 된다. 따라서 행정윤리분야에 있어서 이러한 문제점들을 해결하거나 이에 도움을 주는 방법에 대한 연구는 중요하다.

1. 우리 사회의 道德規範

價値의 본질은 역동적이며 시간이 지남에 따라 변하게 된다. 오직 시간에 대한 인식이 도덕규범에 대한 인식과 연관되어질 때 우리는 사회문제를 올바르게 인식하는 관점을 갖게 된다.[3)]

행정윤리분야에 있어서 다른 가치구조, 혹은 현재 행정인들이 가지는 윤리적 문제와 기대가 아닌 오로지 도덕규범에 초점을 둠으로써 현재 실행되고 있는 일들이 이루어져야 할 일의 표본으로서 받아들여지는 위험을 방지할 수 있다. 중립적 권능(neutral competence)과 사회적 형평(sociai equlty)이 시간이 지남에 따라 합법성을 얻고 또 잃었듯이 행정인에 대한 윤리적 기대의 다른 해석들도 합법성을 잃게 될 것이다.[4)] 따라서 윤리문제를 다루는 데 있어서 필요한 우리들의

3) Richard L. Means, *The Ethical Imperative: The Crisis in American Values*(Garden City, N.Y.: Doubleday and Co., 1969), p. 26.

4) 행정윤리의 이념적 측면인 행정이념의 패러다임이 시대의 상황에 따라 변해 왔듯이, 행정인에 대한 윤리적 기대도 이에 상응하여 변하게 마련이다. 그 동안의 행정이념 변화는

가치관은 영구적인 도덕규범을 제공하게 된다. 이는 미국 정치사상에 영향력이 컸던 듀이(John Dewey)의 윤리에 대한 실용주의와는 상반되는 의견을 나타낸다. 듀이의 실용주의사상에 의하면 변화되는 인간의 욕구와 조건 속에서 우리는 원하는 결과를 얻기 위해 새로운 가치관을 개발한다. 따라서 그의 이론은 때로는 도구주의로도 간주된다. 그러나 여기서 원하는 결과는 본질적으로 가치가 있는 것, 혹은 선한 것이 아니다. 그 결과들은 사회적으로 구성되어졌고, 인간과 상황이 변함에 따라 변화될 것이다.[5] 그리고 옳다는 개념도 사회가 변함에 따라 변화되어야 한다. 현대사회에서 정해진 이상과 실제 행동과의 차이는 시대에 뒤떨어지는 가치관을 고집하는 데 그 부분적인 원인이 있다.[6]

듀이는 윤리에 있어서 오직 과학적인 방법을 사용하는 것만이 변화하는 인간의 욕구에 대해 가치관을 계속해저 적응시켜 나갈 수 있는 길이 된다든지, 또는 진리는 절대적이기보다는 상대적이라고 주장한다.[7] 이러한 듀이 주장의 기초가 되는 道德的 相對主義(ethical relativism)의 가정은 다음과 같다. 즉 기초적인 윤리적 판단을 할 경우, 어느 결정이 객관적으로 정당하면서 이성적인가를 판가름할 기준이 없다는 것이다. 따라서 듀이는 사회적 필요성과 조직이 변화하면서 이에 의거하여 가치관이 변화되어야 한다고 결론을 내린다.

듀이의 도구주의와 덴하트가 제시한 행정윤리의 이론적 골격은 가치를 과도적으로 본다는 점에서는 같으나 본질적으로 크게 다르다.

듀이의 도구주의는 변화하는 인간의 상태에 따라서 가치관이 적응해야 한다고 본다. 윤리적 개념에 대한 분석들과 위의 민스(R. Means)의 인용문에서 다루었듯이 가치관은 영구적이고 근본적인 도덕규범과 변화하는 인간의 욕구와의 조화를 반영해야 한다. 이 같은 차이점은 〈표 3.1〉에 설명되어 있다.

만일 행정윤리의 분석틀이 상대주의와 도구주의적 가정에 근거를 두고 있다면 행정인들은 기술과 상황의 변화가 생길 때마다 윤리관이나 가치관이 이에 따라 변화될 것이라고 생각할 수 있다. 만약 가치가 상대적이라고 본다면 급변하

제 4 장에서 자세히 다룰 것이다.

5) James Gouinlock, *The Moral Writtings of John Dewey*(New York: Hafner Press, 1976), pp. 176~187.

6) Ethel M. Albert, Theodore C. Demise and Sheldon P. Peterfreund, *Great Traditions in Ethics*(New York: D. Van Nostrand Co., 1969), p. 283.

7) *Ibid.*, pp. 282~283.

표 3.1 변화와 도덕규범

	도덕규범의 본질	도덕규범의 변화
도구주의	상 대 적	사회변동에 따른 도덕규범의 변화
보편적 법칙	절 대 적	새로운 사회 환경에 적용함에 따라 도덕질서에 대한 보다 심층적인 이해가 가능하다

는 기술, 리더십 혹은 환경에 따라 변화할 것이므로 행정윤리도 진정한 체제가 개발될 수 없다.

이에 반해 행정윤리가 영구적인 道德規範의 개념에 근거를 두고 있다면, 새 기술이 도덕적이고 윤리적이라는 이유에서 즉시 수용되고 기존의 도덕규범을 저버리기보다는 새로운 상황과 기술을 영구적인 도덕질서에 적용시켜 평가하게 될 것이다. 도덕이 기술보다 뒤떨어지거나 혹은 정해진 이상과 실제 행동과 차이가 있다면 이것은 인간이 절실히 믿는 것을 실천에 옮기지 못하는 것을 의미한다. 혹은 급속히 개발되는 기술에 충분히 이해되지 않은 도덕적 원칙을 적용시키는 어려움을 의미할 수도 있다. 변화하는 여건에 사회적 가치관이 적용되는 경우, 이는 도덕규범의 새로운 이해를 반영하는 것이지 기존 진리의 포기를 의미하는 것은 아니다. 따라서 진리 자체는 절대적이고 불변하다고 볼 수 있으나 시간이 경과함에 따라 진리에 대한 우리의 이해와 적용은 계속해서 동적으로 발전되고 변화되어 갈 것이다.

앞서 제시된 민스의 인용문에서 '시간에 대한 인식'은 우리 시대에 통용되는 가치관이 윤리적 심의를 거치면서 '도덕규범의 인식'과 균형을 맞추어야 되는 것으로 해석된다. 행정인들이 도덕규범의 인식 없이 시간에 대한 인식만으로 현재의 규범에 일관해서 행동할 수는 있지만, 도덕적으로는 비난의 대상이 될 수 있다. 반면에 행정인이 시간에 대한 인식을 갖추지 못하면 도덕규범에 대한 현재의 이해나 해석, 혹은 도덕규범에 의해 검토되고 비난 또는 적응되어야 하는 상황이나 기술의 변화를 반영하지 못한 행동을 취할 수 있다. 한 예로 민간생활의 존엄성은 도덕규범이 이미 인정하고 있다. 이런 관점에서 유전공학의 발달, 즉 유충(embryos)을 동결시키는 기술, 여타의 유사한 기술적 발달이 어떻게 고려되어질지는 의문시된다.

듀이는 인간생활에 대해 갖는 가치관이 인간의 새로운 능력에 따라 변화되어야 한다고 주장한다. 인간의 존엄성을 보편적 법칙으로 보는 이들은 우리가 규정하는 인간생활이 무엇인지 신중히 고찰하고 이러한 새로운 이해로서 새 기술을 판단해야 한다고 주장한다. 여기에 부응해서 도덕규범이 아니라 새로운 기술이 받아들여지든가 거부되어져야 할 것이다.

普遍的 法則에 의거한 도덕규범의 개념은 기존 행정학 문헌에서도 명백히 다루어져 왔다. 예를 들어 왈도(Dwight Waldo)는 '高次元의 法則'의 개념으로 "개인과 정부차원을 초월한 정의의 근원과 수단이 있는 것"으로 설명하였다.[8] 그리고 시간을 초월한 도덕규범은 행정인이 따라야 하는 도덕적임을 알 수 있으나 이 같은 도덕규범을 따르기 위해서는 이에 대한 이해가 깊어져야 하고 더욱 명백해져야 한다.

왈도는 行政學에 있어서 윤리적 행동에 대한 포괄적이고 조직적인 학술활동이 없는 이유를 다음과 같이 제시하였다. 조직적인 학술이 나오기까지 자료의 광범위한 점과 복잡성 및 다루기 힘든 점과 그 학술의 근거가 되는 기본적인 사상과 신념이 받아들여지기 어려운 점으로 미루어 보아 조직적인 학술활동이 이루어지기란 불가능하다.[9] 자료의 범위와 복잡성은 과소평가되어서는 안된다. 왜냐하면 자료가 사회의 기초, 정부의 정당성, 개인의 본질, 윤리철학, 조직문제 등을 모두 다루기 때문이다.

그럼에도 불구하고 행정윤리에 기초가 되는 기본사상과 신념을 받아들일 수 없고 변호될 수 없는 사실로 받아들이는 것은 너무나 비관적인 태도를 취하는 것이다. 이같이 행정윤리에 있어서 변호할 수 있는 내용을 제공할 수 없음은 우리에게 이미 부적당하다고 논의된 道德相對主義的 槪念에 근거한 윤리를 불가피하게 수용하고 있는 것이다.

이 분야에 있어서 조직적인 기본사상과 신념이 분명히 정립되지는 않았지만 그 이유는 단지 그것이 불가능하기 때문만은 아니다. 많은 학자들이 그 같은 기본사상을 정의하고자 노력하였다. 예를 들어 애들러(Mortimer Adler)는[10] 판단의 사고기준으로 眞·善·美를 그리고 행동의 기준으로 自由 · 平等과 正義를 언급하

8) Dwight Waldo, *The Enterprise of Public Administration*(Novato, Calif.: The Free Press, 1947), p. 101.

9) *Ibid*., p. 100.

10) Mortimer J. Alder, *Six Great Ideas*(New York: Macmillan Publishing Co., 1981).

고 있다. 그는 서양사상에서 이러한 사고와 관련된 많은 논문들을 검토하고 있고 행정윤리의 발전에 도움을 줄 수 있는 통찰력을 보여 주고 있다.

우리의 도덕규범을 포함한 대부분의 도덕규범에 존재하는 그 외의 보편적 법칙이나 규칙들이 상당히 있다.[11] 이를 통해 보편적인 도덕규범을 규정하는 요소에 대해 더 잘 이해하게 되고 각 덕목들이 행정윤리에서 변화 · 수용될 수 있는 사상으로 발전할 가능성을 찾을 수 있다.

도덕규범과 관련된 사상과 신념에 대해 대체적인 합의가 이루어졌을 때에도 논쟁이 생기게 마련이다. 그러한 논쟁은 여러 집단에서 도덕규범에 대해 다양한 해석과 응용을 하는 것을 암시한다. 도덕규범에 있어서 확실성과 완전일치를 기대하는 것은 비현실적이다. 그러나 기본적인 토대에 대해 일치점을 얻지 못하는 것은 행정인들에게 특별한 도덕적 지침을 주지 않는 것이며 道德의 不在狀態에서 활동하는 것을 뜻한다. 도덕규범의 근본에 대한 우리의 기본적인 논의를 구체화 시킨다면 행정인들은 행동에 대한 보다 개괄적인 지침을 제공받게 된다고 볼 수 있다. 여기서 후자의 해석은 행정윤리이론의 실질적 분석틀을 구축하는 데 더욱 적당하다고 볼 수 있다.

도구주의(instrumentalism), 보편적 법칙, 합의된 도덕규범과 같은 쟁점을 더욱 통찰하고, 행정윤리에 대해 이들이 함축하는 내용을 이해하기 위해서는 이 같은 쟁점들이 이미 논의되어져 있고, 여러 이론들의 비판과 변론이 폭넓게 개진되고 있는 도덕철학에 초점을 돌릴 필요가 있겠다.

2. 道德規範에 대한 두 가지 接近法

도덕철학분야에서 도덕규범을 이해하거나 다룰 때에는 두 가지의 접근방법

11) 도덕규범에 존재하는 여타의 보편적 법칙이나 규칙으로 Degeorge는 다른 사회구성원의 생명에 대한 존중, 진실에 대한 존중, 협동에 대한 존중, 유용성을, 바이에르(Baier)는 도둑질, 간통, 사회제도의 악용 등은 그릇된 행위이다; 약속을 어기고 의무를 소홀히 하거나 책임을 완수하는 데 태만해서는 안 된다는 규칙을, 골드만은 개인의 자율성과 평등, 부당한 간섭으로부터의 자유, 자존심, 기대를 보장받을 권리 등을 주장하였다. Richard T. Degeorge, "Moral Issues on Business," in *Ethics, Free Enterprise and Public*, ed. Richard T. Degeorge and Joseph A. Pichler(New York: Oxford University Press, 1978), pp. 3∼18: Kurt Baier, *The Moral Point of View: A Rational Basis of Ethics*, ed.(New York: Random House, 1965).

이 있다. 도덕행위에 따라 일련의 결정을 할 때 타당한 이유를 제공하는 보편적 법칙에 초점을 두는 義務論的 接近方法(deontological approach)과 행위의 결과에 따라 그 행위가 옳고 그른가를 판가름하는 目的論的 接近方法(teleological approach)이 있다. 이 두 가지 접근방법의 차이는 전자가 행위의 이유에 따라 그 행위의 도덕성을 판단하는 반면, 후자는 그 행위의 결과나 성과에 따라서 그 도덕성올 판단하는 데 있다.

도덕규범을 이해함으로써 무엇이 윤리적이고, 행동에 대한 판단을 어떻게 하느냐가 좌우되기 때문에 행정윤리의 연구에 있어서 도덕규범을 이해하기 위한 두 가지 접근방법은 중요하다. 더욱이 의무론적 접근방법과 목적론적 접근방법의 차이는 비록 동일한 철학적 용어로 표현되기는 드물지만, 윤리성에 관한 토론에서 드러나는 여러 가지 관점들을 대변해 주기도 한다. 따라서 각 접근방법은 자세히 고찰되어야 하며 행정윤리에 어떻게 적용되는가도 논의 · 검토되어야 한다.

(1) 義務論: 普遍的 規則

도덕규범을 이해하기 위한 의무론적 접근방법은 보편적으로 적용될 수 있는 도덕원리가 존재함을 가정한다. 비록 이 도덕원리들이 충분히 이해되지 않을 수 있으나, 인간들에게 이 원리들은 실제적으로 결정을 내릴 때 기준이 될 수 있는 지표가 된다.

개인과 사회는 그 동안 폭넓고 다양한 규칙들을 세워 왔으며 도덕규범에 대해서도 다양한 해석이 있었다. 이는 일반적으로 받아들여지는 사실이지만, 의무론자와 목적론자들은 도덕규범에 대해 서로 다른 입장을 견지하고 있다. 目的論者들은 이같이 다양하게 존재하는 규칙들의 존재 자체가 일반적인 도덕규범이 없다는 사실을 증명한다고 주창한다. 반면, 義務論者들은 도덕윤리는 존재이나 아직 충분히 이해되지 않고 있다고 주장한다. 따라서 격차가 사회간의 차이를 설명한다.

보편적 규칙 유무에 대한 완전한 의견일치에 관계없이 거의 대부분의 사회에는 행위에 대한 도덕규칙이 존재하고 있으며, 이들은 우리 사회가 갖고 있는 신념을 반영한다고 볼 수 있다. 앞에서 여러 학자들에 의해 주장된 규칙들이 제기되기는 했지만 다른 사회 혹은 한 사회 내에서도 시대가 다를 때, 이 규칙에 대하여 상이한 해석이 내려지긴 했으나 그 규칙들이 이상적인 도덕규범의 일부라는 점에서는 상당한 일관성을 보였다. 개인의 존엄성, 생명의 존귀함, 약속을 지키는 것, 의무를 수행하는 것 등은 기본적인 덕목이며 따라서 이와 같은 가치는 선택을 해야 할 때 선택의 타당한 이유로서 결정의 보편적 규칙이 된다. 이 같은 타당한 이유들은 비록 결정의 결과가 바람직하지 않더라도 의무론자들에 의해 도덕적으로 정당화되고 변호된다. 여기서는 윤리에 대한 접근방법을 설명하기 위해 두 가지의 의무론적 철학을 제시하고자 한다.

1) 칸트의 至上名言(양심의 절대 무조건적 도덕률)

칸트(Immanuel Kant)의 義務論的 接近方法에 의하면 타당한 결정이란 행위자들이 이성적 존재에 대한 고려하에 이성으로서 판단을 내리도록 하는 것이다. 칸트는 인간의 행동을 좌우하는 지상의 보편적 규칙을 '正焉命令'(Categorical Imperatives)이라 일컬었으며, 이것은 사람이 살고자 하는 세계에서 인간행동의 보편적 법칙이 될 수 있는 원리로서 이 원리에 따라 행동을 해야 한다[12]고 설명하고 있다. 이를 행정윤리에 적용시킨다면, 행정인의 행동을 좌우하는 원리는 그 사회의 모든 구정원의 행동을 좌우하는 원리가 될 수 있어야 하며, 그럼으로써 행정인이 살기 바라는 세계를 만들어 내게 되는 것이다. 이미 언급된 德目들, 즉 진실을 말하고 약속을 지키고 개인을 존중해 주는 것 등은 이와 같은 의미의 원리라고 볼 수 있으며, 따라서 이 덕목들은 행정적 판단의 근거가 되는 도덕규범을 정의하는 데 도움을 주게 될 것이다.

普遍的 規則의 일부는 행정인의 태도의 지침으로 무언의 규칙이 되며, 그 태도에 대한 다른 사람들의 판단을 가름하게 된다. 예를 들어 행정인들은 진실을 말하고 약속을 이행하고 의무를 수행하고 개인을 존중하도록 기대된다. 이 같은 기대는 윤리의 법칙이나 규율에서 비롯되지 않고 도덕규범의 일부로서 비롯되는 것이다. 행정인 혹은 다른 공무원이 이 같은 기준을 따르지 않을 때, 그 불이행을 당연한 것이라고 볼 수도 있겠으나 윤리적이라고 정당화되기는 어려운 것이다.

---

12) Thomas Donaldson and Patricia Werhane, *Ethical Issues in Business, A Philosophical Approach*(2nd ed.)(Englewood Cliffs, N.J.: Prentice-Hall, 1983), p. 12.

2) 롤스(J. Rawls)의 正義論

현대에 와서 義務論的 接近으로서 많은 관심을 받았던 것은 롤스(John Rawls)의 이론이다. 이 분야의 여러 학자들이 행정윤리에 대한 접근방법을 개발하는 데 있어서 롤스의 접근방법에 많이 의존했다고 볼 수 있으므로 여기에서 그 내용을 약술하고자 한다. 롤스는 그의 이론을 원초적 상황(original position)을 가상하여 발전시키면서 사회에 개인들이 최상으로 혹은 최악의 형편에 처했는지의 여부에 대한 지식을 갖지 않은 채, 권리·의무·정책과 제도를 포함한 사회규범을 계획하고 있다고 주장한다.[13] 롤스는 이 같은 조건하에서는 다음과 같은 원리들을 통해 개인과 사회가 그들의 정책과 제도를 판단하는 社會規範으로 발전된다고 주장한다.

제 1 원리　개인은 만인에게 제공되는 자유제도와 양립 가능한 기본자유의 전체제도에 존재하는 동등한 권리를 갖고 있다.

제 2 원리　사회와 경제에 있어서의 불평등은 다음과 같이 조정되어야 한다.

a) 가장 열등한 자들에게 가장 큰 혜택이 가도록 한다.

b) 공평한 기회균등의 조건하에 사무실이나 일자리가 모두에게 개방되어야 한다.[14]

따라서 롤스는 설령 특정한 결과나 상황보다 앞설 수 있으나 균등한 자유와 정의의 원리는 모두가 좋다고 동의할 수 있는 두 개의 보편적 원리라고 주장한다.

위에 제시된 두 개의 특정형태 및 그 외 일반적인 의무론적 접근방법은 프랑케나(William Frankena)[15]와 맥킨타이어(Alasdair Maclntyre)[16]를 포함한 학자들에 의해 비판되었다. 이 접근방법에서 보편적 규칙을 발견하는 것은 가장 큰 문제인 동시에 가장 비판을 받을 여지가 있는 부분이다. 이외에도 일상생활에 보편적인 도덕원리를 적용시키는 것은 道德의 融通性을 없애고, 듀이가 언급하듯이 사회변화와 기술발전에 뒤지게 할 수도 있다. 때로는 개인이 보편적인 규칙의 예외를 범할 수도 있는데, 한 예로 살인을 하고자 하는 사람에게 살인의 대상이

13) John Rawls, *A Theory of Justice*(Cambridge, Mass.: The Belknap Press of Harvard University Press, 1971), pp. 11～12.

14) *Ibid*., p. 302.

15) William K. Frankena, *Ethics*(2nd ed.)(Englewood Cliffs, N.J.: Prentice-Hall, 1973).

16) Alasdair Maclntyre, *Arter Virtue: A Study of Moral Theory*(2nd ed.)(Notre Dam, Ind.: University of Notre Dam Press, 1984).

되는 사람의 위치를 밝히지 않으려고 거짓말하는 것을 들 수 있다. 의무론적 접근방법을 비판하는 자들은 여기서 사실을 말하는 보편적 규칙을 보류하는 것을 보아, 진실을 말하는 것을 보편적 원리에서 제외시켜야 한다고 주장한다.

普遍的 規則들이 도덕관을 고정시키는 것과 절대적 지식이 부족한 것에 대한 비판은 재고의 대상이 되고 있다. 그러나 그러한 규칙이 존재하지 않는다거나 행정인들이 실무를 보는데 규칙들을 적용시키지 않아도 된다는 말은 아니다. 보편적인 도덕원리는 변화하는 사회 여건 속에서 유동적이고 변화될 여지가 있다. 더욱이 모든 혹은 대부분의 사회에 유사한 기본적 도덕원리들이 대체로 받아들여 있기 때문에 보편적 규칙들은 언뜻 보기보다는 인식되어지기 쉬울 수도 있다.

義務論的 接近方法에서 보편적 규칙들이 특정상황에서 예외가 생기는 것은 규칙들이 일반적이지 못하기 때문에 의무론적 관점이 잘못되었다고 한편에서는 비판된다. 반면 다른 한편에서는 도덕이론이 특정한 상황을 고려해야 하고, 또한 더 큰 도덕적 善이 문제가 될 때 보편적인 도덕원칙의 예외가 허용되어야 한다고 주장한다.[17)]

특별한 상황을 고려한 하나의 예를 햄프셔(Stuart Hampshire)의 공중도덕과 개인도덕에 대한 논의에서 볼 수 있는데, 그는 국가의 안보에 관한 책임과 진실을 말할 의무와 같이 공식적인 특수상황을 참작해야 한다고 제의한다.[18)] 이 같은 문제는 주어진 상황에서 優先順位를 어디에 두느냐 하는 것으로 이해될 수 있다. 공무원은 국가안보를 보호해야 할 특별한 책임을 가지고 있으므로 필요에 따라서 거짓말이 정당화될 수도 있다. 의무론자들은 이와 같은 경우가 굳이 보편적인 도덕원칙이 존재하지 않기 때문에 일어나는 일이라고 보지 않는다.

(2) 目的論: 結果主義

행정윤리의 많은 철학자와 저자들은 판단의 결과에 의해 옳고 그름을 전적으로 판가름하는 目的論的 接近方法을 따르고 있다. 이 관점에 의하면 어떠한 결정에 대한 결과의 합당성을 따지기 전에는 그 결정을 사전에 정당화시키는 도

---

17) 예를 들어 생명을 구하기 위해 거짓말을 하는 것을 허용하는 경우가 해당된다.

18) Stuart Hampshire *et ai.*, *Public and Private Morality*(Cambridge: Cambridge University Press, 1978).

덕원칙이란 있을 수 없다. 예를 들어 목적론적 관점으로는 진실을 말하는 것이 사전에 옳고 그릇된 행위인지 판단할 수 없다. 만일 진실을 말하는 것이 옳은 결과를 낳았을 때, 진실을 말하는 것이 옳다고 볼 수 있다. 만약 진실을 말하는 것이 옳지 않은 결과를 초래하였을 때 진실을 말하는 것은 그릇되었다고 볼 수 있다.

도덕규범을 이해하는 데 있어서는 목적론적 접근방법은 행위를 주도하는 원칙들이 항상 결과에 따른 가치관에 기초를 두고 있으므로 어떠한 도덕원칙도 불변한다거나, 절대적이라고 볼 수 없고, 이러한 점에서 相對論的이라 할 수 있다. 다음은 목적론의 일반적인 형태 ── 이기주의, 행위공리주의와 법칙공리주의 ── 를 살펴보겠다.

1) 利己主義

목적론적 이론에 속하는 이 형태는 모든 사람이 자신의 이익을 도모해야 한다는 관점, 혹은 오로지 자신에게 가장 큰 혜택을 받도록 행동하는 방법이 도덕적으로 받아들여질 수 있는 방법이라고 설명되어진다.[19] 이는 완전히 사욕만을 도모하는 것으로써 개인의 장기적인 기쁨을 최대화시키고 있다. 이 이론에서는 개인에게 아무런 이타주의적, 혹은 집단중심적인 동기를 찾아 볼 수 없다. 비록 그런 동기들이 일부 개인의 행동을 좌우할 수 있으나, 이것은 결국 그것이 자신에게 기쁨을 가져다주기 때문이라 할 수 있다.

행정윤리의 관점에서 볼 때, 이기주의는 행정인들에게 공중이익에 초점을 두지 않고 자신의 長期的 私利私慾을 도모할 때 도덕적으로 행동하는 것으로 이해된다. 이기주의 이론은 명백히 行爲의 結果에 초점을 두고 있으며 행위에 영향을 주는 보편적인 원리를 가지지 않는다. 이 이론은 도덕철학자들 사이에서 별로 지지를 얻지 못하고 있으며, 많은 학자들이 한결같이 반박하고 있다. 한 가지 반론으로 만일 연금관리자가 연금을 횡령하고도 벌을 모면한다면, 그 돈을 훔치지 않는 것이 실제로 비도덕적인 것이 되는 것이다. 왜냐하면 연금 수령자를 위하지 않고, 돈을 훔침으로써 개인의 기쁨을 최대화시킬 수 있기 때문이다.

이와 같은 경우는 일반적으로 받아들여질 수 없기 때문에 利己主義는 반박

19) Frank Feldman, *Introductory Ethics*(Englewood Cliffs, N.J.: Prentice-Hall, 1978), p. 80.

되어져야 한다. 비록 이기주의는 이론적인 지지를 얻기는 어렵지만 일반적으로 資本主義의 가장 근원이 된다고 이해되고 있고, 따라서 자본주의 국가의 행정인들이 고려해야 할 사회의 중요한 요소이기도 하다. 더욱이 많은 사람들이 이기주의에 의거한 행동을 취하기도 한다. 그렇다면 행정윤리의 기본으로서 이기주의가 심각하게 고려되어야 할 것인가? 이 문제에 대한 가장 적절한 대답은 윤리철학자도 아닌 아담 스미스(Adam Smith)에 의해 설명되어졌다고 볼 수 있다. 그는 자본주의를 가장 잘 변호하고 있으나 사회행위의 기초로서 자기중심적 태도를 취하는 것을 신랄하게 비판하기도 한다. 비록 아담 스미스는 사람이 때때 로 자기중심적으로 행동하고 개인주의에 입각한 경제체제가 최선이라고 믿고 있었으나, 인간이 모든 일에 있어서 그런 식으로 행동해야 한다고 보지는 않았다. 그는 개인의 장점과 윤리적 행위는 경제체제의 토대가 되어야 한다고 주장한다.[20] 윤리와 도덕질서가 있는 그대로인 것으로보다는 되어져야 할 것으로 믿는 것을 기초로 삼고 있기 때문에 아담 스미스의 자본주의에 대한 변호는 이기주의에 대한 변호로서 해석되어져서는 안되며 오히려 반대로 해석하는 것이 옳을 것이다.

이에 비해 目的論的 理論의 다른 두 가지 형태인 行爲功利主義와 法則功利主義는 다소 지지를 얻고 있는 것 같다. 공리주의는 도덕의 가치를 어떠한 행동의 결과로서 얻어지는 善의 정도로 판단한다. 따라서 개인이 축적한 '善'과 '效用'의 정도를 예상하고 평가할 필요가 있으며, 어떠한 행동을 취할 것인가를 결정하기 위해 예상되는 '苦痛'과 균형을 맞춰야 할 것이다.

2) 밀(John Stuart Mill)의 行爲功利主義

> 행동은 행복을 추구함으로써 옳은 것이고, 행복의 반대상황을 가져오면 그릇된 것이다. 행복이란 미래의 행복이며, 고통이 결여된 것이다.[21]

행위공리주의는 각 개인의 행동의 도덕성을 행동의 집중하는 결과, 즉 관련된 모든 개인에게 축적되는 기쁨의 정도와 고통의 정도간의 均衡에 의거해서 판단하며, 종합해서 가장 많은 기쁨을 주는 행동이 도덕적 행동이라고 판정된다.

---

20) Adain Smith, *The Theory of Moral Sentiments*, ed. D. D. Rephael and A. L. Macfie (Indianapolis: Liberty Classics, 1982).

21) John S. Mill, *Utilitarianism*, ed. Oskar Piest(New York: Bobgs-Merill, 1957), p. 10.

이러한 접근방법으로 '도덕규범'을 행정적 결정에 적용시키면, 행정인으로 하여금 다음과 같은 질문을 던지게 만든다. "만일 내가 'X'를 행하면 관련된 사람에게 얼마만큼의 선이 축적될까?" 이러한 관점으로 행정인들은 최대의 만족을 가져오는 결정을 내리도록 하고 그 경우에 무엇이 옳고 善한지(따라서 도덕적인지)를 규정하게 된다. 행정인들은 누적되는 효용성을 계산하지 않고 어느 특정상황에서 가장 도덕적인 행동을 지시하는 도덕원칙을 따르지 않는다.

3) 브란트(Richard B. Brandt)의 法則功利主義

법칙공리주의는 경험에서 얻어지는 道德的 慣例를 인정하며, 사회구성원들이 따를 도덕적 강령을 형성할 수 있다고 믿는다. 그러나 도덕법칙은 보편적인 것은 아니라 주어진 특정시대에, 특정사회에 최적이다. 그 원칙들은 본질적으로 선하지 않으며 그러한 법칙들이 가장 큰 효용성을 초래하기 때문에 선하다고 판정되는 것이다. 따라서 법칙공리주의는 다소 일반화되는 법칙을 세울 수 있다는 점에서 행위공리주의와 구별된다. 그러나 이러한 법칙은 위에서 볼 수 있듯이 의무론적 접근방법과는 다르다. 법칙공리주의에 대한 브란트의 이론은 다음과 같이 정의되어진다.

> 어떤 행동은 오직 사회에 이상적인 도덕강령으로 금지되지 않을 때 비로소 옳다. '道德綱領'은 보편적이지도, 영원하지도, 본질적으로 선하지도 않다. 하나의 도덕강령이 실질적으로 다른 도덕강령 만큼 '個人의 善'을 가져다 줄 때 그 사회에 적절하다.[22]

이를 행정윤리에 적용시켜 보면, 법칙공리주의는 합의된 도덕강령이 존재한다는 점에서 다소 의무론적 접근방법과 유사하나 그 강령들이 영구적이거나 보편적이라고 받아들여지기보다는 누적되는 효용성의 계속적인 계산의 결과라고 보아야 할 것이다. 이상적인 도덕강령은 '개인의 선'을 가장 많이 가져다주는 것이라 할 수 있으나, 상황이 변함에 따라 '개인의 선'을 계산하는데 도덕강령의 변화를 필요로 할 수도 있다. 공리주의에 대한 비판은 주로 직관이나 상식에 기반을 두고 있다.

---

22) Richard B. Barndt, "Some Merits of One Form of Rule Utilitarianism," in *Miu: Utilitarianism with Critical Essays*, ed. Samuel Gorovitz(Indianapolis: Bobbs Merrill, 1971), p. 331.

많은 철학자들의 느낌이나 상식적 관념에 의해 뒷받침되고 있는 사실은 우리가 원칙적인 문제로서, 한편으로는 자유와 권리에 대한 주장과 다른 한편으로는 전체 사회후생의 증가가 갖는 타당성을 구별하고 있다는 것이며, 우리가 전자에 우선권을 혹은 절대적인 비중을 부여하고 있다는 것이다.

행위의 도덕성을 판단하기 위한 공리주의의 접근방법은 개인이나 소수자에 대한 不正義(injustice)가 다수를 위해 더 큰 선을 초래할 때 그러한 불의가 허용된다는 점에서 비난을 받고 있다. 예를 들어 다수집단을 위해 하인으로 일하는 소수집단을 노예화 하는 이것이 다수를 위한 최대효용 또는 최대의 만족의 결과를 초래하기 때문에, 공리주의이론에 의하면 도덕적으로 정당화될 수 있다. 행위공리주의가 법칙공리주의에 비해 이러한 비판을 받을 가능성이 높다. 법칙공리주의는 그러한 노예화를 금지하는 도덕강령을 지지할 수가 있는데, 그러한 규칙이 광범위하게 적용될 경우, 평등한 자유를 지키기 위한 규칙에 비해 장기적으로 볼 때 더 작은 개인에 대한 선을 부여하게 될 수 있기 때문이다.

공리주의가 잠재적으로 불의를 허용한다는 비판에 대한 또 다른 반응은 '효용'의 정의가 기쁨이나 고통의 개념에 제한될 필요가 없다는 것이다. 일부의 공리주의자들은 관련된 효용을 광범위하게 정의하기 위해 자유 · 평등 · 정의 등을 바람직한 결과로 포함시키고 있다. 그래서 어떤 행위로부터 초래되는 총효용의 측정은 단지 만족만이 고려되었을 때보다 상당히 다를 수도 있다. 그러나 여기서 염두에 두어야 할 것은 자유 · 평등 그리고 정의가 측정에 내포되었다 하더라도 그 자체나 그것에 의해 선이라고 간주될 수 없으며, 단지 전체 선이나 만족에 기여를 한다는 맥락에서 바람직한 결과라고 볼 수 있다는 것이다. 따라서 같은 개념도 의무론 혹은 목적론의 관점에 따라 매우 상이하게 보일 수 있다.

(3) 義務論, 目的論 그리고 行政行爲

義務論과 目的論은 도덕규범에 대한 두 가지 광범위한 사고방식이다. 두 이론 모두 우리의 도덕규범을 이해하는 데 기여할 수 있으며 또한 많은 비판의 대상이 될 수도 있다. 그러나 이 같은 이론들이 어떻게 행정 및 행정윤리에 적용될 수 있는가?

윤리적인 사람이 되기 위해서 행정인은 의사결정에 있어 도덕규범을 준수해야 한다. 그러므로 행정인은 도덕규범이 무엇이며 어떻게 이것이 의사결정에 적용될 수 있는가에 대한 지식을 가져야 한다. 만약 도덕규범이 모든 행정가들이 알고 따르도록 기대되어지는 보편적인 원칙들로 이루어져 있다면 이것은 그 자체로서 행정윤리에 일련의 함축을 지니게 된다. 한편 도덕규범이 결정의 산출과 연관된 총효용에 의해서만 판단된다면 행정가는 무엇이 옳은가를 결정하는데 다른 기술과 수단을 사용할 필요가 있다.

철학자들은 道德과 善을 어떻게 생각할 것인가에 대한 합의에 이를 수 없었기 때문에, 두 가지 사고방식과 연관된 모호함이 행정윤리를 이해하는 분석틀에서 해결되기는 힘들 것 같다. 그러한 합의의 결여는 챈들러(R. C. Chandler)[23]가 미국 행정학회(American Society for Public Administration)에서 윤리법전의 발달에 관한 논의에서 표명한 바 있다. 이는 의무론 및 목적론적 가정 어디에도 견고한 행정윤리의 접근법의 발달을 필요로 할 수도 있다. 이 같은 접근의 가능성을 타진하는 데에는 의무론적 내지 목적론적인 해석에 의한 행정윤리를 위해 제안된 지침을 검토하는 방법이 있겠다.

과학적 분석, 경험주의 그리고 표면상으로 가치중립적 도구들에 대한 지나친 의존에 따른 문제에 의하여 행정인을 위한 적절한 윤리적 지침으로서 행정의 民主的 精神에 관한 관심이 재부상되었다. 이에 따라 민주적 정신이 1940년대에 행정분야의 구성원들 사이에 공유되었으며, 그 증거로서 프리드리히와 파이너의 논쟁을 들 수 있다. 행정인의 역할에 관한 이들의 학문적 논쟁은 직업적 전문성, 공익, 선출직 공직자와의 관계에 관한 인식을 다루며, 이 모두는 행정의 역할이 무엇인가를 해석하기 위한 헌법 내지 법적 역사를 이해하려는 진지한 노력에 반영되어 있다. 릴라(M. Lilla)는 이 두 논쟁의 양쪽 모두가 민주적인 정신에 기초를 두고 있으며, 이는 민주적 정신에서 벗어난 근래의 과학적 분석에 대한 의존보다 훨씬 더 잘 된 일이라 보고 있다.[24] 릴라가 주장하는 것처럼 과학적 분석에의 지나친 의존은 그들의 행위에 대한 도덕성이나 그들의 작업과 민주적 과정간의 관련성에 대한 어떠한 질문에도 답할 준비가 되어 있지 않은 정책분석가를 교육하는 결과를 낳는다.

문제는 민주적인 정신의 개념과 도덕규범과의 관계는 무엇인가, 민주적 정

23) Ralpf Clark Chandler, "The Problem of Moral Reasoning in American Public Administration: The Case for a Code of Ethics," *PAR* 43(Jan./Feb. 1983).

24) Mark T. Lina, "Ethos, 'Ethics', and Public Policy," *The Public Interest*(Spring 1981), pp. 3~17.

신은 도덕규범과 동일한가, 민주적 정신은 적절한 도덕규범을 발견하는 과정을 제공하는가, 민주적 정신에 대한 어떤 도덕적 비판이 이루어질 수 있을까, 민주적 정신은 도덕적으로 중립적일 수 있는가? 하는 즉각적이고 중요한 질문을 야기한다. 따라서 다음은 각 관점의 견해를 살펴보기로 한다.

레드포드(Emmette Redford)는 民主的 道德性의 기초가 되는 세 가지 理念 혹은 價値를 묘사한 바 있다:

> 기본적 이상은 사회적 구조에 있어 개인이 가치의 단위라는 것이다. 이것은 민주적 도덕성의 개인적 기반이다. 두 번째 이상은 만인은 사회적 인정을 받을 가치가 있다는 것이다. … 이는 민주적 도덕성의 인류평화주의적 요소이다. 세 번째 이상은 개인적 가치가 그 가치의 실현에 의해 더욱 보호되고 확대된다는 것이다. 자유는 의사결정이나 이를 하는 지도자들의 통제에 참여함으로써 만 존재할 수가 있다.[25)]

그렇다면 레드포드가 의미하는 것은 憲法이 민주적 가치를 실행할 수 있는 과정을 제시하기 위한 목적을 갖고 있다는 것이다. 이는 민주적 정신이 합의된 도덕적 질서에 의존하며, 동의어라는 것을 가정한 것으로 볼 수 있다. 그러므로 민주적 정신은 이상적인 도덕법전으로 표상되고 있으며, 사회구성원은 도덕적 계율을 지지할 의무가 있다. 이것은 만약 가치가 적용된 보편성이 단일사회로 제한되어 있다면 의무론적 논쟁, 혹은 적어도 공리주의적 논쟁으로 볼 수 있을 것이다. 행정실행에 있어서 도덕적 정신의 또 다른 해석이 하몬(Michael Harmon)에 의해 제시되었다.

> 궁극적이고 시대를 초월하는 가치는 존재하지 않는다는 실존주의자들의 주장을 수용함에 있어서, 우리는 이러한 인식을 포용할 수 있는 행정적 · 정치적 체계를 유형화하는 문제에 직면해야만 한다. … 부분적으로 개인적 요구와 가치는 정당하다고 전제되고 있는 것은 그렇지 않다는 증거의 부재 때문이다. … 實存主義的 관점은, 행정인은 아무리 불충분하다 하더라도, 그 자신의 가치와 동기가 공공정책의 문제와 어떤 관계가 있는지 이해하려고 노력해야 하며, 그가 법적으로 책임지고 있는 자들 역시 정치적 영역에서 그렇게 할 수 있고 그들의 가치를 호소할 수 있는 분위기를

25) Emmette S. Redford, *Democracy in the Administrative State*(New York : Oxford University Press, 1969), p. 6.

창조해야 한다.[26)]

그리고 하몬은 토손(Thorson)의 입장을 묘사했는데, 토손은 궁극적인 도덕규범이 없기 때문에 정부는 介入者의 참여와 변화를 위한 문을 열어 놓도록 요구하고 있다고 주장한다. 이러한 방법으로, 토손은 민주적 정부형태의 정당성을 제공한다. 도덕규범이 알려질 수 있다는 인식을 거부함으로써, 하몬과 토손은 다른 정부형태와 관련된 효용보다 민주주의와 관련된 효용이 훨씬 크다는 공리주의적 주장을 하고 있다. 그러므로 윤리적 행정인은 더욱 민주주의적이어야만 한다.

이러한 논쟁을 헌법과 관련시킴으로써, 레드포드는 憲法이 이미 합의된 도덕규범에 의존하고 있다고 보았다. 헌법은 그 자체가 목적은 아니지만, 個人的 價値, 平等 그리고 參與의 이념을 포함하는 도덕적 질서를 반영하고 있다. 하몬과 토손은 헌법을 사회의 도덕원칙을 발견하는 과정으로 보고 있다. 그러나 도덕원칙을 달리 알 수도 없으며, 혹은 독립적으로 정당화될 수 없기 때문에, 민주적 절차를 수단적 의미에서 신성한 것으로 간주하는 것은 중요한 일이다. 민주적 절차로부터 어떠한 결과가 초래되든, 그 결과에 도달하는 데 적절한 절차가 사용되었는지의 여부로만 판단되어질 수 있다. 분명히 민주적 정신에 관한 이 두 관점은 윤리적으로 행동하려는 행정가에서 매우 상이한 단서를 제공한다. 따라서 공익의 정의를 내리기 위한 현재의 노력과 병행하여 행정의 윤리적 관행이라는 관점에서 민주적 정신이 무엇인가를 정의하는데 어려움을 느낀다. 도덕적 이성과 그 정당화에 대한 상이한 접근방법은 헌법적 원칙과 다른 민주적 규범을 해석하고 적용하는 데 있어 상이한 접근방법을 사용하도록 할 것이다.

로어(John Rohr)는 헌법과 이에 대한 대법원의 해석은 官僚倫理의 초석이어야 한다고 주장했다. 이 주장의 도덕적 근거는 행정가가 그들의 약속을 이행해야 한다는 뜻이다. 여기서는 그들의 취임시 헌법을 준수하겠다는 선서가 해당된다. 로어는 헌법이 최상위의 도덕규범을 나타낸다고 주장하지는 않는다. 대신 헌법이 體制價値(regime values)를 대표하므로 정당성을 가지며, 행정가에 대한 도덕적 강제는 그의 선서나 약속을 이행하는 것이라 주장한다. 그는 행정가가 헌

26) Michael Harmon, "Normative Theory and Public Administration: Some Suggestions for a Redefinition of Administrative Responsibility," in *Toward a New Public Administration*, ed. Frank Marini(Scranton, PA.: Chandler Publishing Co., 1971), pp. 180~182.

법과 헌법이 규정한 권력분립을 준수해야 하는 의무를 지닌 것은 헌법과 권력분립 자체가 본래 선하기 때문이 아니라, 행정가가 준수하기로 약속한 體制價値를 포함하고 있기 때문이라고 한다. 이러한 의미에서 약속의 이행은 보편적 규칙으로 간주되지만, 그러한 선서가 없을 경우 헌법 자체가 본질적으로 의무성을 부과하지는 않는다. 비록 행정가가 헌법을 준수하도록 되어져 있다든가 혹은 헌법이 체제가치이기 때문에 준수해야 하는 도덕적 의무를 가지고 있다 하더라도, 헌법과 민주적 정신은 도덕적으로 中立性을 지닌다고 생각될지도 모른다.

릴라(M. Lilla)는 위의 세 주장 모두를 매우 긍정적으로 보는 것 같다. 이는 민주적 정신의 인식에 대한 논쟁은 해결이 나지 않았다 해도 민주적 정신이 심각하게 많은 사람들에게 받아들여졌음을 의미한다. 세 가지 해석 모두가 헌법과 그 구조, 헌법에 나타난 원칙에 대해 가치를 부여하고 있으며 이것들이 행정윤리를 오랫동안 지도할 것이다.

그러나 해석상의 차이들이 중요하지 않다고 할 수는 없다. 예를 들어 헌법에 반영된 도덕규범이 사실상 보편적이라면, 그 도덕규범을 기초로 하는 윤리적 판단은 우리 자신의 정책뿐만 아니라 다른 나라의 정책에도 적용될 수 있다. 우리는 헌법상의 가치원칙에 입각하여 다른 나라의 관행에 대해서 도덕적 판단을 내리기 때문이다. 이는 헌법이 국가를 통치하는 명제 이상의 무엇을 나타낸다는 것을 의미한다. 헌법의 여러 측면들이 모든 행위를 지도해야 하는 보편적 도덕원칙들을 반영한다고 주장될 수 있을 것이다. 헌법과 도덕규범의 의무론적 해석은 도덕규범을 불확실하거나 상대적으로 보는 행정윤리에 대한 목적론적 접근방법을 거부할 것 같다.

이상에서 다룬 관점의 상이성은 민주적 정신과 헌법과 도덕규범 사이의 관계를 정의하는 데 어려움이 있음을 인정할 뿐만 아니라, 역사의 일부분으로서의 어려운 문제들과 이로 인한 행정논리의 현황을 조명하였다. 확실히 이 논의는 우리의 도덕규범을 이해하는 복합성을 해결하지 못했으며 민주사회에서의 행정결정과 관련된 복합성이 대단한 것을 알 수 있다.

그러나 이것은 行政倫理의 접근법을 개발하는 데 있어, 한 개인의 도덕규범에 대한 개념이 행정행위과정에서 무엇을 추천하고 어떤 결과를 기대할 수 있는지를 생각할 수 있는 기회를 주고 있다. 이 논의는 도덕질서와의 연관성이 해석상의 불일치에 직면되어 있음을 뜻한다. 윤리적 행정을 위한 분석틀이 이러한 의견의 불일치를 해결하지 않고도 유용할 것인가? 그 대답은 긍정적으로 보이며 그 이유는 다음과 같다.

실제로 행정가들은 진실을 말하거나 약속을 이행한다거나, 삶을 신성하게 여기는 것 등과 같은 보편적 규칙으로 묘사되는 유형의 원칙을 따르도록 기대되어진다. 이것이 근본적인 도덕규범을 나타내는지, 혹은 이것이 총효용을 측정할 때 공리주의자들에 의해 사용될 수 있는 가치 있는 결과를 나타낼지는 문제가 되지 않는다. 행정가들이 실제로 그 도덕원칙을 준수하도록 기대되어진다면, 행정윤리의 접근법에 그 원칙들을 포함할 이유가 될 수 있다. 이것은 철학적 문제를 해결해 주지는 못하나, 행정윤리가 전개될 수 있는 접근법을 개발하기에는 충분한 원칙들의 합의가 존재함을 말한다. 권리, 제한 그리고 다른 헌법상의 일반적 기준이 행정가에게 중요한 고려사항이라는 데도 일반적 합의가 있다. 憲法은 우리의 근본적인 도덕질서의 반영이며 도덕규범의 발전에 최대한의 참여를 보장하는 수단이기에, 이러한 기준들이 중요한가 아닌가는 문제가 되지 않는다. 행정가의 행위는 대개 같으므로, 행정윤리의 이론이나 접근법에 있어서 헌법은 중요한 고려대상이어야 한다. 행정의 시행자들은 이에 대한 정당화나 합리화 없이도 헌법원칙을 준수하고 지지하는 것이 가능한 반면, 헌법이 왜, 그리고 어떻게 중요한지는 학자들에게 남겨지게 될 것이다. 그러나 도덕규범을 어떻게 생각하느냐가 이루어질 意思決定에 영향을 줄 때가 있을 것이다. 예를 들면 헌법에 정해진 권리와 의무가 다른 도덕적 고려와 충돌할 때, 도덕규범상 헌법에 부여된 우선권은 그러한 딜레마를 해결하는 데 영향을 줄 것이다. 그러한 이유로 윤리와 도덕규범에 대한 상이한 사고방식을 이해하고, 도덕규범의 본질에의 이해에 관한 대화를 계속하는 것은 중요하다. 그러나 이것이 현존하는 합의의 많은 영역에서 도출된 행정윤리에의 접근법을 개발하는 데 방해가 되어서는 안된다.

근본적인 도덕질서에 관한 우리의 이해를 검토하는 일은 어떻게 하면 倫理的 行政家가 될 수 있는지에 대해 많은 단서와 이해를 제공하여 왔다. 행정윤리는 잠재성을 완수해 가는 과정에 있지만, 행정윤리의 접근법을 개발하는 지침으로 쓰일 수 있는 도덕규범에 관한 충분한 정보로 존재하고 있다. 그러나 그 접근법은 행정가의 역할에 관한 문제의 해결에 크게 의존해 있다고 볼 수 있다. 공직생활 속에서 도덕성의 개발과 적용을 위해 행정가는 무슨 役割을 해야 되는지? 만약 행정가가 타인들에 의해 정의된 옳은 일만 하도록 사회에서 기대하고 있다면, 그것은 도덕규범에 관한 우리의 인식을 개발하고 정의해 주는데 도움을 주게 되는 사회에서 기대되어지는 것과는 전혀 다른 역할이 되는 것이다. 행정가에 대한 社會的 期待는 수십 년 동안에 많이 변해 왔으며 앞으로도 변할 것이 기대된다.

그러면 이러한 행정윤리의 사회적 · 역사적 기초와 관련하여 행정윤리의 궁극적 본질이라 할 수 있는 正義 · 平等 · 衡平 · 自由 등에 대해서는 구체적으로 다음에서 살펴보겠다.

제 2 절 行政倫理 및 理念의 倫理的 本質

행정윤리는 행정행위에 요구되는 가치기준으로서 공직윤리나 행정이념과 거의 같은 개념으로 쓰이며 나아가서는 行政理論을 반영하는 개념으로까지 사용된다. 특히 최근에 행정학의 조류가 실증주의적인 흐름에서 규범적인 흐름으로 변화하고 있는 상황이고 보면 윤리와 이념 및 이론은 밀접히 관련되어 있어 분리해서 논의하기가 어렵다.

그러나 여기서 行政倫理는 하나의 직업윤리로서 공무원들이 준수해야 할 행동규범을 의미하므로 행정의 가치체계와 유사하게 취급할 수 있겠다. 행정윤리와 마찬가지로 행정가치도 관료나 행정조직의 행위를 '바람직한' 방향으로 이끌어 가기 위한 행동지침으로서 역할하기 때문이다. 따라서 행정이 추구하는 가치들을 체계적으로 분석함으로써 행정윤리의 내용을 규명하는 것이 다른 어느 방법보다 효과적일 뿐만 아니라 만약 제시되는 행정가치의 규범성이 보편화되어 있다면 행정윤리의 추상성을 극복하고 구체적인 행정형태에 관한 규칙이나 원리를 도출하는 데 보다 편리할 것이다.

일반적으로 行政學 文獻에서 논의되어 온 규범들은, 대개는 실질적 가치와 절차적 가치를 체계적으로 묘사하지 못하고 있고, 특히 지나친 추상성으로 인해 관료들을 위한 행동지침으로서 적절하지 못한 면이 있다.[27] 따라서 여기서는 앞절에서 다룬 윤리와 행정의 관계와 행정윤리성의 狀況的 論理가 아닌 보다 구체

27) April Hejka-Ekins, "Teaching Ethics on Public Administration," *PAR*, vol. 48(Sep./Oct. 1988), pp. 885~892.

적인 논의로서 행정이념 내지는 행정가치의 윤리적인 본질을 살펴보겠다.

행정이념의 윤리적 기초로는 정의와 형평 및 자유와 평등 등 인류역사 이래로 지금까지 추구하여 온 불변의 가치들을 생각할 수 있다. 이러한 가치들은 행정의 궁극적인 목적인 公益을 달성하는 기준으로서 상호보완적이다. 여기서는 이러한 가치들을 행정이념의 윤리적인 기초로서 차례로 살펴보기로 하겠다.

1. 正 義

정의라는 말만큼 흔히 사용되면서도 그 의미가 불투명한 개념도 없을 것이다. 正義의 개념정립이 어려운 이유 중의 하나는 인간의 행위와 사회조직 속에서 지극히 복합적이고 다양한 변수들이 작용하고 있으며, 이 복합체를 분석 · 처리할 수 있는 능력 내지는 의욕이 우리에게 부족하기 때문이다. 따라서 이러한 정의의 개념과 내용을 플라톤, 아리스토텔레스, 롤스의 이론을 중심으로 살펴보기로 하겠다.

정의라는 말은 희랍의 dikaiosyne(영어의 righteousness에 해당), 즉 正義의 德을 의미하는 것에서 시작된다. 그러나 용법상에 나타난 정의의 다양성에 주의해 보면 정의란 또한 dike(justice에 상당)을 의미하기도 하였다. 전자가 주체적인 정의, 즉 윤리적 덕의 일종으로서의 정의인 데 대해서 후자는 객체적으로 성립하는 정의, 다시 말하면 정의라고 부르는 질서, 원리 등을 의미하는 것이다.[28] 오늘날 우리가 정의라고 할 때는 주로 후자의 의미를 갖는 것으로서 법적인 혹은 제도적인 질서와 관련되어 있다.

플라톤(Platon)은 사람의 영혼을 육체와 상관없는 순수한 이데아적인 부분과 육체에 매인 부분으로 나누어, 이데아적인 부분은 불멸의 이성(logistikon)이고 육체에 매인 부분을 다시 상하로 나누어, 낮은 것은 감각적인 정욕(epithymetikon)이요, 높은 것은 이정과 정욕의 사이에서 이성의 명령에 따르며 정욕을 누르는 기개(thymbeides)라 하였다. 그리고 플라톤은 이성의 덕을 지혜(sophia), 기개의 덕을 용기(andreia), 정욕의 덕을 절제(sophrosyne)라 하고 이러한 영혼의 모든 힘과 기능들이 주어진 그 본분을 지키고 영혼이 질서와 조화를 가질 수 있도록 위의 세 가지 덕을 통일하는 덕이 바로 정의 내지 공정

28) Yob Chin Lee, "A Study on the History of Term 'DIKAIOSUNE'," p. 9.

(dikaiosyne)이라고 하였다.[29)]

이러한 것은 광의의 실천적인 덕으로서의 정의를 나타낸 것이며 플라톤에 의하면 협의의 정의란 올바르게 행위하고 자신의 임무를 다하는 시민적 덕을 의미했다. 다시 말하면, 정의란 사회에 대하여 시민에게 법적으로 지정된 행위를 뜻하는 것으로서, 그는 "자신의 임무에 전념하며 참견하지 않는 것이 정의"라고 했다.[30)]

아리스토텔레스(Aristoteles)는 정의란 광의로 사용할 경우에는 法(nomos)에 따른다는 의미를 지니고 있으며, 협의에 있어서는 均等(ison)을 의미한다는 것이다.[31)] 전자의 경우 法이라 함은 실정법뿐만 아니라 자연법(phusei dikation)도 포함하는 것으로, 법에 따르는 행위라는 의미로서 정의의 덕은 규범에 따라 행동하고자 하는 내면적 의지에 있어서의 탁월성 전반을 가리키는 것이다. 따라서 여기까지는 플라톤적 의미에 있어서의 정의관과 대체로 일치 한다고 할 수 있다.

그러나 이에 반해서 협의의 정의, 즉 엄밀한 의미에 있어서의 정의는 均等이라고 한다. 바로 이러한 분석에 있어서 아리스토텔레스는 정의론의 역사에 있어서 다른 어떤 사람과 비할 수 없는 확고한 공헌을 한 것이다. 물론 정의를 일종의 균등으로 보려는 이러한 특수한 관점은 플라톤의 均等論[32)]에서 유래된 것이지만, 본격적으로 정의를 균등으로 설명한 것은 그가 처음이다. 그리스의 수학은 균등을 기하학적 균등과 산술적 균등으로 구분하였다.

전자는 A : B = C = D라는 식의 균등이고, 후자는 C = D라는 의미의 균등이다. 아리스토텔레스는 정의가 전자와 같이 비례적 균등을 의미하는 경우에는 그것을 分配的 正義라고 불렀고, 후자와 같은 절대적인 균등의 의미에 있어서의 정의는 市場的 正義[33)]라고 불렀다.

범죄에서 유발되는 상해나 물품 교환, 대여 등에 있어서는 절대적인 균등의 원리에 기초해서 회복과 시정이 이루어지는 것이 정의인 반면 재화나 명예, 권력 등 국가와 공민간에 이루어지는 모든 분배는 각자 그 사람의 가치에 응하여

29) Platon, *Republic* Ⅳ 441 d/e.

30) *Ibid*., p. 433.

31) Aristoteles, *Nichomachean Ethics*, p. 1130.

32) *Ibid*., p. 1130.

33) *Ibid*., p. 1130.

비례적으로 행해질 때 정의로운 것이라고 했다.[34]

롤스(John Rawls)는 전통주의 철학의 입장에서 정의원리를 추구하고자 한 경우인데 그는 정의원리를 다음과 같이 보았다. 사람들이 어떠한 상황에서 정의의 기준을 세우고 그것에 합의하게 되는가를 설명하기 위하여 가상적인 '原初的 立場'이라는 것을 제시하였다. 이러한 가상적인 원초적 입장에서 합의에 도달하게 되는 正義基準은 다음과 같이 두 가지가 있다고 보았다.

① 모든 개인은 다른 사람들과 유사한 자유와 병립할 수 있는 가장 광범위한 기본적 자유에 대하여 동등한 권리를 가져야 한다는 것으로서 자유와 같은 기본적인 권리들은 절대적으로 모든 사람에게 평등하게 주어야 하며, 개인의 이익을 위해서건 사회의 이익을 위해서건 결코 교환될 수 없다는 원칙을 의미한다.

② 社會的 · 經濟的 不均等은 다음 두 조건을 만족시키도록 조성되어야 한다는 것이다. 첫째, 그 불균등이 모든 사람들을 위해서 이익이 되리라는 것을 합리적으로 기대할 수 있고, 둘째 그 불균등의 모체가 되는 지위와 직무의 기회는 모든 사람에게 개방되도록 하여야 한다는 것이다.[35]

이와 같이 롤스는 正義의 문제가 크게 두 가지 측면을 가지고 있는 것으로 보았다. 하나는 국민의 기본적 자유에 관한 문제요, 또 하나는 사회적 및 경제적 가치들의 분배에 관한 문제이다. 이 두 가지 기본문제에 대한 해결의 원칙을 각각 부여하고자 그는 위의 두 원리를 제시했던 것이다.

첫째 원리는 광범위한 基本的 自由에 대하여 모든 국민이 동등한 권리를 누려야 한다는 것을 규정하고 있다. 여기서 말하는 기본적 자유는 투표권 및 피선거권을 포함한 정치적 자유, 언론과 집회의 자유, 양심과 사상의 자유, 신체의 자유와 재산소유의 자유 등으로서 민주사회의 통념과 일치하는 것들이다.[36] 정의에 의해 보장되는 이러한 기본권은 더 이상 정치적 흥정이나 사회적 이득의 계산에 희생되어서는 안 된다[37]는 롤스의 기본적 신념 속에서 강력한 지지를 얻고 있는 것이다.

社會的 · 經濟的 價値의 분배에 관한 둘째 원리는 정당한 불평등의 기준을

34) *Ibid.*, p. 1131a.

35) John Rawls, *op. cit.*, p. 60.

36) *Ibid.*, p. 586.

37) *Ibid.*, p. 61.

밝히고자 함에 핵심이 있다. 인간 사회에 관한 어떤 사회학적인 모델도 모두 사회적 불평등을 내포하기 마련이며, 다소간의 사회적 불평등에 의존함이 없이는 고도의 산업사회는 상상조차 불가능한 것이다. 모든 불평등의 제거가 불가능한 이유로서는 어떤 사회가 조직되기 위해서는 그 성원들간의 역할의 분화(role differentiation)가 필수적이며, 이러한 구분을 위해서는 다시 역할의 계층화(role-stratification)가 불가피하기 때문이다.[38)]

나아가서 어떤 不平等은 다른 불평등의 도입에 의해서만 제거될 수 있고, 또한 이러한 최소한의 사회적 불평등의 도입에 의해서만 보다 큰 자연적 불평등의 완화가 가능할 수 있는 것이다.

따라서 사회적 가치와 경제적 가치를 모든 국민에게 똑같이 고르게 분배하는 絕對的 平等은 어느 사회에 있어서도 현실에 맞지 않는다. 각 개인의 능력과 활동 또는 봉사의 차이에 따라서 그들의 대우에 어느 정도의 차등을 두는 것은 지금의 사회 현실과 인간성에 근본적인 변혁이 없는 한, 부득이한 일이다. 그러나 그 불평등은 정당하다고 인정할 수 있는 범위 안에서 억제되어야 한다. 현대 사회에 있어서 심각한 문제가 되고 있는 불평등은 사람들이 받는 대우에 차등이 있다는 사실이 아니라, 그 차등이 정당한 정도를 훨씬 넘어서 있다는 사실이다.[39)]

롤스에 따르면, 불평등이 정당성을 인정받을 수 있는 것은 다음과 같은 조건이 만족되었을 경우에 국한된다. 첫째로 사회에 있어서 가장 불리한 처지에 놓인 사람들까지도 그 불평등한 분배로 인하여 결과적으로 도리어 이익을 얻을 수 있으리 라고 당연히 기대할 수 있는 그러한 내용과 정도의 불평등이라야 한다. 둘째로 불평등한 분배의 근거가 되는 지위나 직무는 기회균등의 원칙에 의하여 모든 사람들이 접근가능해야 한다.

롤스는 보다 큰 사회적 · 경제적 이익을 이유로 평등한 자유의 원칙을 벗어나서는 안 된다는 것이다.[40)] 롤스는 正義原理의 우선순위를 다음과 같이 밝히고 있다.

첫째로 자유의 제한은 오직 보다 큰 자유를 위해서만 허용된다. 즉 모든 사

38) Hugo A. Bedau, *Radical Egalitarianism*, p. 175.
39) R. Niebuhr, *Moral Man and Immoral Society*(New York, 1932), pp. 8~9.
40) John Rawls, *op. cit.*, p. 61.

람이 향유하는 전체적 자유의 체계를 강화하기 위해서라면, 어떤 자유에 제한을 가하여도 무방하다. 그리고 자유의 불균등이 그로 인하여 불리한 위치에 놓이는 사람들을 위해서도 바람직할 경우라면, 그것은 정당한 것으로 인정된다.[41] 둘째로 사회정의의 둘째 원칙, 즉 不均等의 原則은 효율성 원칙 및 총이익의 극대화(maximizing the sum of advantages) 원칙에 우선한다. 그리고 機會均等의 原則은 사회적 · 경제적 가치의 불균등의 원칙에 우선한다. 즉 기회를 균등하게 분배받는 사람들을 위해 기회균등의 원칙을 어김으로써 기회의 절대량이 커질 수 있는 경우에만 국한된다.[42]

요컨대 자유와 기회, 재산과 소득, 자기존중의 근거 등 모든 사회적 기본가치는 균등하게 분배하는 것을 원칙으로 삼되 이러한 가치들의 불균등한 분배가 허용될 수 있는 것은 그 불균등한 분배가 가장 불리한 처지에 놓이는 사람들을 위해서도 오히려 유리할 경우에 국한된다는 것이 롤스의 근본적인 생각이다. 이상에서 살펴본 바와 같이 롤스의 正義論이 비록 이론적으로 완벽하다고 보기는 어렵다 할지라도 우선 차등의 원칙에서 표현되고 있듯이 강력한 평등주의에 의하여 규정되고 있으며, 사회적 · 경제적 불평등이 어느 특정사회체제 내에서 가장 불리한 처지에 놓여 있는 사람들의 이익을 증진시키지 않는 한, 모든 사회적 · 경제적 가치는 평등하게 배분되어야 한다는 것을 강조하고 있다. 또한 출신 · 지능, 체력 따위의 천부적 자산은 그 자체로서 아무런 道德的 價値를 갖지 못하여 오히려 부당한 불평등으로 간주되어 사회정의 원칙에 의하여 수정되어야 한다는 것이다.

2. 衡 平 性

형평성의 내용은 지극히 다양하며 그 언급된 역사도 매우 긴 것으로 보이나 근대적인 의미의 그것은 법적인 차원에서 비롯되었다. 가장 광범위하고 일반적인 의미로 블랙의 법률사전(Black's Law Dictionary)[43]은 "衡平性이란 인간 사이의 상호관계를 규율하는 사항에 관하여 공명정대의 정신 및 습관, 즉 모든 사람이

41) *Ibid.*, p. 302.

42) *Ibid.*, pp. 302～303.

43) H. C. Black, *Black's Law Dictionary*(St. Paul, Minn.: West, 1957), p. 634.

우리에게 해주기를 바라는 것처럼 행동하는 규칙"이라 정의한다. 일반적인 논의로서 형평성 개념을 가장 체계적으로 다룬 사람은 롤스이다. 그는 正義라는 개념을 사용하여 형평성이란 사회구조가 근본적인 권리와 의무를 배분하고 사회적 협동의 이익을 나누는 것이라고 하였다.[44] 던(William Dunn)은 형평성을 사회적 자원의 공정하고 공평한 배분으로 유도하는 대안의 채택기준이라고 보았다.[45]

또한 社會的 衡平性이라 할 때는 정치학에서의 평등, 정의, 경제학에서의 배분적 정의 등과 매우 유사한 개념을 갖고 있다. 그리고 하트(David Hart)는 사회적 형평성이 정당한 윤리적 내용을 지니는 것이기에 사회적 형평성의 주장은 윤리적 기초에 의하여 정당화될 수 있다는 것이다. 그는 또한 공공행정과 관련하여 사회적 형평은 행정의 한 운영지침으로서 제안되어 왔다고 주장하였다.[46]

한편, 차하순 교수는 衡平을 "동등한 자유와 합당한 평등으로서 인간의 사적·공적 관계에 적절하고 합당한 질서를 부여하는 원리"[47]로, 맥레이(Duncan MacRae)와 와일드(Jarmes Wilde)[48]는 형평성을 公平性 또는 正義와 동의어로 정의한다.

이상에서 살펴본 것과 같이 형평성이란 개념은 확실히 정의되지 못하였다. 따라서 衡平性의 개념은 윤리적 문제로서 밝혀야 할 이슈이며 동시에 법적인 문제로서 밝혀야 할 문제이기도 하다. 그러나 이러한 법적·윤리적 문제인 형평성은 행정학에 있어서는 형평성 달성을 위한 수단적 문제로써 형평성 개념을 정립 내지는 구체화하려 하고 있다. 이것은 실제의 행정에서 형평성이 다른 행정가치보다 높은 우선순위를 확보하려는 데 있는 것이다. 프레더릭슨(G. Frederickson)의 지적처럼 형평성의 개념이란 전통적 이론과 실제에 도전하는 소장학자들의 관심과 견해를 주로 철학적·규범적·병합적인 것을 포괄적으로 지칭하는 간편한 방법으로 사용하였기 때문에 그 실체를 갖추지 못하였다고 지적하였다.[49]

44) John Rawls, *op. cit.*, p. 7.

45) William N. Dunn, *Public Analysis: An Introduction*(Englewood Cliffs, N.J.: Prentice-Hall, 1981), p. 272.

46) David K. Hart, "Social Equity, Justice, and the Equitable Administrator," *PAR*(1974), p. 3.

47) 차하순, 「형평성의 연구」(서울: 일조각, 1983), p. 1~7.

48) Duncan MaRae & James A. Wilde, *Policy Analysis for Public Decisions*(Dux-bury Press, 1979), p. 71.

49) G. Frederickson, "Introductory Comments: A Symposium, Social Equity and Public

형평성의 개념을 보다 명확히 하기 위한 하나의 방편으로서 형평성 개념에 대한 접근방법과 형평성의 기준을 제시하는 것이 바람직하리라 본다. 형평성 개념에 대한 접근방법은 다양하여 하나로 종합하여 다루기는 어려우나 여기서는 정치적 · 경제적 · 사회복지적 접근방법을 살펴보면 다음과 같다.

政治的 槪念의 형평성은 정치참여의 자격요건문제, 각종의 차등문제,[50] 각종 가치의 배분에 있어서 특권 부여의 문제, 자유시장에 대한 정부의 개입정도[51] 문제 등 그 주제가 다양하게 經濟學에서의 형평성은 소득재분배의 향상을 의미하며 그것은 국민소득의 생산보다는 분배의 측면을 중요시한다. 또한 社會福祉的 立場에서의 형평정이란 사회보장이나 공적 부조의 수단에 의해 불우대상에게 복지를 제공함으로써 최소한의 생활수준을 제공하는 것이다.

형평정은 여러 기준에 따라 다음과 같이 크게 사전적 · 사후적 형평성,[52] 수평적 · 수직적 형평성,[53] 투입 · 산출 형평성 등으로 나눌 수 있다.

事前的 형평성은 대상이 대우받을 확률을 말하는 것으로서 위험이나 기회가 똑같이 제공될 때의 형평성을 말하며, 事後的 형평성은 대상에게 사실상의 몫이나 내용을 형평성의 원칙에 맞추어 배분하는 것이다. 水平的 형평성이란 같은 속성의 대상에 대한 동등한 대우를 말하는 것이며, 垂直的 형평성은 상이한 대상에 대하여 차등적인 대우를 하는 것이다. 投入 형평성은 사전의 예산분배시에 나타나는 것이고 産出 형평성은 사후의 결과에 형평성이 나타나도록 하는 것이다.

사회적 형평성이 행정학 분야에서 큰 의미가 있다는 것은 인정하지만 그 중요성은 새로운 대안의 제시라기보다는 전통적 이론의 구조 내에서 다른 이론을 발견했다는 점에 있다. 그러나 新行政學 내의 다양성과 내부적 갈등으로 인하여 궁극적으로 제기된 문제를 효과적으로 해결하지는 못하였으며, 사회적 형평성

Administration," *PAR*, vol. 34, no. 1(Jan./Feb. 1974), p. 1.

50) Tom L. Beauchamp & Terry P. Pinkard, "Racial and Sexual Discrimination," in *Ethics and Public Policy: An Introduction to Ethics*(Englewood Cliffs, N.J.: Prentice-Hall, 1983), pp. 171～190.

51) Arthur M. Okun, *Equality and Efficiency: The Big Trade-off*, pp. 32～64.

52) Mark V. Pauly and Thomas D. Willett, "Two Concepts of Equity and Their Implication for Public Policy," Ryan C. *Amacher et al., The Economic Approach to Public Policy: Selected Readings*(Ithaca: Cornell University Press, 1976), pp. 300～312.

53) Stephen R. Chitwood, "Social Equity and Service Productivity," *PAR*(1974), p. 339.

실현을 위한 구체적인 방안을 제시하지도 못하였다는 비판을 받고 있다.

반면 프레더릭슨은 社會的 衡平性올 실현하기 위한 방법을 다음과 같이 두 가지로 보았다.

첫째, 사회적 형평의 실현을 위한 방법으로 최저생활의 보장을 들었다. 둘째, 기존의 조직관에서 탈피한 새로운 조직이론을 주장하였다. 종래의 조직이론은 계층적이고 사회적 활동이 사람들을 장사와 부하관계로 조직화할 경우에만 효과적일 수 있다고 보는 것이며, 계층제는 객관성을 의미하나 지식이 인간의 의식에 근거하고 있다는 상대주의에 입각하여 조직인식에 있어서 相互主觀性(inter-subjective)을 강조해야 하며 따라서 조직이론은 객관적 계층제가 중심이 되어서는 안 되고 사람의 의사결정의 기초가 되는 인식론으로 이해해야 한다고 보았다.[54] 그리고 종래의 組織理論이 조직 내부지향적이며 내적 동태에 초점을 두고 있다고 지적하면서, 新行政學에서는 조직현상을 이와는 달리 조직의 외적 동태성을 강조하는 배분적 과정, 통합적 과정, 경제교환적 과정, 사회감정적 과정이 중시되어야 한다고 보았다.[55] 다시 말해서 프레더릭슨은 실제의 組織構造는 정태적이 아니며 변화하고 있고 또 변화할 수 있는 것이며, 현대 공공조직의 복잡성을 계층제의 개념으로 완전히 이해할 수 없는 것이므로, 고정되지 않고 반드시 계층제일 필요도 없는 구조적 동태성을 지닌 조직모형이 제시되어야 한다고 주장하였다.[56] 또한, 이와 같은 조직모형에 대한 새로운 요청은 계층제에 기반을 둔 공공조직이 더 이상 효과적일 수 없으므로 변화의 필요를 느꼈고, 고객의 요청에 대한 대응성에 새로운 관심을 갖게 되었으며, 복잡하고 일시적이며 비연속적인 상황에 대처할 수 있는 보다 나은 방법이 필요했기 때문이라고 보고 있다. 그러므로 이와 같은 요청에 부응하는 조직모형은 행정분권화모형(administrative decentralization model), 주민통제모형(neighborhood control model), 매트릭스모형(matrix model), 협상모형(bargaining model) 등이라고 보았다.

한편 프레더릭슨은 종전의 행정이 절약과 능률에 초점을 두어 형평과 정의

54) Frederick C. Thayer, "Organization Theory as Epistemology: Transcending Hierachy and Objectivity," Carl J. Bellone, ed., *Organization Theory and the New Public Adinistration*(Boston: Allyn and Bacon, Inc., 1980), pp. 113~134.

55) George Frederickson, "Toward a New Public Administration," Frank Marini, ed., *Toward a New Public Administration*(Scranton, Pa.: Chardler Publising co., 1971), p. 312.

56) George Frederickson, *New Public Administration*(Alabama: The Alabama University Press, 1980), p. x.

의 문제가 이론적으로나 실제적으로 소홀히 취급되었다고 주장하면서 節約과 能率 외에 衡平을 행정의 세 번째 기준으로 제시하는 社會的 衡平性 理論을 개발하였다. 그가 주장하는 社會的 衡平의 이론적 근거는 다음과 같다.

행정서비스가 경제적이고 능률적으로 제공되는 경우에도 누구를 위한 경제와 능률인가 하는 질문이 제기된다. 우리는 일반적으로 사회 · 경제적 조건의 다양성을 무시하고 모든 국민이 하나 같이 똑같은 입장에 있는 것으로 가정한다. 이러한 가정은 편리한 것이지만 비논리적이며 실증적으로도 정확하지 않다. 여기서 사회적 형평성이 절약과 능률 이외에 새로운 행정의 기준으로 대두되었다. 사회적 형평은 선호하는 가치를 반영하고, 그에 따라 선호하는 조직설계와 관리방식을 결정하는 것을 의미한다. 따라서 사회적 형평은 공평한 행정서비스를 강조한다. 사회적 형평은 공무원들의 정책결정과 집행에 대한 책임을 강조하고 행정의 변화를 추구한다. 그리고 사회적 형평은 공공조직의 요구보다는 市民의 要求에 대한 응답성을 강조한다.

社會的 衡平性은 행정에 대한 학계간의 연구, 응용적 연구 및 문제해결을 지향하는 연구와 교육을 강조한다. 행정이 정부에 대한 연구와 관리에 대한 연구를 결합한 것이라면 절약과 능률은 기본적으로 管理의 理論이며, 사회적 형평은 기본적으로 政府의 理論이라고 할 수 있다.

행정학 발달의 기초부터 능률적 경영의 이론이 민주적 정부의 이론에 포용되어 정부는 능률적이며 공평해야 한다는 주장이 대두되었다. 그러나 1950년대에 이르러서는 경영관리의 이론이 지배적이어서 형평과 공평에 대한 질문을 다시 하기에 이르렀다. 물론, 그 동안에도 행정이 정치과정의 일부로서 이해되기는 하였지만 행정의 政治的 中立性이 강조되면서 사회적 형평성의 문제는 무시되었던 것이다. 그러나 현대에 와서는 행정이 정책과정에서 주도적인 역할을 담당하고, 또한 정치적 중립성을 유지하기는 거의 불가능하다는 것이 인식되어서 절약과 능률과 함께 형평이 행정행위의 기준으로서 제기되기에 이르렀다. 1974년 *PAR*에 게재된 "社會的 衡平과 行政"에 관한 심포지엄에서 다음과 같은 이론이 제시되었다.

첫째, 사회적 형평은 정의롭고 민주적인 사회의 기준이며, 공무원의 행위의 기준이며, 공공서비스를 배분하는 법률적 및 실제적 기준이며, 또한 새로운 연구의 기준이 된다.

둘째, 사회적 형평에 대한 이해와 실제적인 적용에 있어서 괄목할 만한 진전이 이루어졌으나 아직도 이론적인 정리와 실제적인 적용의 여지가 상당히 많다.

셋째, 여전히 사회적 형평에 대한 정의를 내리기는 어렵고, 또한 형평과 평등을 구분하기도 곤란하지만 1960년대 이후부터 사회적 형평은 절약과 능률에 이어서, 행정의 세 가지 기준으로서 자리를 잡아왔다.

3. 自 由

자유의 문제는 인류의 원시적 상태에서는 그다지 중요한 것이 아니었고, 사상문화가 상당히 발달된 시대에 시작된 것이다. 따라서 자유의 개념을 살펴보기에 앞서 밀(J. S. Mill)의「自由論」을 살펴보는 것이 순서라고 여겨진다.

근대 자유주의 사상에 획기적인 공헌을 한 것은 밀(Mill)의「자유론」이다. 밀은「자유론」에서 자유의 영역을 다음과 같이 세 가지로 나누었다. 첫째, 의식의 내면적 영역으로 보통 말하는 사상의 자유와 언론의 자유, 둘째로는 자신의 성격에 적합한 생활의 계획을 세우는 취미와 작품활동의 자율, 셋째로는 개인과 개인과의 집단적 자유이다.

이와 같이 밀은「자유론」에서 개인의 自由를 절대시한 동시에 인간의 個性을 존중하였음을 알 수 있다. 전자에 대하여 밀은 國民의 自由에 대하여 간섭을 하는 정부의 권력, 그 자체가 불합리한 것으로 공격하고, 사상 및 언론의 자유에 관하여 어떤 사상이 올바름에도 불구하고 현시의 지배사상이 권력으로서 이를 저애한다면 인류의 사상은 아무런 발전을 이루지 못할 것이요, 설사 그릇된 사상이라 할지라도 지배사상이 이를 압박할 때 그 지배사상이란 것도 현시에는 옳지만 조만간에 그릇된 思想으로 되고 말지 모를 노릇이니, 모름지기 사상에 대하여는 언제나 관용해야 할 것이라고 보았다.[57] 또한 人間의 個性을 존중한 후자에 관하여 밀(Mill)은 개성의 자유로운 발전이야말로 인간행복의 요소이며, 또 한 인생의 목적인 인격의 성장을 달성할 수 있는 것이다. 밀은 인간을 단순히 자연적인 존재로서가 아니라 이성적 존재로 보았으며, 자유란 쾌락을 목적으로 삼는 것이 아니라 인격의 성장을 목적으로 삼는 것임을 명시하면서 타방으로

57) T. C. Talmon, *The Rise of Totalitarian Democracy*, p. 28.

부터 어느 정도 간섭을 용인하였다.[58)]

밀은 개인의 행위에 대하여 필요하면 제한할 수 있는 것으로 보았다. 이러한 의미는 자유란 단순히 강제 없는 상태에 그치지 않고 나아가서 어떤 일을 할 수 있는 적극적인 힘을 나타낸다. 이와 같이 밀은 思想과 言論에 관하여는 절대적 자유를 주장하면서 行爲에 관하여는 자유와 아울러 간섭을 용인한 점에서 근대 자유주의 사상에 커다란 영향을 미쳤음을 알 수 있다.

自由(freedom)는 다의적으로 쓰이기 때문에 일의적으로 규정한다는 것이 극히 곤란하다. 자유는 철학적 · 윤리학적 문제인 동시에 정치학적 · 사회학적 문제이기 때문이다.

홉스(Hobbes)는 자유를 저항의 불씨라 칭했으며, 칸트(Karnt) 같은 학자는 자유란 "도덕법칙에만 따르고 그 밖의 모든 것으로부터 독립하는 것"이라고 하였다. 또한 셸링(schelling)은 "자유란 적나라한 자연법칙을 통해서 규정되지 않는 존재를 절대적으로 규정하는 것일 뿐"이라고 하였고, 엥겔스(Engels)는 "자유란 자연적 필연성에 바탕을 두고 우리들 자신과 자연을 통제하는 것"이라고 보았다.

이상에서 알 수 있는 것과 같이 자유의 개념은 다양하여 한마디로 정의하기는 어려우나 다음과 같이 종합하여 自由를 두 가지로 정의할 수 있다.

첫째, 사회적 자유, 생명적 자유, 도덕적 자유를 칭하는 것이라고 볼 수 있다. 社會的 자유란 한 국민으로서 가져야 할 여러 가지 사회적 자유를 말하며, 生命的 자유란 개개인의 신체와 생명을 보전하고 생명을 유지하기 위하여 재화를 향유하는 것과 거주 또는 이주에 관한 개인적 자유를 말한다. 또한 道德的 자유란 도덕적 행위에 관하여 자유의지에 의한 선택을 근거로 하는 내면적 인정신적 자유를 말한다. 이러한 세 가지 자유는 따로 떨어져 있는 것이 아니라, 서로 일련의 관련성을 갖고 있다. 예를 들면 사회적 자유는 필경 개인의 생존을 위하고 도덕적 자유를 이루기 위한 것이며, 인격의 성장과 발전이 필요한 조건을 확보하는 데에 그 본의가 있다고 볼 수 있다.

둘째, 자유를 制約없이 행동할 수 있는 상태라고 정의할 수 있다.[59)] 다시

---

58) Robert Owen, *The Life of Robert Owen*(1877), p. 96.

59) Ruth P. Mack, *Planning on Uncertainty: Decision Making in Business and* Government *Administration*(New York: John Wiley & Sons, 1971), p. 71.

말해 사람들이 어떤 것을 행함에 있어 제약 없이 행동할 수 있는 자유는 그들이 그것을 행하거나 행하지 않음에 있어 어떠한 제한으로부터 자유롭고, 그들이 그것을 행하거나 행하지 않음이 다른 사람에 의한 간섭으로부터 보호되어 있는 경우를 말한다. 그러한 자유는 성원들에게 평등하게 주어지는 것이며, 자유의 가치는 능력에 따라 비례적으로 주어진다.

이상과 같이 自由는 인간이 생존하는 상태이며, 또한 사고와 행위의 능력이다. 자유는 소극적으로 외부로부터의 구속을 받고 있지 않은 상태, 또는 타율적인 강제에서 벗어나 있는 상태인 것이며, 적극적인 면에 있어서는 어떠한 목적을 선택 · 실현해 가는 행동에의 경향성이나, 자기가 바라는 바에 따라 창조적인 일을 해나가는 능력인 것이다.

의식적으로 선택을 하고 자발적인 욕구나 원망을 달성해 나가는 힘으로서의 人間精神의 自由는 동물이 본능적인 목표만을 추구하는 자연적인 행동과는 구별된다.

요컨대 어느 인간이 자유로울 수 있는 정도는 그 인간이 자기의 내부에 잠재하고 있는 것을 표현하고, 그 잠재력을 외부로 전개시켜 나가는 데에 있어 자질(동기)과 조건(기회)을 얼마나 가지고 있느냐에 따라 결정된다고 할 수 있다.

그러나 自由는 인간에 특유한 속성으로서 이와 같이 정의된다고 하더라도 반드시 현실의 상황에 적응하여 구체적으로 완전히 파악될 수 있는 것은 아니다. 확실히 자유는 구체적으로 여러 가지 종류의 자유를 의미하므로, 자유라고 할 경우 인간이 실질적으로 무엇이 정당하며 무엇이 가치 있는 것인가를 스스로 결정할 수 있는 상태이자 심성이라고 말할 수도 있다. 따라서 인간은 태어나면서부터 자유라고 주장되고 있으나, 자유는 단순한 자연상태가 아닐 뿐만 아니라 천부의 자연권도 아닌 것이다. 그것은 가치판단을 내려 가치 있는 행위를 하게 하는 잠재적인 태도 내지 자질로서 인간의 진화와 함께 투쟁하는 과정에서 여러 차례 재획득, 재확립된 主體的인 觀念에 지나지 않는 것이다.

자유가 정치적 의미로서는 평등과 대치된다고 하나 달리 본다면 반드시 그런 것만도 아니다. 즉 평등한 자유(equal liberty)로의 조화가 가능한 것이다. 또한 능률성에 대비될 때는 그것이 정치 · 법적 수단의 대표로서 경제적 성격의 능률성을 제어하는 수단이 된다.

자유는 법적 의미인, 權利의 대명사로서 성원에게 모두 주어지며 거래가 불가능할 뿐만 아니라 시장 중심의 자본주의에 대비된 민주주의의 주된 수단이며, 정부에 의한 政治的 介入의 형태로 능률성에 대한 평등성을 보장하는 구실을 한다.[60] 그러한 권리의 특정은 환전화가 어렵고 고루 분배되며, 동기부여 등이 거의 없고 좁은 의미의 자유와 형평을 희생함으로써 평등을 극대화한다는 것이다. 그러한 주장은 자유방임주의(laissez-faire), 다원주의(plurlism), 롤스類의 휴머니즘 등을 근거로 한다.

위에서 지적한 기본적인 자유, 즉 사회적 · 생명적 · 도덕적 자유 및 정치적 자유(선거권과 피선거권), 언론과 집회의 자유, 양심과 사상의 자유, 재산권과 더불어 신체의 자유들은 하나의 全體로서, 하나의 체계로서 고려된다는 것이 중요하다. 다시 말하면 어떤 자유의 가치는 일반적으로 다른 자유들을 명시하는 것에 의존하고 있으며, 이러한 사실은 헌법 제정과 입법 일반에서 고려되어야만 한다.

대체로 보다 큰 자유가 바람직하다는 것은 사실이지만 이것은 일차적으로 자유의 전체적인 체계에 있어서 그렇다는 것이지 어떤 순수한 자유에 있어서 타당한 것은 아니다. 여러 자유들이 최선의 체계를 이루는 것은 그들에게 부과되는 제한의 총체가 그들의 규정내용에 따라 전체체계 내에서 상호관련을 맺는 방식에 달려 있다. 보다 실제적으로 말해서 만일 각 자유가 기껏해야 그 자신의 척도로만 측정될 수 있다고 가정한다면 다양한 자유들은 그들이 서로 미치는 영향에 따라서 확대되거나 축소될 수 있다. 자유의 전체체계에 대한 조정은 오직 특수한 자유들의 규정과 범위에 달려 있다. 물론 이러한 체계는 언제나 대표적인 평등한 시민의 관점에서 평가되어야 한다.

끝으로 自由에 있어서 중요한 점은 自由의 全體體系가 위에서 설명한 것과 같이 규정된다고 할 때 자유의 가치는 다음과 같이 구분할 수 있다. 자유는 평등한 시민이 갖는 자유의 완전한 체계에 의해 표현되는 반면, 개인과 단체에 있어서의 자유의 가치는 그 체계가 정해 주는 형태 내에서 자신의 목적을 증진시킬 수 있는 그들의 역량에 비례하는 것이다. 그러나 자유의 가치는 모든 이에게 다 동일한 것이 아니다. 어떤 자는 더 큰 권력과 부를 가지며 따라서 그들의 목표를 달성할 더 큰 수단을 갖는다. 그러나 보다 불운한 사회성원도 差等의 原則

60) Arthur M. Okun, *Equality and Efficiency: The Big Trade-off* (Washington, D. C.: The Brookings Institution, 1975), pp. 1～22.

이 충족될 경우에 생겨날 수 있는 불평등을 받아들이지 않는다면 그들의 목적을 달성할 능력이 보다 저하될 것이기 때문에 이들에게도 상대적으로 작지만 자유가 보상되어지는 것이다. 다만 보다 작은 가치의 자유를 보상하는 것을 불평등한 자유를 정당화하는 것으로 혼동해서는 안 된다. 전체적인 관점에서 생각할 때, 기본구조는 모든 이가 공유하는 평등한 자유의 완전한 체계라는 것은 최소수혜자가 가질 수 있는 가치를 극대화하도록 편성되어야 한다.

4. 平 等

平等主義 思想은 일찍이 스토아 철학자들과 기독교 사상가들에 의하여 표명된 바 있지만, 그것이 뚜렷한 가치를 밝히게 된 것은 근세 인권사상의 대두와 때를 같이 한다.

고대 그리스 평등사상은 자유시민의 평등에 지나지 않았다. 그러나 고대 로마시대에 있어서 평등사상은 하나의 이념으로 나타나게 되었다. 그것은 제 종족의 혼합과 국가기반의 확대, 그리고 그리스도교의 대두 등을 배경으로 했다. 스토아 철학과 로마법의 영향을 받아 자연법(Jusnaturac)의 관념이 여기에 성립했다. 키케로에 의하면, 재산이나 재능에 있어 인간 사이에 불평등이 있다 하더라도 그들이 시민이라면 법률적 권리는 평등해야 한다는 것이었다. 그러나 고대로마도 노예제사회로서 평등은 또한 시민권을 갖는 시민에 한정된 것이었고, 노예에게까지 확대되지 않았다. 이에 반해서 평등이 모든 인간에 있어서 존재한다는 주장은 그리스도교에 의해 이루어졌다. 그리스도교에서는 인간은 그 하나하나가 신을 모방해서 만들어졌기 때문에 신 앞에서는 모든 인간은 平等하다는 것이었다. 신 앞에서의 평등은 인종적 차별, 노예와 주인의 신분적 계급의 구별, 성적 불평등이 없다는 것이었다. 신 앞에서 평등은 종교개혁에 있어서 루터와 칼빈에 의해 신앙의 주체로서 인간의 평등 형성에 크게 영향을 미쳤다.

근대적 평등개념은 18세기의 啓蒙主義에서 확립된다. 당시의 사상가는 자연법이론에 따라 모든 인간의 자연적 평등, 보편적인 인간적 평등에서 출발하여 정치적 · 법률적 평등권의 요구로 귀착시켰다. 근대적 평등개념에 있어서 인간은 자연적인 정신적 · 육체적 능력에 있어서 현실적으로 평등하다는 것은 아니다. 도리어, 위에서와 같은 정신적 · 육체적 능력상의 불평등이 있음에도 불구하고,

인간이 본질상 동일하다는 것을 의미하는 것이다.

근대 민주주의에 있어서의 평등개념이 법률 앞에서의 평등은 기회의 균등을 의미한다고 할 수 있다. 과거에는 인간능력의 봉건제적 제특권으로 말미암아 그 발휘가 불가능했다는 점에서 근래에 와서는 그러한 제특권이 배제됨으로써 능력만 있다면 그것을 발휘할 수 있다는 데 그 이유가 있다.

이러한 평등 개념은 普通選擧制의 一人一票制에서 볼 수 있다. 그러한 법률적 평등개념은 기계적 평등으로서 법 앞에서의 평등과 같은 획일적 대우를 의미한다. 그리고 평등의 개념과 유사한 개념은 앞에서 살펴본 형평성이라 할 수 있다. 그러나 衡平性은 비례성을 주된 속성으로 하기 때문에 수평적 평등과 수직적 평등의 중간에 속한다고 할 수 있다.

현대적인 평등은 아리스토텔레스(Aristoteles)의 配分的 正義에 해당하는 것으로서 비례적 평등이어야 하고, 그렇게 함으로써 자유이념과도 조화될 수 있게 된다. 그것을 맥키버(Robert M. Maciver)는 생동하는 가치적 공평, 즉 형평(living value fairness equity)으로 표현하고 있다. 이와 같은 평등에서는 활동하는 자유가 억제되지 않을 뿐만 아니라, 도리어 그것을 보호, 조장하고 자유로운 인간이 가지고 있는 불평등한 능력이 존중되어 그 인격의 완성을 가능하게 한다. 또한 평등에서는 불평등한 능력이 존중되어 처지와 형편의 차이에 따라 차별대우의 정당한 불평등을 인정하고 있다.

브라스토스(Gregory Vlastos)는 평등을 다음과 같이 필요와 능력 및 업적과 계약에 따라 不平等한 能力이 존중된다고 보았다. 그러나 인간은 누구나 다같이 존귀한 것이며 그 존귀한 인간들이 모두 안녕과 행복을 누리고 살 수 있기 위해서는 평등한 대우가 필요한 까닭에, 특별한 이유가 없는 한 차별대우는 용납될 수 없다. 따라서 위에서 브라스토스가 지적한 것에서 알 수 있는 것은 다음과 같다.

첫째, "각자의 必要에 따라서 분배한다"는 것은 하나의 理想으로는 이론의 여지가 없으나, 현실적 처방으로는 많은 난제를 내포하고 있다.

둘째, "각자의 능력과 업적에 따라서 분배한다"는 원칙은 '능력과 업적'이 높은 사람이 동시에 '필요로 하는 것'도 많다는 병행의 관계가 정립할 경우에는 별로 이론의 여지가 없으나, 그렇지 못할 경우에는 '能力과 業績'의 원칙 및 '必要'의 원칙 사이에 있어서 어느 원칙에 대하여 우선권을 인정하느냐 하는 어려운 문제가 생긴다. 그리고 "필요에 따라서 분배함이 공정하냐 또는 능력과 업적에 따라서 분배함이 공정하냐?"는 표현으로 제기할 수 있는 이 물음에 대한 대답은, 어떤 증명된 사실에서 논리적으로 풀려 나올 수 있는 성질의 것이 아니라, 가치문제에 관한 가장 기본적인 전제들 가운데서 어느 원리를 선택하느냐에 따라서 결정될 성질의 것이다. 따라서 각자의 필요에 의해서 분배한다는 원칙을 실현하기 위한 합리적인 방편으로는 능력 및 업적에 따르는 분배의 원칙을 받아들여야 할 것이다.

셋째, "각자가 체결한 契約에 따라서 분배한다"는 원칙은 체결된 계약이 공정하다고 인정될 경우에만 타당성을 갖는다. 이상에서 알 수 있는 것과 같이 평등에 不平等의 存在를 인정하려고 하고 있다, 불평등을 인정하려고 하는 이유는 불평등의 정도가 경제정장에 도움이 되고 정당하다는 것이다.

케인즈는 不平等을 지지하는데 그것은 두 가지 이유에서였다. 그것의 하나는, 社會的 요인으로서 돈벌이의 동기를 유발하는 가치 있는 인간행동을 유도할 수 있고, 또 인간활동의 성취를 위하여 사유재산권의 환경이 되기 때문이라 하고, 다른 하나는 心理的 요인의 정당화로서 좀 괴벽스러운 것이지만 위험스러운 인간의 기질이 돈벌이와 사유재산을 위한 기회가 존재함으로써 수용되고, 만약 그렇지 못하면 인간의 잔인성, 무모한 권력과 권위의 추구, 그리고 자기세력 강화의 다른 형태가 나타날 것이라고 하였다. 그러나 불평등이 非效率性을 초래하는데 그것은 첫째, 대량의 불평등 생산적 노력을 잘못된 방향으로 유도한다. 왜냐하면 자유시장제도는 욕구(need)에서가 아니라 수요(demand)에 대하여 반응을 나타내기 때문이다. 둘째로 불평등은 능력을 낭비하도록 유도하기 때문에 비효율적이다. 크로스랜드는 만약 사회이동이 적으면 틀림없이 계층사회가 될 것이고, 사람들은 중 또는 하층에서 상층으로 상승이동이 용이할 수 없고, 따라서 지배층이 세습화되거나 영속화될 것이고, 세습적 또는 가족적 이득을 용인하는 것은 무엇이든 재능을 낭비하는 것이라고 했다. 이러한 것에 따라 다음과 같은 학자는 불평등에 대하여 비판을 가했다.

토우니(R. H. Towney)[61]는 평등이 인간 종속, 질서, 권위 및 정의의 기반으로 인식될 수 있고, 국가의 경제적 재난을 해결하는 데 필요한 협동은 계급투쟁에 의해 불가능하게 하는데, 이것의 근원은 사회적 · 경제적 불평등에 있다고 하

61) R. H. Towney, *Equality*(London: Allen & Unwin, 1952).

였다. 티트무스(Richard Titmuss)[62]도 인간 본성이란 소득과 부의 자유가 보장된 사회에 있어서 평등이 유지될 수 있을 정도로 충분히 도덕적이지 못하다는 것을 역사는 보여주었으며, 불평등의 감소가 필요하며, 충분한 것은 아니지만 사회조화의 조건이라고 하였다.

결국 인간은 모두 존귀하므로 정당한 근거가 없는 한, 차별대우와 불평등은 받아들여질 수 없다는 것이다. 그리고 앞에서 살펴본 自由와 平等의 개념은 이율배반적인 관계에 있다. 自由를 절대화하여 무제한적인 자유를 허용한다면 무정부화하고 약육강식으로 귀결하게 된다. 반대로 平等을 절대화하여 평등을 확대한다면 인간의 자유는 그 존립이 불가능하게 된다. 따라서 자유와 평등은 그 어느 하나만을 절대화할 경우 양 개념은 양립할 수 없게 되므로 양 개념은 調和를 이루어 나가야 한다.

62) Richard Titmuss, *The Life Relationship: From Human Blood to Social Policy*(New York: Random House, 1972).

제 4 장

行政倫理의 擡頭와 行政理念

제 1 절 學問的 흐름에서 본 行政倫理
제 2 절 行政理念의 時期的 變遷
제 3 절 行政倫理와 公職者

제 4 장 行政倫理의 擡頭와 行政理念

제 1 절 學問的 흐름에서 본 行政倫理

1. 行政의 學問的 展開

윌슨(W. Wilson)의 「행정연구」(*The Study of Administration*, 1887)에 의해 행정이 하나의 독립학문으로 설정된 이래 행정학은 학문적 正體性[1]을 찾고자 하는 많은 노력들이 있어 왔다. 행정학의 정체성이 人間福利의 의미와 이를 증진하기 위한 조건을 인식하는 데 달려 있다고 했을 때, 행정학을 연구하는 데 있어서 우리가 반드시 알아야 할 사항은 바로 이러한 의미와 조건이 무엇이냐고 하는 것이다. 즉 여러 가지 상황에서 나타난 원인과 결과를 보다 구체적으로 명백하게 인식할 때만이 분명히 인간의 복리를 증진시키는 데 도움이 된다는 것이다.[2]

이러한 논의는 행정학이 지녀야 할 이론성과 실천성의 양면을 동시에 인식시켜 주는 것이 된다. 행정학은 이러한 이론성과 실천성의 양면을 띠며, 특히 行政倫理研究는 행정연구의 핵심적인 부분이다. 즉 理論性의 측면에서 행정학은 원인과 결과분석에 따라 경험적 연구의 지침이 될 수 있는 가설을 설정하고 그 가설을 바탕으로 하여 상황적 조건에 대처할 수 있는 예견적 이론을 구축해야 한다는 것이다. 또한 實踐性의 측면에서 행정학은 인간의 복리에 해가 되는 원인을 규명하고 그 원인에 대한 處方策을 제시해야 한다는 것이다. 따라서 이러한 이론성과 실천성의 차원에서 행정학은 마땅히 그것의 선택범위를 넓혀야 하며 인간복리 증진에 관계되는 모든 행동에 적극 참여해야 됨을 알 수 있다.

---

1) 행정학의 지적 위기를 극복하려는 시도의 하나로 쓰여진 책이 Vincent Ostrom, *The Intellectual Crisis in American Public Administration*(New York: The University of Allabama, 1973)이다.

2) *Ibid*., pp. 2～3.

학문적 영역으로 보거나 전문적 영역으로 보거나 행정학은 아직도 연구되어야 할 부분이 많이 남아 있다고 할 수 있다. 사실 행정학 初期의 知的 根源은 행정개혁운동이나 바람직한 정부를 만드는 운동, 혹은 행정기구의 전문화 등과 깊은 연관을 맺고 있었다. '行政의 原理'(Principles of Administration)[3)]가 탄생한 것도 이러한 운동과 관계가 깊다. 이 시기의 주된 관심은 엽관주의(spoils system)의 폐해와 관련된 인사개혁운동이었으며, 예산체계 및 구매기구 등의 정비도 이와 더불어 체계를 잡아가기 시작했던 것이다. 이러한 개혁운동의 뒷받침이 된 지주는 물론 科學的 管理法(scientific management method)의 사상이었으며, 이를 위해서 루스벨트(Theodore Roosevelt)나 윌슨 등이 중요한 정치적 역할을 수행했던 것이다. 이러한 상황에서 행정학은 확실히 급격하게 변하는 사회와 그 속에서 움직이는 정부에 대해서 새로운 힘차고 효과적인 대안제시가 되어 왔던 것이다.

행정학의 두 번째 知的 根源은 대공황과 뉴딜(New Deal), 그리고 뒤이은 제2차 세계대전과 더불어 시작했다고 말할 수 있다. 이 시기의 특징은 정부의 급격한 팽창, 특히 국방비의 막대한 증가 등으로 대변된다. 이 당시 정부는 巨大하면서도 集權化된 모습을 보이게 된다. 그러나 이러한 정부는 실제로 여러 면에서 실패를 경험하게 된다. 이제 행정은 원리에 따른 행동보다는 원리에 따르지 않은 臨時變通의 조치들을 크게 사용하게 된 것이다. 행정조직의 원리가 무너지면서 이론과 실제간의 간격도 점차 커지게 되었다.

戰時의 경험은 또한 메이요(Elton Mayo)와 그의 동료들의 업적[4)]을 새롭게 평가하게 한 중요한 계기가 되기도 하였다. 조직에 있어서 人間關係論的 측면이 조직의 공식적 측면보다 생산성에 더 많은 영향을 미친다는 것이 밝혀지게 되었다. 이론과 실제 사이의 괴리는 이제 공식조직의 이론과 비공식조직의 이론 사이의 괴리로 전환하게 된 것이다.

그러나 종래의 行政原理에 대해 결정적인 批判을 가한 것은 사이먼(Hebert A. Simon)의 「행정행태론」(*Administrative Behavior*)이었다고 할 수 있다. 사이먼은

---

3) W. F. Willoughby, *Principles of Public Administration*(Baltimore: John Hopkins Press, 1927); L. Gulick and L. F. Urwick(eds.), *Papers on the Science of Administration*(New York: Institute of Public Administration, 1937).

4) F. J. Roethliserger and W. J. Dickson, *Management and the Worker*(Cambridge: Harvard University Press, 1939).

명백히 행정의 원리들을 신화에 지나지 않는 것이라고 거부해 버렸던 것이다.[5)]사이먼의 이러한 도전에 잘못이 없는 것은 아니다. 또한 그의 事實과 價値의 분리에 대한 논의도 논란의 여지가 없는 것은 아니다. 그러나 그의 行政科學에 대한 주장은 광범위한 지지를 얻게 되었고, 그의 조직관 또한 새로운 것이었다는 평가를 받게 되었다.

사이먼의 「행정행태론」이 나온 것과 거의 같은 시기에 막스 베버의 저작들이 영어로 번역되어 출판되기 시작했다. 베버의 「경제와 사회」(*Economy and society*)는 사회현상을 연구하는 데 필요한 價値排除의 조작기법을 제공해 주었고, 社會構造에 대한 개념을 명백하게 인식할 수 있는 계기를 만들어 주었다. 베버는 행정체계가 계층적으로 질서정연하게 마련된 형태를 '관료제'(bureau-cracy)라 불렀는데, 이 官僚制理論은 제 2 차 세계대전 이후 대규모화 된 행정조직이나 행정의 다방면에 커다란 영향을 미치게 되었던 것이다.

베버의 가치배제의 사회과학은 우연히도 사이먼의 사실-가치 이분법과 일치한다. 따라서 베버의 관료제는 인간조직의 불완전성을 시정하고자 하는 노력의 모형으로서 제기될 수 있는 것이며, 그 형식과 방법에 있어 전통적인 행정이론과 완전히 일치한다고 말할 수 있다.

많은 행정학도들의 戰時에 얻은 경험은 행정학의 새로운 연구방식에 중요한 계기를 만들어 주었는데 그것이 다름 아닌 사례연구(case study)이다. 사례연구는 문제를 극적으로 표현하고, 행정상황하에서 벌어진 여러 가지 갈등을 지적해 주는 데 큰 장점을 지니며, 특히 '행정에 대한 現實感'을 부각시키는 데 결정적인 역할을 하게 되었다. 그러나 행정이론의 부재 속에서의 이러한 현실감이란 결국 이론과의 불일치라는 역기능을 낳고 말았던 것이다. 사례연구와 더불어 또 하나의 연구전통으로서 行態論的 접근방식이 행정학도 사이에서 싹트고 있었다. 즉 행정학이론도 검증된 가설을 축적함으로써 이루어질 수 있다는 것이다. 목표대치(goal displacement)나 官僚制 逆機能에 대한 연구도 이들 행태론자들에 의해서 이루어졌으며, 관료제의 합리성에 대한 의문도 이들에 의해서 제기되었던 것이다.

이러한 행정학의 학문적 영역에 나타난 지적 혼란은 왈도(Dwight Waldo)에

5) H. A. Simon, *Administrative Behavior A study of Decision-making Processes in Administration Organization*(New York: Fress, 1974), pp. 20~44.

의해서 행정학의 주체성의 위기 혹은 자신감의 위기, 즉 '正體性의 危機'로 특정지어지게 된다.[6] 그러나 왈도는 이러한 정체성의 위기해결에 대해서는 매우 비관적이었다. 실제로 그는 그 문제에 대한 해결책은 존재하지 않는다고까지 말했던 것이다. 이것이 소위 말하는 왈도의 '專門'(profession)的 立場인 것이다.[7]

그러나 이러한 입장에 치명적인 약점이 있다는 사실을 왈도 자신도 미처 깨닫지 못했던 것 같다. 말하자면 행정학의 여러 방법이 논란의 여지가 많을 때, 전문가 자신도 거기에 대해서 확신을 가질 수 없다는 것이며, 또한 전문가 자신이 지니고 있는 지적 근거가 흔들렸을 때 이것을 대체할 다른 대안이 없다는 것이다. 실제로 정치적 혼란이 있을 때에 그 혼란의 원인과 자기 지식의 근거가 서로 관련되어 있다고 아무도 장담할 수 없는 것이다.

이러한 상황하에서 행정학에 필요한 것은 위기에 대처하고 재난의 두려움을 막아 설 줄 아는 과감한 용기인 것이다. 그것은 과거의 '正體性의 危機'의 원인과 본질을 파헤치는 과감한 작업이어야 하는 것이다. 확실히 행정학은 변화하고 있고 또 새로워지고 있다. 이러한 통시적인 흐름을 통해 얻은 결실뿐만 아니라 현시대의 공시적인 수준에서 본 행정의 실체를 알려는 노력 또한 중요한 역할을 한다. 이에 따라 다음에서는 행정을 둘러싼 공시적 수준의 분석과 통시적 수준의 분석을 통해 양면성을 지닌 행정학의 중요연구대상인 行政倫理의 研究를 살펴보고자 한다.

2. 行政學에 있어서 倫理問題의 擡頭[8]

행정학의 학문적 시초가 형성된 미국에서도 公共官僚制가 公益에 봉사하기 위한 倫理的 感覺을 갖기 시작한 것은 최근의 일로서 1924년 公務員의 倫理綱領이 국제도시관리협회(ICMA)에서 처음으로 채택되었다. 그러나 이는 교육, 의학

---

6) D. Waldo, "Scope of Theory of Public Administration," in James C. Charlesworth(ed.), *Theory and Practice of Public Administration: Scope Objectives and Methods* (Philadelphia: The American Academy of Political and Social Science, 1968), pp. 1~26.

7) *Ibid.*, p. 10.

8) Nicholas Henry, *Pulic Administration and Public Affairs*(4th ed.)(Englewood Cliffs, N. J.: Prentice-Hall, 1989), ch. 13.

및 다른 전문직에서 설정하고 있는 직업윤리에 관한 것이라기보다는 그 시대의 도시개혁운동의 반부패와 반정치적 가치를 반영한 강령이었다. 그리고 공무원의 윤리문제는 비교적 늦게 문제화되기 시작한 것으로 평가받고 있다. 미국의 경우 1958년 연방공무원의 윤리강령이 제정되고 1978년에는 정부윤리국(Office of Government Ethics)이 설치되어 연방공무원의 윤리문제를 심사하였으며 공무원에게 적용한 것은 1984년이다. 우리나라의 경우도 國家公務員法 제56조 및 제66조에서 공무원의 행동규범이 규정되어 있으며 1960년대 이후 공무원의 선서, 1980년에 공무원의 윤리강령이 제정되었으며 1981년에 공무원의 복무선서가 마련되었다. 이렇게 다른 직업윤리에 비해 公職에서의 倫理規定化가 늦어진 것은 공무원은 주어진 업무를 능률적 · 경제적으로 수행하기만 하면 도덕적인 것으로 생각했기 때문이다. 그러나 점차 행정에서도 윤리라는 가치문제가 연관하여 대두되게 되는데 이에 대한 세 가지 계기들을 살펴보면 다음과 같다.

첫째, 政治 · 行政二元論의 포기이다. 즉 행정학이 정치학과 별개의 학문이라고 주장하였던 초기에 비해 상황의 밀접한 상호 연관성으로 인하여 행정과 정치의 긴밀성이 인정되어, 하나의 부분으로 인정되면서 도덕성은 관료제와 적실한 것이 되어야 한다는 생각이 묵시적으로 인정되었다. 즉 행정은 단순히 공공정책을 실현하는 작용으로서가 아니라 공공정책을 수립하는 것 자체를 중심적인 과제로 인식하게 된 것이다. 이와 함께 정책결정 또는 의사결정에 참여하는 官僚들의 公共倫理性이 중요하게 부각된 것이다. 현대의 행정국가에 있어서 행정관료들은 능률과 절약 및 기타 행정원리들에 얽매여 안이한 정책결정에 참여하도록 강요되는 것이라기보다는 윤리성과 도덕성의 당위적 책무에 필연적으로 접근하고 있다. 그러나 공공정책의 목표이고 공공윤리의 선택기준이 되는 것이 公益인데도, 이에 관한 개념정의조차 명확하지 않다.[9] 즉 政治 · 行政一元論의 채택으로 공무원들은 기능적으로 정부의 업무를 수행하는 데만 그치는 것이 아니라 그들이 하는 일의 궁극적인 목적, 즉 공익이 무엇인지에 대해 항상 유념하게 되었다는 것이다.

둘째, 행정에 있어서 意思決定理論(decisioon making theory)의 새로운 역할을 들 수 있다. 사이먼(Herbert Simon)은 앞으로 행정연구의 중심은 의사결정형태의 엄격한 분석에 있다고 하면서 공무원들은 경제성과 능률성 이외의 다른 것을 기

9) 롤스는 사회계약적인 정의의 관점에서 공익의 개념을 정립하려고 하였다.

초로 하여 결정을 내리고 있다고 주장하였다.[10] 즉 사회심리적 요인들이 그들이 내리는 결정에 주요한 영향을 미친다고 하였다. 이는 라스웰(H. Lasswell)[11]이나 버나드(C. I. Bernard)[12]도 의사결정자가 합리성에 근거해서 뿐만 아니라 느낌·감정 및 정신적 요소를 기초로 결정을 내린다고 보아, 공무원은 전 국민에게 영향을 미칠 수도 있는 공공정책을 아주 의심스럽고 부도덕하게 할 수도 있다는 것을 암시하는 것이며 이는 심각한 문제가 된다고 마찬가지로 주장하였다. 따라서 행정학자들은 倫理의 問題, 즉 공익의 문제를 행정의 실제에서 꼭 필요한 개념으로 인지하기 시작하였다. 이는 행정에서 윤리성문제가 크게 부각되었음을 나타낸다. 그리고 이러한 행정에서의 윤리에 대한 관심은 애플비(Paul H. Appleby)에 의해 본격화되었는데, 그는 多元的 政治와 官僚的 階層制間의 緊張에 의하여 제기된 윤리적 문제를 언급하였다.[13] 그에 의하면 정치의 압력과 계층제가 입법부와 관료제에서 고위 정책결정수준까지 도덕적 딜레마에 봉착하도록 하였으며 동시에 관료들에게 이용할 수 있는 선택의 폭을 좁혔다고 한다. 이는 관료들의 도덕적 상황에 대한 現實的 評價였으며 의사결정에서 관료에게 허용된 倫理性의 缺如를 강조하는 것이다. 또한 롱(N. Long)도 관료제에 있어서 倫理的 選擇과 意思決定間의 連結을 설명하였는데, 그에 의하면 행정가에 의하여 내려지는 모든 결정은 그들의 기관이 생존해야 한다는 욕망에 의하여 설명될 수 있다고 한다.[14]

셋째, 공익의 의미가 미국에 있어서 反文化(counter Culture)의 성격을 띠고 있다. 여기서 반문화란 미국행정국가가 비인간적 · 기술적 · 비인격적이라고 비판받는 것을 지칭한다. 공공관료에 대한 반문화의 비판은 기본적인 것으로, 대표적 행정가들은 비도덕적이 아니라 무도덕적이라는 것이다. 즉 그들은 기술국가의 가치에 너무 혼란되어 도덕성이 무엇인지를 이해할 수 없게 되었고, 그들이 옳은 일을 하려 해도 그들은 적절한 도덕적 결정을 할 수도 없고 우연히 도덕적

10) Herbert A. Simon, *Administrative Behavior: A Study of Decision-making Processes in Administration Organization*(New York: The Free Press, 1947).

11) Harold Lasswell, *Psychological and Politics*(New York: Viking Press, 1930).

12) Chester I. Bernard, *The Functions of the Executive*(Cambridge, Mass.: Harvard University Press, 1938).

13) Paul H. Appleby, *Morality and Administration in Democratic Government*(Baton Rouge, La.: Louisiana State University Press, 1952).

14) Norton Long, *The Polity*(Chicago: Rand McNally, 1962).

결정을 내렸다 하더라도 그것을 이해하지도 못한다는 것이다. 즉 과학주의 내지 기술주의는 사회문제를 해결하기에는 부적당하며, 그것은 도덕적 문제에 관한 사고를 흐리게 하기 때문이라는 것이다.[15] 技術社會의 상징과 가치는 개별적인 남녀의 생활양식의 선택을 방지하는데 기술주의에 의한 脫倫理的 · 競爭的 · 消費享樂的인 것에 세뇌되어 그들 나름대로의 생활 및 문화양식을 선호할 기회를 박탈당하고 있는 것이다. 이와 비슷한 주장은 마르쿠제(H. Marcuse), 에룰(J. Ellul),[16] 로작(T. J. Roszak),[17] 라이히(C. Reich)[18] 등에 의해서도 지장되고 있다.

이상의 세 가지 계기에 의해 행정에서 윤리가 관련된 분야로서 비로소 인식되게 되었으며, 이의 지적인 시도로서는 官僚的 責任性 논의와 組織人間主義(organizational humanism) 등의 흐름으로 나타나게 된다. 그러면 다음은 행정학의 문헌에서 나타나고 있는 윤리적 흐름을 1940년 이후 출간된 미국의 저술을 중심으로 살펴보면서 상황적 윤리로서 행정윤리가 어떻게 전개되는지 보겠다.

3. 行政學 文獻을 중심으로 본 行政倫理[19]

덴하트(K. Denhardt)는 윤리적 행정의 연구와 실제를 위한 공통적인 준거틀과 초점 · 정의 · 배경을 제공하기 위한 이론적 틀의 부재를 겪는다고 하면서, 이의 구축을 위해 기존의 행정학 文獻分析을 통해 行政倫理模型을 제시하고 있다. 따라서 플라톤의 Republic을 출발점으로 하지 않고 1940～1980년대까지를 살펴보고 있다.

15) Theodore J. Roszack, *The Making of o Counterculture*(New York: Doubleday, 1969), pp. 142～144.

16) J. Ellul은 기술사회의 시민들은 현실사회의 문제점 극복을 기술에 의존하고 있다고 말한다. 그리고 윤리적 선택은 행정문제의 영역에서 배제되고 있으며 기술적 의미는 윤리적 목적보다 훨씬 중요하게 인식되고 있다고 한다.

17) 과학주의에는 윤리적 요소가 배제되어 있으므로 공공문제의 해결에는 미흡한 방법이다. T. J. Roszak, *The Making of a Counterculture*(New York: 1969), pp. 142～144.

18) 라이히는 현재의 상황은 의식의 2단계라고 칭하고, 이러한 특성이야말로 행정국가의 취약점이라고 간주하였다. 즉 사회의 공익과 사익의 통합에 의한 개인자유의 제약, 가치중립 또는 가치감소, 현재의 정책과 기존의 방침을 지지하는 지속적인 편견을 갖는 관료주의, 행정관료들에 대한 광범위한 권한위임에 따른 재량권 남용 등은 현대행정국가의 주된 병적 증상을 보여 준다고 주장한다. 유영옥, 「행정학」(서울: 세 경사, 1987), p. 674.

19) Kathryn G. Denhardt, *The Ethics of Public Service-Resolving Moral Dilemma in Public Organizations*(New York: Greenwood Press, 1988), pp. 1～27.

행정학 문헌에서 나타난 윤리는 그 이전부터도 있었겠지만 윤리가 행정과 관련하여 부각되게 된 중요한 계기의 하나가 정치 · 행정이원론의 포기라는 점에 비추어 윌슨의 政治 · 行政二元論이 도전을 받게 되는 1940년대의 레이(Wayne A. R. Leys)의 글[20]에서부터 분석하고 있다. 이 책에서 레이는 윤리를 좋은 정책을 결정하는 차원에서 논하였으며, 윤리는 기존의 정책에 대해 비판적 문제를 야기시키고, 이러한 과정에서 시간을 존중하는 관습과 불만족스러운 정책의 관성에 반대하도록 촉구한다고 하였다. 그리고 윤리를 "의사결정의 기준에 관한 연구"라고 정의하고,[21] 윤리를 정책문제의 의사결정에 어떻게 적용시킬지를 논하였다. 이처럼 레이는 주로 정책결정자에 초점을 맞추고 있으며, 함축적으로 정책결정자는 선발된 공무원 또는 적어도 관료적 위계에 있어서 상당히 높은 지위에 있는 자들을 가정하고 있다. 따라서 정책결정과정에서 행정가에 의해 행해지는 주요한 역할에 대한 설명에 적절하다. 또한 윤리적 행동에 대해 갖는 두드러진 특징은 그것의 哲學的 學習이다. 그리고 행정은 適實性과 實際性을 강조하려는 필요 때문에 일반적으로 행정윤리를 논하는 데 있어서 철학(도덕적 또는 정치적)을 회피하였으나, 레이의 글은 철학이 윤리의 학문적 · 실제적 측면에 중요하고도 필수적인 측면을 어떻게 하는지에 대한 좋은 예를 제공해 주었다.

그리고 1953년에 American University의 총장이었던 앤더슨(Hurst R. Anderson)[22]이 "행정에서의 윤리적 가치"라는 주제로 인사행정회에서 연설을 하였는데, 앤더슨은 개인적 · 사회적 삶의 기본적인 철학으로부터 행정기법을 분리시키는 것이 불가능하다고 하면서 행정윤리분야의 중요성을 강조하였다. 그러면서 윤리적 문제는 레이(Leys)가 정책결정자들에게만 초점을 둔 것과는 달리, 모든 行政的 決定에서 중요하다고 보며, 윤리를 우리 모두의 삶과 일들을 인도하는 가정들이라고 인식하였다는 것이다.

따라서 1950년대의 행정윤리모형은 "윤리적이라는 것은 행정적 결정이 이루어지는 기준 및 가정을 행정가가 검토하고 의문시할 것을 요구하며, 기준은 배타적으로 관습과 전통에 의존해서는 안 되며 우리 사회의 핵심적인 가치들을 어느 정도는 반영해야 한다"고 주장한다.

---

20) Waynes A. R. Leys, *Ethics and Social Policy*(New York: Prentice. Hall, 1944).

21) Waynes A. R. Leys, *Ethics for Policy Decisions*(New York: Prentice-Hall, 1952).

22) Hurst R. Anderson, "Ethical Value in Administration," *PAR* 17(January 1954), pp. 1～12.

1960년대는 個人 및 制度의 役割을 제고하고 변화의 가능성을 연구하는 시기로서, 행정윤리연구에 있어서 새로운 초점을 야기시켰다. 골렘비우스키(Robert T. Golembiewski)는[23] 개인적 자유에만 한정된 전통적인 조직윤리를 대체할 새로운 組織倫理를 추구하였다. 그리고 倫理란 시간과 더불어 변화하는 것이라고 보아, 절대적 기준은 알 수 없지만 주어진 시점에서의 윤리적 기준은 알 수 있는 것이므로 중요한 문제는 윤리적인 것이 사회적 가치의 내용이나 실체를 발견하는 것을 의미하는지, 또는 기존의 윤리적 기준을 의문시하는 것이 윤리적 행위의 필수적인 부분인지가 문제라고 지적하였다.

행정에 있어서 1960년대의 전통적인 역할, 제도 및 가치에 대한 의문과 도전이 절정에 이르는 것은 '新行政學'의 발달을 통해서이다. 이 '신행정학'의 출현은 행정에 있어서 변동하는 사회와 새로운 환경을 나타내며, 행정의 책임성에 대한 새로운 해석이 행정가들 사이에서의 변화하는 가치와 더불어 나타나고 있었다.

하몬(Michael M. Harmon)[24]은 행정에 있어서 규범적 이론에 대한 새로운 접근은 行政責任性의 이론에 개별 행정가의 가치와 동기들을 수용시켜야만 한다고 주장하였다. 이러한 해석은 행정가의 '개인적 및 사회적 삶의 철학'을 강조하는 1950년대의 앤더슨의 관심과 1960년대의 제도에 대한 도전과 그러한 제도에서의 행정가의 역할에 대한 도전을 강조하는 것, 즉 양자의 종합을 반영한 것이다. 즉 과거의 것을 대체하기 위해 새로운 규범적 틀을 발견하고자 하는 대로 주의가 돌려졌다.

하트(David K. Hart)[25]도 기존의 행정윤리의 이론적 틀을 '不偏不當한 行政'

23) Robert T. Golembiewski, *Men, Management and Morality-Toward a New Organizational Ethic*[New Jersey: Transaction Publisher, 1989(revised)], pp. 60~63. 골렘비우스키는 행동, 윤리 그리고 도덕 개념간의 구분을 하였다. 그에 의하면 conduct는 단지 개인 또는 집단의 관찰된 형태, ethics는 사람들이 그들의 corlduct를 평가하기 위해 취해지는 당시의 기준, moral은 선과 악의 기준처럼 시간을 초월해서 존재하는 절대적인 기준이다.

24) Michael M. Harmon, "Normative Theory and Public Administration: Some Suggestions for a Redefinition of Administrative Responsibility," in *Toward a New Public Administration*, ed. Frank Marini(Scranton, Pal.: Chandler Publishing Co., 1971), pp. 172~185.

25) David K. Hart, "Sociai Equity, Justice and Equitable Administrator," *PAR* 34(Jan./Feb. 1974), pp. 3~10.

에 중점을 두었으며 아직도 유용성은 남아 있지만, 公共信賴性이 퇴락된 과거의 패러다임에 대한 직접적인 대체를 위해서 특정한 대안을 주장하는 것이 필요하다고 제안하였다. 그리고 社會的 衡平性은 행정에 기본적인 조작적 지침으로서 기여할 수 있으며, 그 잠재력을 실현시키기 위해 사회적 형평이론은 명확한 윤리적 패러다임으로부터 파생되어져야만 한다고 주장하였다. 그러면서 행정의 새로운 윤리적 패러다임으로서 롤스(John Rawls)의 「정의론」을 제공하였다. 이리하여 하트는 사회와 개인적 행정가의 변화하는 가치들을 수용하였다.

헨리(Nicholas Henry)[26]도 行政役割의 변화와 그것의 行政倫理에 대한 영향을 기술하였다. 그는 행정가들이 정책결정에서 아무 역할을 하지 않고 단지 정책의 수행자나 집행자로 인지될 때에 도덕성은 중심적인 관심사가 되지 못한다고 지적하였다. 그러나 관료들은 정책결정의 정치에 밀접하게 연루되어 있기 때문에 행정적 삶에 있어서 도덕성의 역할에 영향을 미친다. 즉 행정가에게 요구되는 것은 합리적인 사고에 근거하여 도덕적 선택을 하도록 허용하는 공익에 대한 단순하면서도 조작적인 개념화라고 인식하였다.

이렇듯 1970년대는 行政行態의 기준이 무엇인가에 대한 널리 퍼져 있는 주장에 도전하여 대안적인 기준체계들을 제시하고 있다. 이처럼 내용차원[27]을 강조하도록 한 것은 행정가의 행태를 어느 정도 통제하고자 하는 바램에서 비롯되었다. 즉 倫理的 決定基準의 내용이 동의되어진다면, 행정가는 그러한 기준들에 책임을 지게 될 것이다. 그러나 윤리적 기준의 내용을 정의한다는 것은 내용에 대한 동의를 얻기가 어렵기 때문에 특히 어려운 작업이다. 그러므로 윤리에 대한 사고과정은 윤리적 기준의 적절한 내용에 대한 전반적인 동의가 없을 때에 결정에 이르도록 하는 중요한 기제가 된다.

그리고 이후 행정윤리에 대한 포괄적인 접근을 하고 있는 학자로는 로어

---

26) Nicholas Henry, *op. cit.* 참조.

27) 윤리에는 두 가지 분리된 차원 ―內容次元과 過程次元― 이 있다, 내용차원은 윤리적 행태를 알리기 위해 기대되어지는 명확하게 규정된 가치체계를 의미하며, 과정차원은 관심에 지나치게 의존하지 않으며, 경쟁적 또는 갈등적 가치가 결정에 이르는 데 있어서 상당히 논의되도록 하기 위해서 현재 행정행태를 이끄는 가치나 기준에 대해 검토하고 의문시하는 과정을 의미한다. 따라서 실제로 내용차원은 행정행태를 이끄는 가치의 規範的 際述을 제공하는 반면, 과정차원은 변화 또는 가치가 적절하게 적용되도록 하기 위하여 명확한 가치들을 의문시하기 위한 節次的 接近을 제공한다.

(John Rohr)[28]와 쿠퍼(Terry L, Cooper)[29]를 들 수 있다. 우선 로어의 논의를 살펴보면, 로어는 윤리라는 용어를 윤리적 문제에 대한 당대의 논의에서 흔히 발견되는 것보다 더 일반적인 의미에서 사용하였다. 이러한 관점에서 그는 관료의 행위와 결정은 불가피하게 공공에 영향을 미치기 때문에 공익으로 그들의 일을 수행하기 위한 官僚의 責任性이 필요하다. 따라서 공익적 정책결정을 하는 행정가를 갖고자 한다면 교육[30]이 되어져야 한다고 하였다. 그리고 쿠퍼는 過程的 次元에서 행정가들에게 倫理的 狀況을 알도록 하는데 의미가 있다고 하며, "윤리는 의무·결과 그리고 궁극적인 목적에 대한 본질적인 추론과 관련되며, 윤리적이라는 것은 우리가 선택하는 과정의 가치에 대해서 더 체계적으로 사고하는 것과 관련된 것이다"라고 하면서, 궁극적으로 개별 행정가의 결정에 대하여 통제를 향상시킬 필요성을 주장하였다.

그리고 社會的 價値의 順位에 대한 개별적인 결정을 하는 데 있어서 個別行政家의 책임 있는 행동을 관리하는 방법을 탐구하는 데 전념하였다. 즉 쿠퍼는 책임성과 통제차원뿐만 아니라 다양한 책임성에 대해 행정가에게 지침을 제공하기 위해 과정차원을 발전시키고자 하여, 본질적으로 윤리적 정책결정이 이루어지는 경계로서 행정가의 역할, 의무, 책임 등에 대해 개괄적으로 제시하였으며, 그러한 경계 내에서 內容次元은 적용될 수 있다고 하면서, 윤리적인 행정가는 행정결정에 적절한 윤리적 기준을 적용하면서 조직의 책임성과 역할을 고수하는 사람이라고 하였다.

그리고 쿠퍼는 개별적인 윤리적 정책결정에 있어서 組織環境의 기본적인 중요성을 강조하면서, 행정가·조직 그리고 윤리간의 관계에 대한 분석을 더욱 완전하게 발전시켰다. 그리고 동시에 조직적 생활의 필수적인 제약하에서 작용하면서 조직적 영향을 행정가가 초월할 수 있는 방법을 개괄적으로 제하였다.[31] 이러한 분석을 통해 쿠퍼는 행정윤리를 개인적이고 전문적인 책임성을 적용할

---

28) John A. Rohr, *Ethics for Bureaucrats: An Essay on Law and Values*(New York: Marcel Dekker, 1978).

29) Terry L. Cooper, *The Responsible Administrator*(Port Washington, New York: Kennikat Press, 1982).

30) 로어는 정책결정자를 교육시키기 위한 방법으로 high road, middle road, low road approach를 제안하였다.

31) Terry L. Cooper, *The Responsible Administrator*(New York: Associated Faculty Press, 1986).

수 있는 조직경계 내에서 발견될 수 있는 사회적 가치에 근거하여 독자적으로 결정기준을 비판하는 과정이라고 정의하였다. 앞으로 논의의 전개에 있어서 이를 준거로 하고자 한다.

제 2 절 行政理念의 時期的 變遷

1. 行政倫理와 行政理念

行政倫理는 행정행위에 요구되는 가치기준으로서 行政理念과 거의 같은 개념으로 쓰는가 하면 나아가서는 行政理論을 반영하는 개념으로까지 사용된다. 특히 최근에 행정학의 주류가 실증주의적인 면에서 規範的인 면으로 변화하고 있는 상황에서 보면, 윤리와 이념 및 이론은 분리해서 논의하기가 어려울 정도로 밀접히 관련되어 있다. 물론 윤리가 행동규범을 다루는 차원에서 보다 직접적이라고 할 수 있으며, 이에 반하여 이념은 사고방식을 다루는 차원에서 좀더 간접적이라고 할 수 있다. 그리고 윤리는 어디까지나 행동의 기준에 비추어 판단되는 가치의 문제이고 이념은 이러한 가치 속에 특별한 이미지를 포함한다. 그렇다면 理念의 本質은 무엇인가?

理念이란 이론과 논리의 합성어나, 理想을 담은 논리라는 뜻으로 쓰이는 합의된 개념은 아니다. 따라서 이념은 문화, 철학, 사상, 세계관, 이론, 윤리, 의식 등의 개념과 함께 다양하게 쓰이고 있다. 그리고 행정학에서도 이러한 개념들과 더불어 행정문화, 행정이념, 행정윤리 등의 분야가 관련되어 논의되고 있다.

그러면 우선 理念이라는 말이 함축하고 있는 다양한 의미를 살펴보자.[32)]

첫째, 이념은 文化의 所産이다. 특히 현대를 풍미하고 있는 대부분의 이념들은 기독교의 예언과 구속을 중심으로 한 서구의 문화와 전통에 기인한다. 그런데 오늘날 대부분의 비서구사회가 서구화되어감에 따라 민주주의, 사회주의, 개인주의, 공산주의, 합리주의, 민족주의 등의 무수한 서구적인 이념이 전세계로 확산되고 있다.

32) 박영기, 「현대행정이념」(대전: 한남대학교 출판부, 1990), pp. 14～17.

둘째, 이념은 다른 체계의 신념체계와는 달리 자유 · 정의 · 평등 · 독립 등과 같은 價値들을 중심으로 체계적으로 통일되어 있다. 따라서 이념은 이러한 가치를 실현하기 위하여 사회 전체가 변화되어야 한다는 사회의식을 형성한다. 사회의식은 서로 결합되어 있는 가치 · 신념 · 태도 등으로 개인들이 그 사회에 대하여 공통적으로 갖고 있는 이미지다. 따라서 이념은 집합성을 가지고 그 이념을 받아들이는 모든 사람에게 영향을 끼친다.

셋째, 모든 이념은 그것이 진보적이거나 전통적이거나 혁명적이거나 또는 반동적이거나 간에 사회 현상을 비판하고 변화를 기도한다. 이러한 이념들은 이 세상에서 그 이상을 실현하려는 수단으로 권위를 추구하며 政治性을 띤다. 그리하여 이념은 모든 영역을 획일화하여 정치적으로 통일하려고 한다. 여기서 이념은 동시에 정치적 목적과 수단을 제공한다.

넷째, 이념은 성질상 진리를 표방하지만 眞理가 아니다. 이념이 현실을 바꾸기 위하여 사실에 입각하기보다는 이상에 입각하기 때문이다. 따라서 이념은 실제적인 것과 반대되며 객관성보다 는 주관성을 내포하며 관념적인 허위의식을 조장하기도 한다. 그리고 이념의 이러한 속성이 사람들의 감정을 결속시켜서 집단적인 행동을 유발시키는 작용을 한다. 다시 말해서 이념은 이상적인 목적을 달성하려는 사람들이 공통적으로 갖고 있는 觀念으로 이를 실천에 옮기도록 하는 행동을 조장한다.

이와 같이 이념은 어떤 이장을 실현시키려는 체계적이면서도 종합적인 가치체계로서 行動指向的이다. 이념은 결국 행동 지향적인 관념으로서 무엇이 가치가 있고 없으며, 무엇을 지키고 바꿔야 하는가에 대한 목적과 판단의 기준을 제공한다. 이에 따라서 사람들에게 특정한 태도를 형성하고 특정한 행동을 지향하도록 한다.

이러한 관계의 인식하에서 행정윤리의 간접적이고 이념적 측면이라고 할 수 있는 行政理念에 대해서 살펴보면, 행정이념은 이념으로서 全體性을 갖는다. 즉 행정이념은 그것이 창출한 제도 속에 모든 것을 포용한다. 그리고 행정제도에 의한 행정은 공익(Public interest)을 표방한다. 행정이 공익을 추구하는 데는 이의가 없다. 그러나 "무엇이 공익이고, 그 공익을 어떻게 달성하는가?"하는 문제에 대해서는 견해가 분분하다.[33] 이러한 公益槪念의 모호성으로 인한 정의상의 어

33) 박영기, 전게서, pp. 31～32.

려움에 대해서 소라우프(Frank Sorauf)는 다음과 같이 지적한다.

> 학문적인 용법에서조차도 公益은 놀랄 만큼 다양하게 정의된다. 일반적으로 공익은 정책을 평가하는 기준이나 요망사항을 의미하거나, 정책이 추구하거나 달성해야 하는 이상적인 목표를 의미한다. 그러나 누구의 기준이어야 하느냐는 계속 문제로 남는다. 그 기준은 자연법과 같은 윤리적인 정언명령(ethical imperative)일 수도 있고, 합리적인 정치지혜의 우월한 기준일 수도 있으며, 다수 유권자의 목표나 동의일 수도 있다. 혹은 최종 생산물이 이기적인 부분보다 훨씬 크게 보이는 협소한 이해관계간의 신비에 가까운 균형이나 혼합물일 수도 있다.[34]

이러한 맥락에서 公益과 行政理念간의 관계를 검토해 보자면, 우선 행정이념은 전체적인 관점에서, 그 속에 이미 공익이라는 행정목적을 포함하는 것으로 생각될 수 있으나, 부분적인 관점에서 행동의 기준으로 보면 공익이라는 행정목적을 달성하기 위한 수단적인 가치로 파악할 수 있다. 그리고 목표－수단의 연계(means-ends chain)라는 관점에서 공익에 대한 논의를 살펴보면, 우선 행정의 목적으로서 공익이란 국가의 안전과 공동체의 복지를 추구하는 모든 활동을 포함한다.[35]

行政倫理와 行政理念은 앞서 검토한 바와 같이 매우 밀접한 관계가 있는 개념이다. 이제 이를 좀더 자세하게 검토하기 위해서 행정이념의 패러다임을 살펴보고자 한다.

2. 行政理念의 時期的 變遷

행정윤리는 이념 및 이론의 차원에서 논의할 때 우선 살펴보아야 할 문제는 행정이론이 크게 보아서 政治 · 行政二元論을 맴돌고 있다는 사실이다.[36] 주지하는 바와 같이 정치 · 행정이원론은 가치의 문제, 즉 민주주의 문제는 정치의 영역으로 돌리고 사실의 문제, 즉 능률성을 중심으로 한 합리주의의 문제를 행정

34) Frank J. Sorauf, "The Conceptual Muddle," in Carl J. Friedrich(ed.), *The Public Interest*(New York: ATHERTON, 1962), p. 185.

35) 박영기, 전게서, p. 32.

36) Fred W. Riggs, *Administration in Developing Countries*(Boston: Houghton Mifflin, 1964).

의 영역으로 삼는 것이다. 여기서 행정의 이론과 이념 및 윤리의 초점이 처음부터 합리성에 맞추어진다. 合理性에 초점을 맞춘 행정이론은 테일러(F. Taylor)의 「과학적 관리법」, 귤릭(L. Gulick) 등의 「행정원리론」 및 사이먼(H. Simon)의 「행정행태론」 등으로 계승되면서 행정학의 주류를 형성하고 있다.[37)]

한편, 정치 · 행정이원론은 가치를 포함하여 사실을 탐구하는 입장으로서 합리성 이외에도 민주성에 초점을 맞추고 있다. 民主性을 강조한 이론은 왈도(D. Waldo)의 「행정국가론」, 프레더릭슨(G. Frederickson)의 「신행정론」 및 오스트롬(V. Ostrom)의 「민주행정론」 등으로 합리성의 단점을 비판하면서 인간적 및 민주적인 행정에 초점을 두고 있다. 이러한 입장에서 행정의 책임성을 확보하고 시민의 요구에 대한 응답성을 강조하는 것은 행정에서 민주주의의 이념을 구현하려는 것이다.

여기서 능률성과 민주성의 기본적인 개념을 좀더 검토하여 볼 필요가 있다. 민주성이란 민주주의의 이념을 반영하는 행정윤리나 이념, 또는 이론을 지칭하는 말로서 민주주의라는 보편적인 개념을 행정이념의 차원에서 사용한 것이다. 한편 能率性이란 합리주의의 이념을 반영하는 행정윤리나 이념 또는 이론을 지칭하는 말을 행정이념의 차원에서 사용한 것이다. 이런 점에서 합리주의를 반영하는 행정이념을 포괄적으로 합리성이라고 하고, 능률성은 여기에 포함되는 한 가지 개념으로 취급하는 것이 타당하다고 본다.

저자는 이외에도 민족주의의 이념을 반영하는 自主性올 행정이념에 포함시켜야 한다고 본다. 행정학에서 민족주의나 자주성을 언급하는 것은 저자에게도 낯설은 감이 없지 않다. 그러나 민족을 최고의 권력단위로 보는 현대 국가에서 이는 당연히 논의되어야 할 문제라고 본다. 흔히 比較 · 發展行政의 분야에서 많은 연구자들이 선진국을 기준으로 하여 후진국을 비교하거나, 또는 후진국의 발전과제를 탐색하여 왔으나,[38)] 후진국에서 자국을 중심으로 한 이론은 거의 없다. 여기서 최근에 정치학 분야에서 남미학자들이 개발한 從屬理論을 타산지석의 교훈으로 삼아야 할 것이다. 다만 행정윤리나 이념 또는 이론이 價値와 理想의 문제인 한에 있어서 우리는 민족주의 이념을 행정에 도입하고 자주성의 이념

37) Nicholas L. Herlry, *op, cit.*, pp. 19～47.

38) 대표적인 예로는 Fred W. Riggs, *op. cit.* 및 Ferrel Heady, *Public Administration: A Comparative Perspective*(2nd ed.)(New York: Marcel Dekker, 1979).

을 합리성 · 민주성과 함께 행정의 3대 이념으로 추가시켜야 할 것이다. 民主性은 강대국의 논리에 대항하여 국익을 확보하는 행정이념이기 때문이다. 민주주의의 이념과 이를 전제로 한 민주성의 행정이념에 대해서는 별도의 연구가 필요하므로 여기서는 자세한 논의를 생략하였다.

역사적으로 볼 때 행정이론은 초기의 정치 · 행정이원론이나 행정원리론적 입장에서는 잘 정립되어 있는 듯이 보였다. 이런 입장에서 윌슨의 「행정연구」에서부터 제시된 '경제와 능률의 원리'(E. E. Movement)는 당연한 것으로 받아들여졌다.[39] 그러나 정치의 원리를 비판하고 사실과 가치의 세계를 분리하여 사실의 세계를 합리적으로 규명할 것을 주장하면서 사이먼에 이르러 종래의 행정학의 원리는 여지없이 무너지게 되었고, 따라서 행정학의 學問性은 다시 검토되기 시작하였다.[40] 이러한 도전으로부터 행정학은 다시 한번 자아정립의 계기를 맞게 되었고 나아가서 행정학은 정치학과 분리할 수 없는 동일한 학문분야임이 다시 강조되면서 行政의 民主性을 강조하기에 이르렀다.[41] 이어 1970년대에는 행정학의 학문적 정체성의 위기에 대한 논의가 활발한 가운데 신행정학이 등장하여 社會的 衡平의 문제를 부각시킴으로써 이 문제가 행정학의 새로운 관심사로 제기되었다.[42] 이후 1980년대에 접어들면서 행정학에 대한 관심이 높아지고 그 중에서도 社會福祉와 分配問題가 주요한 초점이 되고 있으나 이러한 학문적 경향을 뚜렷이 밝히는 개념은 아직도 드러나지 않고 있다. 여기서 행정학의 이론을 네 가지로 분류한 베일리(S. Bailey)의 이론 중에서[43] 규범적 이론의 입장을 취하고, 골렘비우스키(R. Golembiewsky)가 강조한 행정학의 학문연구의 대상과 연구의 초점 중에서 후자를 중심으로 하여 행정이념을 패러다임적으로 네 가지로 구분하

39) Woodrow Wilson, "The Study of Administration," *Political Science Quarterly* 2, no. 1(June 1887), as reprinted in *Selected Readings in Public Administration*(Seoul: Da San Publishing Co., 1980), pp. 9～29.

40) Herbert A. Simon, *Administrative Behavior*(3rd ed.)(New York: Free Press, 1976). pp. 20～44.

41) Dwight Waldo, *The Enterprise of Public Administration*(Novato, California: Chandler & Sharp Publishers, Inc., 1980), pp. 81～98.

42) H. George Frederickson, "Toward a New Public Administration," in Frank Marini, ed., *Toward a New Public Administration*(San Francisco: Chandler Publishing Co., 1971), pp. 309～331.

43) Stephen K. Bailey, "Objectives of the Theory of Public Administration," in J.C. Charlesworth, ed., *Theory and Practice of Public Administration*(Philadelphia: American Academy of Political and Social Science, 1968), pp. 128～129.

여 그 특징을 살펴보았다. 그리고 각 이념들이 합리성과 민주성을 중심으로 하여 행정학의 성격과 범위를 어떻게 특징지었는가 하는 점을 검토하고, 끝으로 각 이념들을 종합하여 고찰하면서 새로운 패러다임적 경향을 모색하여 보았다.

패러다임은 매우 다양한 개념이지만 여기서는 새로운 학문의 주류 또는 연구의 초점이라는 개념으로 사용하였다.[44] 학문의 주류 중에서도 모든 문제를 다루는 것이 아니라 행정의 윤리 · 이념 및 이론과 관련하여 행동이나 결정 및 연구의 기준이 되는 주요 개념을 살펴보았다. 물론 이러한 개념들이 해당 패러다임을 대표하느냐 하는 데에는 여러 가지 견해가 있을 수 있다. 또한 각 개념들이 패러다임과 더불어서 등장했다가 사라지는 것이 아니라 그대로 남아 있는 위에, 전에는 관심을 별로 끌지 못했던 개념이 새롭게 연구와 관심의 대상으로 등장한다. 예를 들면, 패러다임의 經濟와 能率은 패러다임 4의 社會的 衡平에서도 여전히 중요한 개념이며, 후자 또한 아주 새로운 개념이라기보다는 공정이나 평등의 문제가 새로운 형태로 제기된 것이다.

행정이념의 내용이 무엇이냐에 대한 견해는 일치하지 않는다.[45] 공익성, 민주성, 능률성, 효과성, 합리성, 안정성, 합목적성, 경제성, 생산성, 효율성, 중립성, 대표성, 책임성, 합법성 등이 다양하게 열거되고 있지만 이러한 개념들은 중복되거나 유사한 뜻으로 사용되었다. 학자들에 따라서 행정이념은 행정의 규범과 원리, 최고가치, 지도정신 또는 행정발전의 평가기준으로서의 지침 등으로 설명되고 있으나 아직 일반화된 개념은 없다.[46]

앞에서 살펴본 바와 같이 행정윤리의 행정이론을 포용하는 行政理念은 원리 · 가치 또는 기준과 관련된다. 이러한 관점에서 행정이념은 공익을 결정하고 실현하는 가치기준이라고 할 수 있다. 행정이념은 행정이나 행정행위, 즉 정책결정과 분석과 집행과 평가의 근본적인 기준이 된다.

이러한 관점에서 행정학에서 제기된 주요 행정이념을 미국에서 연구의 초점이 된 시대별로 나누어서 1887년부터 1946년의 시기를 '경제성과 능률성'의 패러다임 1로 보고, 1947년부터 1970년의 시기를 '합리성'의 패러다임 2와 '민주성'의 패러다임 3으로 보고, 끝으로 1971년 이후 현재까지를 '사회적 형평성'의

44) Nicholas Henry, *op. cit.*, pp. 27～28.

45) 박영기, 전게서, p. 60.

46) 유종해, "민주사회에서의 행정윤리의 기능," 「한국민주행정론」(한국행정학회, 1988), pp. 426～435.

패러다임 4로 구분해 볼 수 있다. 그리고 현재에는 학문의 중심이 정책으로 옮겨져서 앞에서 열거한 네 가지의 패러다임이 조화되고 종합되어 정리되어야 할 것이다.

(1) 패러다임 1: 경제성과 능률성

경제와 능률의 패러다임은 윌슨의 「행정연구」(1887)에서부터 시작한다.[47) 행정학 연구의 필요성을 제기하연서 "정치와 행정의 구분은 다행스럽게도 더 논의할 필요가 없이 자명하며,"[48) "행정학은 첫째로 정부의 업무영역을 밝히고, 둘째로는 이를 정부가 능률적이고도 경제적으로 수행하는 방법을 밝히는데 그 목적이 있다"[49)고 주장한 이래로 경제와 능률은 行政學硏究의 中心課題가 되어 왔다.

경제성과 능률성은 흔히 投入과 産出의 比率로서 표시되고 일반적으로는 능률성의 개념이 포함되는 것으로 이해하여 후자를 별도의 행정이념으로 다룬 한국의 행정학 저서는 찾아보기가 어렵다.[50) 그러나 행정이념으로서 정부가 그 업무를 수행하는 데 있어서 가능한 한 최소한의 비용이나 자원을 사용해야 한다는 경제성의 개념은 중요하다. 왜냐하면 정부의 업무는 산출이 일정하여서 단지 투입에서의 절약만이 가능하고 능률성의 기준이 적용되지 않는 경우가 많기 때문이다. 특히 정치로부터 행정을 구분하여 정치적 낭비로부터 行政的 節約을 강조하였던 초기의 행정학에서는 무엇보다도 경제성이 중요한 문제가 되었던 것이다. 경제성과 달리 능률성은 투입이 일정한 경우에 산출을 극대화하는 문제이다. 따라서 희소한 자원에 대한 관심이 증대하면서 주어진 인원과 예산으로 최대한의 결과를 요청받는 행정이 능률을 제 1 의 원리로 본 것은 당연한 것이다.[51) 이렇게 經濟性을 투입의 관점에서, 그리고 能率性을 산출의 관점에서 파악하면 양자를 합쳐서 투입과 산출의 비율로 파악되어야 한다. 즉 경제성과 능률성은 함께 투입의 최소화와 산출의 극대화의 문제가 되는 것인데, 전자를 당

47) Woodrow Wilson, *op. cit.*, p. 9.
48) *Ibid.*, p. 20.
49) *Ibid.*, p. 9.
50) 박영기, 전게서, p. 178.
51) Luther Gulick, "Science, Values and Public Administration," in Gulick and Urwick, ed., *Papers on the Science of Administration*(New York: Institute of Public Administration, 1937), pp. 192～195.

연한 것으로 보고 후자에만 관심을 기울이는 것이 일반적이며 이를 주로 능률성의 개념으로 설명하고 있다. 그리고 투입과 산출의 비율을 능률성으로 볼 때도 投入에 대한 개념에 물질적인 요소 외에 사회적인 압력이나 인적 요소를 포함하여 확대하고, 産出 역시 단순히 계량적인 것에서 질적이거나 사회적인 가치 등을 포함함으로써 초기의 기계적인 능률에서 사회적인 능률로 관점이 확대되었다.

경제성과 능률성의 행정이념은 지금도 중요하지만 행정학 발달 초기에는 가장 중요한 행정원리로 간주되었다. 요컨대 패러다임 1은 행정을 정치의 영역과 엄격히 구분하여 행정은 정치가 결정한 국가의 의사를 경제와 능률의 원리에 따라서 집행하는 것으로 보았다.[52] 경제와 능률의 원리는 科學的 管理法과 POSDCORB의 제 1 의 원리로서 당시의 행정관리를 지배하였으며 행정이론의 범위를 管理의 問題로 한정하고 행정학의 성격을 수단적으로 파악하도록 기여하였다.

(2) 패러다임 2: 합리성

합리성은 행정학의 중심과제라고 할 수 있다.[53] 경제성과 능률성을 중심으로 행정의 원리를 담당하던 초기의 행정학에 반기를 든 사이먼은 「행정행태론」에서 행정학의 중심문제를 정책결정으로 보고 정책결정과 관련하여 행정이론은 인간행위의 합리적인 면과 비합리적인 면의 경계를 파악하는 것이라고 보았다.[54] 물론 사이먼 이외에 베버(M. Weber)의 관료제이론에서도 合理性이 중요한 개념으로 제시되었지만 합리성에 대한 관심이 고조된 것은 사이먼 때문이라고 할 수 있다. 논리적 실증주의의 전통에 따라 사이먼은 事實判斷과 價値判斷의 세계를 구분하고 행정학은 과학으로서 사실문제를 취급하고 그 중에서도 정치행위의 기준으로서 합리성을 파악하려고 하였다. 따라서 사이먼의 행정이론은 합리성의 이론이며, 그 중에서도 제한된 합리성의 이론인데 그것은 극대화를 추구하는 경제적 합리성과는 달리 행정인은 만족화를 추구할 수밖에 없기 때문이라는 것이다.[55] 이렇게 制限된 合理性은 한편으로는 경제적 합리성에서, 그리고

52) Frank T. Goodnow, *Politics and Administration*(New York: Macmillan, 1900), pp. 10∼11.

53) 백완기, “합리성에 관한 소고,” 「한국행정학보」, 제17집 (1983), pp. 395∼441.

54) H. A. Simon, *op. cit.*, pp. xxvii∼xxix.

55) *Ibid.*, pp, 45∼60.

다른 한편으로는 사회심리적 합리성에서 유래하는 것인데 이러한 맥락에서 사이먼은 컴퓨터와 더불어서 제한된 합리성의 영역을 확대하려고 노력하면서 뒤에 가서는 합리성을 실질적 합리성과 절차적 합리성으로 구분하고 전자를 目的과 결부시키고 후자를 過程과 결부시켜서 목적에 대한 합의가 불가능한 경우에는 최소한 절차에 대한 합의가 필요하다고 주장하였다.[56]

이러한 合理性이란 합리주의의 이념에 따라서 합리적인 가치와 기준에 따라 행동하는 것과 관련된다. 사이먼에 따르면 "합리성이란 대체로 말해서 행위의 결과가 평가될 수 있는 가치체계 내에서 여러 가지 대안을 만들고 그 중에서 선호하는 행동대안을 선택하는 것과 관련된다.[57] 合理的 行動이란 의식적이거나 무의식적일 수도 있으며 그것은 목적과 가치체계에 따라서 다르다. 이러한 합리성은 실증과학의 입장을 반영하는 것으로서, 實證主義的 合理性은 다음과 같은 의미를 갖는다. 즉 ① 행위는 평가될 수 있다, ② 모든 사실은 인과관계로 평가될 수 있다, ③ 인과관계를 규명하기 위해서는 그에 맞는 특정한 질문을 해야 하며, ④ 이러한 질문에 대한 대답은 현실을 측정할 수도 있도록 한다, ⑤ 현실을 측정하기 위하여 세상은 실질적이어야 하고, ⑥ 여러 가지 관계들은 가능한 한 많은 계량적인 정보를 얻기 위하여 표준화되어야 한다.[58]

行政理念으로 등장한 합리성은 행정을 종래의 관리의 문제에서 인지적인 사실판단의 문제로 그 관심의 초점을 바꾸었다. 즉 행정은 경제와 능률을 추구하는 관리적인 차원에서 합리성을 추구하는 정책결정의 차원으로 확대하였다. 이에 따라서 행정학은 정치학의 한 분과학문에서 경제학과 사회심리학의 접근법을 통하여 규명되어야 할 '제한된 합리성'을 탐구하는 학문으로 변화되었다.

(3) 패러다임 3: 민주성

윌슨도 민주적 지배(여론과 다수에 의한 지배)를 바탕으로 한 행정의 경제성과 능률성을 주장하였으나 민주성은 너무도 당연한 것으로 여겨져서 뒤에 별관심을 끌지 못하였다. 그러나 행정이 복잡해져서 行政國家化 現象이 두드러지자

---

56) H. A. Simon, "From Substantive to Procedural Rationality," in S. T. Latis, ed., *Method and Appraisal in Economics*(Cambridge University Press, 1976), pp. 130～131.

57) H. A. Simon, *op. cit.*, pp. 75～77.

58) David Schuman, Bureaucracies, *Organizations and Administration: A Political Primer*(New York: Macmillan, 1976), pp. 44～51.

이 문제가 새롭게 관심을 끌게 되었다.

사이먼이 「행정행태론」에서 합리성을 추구하던 같은 시기에 왈도는 이데올로기적인 관점에서 행정을 파악한 「행정국가론」(1947)을 발표하였다. 물론 왈도의 「행정국가론」이 사이먼이 「행정행태론」에서 합리성을 기준으로 하여 행정을 규명하려고 했던 것처럼, 민주성을 기준으로 행정을 규명하려고 한 것은 아니다. 그러나 행정이 추구하는 궁극적인 가치가 자유와 평등을 근본으로 하는 민주주의임을 지적한 것은 중요한 의미를 갖는다.[59] 적어도 당시에 관리의 문제에 집중된 관심을 보다 높은 이데올로기 차원으로 끌어올렸던 것이다. 왈도에 따르면 民主主義는 그 자체가 목적이며 수단으로서 정부는 민주주의를 실행하고 지지하며 실현시키기 위한 기관이다.[60] 실상 민주주의에 관한 관심은 전혀 새로운 것이 아니고 행정이론 자체가 민주주의를 전제로 하여 성립된 것이지만 경제와 능률에 대한 지나친 도취가 官僚行政의 病弊를 심화시켜서 이에 대한 대안으로서 민주행정의 이론이 등장하게 된 것이다.

행정이념의 이론으로서 민주성이란 민주주의의 정치이념에 따라서 행정이 민주주의의 모든 가치와 제도에 따라서 민주적으로 이루어져야 한다는 것이다. 행정통제 · 행정책임 · 시민참여 및 자유와 평등을 강조하는 것은 모두 민주성을 반영하는 것이며, 민주주의가 "국민을 위한, 국민에 의한, 국민의 정부"를 요청한다면 행정도 이러한 원리에 따라서 국민을 위한, 국민에 의한, 국민의 행정이 이루어지도록 해야 할 것이다.

民主性은 행정이념으로서는 너무도 다양한 내용을 포용하고 있어서 논의가 산만하게 전개되어 나온 감이 없지 않으나 오스트롬이 「미국 행정학의 지적 위기」(1973)에서 관료행정에 대한 민주행정의 패러다임을 제시함으로써 어느 정도 분명해졌다. 관료행정이 경제성과 능률성 또는 합리성을 추구해 온 패러다임이라면, 민주행정은 행정의 민주성을 강조한 패러다임으로서 다양성과 다원성 및 응답성과 선호를 반영하며 다음과 같은 전제를 갖는다.

즉 ① 개인주의, ② 정치적 권한의 행사, ③ 헌법적인 정책결정구조, ④ 공공재의 공급에 대한 정치적 열정, ⑤ 공공재의 공급을 위한 다양한 조직구조,

---

59) Dwight Waldo, *Administrative state*(New York: The Ronald Press Co., 1948), pp. 71∼75.

60) Vincent Ostrom, *op. cit.*, p. 110.

⑥ 전문적 기능에 의한 계층질서, ⑦ 단일권력에 책임을 지는 계층적 조직의 비능률성 및 ⑧ 안정된 정치질서를 유지하는 데 있어서 권한의 분산과 관할권의 중복 등이다.[61] 이러한 전제들은 다핵적인 정치제도, 분화된 권한, 가외성 등의 중복된 관할구역과 더불어 행정의 민주성을 확보하는 기본이 되며 이러한 제도와 장치로서 민주주의의 근본이념인 자유와 평등은 행정을 통하여 보장되고 확보될 수 있다는 것이다. 물론 民主行政은 관료행정을 대체하는 것이 아니라 보완하는 것이고 민주성도 앞에서 본 행정이념을 대체하는 것이라기보다는 보완하는 것으로 파악해야 할 것이다. 다만 행정이념으로서 민주성을 강조함으로써 행정의 이데올로기적인 측면과 정치적인 측면 및 더 나아가서는 철학적 측면에 대한 관심을 확대시켰고 그에 따라서 행정학의 범위는 철학의 영역으로까지 확대되었고 행정학은 더욱더 綜合科學的인 성격을 띠게 되었다고 할 수 있다.

(4) 패러다임 4: 사회적 형평성

행정학에서 지금까지 강조되었던 가치중립적 입장에서 벗어나 규범성을 강조하게 된 新行政學에서는 그 규범성으로서 사회적 형평, 즉 행정의 형평성 이념을 최대의 가치기준으로 강조하게 되었다.[62] 즉 社會的 衡平은 신행정학에서 행정이념으로서 경제성과 능률성 위에 새로이 추가한 행정이념이다. 마리니(Frank Marini)가 편집한 「신행정학을 향하여」(1971)에서 프레더릭슨(H. G. Frederickson)은 같은 제목의 논문을 기고하고 거기서 종래의 행정학이 경제성과 능률성을 추구하였다면, 신행정학은 그 위에 사회적인 형평을 추가하여 추구하는 것이라고 주장하였다.[63] 사회적 형평은 "기존의 민주주의적인 절차를 ―즉 의회의 위원회제도, 고참제(seniority rule), 견고한 관료제, 비민주적인 정당제도, 연방제하의 주와 지방정부들의 불평등한 세입능력 등―불이익을 받는 소수자들에 대한 차별을 철폐하지 못하거나 또는 아주 점진적으로 철폐하는 방향으로 운영되고 있기 때문에,"[64] 이렇게 차별받고 있는 소수집단의 정치적인 힘과 경제적인 능률을 향상시키는 활동을 포함하는 것이다.

---

61) *Ibid*., pp. 111～113.

62) 김기성, "현재행정의 형평성이념과 조세단순화론에 관한 소고," 「재무행정의 현대적 과제」, 이원 김영훈 교수 화갑기념논문집(1990), p. 125.

63) H. George Frederickson, *op. cit*., pp. 310～311.

64) *Ibid*., p. 311.

사회적 형평성은 예를 들어서 조직이론과 관련하여 보면 조직의 분배과정·통합과정 · 경계교환과정 및 사회정서화과정 등에서 각각 정부의 재화와 서비스의 배분이 공평한가, 조직의 統合은 자발적이고 분산적이며 덜 권위주의적인가, 조직의 境界交換過程은 고객지향적이고 참여적이고 분권적인가, 그리고 社會情緖化過程은 개인과 단체의 훈련을 통한 조직의 '병리'를 치유하는 것인가 하는 질문과 관련되어 추구된다고 한다.[65]

행정에 있어서 사회적 형평성은 계속적으로 확대 · 심화되어 가고 있는 정치경제학적 불평등의 문제를 행정이 적극적으로 개입함으로써 해소하여 보려는 노력으로서 롤스의 「정의론」이 출간된 이래 행정서비스의 공정한 배분에 대한 행정의 올바른 역할을 탐구하려는 것이다. 이러한 관점에서 행정은 정치 · 경제 · 사회적으로 불리한 입장에 있는 사람들의 권익을 보호하는 社會的 衡平性의 理念을 추구해야 하는 것이다. 이렇듯 1970년 이후로 사회정의 내지 사회적 형평성에 대한 관심과 요구가 현저히 고조되어, 사회적 형평정의 실현은 곧 體制正當化의 규범이라는 견해가 나오도록까지 이른 것이다.

사회적 형평이 추구하는 가치는 응답성, 시민참여, 공평한 배분, 시민의 선택, 행정의 책임성 등으로 이러한 가치는 분권 · 분산 · 참여 · 관여 · 중복 등을 인정하고 보장하는 제도 속에서 구현된다고 한다.[66] 그러나 행정이념으로서의 사회적 형평성은 종래에 지나치게 경제성과 능률성을 추구하여 누구를 위한 경제성이며 능률성이냐 하는 반성과 더불어서, 민주주의의 平等理念을 행정이 앞장서서 주창해야 한다는 근본적인 취지에서 행정서비스의 분배에 공정을 기함으로써 차별받는 개인과 집단을 보호하려는 것이다. 이러한 개념은 행정으로 하여금 적극적으로 사회적인 불평등을 해소하는데 앞장서도록 하는 것으로써 행정의 영역을 정치의 영역으로 더욱 확대하여 分配와 福祉問題에 적극 개입하도록 하였으며, 행정으로 하여금 정의의 판단자 또는 집행자의 역할을 수행하도록 함으로써 행정이론의 범위를 거시적으로 사회학과 철학의 영역으로 넓히면서 행정학을 새로운 차원에서 재검토하도록 하여 行政主義에 대한 논의를 제기하였다.

---

65) *Ibid*., pp. 316～328.

66) H.G. Frederickson, *New Public Administration*(The University of Alabama Press, 1980), pp. 31～37.

(5) 새로운 패러다임의 모색을 위한 종합

앞에서 행정이념을 능률성 · 합리성 · 민주성 및 사회적 형평성의 패러다임으로 고찰하였다. 물론 이러한 구분은 어느 정도 자의적이어서 논란의 여지가 없지 않을 것이다. 또한 이외에도 여러 가지 다른 행정이념들을 생각할 수도 있을 것이다. 이러한 점을 인정하면서 여기서는 다만 이러한 이념들이 미국의 행정학에서 제기되어 온 주요한 문제라는 점을 지적하고자 한다.

행정이념을 公益이라는 목적을 달성하는 수단적 가치 또는 행동의 기준으로 볼 때 앞에서 살펴본 네 가지 패러다임은 새로운 패러다임을 모색하기 위해서도 종합되어야 할 것이다. 이러한 종합은 앞의 네 가지 이념이 쉽게 合理性과 民主性이라는 두 개의 커다란 이념 속에 포용될 수 있기 때문에 가능하다. 즉 경제성과 능률성은 합리성의 이념에 포함될 수 있기 때문이다. 그것은 투입 · 산출의 비율로 파악되는 경제성과 능률성이 결국 합리성을 추구하는 가치이며, 또한 공평과 평등의 문제는 자유와 함께, 조금은 등한시해 온 민주주의의 가치이기 때문이다.

이렇게 볼 때 지금까지의 패러다임에서 행정이념의 두 축을 이루는 것은 합리성과 민주성이며 합리성에서는 특히 경제성과 능률성이 중시되었고 민주성에서는 특히 사회적 형평성이 중시되었다고 할 수 있다. 즉 행정은 公益을 민주적이고도 합리적으로 달성하려는 것이라고 말할 수 있으며 합리성은 경제와 능률에서 그리고 민주성은 사회적 형평에서 구체화된다고 할 수 있다. 물론 양자는 때에 따라서는 상호 대립 모순될 수도 있을 것이나, 근본적으로는 상호보완적인 가치기준으로서 적용되어야 할 것이다. 즉 민주성이 확립되어 있는 기반 위에서 합리성이 추구되어야 할 것이고, 또한 합리성이 확립되어 있는 기반 위에서 민주성이 추구되어야 할 것이다. 양쪽 기준이 모두 취약하거나 애매한 상황에서는 언제든지 양 행정이념을 동시에 고려하여 과연 이러한 행정이 민주적이고 또한 합리적인가 하는 점을 행정의 필요 · 충분조건처럼 함께 충족시키도록 해야 할 것이다.

그리고 민주성과 합리성간의 優先順位에 문제가 있는 것은 아니다. 행정이론과 이념과 윤리의 차원에서 합리성과 비합리성의 경계에서 합리성의 영역을 넓혀 나가는 것과 함께 민주성과 비민주성의 경계에서 민주성의 영역을 넓혀 나가는 것이 행정학과 행정의 과제이기 때문이다.

제 3 절 行政倫理와 公職者

왈도 교수에 따르면 행정의 학문영역은 최근 한 세기를 거치면서 독립적인 분야로 자리잡게 되었으며 행정실무 자체가 비록 새로운 것은 아니지만 학문으로서의 행정학은 비교적 새로운 분야라고 하였다. 행정학이 독립적인 분야로 변모해 나가면서 기존의 무원칙적이고 비효율적인 영역에서 보다 전문적인 영역으로 탈바꿈되어야 하는 필요성에 직면하고 있다. 행정학이 獨立的인 學問的 體系를 구축해 가기 시작하면서 행정윤리이론을 포함한 행정이론 자체의 정립 필요성도 대두되고 있다.

최근 行政人의 役割變化에 대한 주요논의는 다음의 세 가지 주제로 요약될 수 있다.

첫째, 행정인의 역할은 단순히 수립된 정책을 수행하는 데서 그치지 않는다는 사실이 인식되어졌다는 점이다. 현실적으로 행정인은 政策遂行者에서 政策決定者로서 역할변화를 보이고 있다. 이러한 현상은 지금까지 정치와 행정을 이원론으로 구분해 왔던 이론뿐만 아니라 기존에 수립된 규칙과 절차를 단순히 수행하기만 하였던 관행적 실무에 중요한 변화를 초래하였다. 이와 같은 변화에서 행정윤리이론의 필요성이 제기되고 있으며 행정인의 역할을 정책수행이 아닌 정책결정의 측면에서 인식하는 데 바탕을 두게 되었다.

둘째, 정부규모가 비대해지고 입법기관의 효율적인 공공정책수립과 집행이 어려워짐에 따라 관료적 공공행정인의 역할과 책임성에 대한 公衆의 要求가 多元化되고 있다는 점이다. 이는 행정인의 역할이 단순 정책수행자가 아닌 정책수립과 변화, 그 정치적 대응의 주체로서 확대 변화되어야 한다는 것을 의미한다. 이러한 행정인의 역할변화는 지금까지 정치적 의미가 부재하였던 정책수행과는 달리 정책결정에 새로운 접근방법을 요구하게 되었다. 넓은 의미에서 이처럼 정책결정이 지니는 가치와 실제적 대응조치 등은 행정인의 정책결정 역할에서 더욱 중요한 비중을 차지하게 되었으며, 동시에 이와 같은 역할의 확대로 말미암아 行政人은 더 많은 도덕적 딜레마에 직면하게 되었다.

셋째, 행정인의 역할이 정책결정자 및 주창자의 역할로 확대됨에 따라, 행정인의 전문지식이 증가했고 專門人으로서 역할이 발달하게 되었다는 점이다.

일반적으로 전문인의 특성에는 해당 영역의 전문적 지식 자체와 그 전문인의 행위에 영향을 주는 일반적 가치구조가 포함된다. 행정학의 영역에서 이러한 일반적 가치구조가 충분히 정립되었는지 의문이나 일단 그것이 행정인에게 부과된 또 다른 道德的 基準과 상충될 때 매우 중요한 윤리적 딜레마가 야기된다고 볼 수 있다. 전문직의 윤리와 공공윤리는 가끔 상충되는 국면을 보이고 있으며, 이는 행정 외부환경의 중요한 한 차원을 이룬다. 정책결정과정에서 행정인의 책임에 관한 문제가 중요하게 부각됨에 따라 행정윤리의 기본적 틀을 정립시켜야 할 필요성과 함께 새로운 윤리적 차원의 연구가 대두되게 되었다.

이제 이와 같은 행정인의 다양한 역할들을 살펴보겠다.

1. 政策決定者로서의 行政人

릴라(Mark Lilla)에 따르면 기존 행정행위의 주요 기준이 되어 왔던 민주적 윤리성으로부터의 변화양상은 1960년대 들어서면서 정책결정과정에 과학적 접근방법이 채택되고 윤리에 대한 價値明示化(values clarification) 접근방법의 도입 이후 본격화되었으나, 이와 같은 방법에 의하여 민주주의 가치의 본질적 중요성이 제고된 것은 아니었다. 한편 민주적 가치로부터의 변화양상이라는 결과가 나타나게 된 본질적인 이유는 행정인의 역할, 즉 공공정책을 결정하고 헌법과 민주주의의 윤리를 준수해야 하는 행정인의 역할에 대해 인식이 부재하였기 때문이라는 주장도 있다. 정책과정에서 차지하는 행정인의 역할이 강조될 때, 행정인에 요구되는 의무는 단순한 정책수행자 이상으로 다양해진다.

이와 같이 행정인의 역할변화를 인식하고 고려하지 못함으로써 행정윤리의 측면에 광범위한 결과가 나타나게 되었다. 공무원 人事改革(civil service reforms) 이전에 이미 행정인의 역할은 정치적 성격을 포함하는 것으로 변화되었으나 이에 대한 이론적 논의는 간과되어 왔다. 지금까지의 이론적 논의는 정치 · 행정 이원론적 구분에 입각하고 있다. 이는 실제 정책결정에서 행정인이 수행해야 하는 정치적 역할의 필요성이 제고되어 있음에도 불구하고 그 역할을 정당화시키고 윤리적 기준을 제시해 주는 이론의 부재를 의미한다.

政策決定者의 役割을 수행함으로써 행정인들은 그들이 관여한 정책에 대해 가치판단을 내려야 한다. 그러나 행정개혁 이후 행정행위에 관한 이론은 대부분

중립적인 경쟁의 이론이었으며, 이는 행정판단이 순전히 객관적이며 따라서 윤리적 의문이 지배되서는 안 된다는 잘못된 인상을 남겨 놓았다.

분명히 행정인에게는 그들 활동에 관해 윤리적 판단이 요구되며, 그러한 판단에 기준이 되는 이론 또한 필요하다. 이에 관한 몇 가지 대안이 제시되었는바, 신행정학에서는 행정윤리의 준거가 되는 한 방법으로써 민주성(Harmon, 1971)과 형평성(Hart, 1974)의 기준에 의한 행정행위의 필요성을 주장한다. 또한 왈도는 행정인의 역할이 집합체를 대표하는 것이라고 언급하고 있으며 챈들러(Ralph chandler)도 행정인이 행정인과 시민의 이중적 역할을 진지하게 부담하여 도덕규범을 발달시키고 공공의 이익이라는 목적을 추구해야 하며, 공공이익의 정책을 개발하는 데 있어서 행정인의 受託者(trusteeship) 역할이 강조되어야 한다고 논하고 있다. 그러나 행정인의 정책결정의 역할을 정당화시키고 행정윤리의 도덕적 토대를 적합하게 지도해 줄 수 있는 접근방법이 앞으로 개발되어야 한다. 이러한 행정인의 환경적 측면이 행정윤리의 이론과 실제를 개발하는 데 있어서 계속적인 과제로 남게 될 것이다.

2. 行政對應性에 대한 市民의 要求

정책결정이라는 정치적 역할은 행정인들이 새로이 발견한 역할은 아니었다. 국민들은 입법자들보다 행정인들에게 접근하기가 더 쉽다는 것을 인식하기 시작했고, 행정인들에게 대응성을 기대하기 시작하였다. 그러나 大衆의 要求에 대응하는 것은 실제적으로 또 윤리적으로 어려운 문제들을 야기시켰는데, 대응적인 결정은 미래에 있을 유사한 결정들에 대한 선례를 제시해 줄 수 있기 때문이다. 로젠(Bernard Rosen)[67]은 책임 있는 행정인은 그들의 결정에 의해 수립될 선례를 신중히 생각해야 한다고 말한다. 결정은 서로 고립되어 만들어지지 않으므로 행정인은 수립되는 선례에 대응적이면서 책임을 져야 한다. 정책결정시 정치적 성격상으로는 행정인이 대응적이어야 하나, 행정적 성격상으로는 일관성 · 질서 · 책임성이 요구된다. 로크(John Locke)가 기술했듯 "정부하에서 인간의 자유는" 타인의 일관적이지 못하고 불확실하며 미지의 독단적 의지에 종속되어서는 안 된

67) Bernard Rosen, *Holding Government Bureaucracies Accountable*(New York: Praeger Publishers, 1982).

다."[68] 다음은 對應性과 責任性간의 갈등을 나타내는 사례이다.

> 사회복지담당 행정관은 지원자들의 자격을 심사하기 위해 나이 많은 복지지원자들이 소유하고 있는 재산을 어떻게 분류해야 할지 결정해야 한다. 연로한 지원자가 수수한 집을 소유하고 있다 할지라도 다른 부양수단이 없을지도 모른다. 행정인은 그 사람에게 집을 팔고 재산을 정리하여 더욱 궁핍한 상태에서 지원하라고 요구하기는 어려울 것이다. 젊은 복지지원자들에게는 집을 포기하도록 기대할 수 있다. 그들이 성공적으로 적응해서 재정적으로 회복할 가능성은 연로한 지원자들보다 훨씬 높다. 따라서 각기 다른 기준을 적용하는 것은 지원자들의 각기 다른 요구에 대응할 수 있다는 점에서 어느 정도 호소력이 있다. 그러나 과연 젊은 지원자들과는 다른 기준을 연로한 지원자들에게 적용하는 것이 공평할 것인가, 그리고 어떤 종류의 선례가 이 경우에 수립되어야 할 것인가?

이 경우 행정인은 노년층의 요구에 대응적이어야 하며 동시에 책임 있는 意思決定을 해야 한다. 책임 있는 결정을 내리기 위해 행정인은 노년층이 집을 포기할 때의 결과와 젊은 지원자들이 집을 포기할 때의 결과를 비교 검토할 수 있다(의사결정의 목적론적 혹은 공리적 접근법). 혹은 행정인은 모든 사람에게 公評해야 하는 보편적 도덕원칙을 따르기 위해 모든 지원자를 균등하게 대해야 할지도 모른다(의무론적 접근법). 한 문제에 대한 각기 다른 접근법을 행정인에게 각기 다르고 상충되는 결과를 유발시킬 수 있다. 이는 대응적 역할과 기타 행정인의 다른 역할 간에 균형을 잡아야 하는 딜레마를 제시한다. 道德性과 責任性을 어떻게 정의하느냐, 그리고 그러한 자유재량권이 행정인에게 주어져야 하느냐에 관한 논쟁들이 이 딜레마의 해결에 영향을 끼칠 것이며, 또 행정윤리에 관한 접근법에 수용되어야 한다.

앞에서 제기된 행정윤리의 기본구조는 행정인의 다양한 역할에 입각하여 논의되었다. 그것은 조직의 구성원인 동시에 개별적으로 책임 있고 정책결정의 역할을 하는 行政人의 役割을 말한다. 자신을 정책결정자 혹은 정치영역의 일부로 인식하지 않는 행정인은 그들이 수행하고 있는 사회의 목표나 정책의 도덕적 의미를 비평하거나 의문을 제기하거나 심지어 이해를 하는 것이 불필요하고 정당

---

68) John Locke, *The Second Treaties of Government*(Indianapolis: Bobbs-Merrill, 1952), p. 15.

하지 못하다고 생각할 것이다. 그들은 한 법률의 가치 있는 의미를 생각하지 않고 수행에만 집중할 수 있다. 왜냐하면 그들의 역할이 가치, 도덕규범, 정책결과보다는 구조, 법률, 훌륭한 수행에 집중된 것이라고 인식하기 때문이다. 그러한 관점은 여지껏 전개된 윤리적 행정활동의 정의에 벗어나는 것이다. 비록 몇몇 행정인들은 그들 역할에 대해 이러한 관점을 지니고 있지만 그것은 그들의 업무와 역할의 실체를 인식하지 못하고 있는 것이다. 다시 말해 그것은 행정인들 사이에 아주 예외의 현상은 아니지만 잘못된 인식인 것이다.

하몬과 기타 학자들이 행정인들의 수행업무라고 주장했듯이 행정인들이 통치적 혹은 變化擔當者의 역할을 수행하는 사람들로서 인식될 때 가치판단의 역할, 비평, 독립, 도덕적 판단이 극적인 변호를 야기시킨다. 행정인에 대한 이러한 관점은 언제나 강력한 지지를 받지는 않더라도 거의 표준화되어 가고 있다.[69] 하지만 행정인이 統治機能에 참가하게 되면 행정인들은 사회의 도덕규범에 관한 인식을 가져야 하며 의사결정의 도덕적인 기초를 갖추어야 하고 그 기초 위에서 적절한 결정들을 수행할 수 있어야 한다.

3. 專門職으로서의 行政

행정인에 대한 사회적 기대의 변화와 더불어 행정인 사이에서도 새로운 자아인식이 일어나고 있다. 행정의 여러 업무를 수행하는 데 필요한 전문지식과 훈련으로 인하여 행정인들을 專門人으로 보는 인식이 생겨나기 시작하였다.

또한 그러한 전문적 역할로 인해 특정 고객집단을 옹호하며, 어떤 경우에는 정책결정을 할 수 있는 재량권을 더 많이 요구하는 경향 혹은 의무감마저 생겨나게 되었다. 전문인으로의 의식은 전문인들의 독립성과 아울러 효용성도 증진시켰고 전체적인 行政裁量權증가의 원인을 설명해 주는 중요한 요소가 되었다.

전문인으로서의 의식증가와 더불어 행정인이 價値構造에 직면하게 될 가능성 또한 증가되었다. 전문인의 규범과 가치가 민주주의, 조직, 개인의 규범이나 가치와 경쟁하게 될 것이다. 스튜어트(Debra Stewart)[70]는 그러한 갈등이 어떤 식

69) Kenneth Culp Davis, *Discretionary Justice: A Preliminary Inquiry*(Baton Rouge: Louisiana State University Press, 1969).

70) Debra Stewart, "Professionalism vs Democracy: Friedrich vs Finer Revisited," *Public Administrative Quarterly* 45(Spring 1985), pp. 13～25.

으로 일어날 것이며, 행정윤리에 어떤 영향을 미칠 것인가에 대해 훌륭한 예를 제시해 주고 있다. 한 지역의 정신병원의 의학전문가들이 심한 정신장애아동의 입원을 거절했다. 의학전문인들은 병원 내의 기존 환자들을 돌봄으로써 전문인의 의무감을 다하려 했으며 "이러한 환경에 심한 장애아를 받아들인다면 장애정도가 덜한 환자들을 치료할 능력이 감소될 것이라고 생각했다."[71] 입원거절 직후 그 아동은 자살을 했으며 입원거절의 결정이 지역사회의 심각한 비난을 사게 되었다. 그래서 스튜어트는 비전문인의 관점에서 볼 때 "이런 결정이 전문적 관점에서는 타당할지 모르나, 이는 잔인하고 무책임했다"라고 주장한다.[72] 이 경우 전문인으로서의 가치구조는 지역사회의 가치와 상충하는 것으로 보인다.

專門人의 倫理가 도덕규범과 적합하게 일치하는가, 그리고 그것이 행정적 의사결정을 이끌어 줄 훌륭한 수단이 되는가의 여부를 판단하는 것은 어려운 일이다. 복(Sissela Bok)[73]과 골드만(Alan H. Goldman)[74]이 주장했듯이 전문직은 인위적으로 사회의 도덕규범으로부터 이탈하려 하며, 이러한 이탈을 온정주의, 전문지식, 비밀주의라는 이유로 변호된다. 행정의 경우, 전문인 역할을 일반 도덕규범으로부터 분리함으로써 공중도덕과 개인도덕의 구분이 생기게 되며, 이는 때로 행정관료의 비도덕적 행위를 정당화시키는 데 사용된다. 이러한 正當化는 도덕원칙과 공공업무에 수반된 의무사항 사이에 갈등이 있는데 근거를 두며, 그러한 의무사항은 도덕에의 다른 접근법을 요구한다는 것이다. 그러나 복과 골드만은 직위의 공공적 성질 때문에 관료들이 개인도덕의 규율에서 이탈하는 것이 정당화되는 경우는 극히 드물 것이라고 주장한다.

복(S. Bok)은 정치가들이나 정부 전체가 거짓말할 권리를 남용할 때, 그들은 公衆이 자의적으로 포기하지 않을 권력을 빼앗아 가는 결과를 초래한다.[75] 그녀는 "우리는 行政官僚들이 예외적 위기가 발생했다고 판단할 때마다 기만과 조작을 행할 수 있는 사회에서 살기를 원하는가?"라고 묻고 있으며 민주주의 내에선 개방적으로 논의되고 합의된 기만만이 정당화될 수 있다고

71) *Ibid.*, pp. 20～21.
72) *Ibid.*, pp. 20～21.
73) Sissela Bok, *Lying: Moral Choice in Public and Private Life*(New York: Vintage Books, 1978).
74) Alan H. Goldman, *The Moral Foundation of Professional Ethics*(Towata, N.J.: Bowman and Littlefield, 1980).
75) Sissela Bok, *op. cit.*, p. 185.

결론을 내린다.[76]

그리고 골드만(Alan H. Goldman)은 동일한 도덕기준이 개인과 공중에게 적용될 수 있고, 그 안에서 권리가 효용성보다 우선 하나 서로 연관되어 있고, 정치인들이 일반인들보다 더욱 자주 상충하는 권리들 사이에서 결정을 해야 함을 인식할 때, 모순은 해결될 수 있다. 정치적 결정의 도덕적 기준은 일상적인 것과 다르지 않으나, 정치적 배경 내에서 이를 적용하는 경우엔 일상적인 것과 달라진다. 실제로 사람들은 政治的 行動에 의해 때때로 기만당하고 억압을 당한다. 그러나 그런 일들은 보다 기본적인 권리를 지키기 위할 때 행하여져야 할 것이라고 주장한다.[77]

그리고 정치가가 정책결정자를 의미하므로 위의 주장은 행정역할을 정책결정의 측면에서도 적용될 수 있다고 본다. 골드만이 말하는 권리란 삶, 개인적 자율성과 평등, 정당하지 않은 간섭으로부터의 자유, 자기존중, 기대의 보장 등의 권리들을 의미한다. 그는 道義的 觀點에서 그러한 권리들은 도덕적 행위의 보편적 법칙의 역할을 하며 이 법칙들은 특수한 경우 권리를 실현할 때의 실용성과 만족감보다 중요하다고 주장한다. 專門家主義의 측면에서 중요한 점은 거의 모든 경우에 전문인으로서의 행정인도 시민 혹은 비전문인과 같은 도덕규범을 준수해야 할 의무가 있다는 점이다. 사실상 이는 전문인의 직위에 따르는 권한, 특혜, 책임성에 앞서 도덕규범을 준수해야 하는 것을 우선으로 요구한다. 이 점은 행정인으로 하여금 정책결정시 도덕규범을 고려해야 하며 일반적으로 인식된 전문직 관습에 지나치게 의존하지 않고 법령화된 도덕규칙에만 국한되지 않을 의무를 갖는다.

복(S. Bok)과 골드만(A. Goldman)은 전문직들이 대부분의 경우 개별적 기준에 따르기보다는 一般的 道德基準에 따라야 한다고 주장한다. 그러므로 專門家主義가 기술적 전문지식의 원천이 될지 모르지만 전문직의 윤리적 규칙은 대부분 개개인들이 사용하는 적어도 신봉하는 일반적 규칙에 따라야 되는 것이다. 즉 사회에는 인식될 수 있는 도덕규칙이 있고 그 도덕규칙은 행정인 대부분의 지위나 조직에 대한 의무보다 앞서야 한다는 것이다.

---

76) *Ibid*., pp. 190～191.

77) Alan H. Goldman, *op. cit*.

제 5 장

行政倫理의 積極的 側面: 行政責任性

제 1 절　行政責任性에 관한 基礎的 論議
제 2 절　行政責任性의 含蓄價値와 實際
제 3 절　行政責任性의 確保方案

제 5 장 行政論理의 積極的 側面: 行政責任性

行政에 있어서 責務 및 責任性의 문제는 행정윤리의 문제와도 관련된다. 행정윤리는 순수이론적인 분야의 학문과는 달리 현실의 학문이다. 즉 '알고 있다는 것'이 궁극적인 목적이 아니고 실천의 문제가 중시되고 이론보다는 현실을 위하여 존재하는 것이다. 행정에 있어서의 윤리관은 행정인 모두의 윤리적·도덕적 규범의식에서 연원된 것이며, 윤리의식 자체는 행정인의 職業意識 속에 내포된다. 의무의 문제도 이와 동일하다고 볼 수 있다. 행정인들이 공통적으로 지니고 있는 의무에 대한 생각이 바로 의무관이며 그와 같은 의무관은 어떤 행위의 방향을 결정하는 데 영향을 주게 된다. 행정에 있어서 윤리적·도덕적 책임은 언제나 인간적 관계에서 문제되는 것이며, 행정책임이나 의무도 국민과의 관계를 포함한 인간관계 속에서 맺어지게 되고 行政價値의 문제와 결부되어 성립하게 된다.[1]

이처럼 행정은 책임문제가 중요하게 제기되는 영역 중의 하나인데, 특히 국민생활에 중대한 영향을 주는 현대 행정국가에서는 더욱 그러하다. 공무원의 윤리행위에 관한 문제는 행정권한과 행정책임의 조화라는 커다란 문제 중에서도 중요한 부분을 이루고 있다. 倫理란 전통적으로 行政責任이라는 광범위한 개념 중에서도 중요한 요소였으며 고도의 윤리수준은 관료의 권한남용방지를 위한 하나의 수단으로 간주되고 있다. 그러므로 倫理行爲와 行政責任의 關係를 검토하는 것은 필수적이다.[2]

1) 이광종, 「행정책임론－책임과 통제」(서울: 대영문화사, 1989). pp. 52~53.
2) 내무부지방행정연수원(역), 「외국의 공직윤리」(내무부, 1983), p. 12.

제 1 절 行政責任性에 관한 基礎的 論議

1. 行政責任의 概念

현대 민주국가에서 行政責任(administrative responsibility)이란 진정 무엇을 의미하는 것이며, 왜 주장되는 것인가 하는 문제와 행정책임이 있다고 하는 경우에도 누구에게 책임을 지게 되는 것이며, 또한 무엇에 대하여 책임을 지게 되는 것인가 하는 문제 등에 대하여 일치된 견해는 없다.

그럼에도 불구하고 행정인들은 자기의 맡은 바 역할 또는 직무에 대하여 책임을 져야 한다는 주장에는 누구나 의견을 같이하고 있으며, 행정책임은 公共行政에 있어서 가장 중요한 規範的 槪念[3]으로 인식되고 행정의 실제에 있어서도 책임 있는 행정이 언제나 중요시 되고 있다.[4]

그러므로 행정책임을 둘러싼 개념 및 논의들과 행정윤리와의 관계에 대해서 살펴보겠다. 우선 행정책임의 개념에 대해 학자들의 견해를 살펴보면 다음과 같다.

프레스더스(Robert Presthus)는 행정책임을 행정인이나 행정조직이 윤리적·기술적 · 법률적 기준에 따라 행동해야 하는 의무라고 하고 있으며,[5] 피프너(J. M. Pfiffner)는 행정책임이란 행정기관이 외부기관이나 어떤 행동기준에 대하여 의무를 지는 것이라고 정의하고 있다.[6] 그리고 쿠퍼(T. L. cooper)에 의하면, 行政責任은 행정인의 역할에 대한 윤리를 발전시키는 데 주요한 개념이라고 하면서, 또한 책임은 어떠한 행위와 그 원인과의 관계에서 문제되는 것이며, 어떠한 행위

---

3) Michael M. Harmon, *Action Theory for Public Administration* (New York: Long-man, 1981), p. 117.

4) 책임성(resposibility)이란 행정가의 역할에 있어서 윤리를 고양시키는 핵심개념으로 Frederick Mosher는 "책임성이란 공사행정을 망라해서 모든 단어들 중에서 가장 중요한 단어일 것이다"라고 주장했다. 만약 주어진 상황에서 행정가가 행위 해야만 될 문제에 직면했을 경우에, 행정역할에서 행정가의 책임성을 정의할 필요가 있다.
Terry L. Cooper, *The Responsible Administrator: A Approach to Ethics for the Administrative Role* (Port Washington, New York: Kennikat Press, 1982), pp. 58~59.

5) Robert Presthus, Public Administration(6th ed.)(New York: Ronald Press, 1975), p. 441.

6) John M. Pfiffner and Robert Presthus, Public Administration(5th ed.)(New York: Ronald Press, 1967), p. 538.

와 그 행위를 한 사람에 대하여 가치판단이 적용되는 문제로 본다. 쿠퍼의 경우도 행정책임을 객관적 책임과 주관적 책임으로 나누어 설명하고 있다.[7] 여기서 客觀的 責任은 외부로부터 부과된 기대와 관련되고 법규에 대한 책임이며, 어떠한 관행이나 성과의 범주 및 특정한 표준에 대한 의무라고 한다. 그리고 主觀的 責任은 행정인이 책임을 져야 한다는 지각에 근원하는 책임이라고 한다. 이는 충성, 양심, 동일시의 경험에 근거한다고 하고 있다. 근래 행정책임의 개념으로 파악되는 '객관적 책임'과 '주관적 책임'의 개념은 어떠한 형태의 책임개념보다도 행정책임의 개념파악에 기본적이고도 포괄적인 기준을 제시해 준다고 볼 수 있다.

이상의 정의를 통해, 행정책임이란 행정인 또는 행정조직이 일정한 행정기준에 따라 행동할 의무를 전제로 행동결과에 대하여 비판을 받을 상태에 있는 것을 말하는 것으로,[8] 행정에 있어서의 결정이나 처분 등이 요구되어지는 기준에 미치지 못하였거나 위배되었을 때 당해 행정주체가 받게 되는 不利益이라고 정의할 수 있다.[9]

2. 行政國家化와 行政責任의 必要性

현대 행정은 행정국가 내지 복지국가와 관련하여 여러 가지 새로운 특질을 수반한다. 이에 따라 나타난 가장 두드러진 특징으로는 행정기능의 양적 증대와 질적 변화, 공무원 수의 증가, 정부예산규모의 증대, 행정의 전문화 등으로 요약될 수 있다. 이러한 행정의 확대, 다양화에 따라 공무원들은 국민 전체에 대한 봉사자로서 인식됨에 따라 현대 민주국가에서의 행정책임[10]은 바로 공무원들

7) Terry L. Cooper, *op. cit.*, pp. 43～55.

8) Grover Starling, *Managing the Public Sector* (3rd ed.)(Chicago, Illinois: The Dorsey Press, 1986), p. 115.

9) 유종해, 「행정학개론」(서울: 박영사, 1988), pp. 135～136.

10) 행정책임에 대한 논의는 파이너와 프리드리히에 의해서 보다 구체적으로 전개되는데, Finer는 입법 · 사법 · 행정 등 어떤 종류의 외부적 책임통제를 강조하는 전통적 접근방법이었으며, Friedrich는 행정인의 내적 책임감의 촉진을 강조하는 심리적 접근법이었다. F. A. Nigro & L. G. Nigro, *Modern Public Administration* (4th ed.)(New York: Harper & Row Publishers, 1977), pp. 429～453; 이상과 같이 두 사람의 주장의 차이에도 불구하고 그들은 전문직업화의 과정이나 법규에 의하여 마련되는 견제 없이도 행정인의 형태가 이기적이고도 변하기 쉽다는 것에 동의하기 때문에 행정인과 사람의 본성에 관하여 부정적

의 국민 전체에 대한 奉仕者로서의 責任을 의미하는 것[11]으로 볼 수 있다.

오늘날 행정책임이 강조되고 중요시되는 이유는 현대 행정국가에 있어서 행정의 범위가 확대되고 행정권이 거대화됨에 따라 국민생활의 거의 모든 분야에 대해 행정이 커다란 영향을 미치고 있는 상황하에서 그 책임이 확보되지 않는다면 행정권은 남용되고 조직화된 폭력으로 변할 소지가 많기 때문이다. 行政責任의 必要性을 보다 구체적으로 살펴보면 다음과 같다.[12]

① 行政裁量權의 擴大와 權力濫用 행정기능의 양적 · 질적 변화에 따라 고도의 전문화와 재량권의 확대로 인해 행정권력이 남용될 가능성이 더욱 높아지고 있다.

② 行政權의 강화 행정국가의 출현으로 행정기능이 확대 · 강화됨에 따라 행정부의 권한이 강화되는 반면 이에 대한 통제는 더욱 어려워지기 때문에[13] 책임행정의 필요성은 한층 커진다고 하겠다.

③ 시민의 參與意識 결여 관존민비적 정치행정문화가 팽배해 있는 후진국에서 시민들은 권력의 지배대상일 뿐 적극적인 참여활동을 통한 감시 · 비판 · 통제의 역할을 하지 못하고 있기 때문에 이러한 곳에서는 행정책임성의 확보가 더욱 중요하다고 생각된다.

따라서 '책임 있게 행정' 한다는 것은 행정기관이나 행정인에게 권한을 부여하는 법령 또는 정책으로부터 어느 정도 구체적으로 제시하는 문제들을 바람직한 상태로의 추구를 위한 능동적 정진과 '合理的인 適實行政' 을 추진해야 한다는 것으로서, 단순한 부정행위, 직권남용, 불법행위에 대하여 책임을 지는 것 이상을 의미하는 것이다. 여기에 행정책임의 적극적인 측면이 있으며 이와 같은 행정책임의 속성은 현대 행정의 발전적 기능의 차원에서 대단히 중시되고 있다.[14]

인 견해를 갖고 있다고 Harmon은 지적하고 있다. Michael M. Harmon, "Normative Theory and Public Administration: Some Suggetions for a Redefinition of Administrative Responsibility," in Marini(ed.), Toward a New Public Administration (Scranton, Pa.: Chandler Publishing Co., 1971), p. 173.

11) 朴璉鎬, 「行政學新論」(서울: 박영사, 1985), p. 699.

12) 朴龍治, [행정학연습](서울: 고려원, 1987), p. 877.

13) V. O. Key, Jr., *Politics, Parties and Public Policy* (2nd ed.)(Boston: Little Brown and Company, 1976), pp. 763~764.

14) 이광종, 전게서, p. 16.

궁극적으로 行政에 있어서의 責任의 문제는 행정이 국민에 대하여 책임을 져야 한다는 사상에서 연원된 것이므로, 특히 民主主義理念과 밀접한 관련이 있다.

3. 行政責任의 特質

행정책임이란 행정인 또는 행정조직이 일정한 행동기준에 따라 행동할 의무를 전제로 하여 그 행동결과에 대하여 비판받을 상태에 있는 것을 말한다. 이러한 행정책임은 다음의 특질을 지닌다.

① 행정책임은 행정상의 일정한 의무를 전제로 하여 발생한다.
② 행정책임은 일정한 재량이 있는 경우에만 발생한다.
③ 행정책임은 개인적 욕구보다는 공익적 요구에 충실하여야 하며, 자기가 정하지 않은 어떤 기준에 따라야 한다.
④ 행정책임은 주로 행동의 결과에 대하여 이루어진다.
⑤ 행정책임의 보장을 위하여 행정통제와 시민참여가 이용된다.

4. 行政責任의 類型

행정책임은 매우 추상적이고 다의적인 개념이기 때문에 단일 차원적으로 분류한다는 것은 상당히 어려우며 분류기준에 따라 여러 가지로 구분이 가능하다. 각 분류기준에 따라 도의적 책임과 법적 책임, 임무적 책임과 응답적 책임, 변명적 책임과 수난적 책임, 합법적 책임과 재량적 책임(소극적 책임과 재량적 책임), 정치적 책임과 직업적 책임, 그리고 내재적 책임과 외재적 책임 등으로 분류할 수 있으나 행정책임의 행정윤리적 측면을 부각시킨 분류를 중심으로[15] 행정책임의 유형을 살펴보겠다.

(1) 客觀的 實任과 主觀的 責任

쿠퍼(T. L. Cooper)는 책임은 행정인의 역할에 대한 윤리를 발전시키는 데 주

15) 이준방, "한국행정윤리의 실태와 확보전략에 관한 연구"(경희대학교 박사논문, 1985), pp. 22~27.

요한 개념이라고 하고, 책임은 어떠한 행위와 그 원인과의 관계에서 문제되며 행위와 행위자에 대하여 가치판단이 적용되는 문제로 보았다. 이에 따라 쿠퍼는 행정책임을 객관적 책임과 주관적 책임으로 나누어 설명하고 있다.[16)]

客觀的 責任이란 '責任所在의 설명력'이라는 용어의 의미와 유사하다. 또한 객관적 책임이란 공무원이 지시에 복종하지 않음으로써 그들에게 제재를 가할 수 있는 정치적 · 행정적 상위자에 대한 책임에 관한 것이다. 쿠퍼가 밝힌 객관적 책임에는 헌법이나 법률 이외에도 행정인이 준거해야 할 여러 가지 상이한 책임원이 있는데, 우선 제 1 차적으로 중요한 의무는 공익에 봉사할 의무를 포함하며 조직규칙, 정책, 공식적 직무명세서, 전문직업적 표준을 통하여 시달되는 정당한 명령, 지시도 객관적 책임원이 된다고 지적하고 있다.

主觀的 責任이란 忠誠 또는 良心의 의미에 더욱 유사한 것으로서 이는 공무원들이 상호작용을 주는 다수의 정치행위자에게 느끼는 책임에 관한 것으로, 이 양자는 서로 상충되나 이 두 가지 책임에 대한 설명은 상호보완적이며, 행정권한은 이들 두 가지 책임 사이에 갈등이 있을 경우 공무원들이 객관적 책임을 고수함으로써 효과적으로 통제될 수 있다는 사실을 일반적으로 인정하고 있다. 따라서 일반적으로 미국에 있어서는 행정책임문제를 논하는 데 있어서 주관적 책임보다는 객관적 책임에 주의를 집중한 반면에, 우리나라를 비롯한 동양적 전통에서는 객관적 책임보다 주관적 책임에 더 많은 관심을 기울여 왔다.

그러나 점차 행정의 역할 및 기능이 비대해지고 다양해짐에 따라 행정책임을 확보하기 위해 공식적 통제에만 의존한다는 것은 부적절하게 되었다. 따라서 행정책임이 강제적으로 확보되기보다는 오히려 자발적으로 확보될 수 있는 윤리적 분위기를 조성하는 것이 중요하게 인식되었다. 다시 말해서 행정의 다양화 · 복잡화에 따라 행정인들의 재량권이 증대됨에 따라 객관적인 책임보다는 자발적인 인식에 근거한 주관적 책임이 행정인들의 윤리와 관련하여 보다 중요하게 인식되고 있다.

(2) 消極的 責任과 積極的 責任

소극적 책임과 적극적 책임은 법률적 책임과 재량적 책임의 구분과 유사하며, 또한 객관적 책임과 주관적 책임의 구분과 각기 대응될 수 있는 구분이다.

16) T. L. Cooper, *op. cit*, pp. 43~55.

消極的 責任은 일반적으로 객관적이고 공식적인 규범, 예컨대 법률이나 명령, 지시 등에 위반되지 않는 것을 말하며 責任이란 객관적 · 규범적 요구뿐만 아니라 공직자가 최선을 다하여 공익을 확보 · 증진하는 것을 말한다. 여기서 최선을 다한다는 의미는 정직성 · 성실성 등 일반적으로 個人的 倫理德目에 부합되는 행위를 한다는 의미를 갖는다.

(3) 內在的 責任과 外在的 責任

공무원의 의사결정과 행위가 누구에게 책임이 있느냐에 따라 행정기관 외부에 있는 국민, 지역구민, 의회 등과 내부에 있는 행정조직, 소속부서, 공식적·비공식적 집단, 상관, 동료, 부하 그리고 자신 등으로 분류할 수 있다. 전자를 외재적 책임이라고 할 수 있으며 후자를 내재적 책임이라고 할 수 있다.

5. 行政責任의 基準

행정책임의 기준이란 행정인이 책임 있게 행정을 하는데 있어서 준거해야 할 바가 무엇이냐 하는 문제를 의미하는 동시에 이는 제 3 자로부터의 責任評價의 기준이 되기도 하며, 행정에 대한 統制의 방향을 제시하는 기준도 된다. 만약 아무런 행정책임의 기준도 설정되어 있지 않고, 또 책임에 대한 평가도 자의적인 경우에 있어서는, 마침내 책임이 없는 사람에게 책임이 있다고 하거나 또는 책임 있는 행정을 크게 저하시킬 정도로 그 기준이 매우 저하되거나 생산성이 낮아질 우려가 있고, 행정인들은 안정되고 소신 있는 행정의 실천보다는 자기지위나 업무수행에 대해 불안감을 갖게 되며 무사안일적인 형식주의 내지는 요령주의에 집착할 우려가 있다.[17]

이러한 행정책임의 기준은 크게 명문의 규정이 있는 경우와 명문의 규정이 없는 경우로 나누어 볼 수 있다.

(1) 名文의 規定이 있는 경우

행정의 기준이 法令에 名文으로 규정되었을 경우에는 무엇보다 그 규정을 행동의 기준으로 삼아야 한다. 그런데 행정을 법령에 따라 행할 때에는 항상 그

17) 이광종, 전게서, p. 74.

개개의 절차규정이 의도하는 법령의 목적을 인식하고 그 목적에 맞도록 법령의 규정들을 해석 · 적용하여야 하는 것이다. 행정책임에 있어서는 法令의 目的을 실현했느냐 그렇지 못했느냐 하는 것을 책임추궁의 기준으로 삼아야 한다.[18)]

(2) 名文의 規定이 없는 경우

법령에 행정책임의 기준에 관하여 명문의 규정이 없을 경우에는 규정이 있는 경우보다 힘들다. 이런 경우에는 行政人이 裁量으로 행동할 수밖에 없는 것이다. 이 기준에 관하여는 여러 가지 견해가 있으나 일반적으로는 다음과 같은 것들을 들고 있다. 공익, 직업윤리, 수익자집단의 요구, 국민의 여망 등도 주요한 행동기준이 될 수 있다.

샤칸스키(I, Sharkansky)는 명문의 규정이 없는 경우에는 다음의 네 가지 이상(ideals)에 준거할 수 있다고 한다. 즉 正義(justice), 平等(equality), 自由(freedom), 民主主義(democracy)의 기준을 들었다.[19)]

제 2 절 行政責任性의 含蓄價値와 實際[20)]

급변하는 사회 속에서 도덕성의 결핍은 누구나 인지하고 있는 현실이다. 도덕성 회복을 위해서 시민들과 공직자들의 윤리의식 앙양은 중요하다. 따라서 여기서는 공직윤리, 즉 행정윤리와 행정책임의 관련하에서 양자의 관계를 살펴보겠다.

프레스더스(Presthus)는 "行政責任이란 행정이나 행정조직이 윤리적 · 시술적 · 법률적 기준에 따라 행동해야 하는 의무"라 하며 이러한 의무를 전제로 하여 그 행동결과에 대하여 비판받을 상태에 있는 것을 말한다. 이러한 행정책임의 유형에는 여러 가지가 있는데, 이러한 행정책임의 기준으로는 행동의 기준, 즉 指向價値(ideal)가 있어야 한다.

價値를 간단히 정의해 보면 사람들이 갖고 싶어 하거나 즐기고 싶어 하는

18) 加藤一明, 「행정학입문」(동경: 유비각, 1966), pp. 198～202.

19) Ira Sharkansky, *Public Administration: Agencies, Policies, and Politics* (San Francisco: W. H. Freeman & Co., 1982), p. 98.

20) Grover Starling, *op, cit.*, pp. 115～133.

사물 혹은 관계라고 할 수 있다. 우리는 현대 사회에 내재하는 모든 복잡한 가치들을 논의할 수도 없으며 다행히 그럴 필요도 없다. 따라서 행정에 관련되는 가치들에 대해서만 관심을 기울일 필요가 있는 것이다. 그러면 그것은 어떤 것들인가? 대부분의 현대인들은 정부가 대응적 · 신축적 · 신중하며 준법적이고도 책임감이 있어야 한다는 데 동의한다고 생각된다. 여기에서는 이와 같은 가치들, 즉 사람들이 자신들의 정부활동을 통해 얻고자 하는 것들에 대한 포괄적 용어로서 責任性(responsibility)이라는 단어를 사용할 것이다.

그리고 이러한 여러 가치들이 행정과 어떻게 연관되는지를 고찰할 것이다. 그렇게 함으로써 책임이라는 이상(ideal)이 행정학의 문헌에서 무엇을 의미하게 되는지를 설명하는 데 실질적인 도움을 제공하게 될 것이다. 理想에 대한 논의는 실질적인 세계가 아닌 정신의 세계에 존재하는 것을 말한다. 왜냐하면 그것은 실제로 가능한 것 이상의 완벽성(perfection)을 제시하기 때문이다. 따라서 그것은 행정책임이라는 이상과 관련이 된다. 그러므로 우리가 정부행정의 실세계에서 행정책임이라는 길(road)에 있는 몇몇 함정들을 고려하지 않는다면 우리들의 논의는 결코 완전하다고 볼 수 없다. 이에 따라 논의될 함정들에는 강제(coercion), 공모(collusion), 왜곡(distortion), 그리고 엘리트주의(elitism) 등이 포함된다.

만약 천사들이 사람을 지배한다면 정부에 대한 외부적 혹은 내부적 통제는 필요 없을 것이다. 사람들에 의해 관리되는 정부를 형성하는 데에 가장 큰 어려움은 여기에 있는 것이다. 즉 첫째는 정부가 피치자들을 통제할 수 있게 해야 하며 다음으로는 정부 스스로가 자신을 통제하도록 해야 한다는 것이다. 물론 국민에 의존한다는 방법이 정부에 대한 주된 통제방법이지만 우리는 이외에도 부차적인 대비책이 필요하다는 것을 경험을 통해 알 수 있다.[21)]

여전히 천사들이 지배할 수는 없다는 가정을 고수한다면 우리는 행정책임을 실현시키는 데 도움을 줄 수 있는 내·외적 통제장치에 몇몇 이념들을 살펴보아야 하며, 이를 다음 절에서 논의할 것이다. 그러한 목적을 위한 수단으로서 윤리적 분석에 특정한 강조점이 두어지게 될 것이다.

---

21) *Federalist Paper*, no. 51 참조.

1. 行政責任의 含蓄價値

다음은 행정책임이라는 용어가 사용될 때 함축되는 대부분의 가치들을 논의하고자 한다.[22]

(1) 對應性(Responsiveness)

對應性은 정책변화를 위한 大衆의 欲求에 조직이 즉각적으로 순응하는 것을 의미한다. 또한 대응성은 대중의 요구에 대한 정부의 단순한 대응(react) 이상을 의미하기도 한다. 어떤 경우에 있어서 그것은 정부가 문제해결책을 제시하는 데에 주도권을 행사하며 나아가 문제를 규정하는 것까지도 의미할 수 있다.

政府機關의 대응성에 관해 깊은 관심을 갖고 있는 공공행정가들은 고객들을 消費者로 파악하는 것이 유용하다고 생각한다. 이는 모든 정부기관들의 노력이 재화나 용역을 생산하여 구매자를 찾는 것보다는 소비자들의 욕구를 만족시켜 주는 데에 그 초점을 두어야 함을 의미한다. 정부기관이 소비자들이 원하는 것을 알기 위해 노력하고 그에 상응하는 재화나 용역을 생산할 때, 그 기관은 소비자의 수요를 감안하여 생산활동을 한다는 것이다.

公共行政家의 대응성에 관해서 1975년 미시간대학의 연구팀은 행정가들은 상당히 對應的이라는 연구결과를 발표했다. 그 팀은 1,431명의 설문조사를 통해, "미국인들은 자신들이 손쉽게 다룰 수 있는 관료들을 좋아한다"는 결론을 얻었다. 이와 유사하게 정부간 관계자문위원회(Advisory Commission on Intergovernmental Relations: ACIR)가 실시한 최근의 여론조사에서도 7개의 주요 연방프로그램에 관해 대부분의 경우 가장 빈도가 높은 것이 "매우 만족한다"로 나타났다.

(2) 伸縮性(Flexibility)

정책의 형성과 집행에 있어서 행정가는 개별 집단들, 지방의 관심사들, 혹은 정책목표의 달성과 관련된 상황적 차이들을 간과해서는 안 된다.

조직에 직면하는 첫째 단계 중 하나는 政策市場(Policy's market)의 범위를 규

22) C. E. Gilbert, "The Framework of Administrative Responsibility," *Journal of Politics* (May 1959).

정하는 일이다. "하나의 구성원 이상으로 구성되는 어떤 시장도 그 구성원들이 서로 다른 요구나 인지, 그리고 선호 사항들을 갖는 한 그 시장은 일정한 구조를 지닐 것이다. 대부분의 경우에 조직은 모든 시장에 대해 동등하게 봉사할 수 없으며 일부분을 선택해야 하는 것이다."[23] 빈곤이나 공중보건프로그램과 같은 특정 경우에 그러한 선택이란 정치적으로뿐만 아니라 분석적으로도 상당히 힘들다.

〈그림 5.1〉은 그와 같은 어려움의 일단을 보여 준다. 〈그림 5.1 A〉는 6명으로 구성된 가설적 시장구조를 보여 주고 있는데 각자는 보통 일정 요구액을 나누어 갖고 있으며 시장분할은 필요하지 않다. 〈그림 5.1 B〉는 그 반대의 경우를 보여 준다. 여기서는 시장을 구성하는 여섯 명 각자를 상이한 존재로서 파악한다. 하지만 모든 개개인에 대해 연구하고 그들 각각의 요구에 봉사하는 이를 가치 있게 여기는 조직은 거의 없다, 대신에 각 집단을 광범위하게 나누어서 그 분할된 요소단위로 접근을 시도한다. 다음으로 조직은 이러한 분할요소들을 모두 다룰 것인가 아니면 그 중 하나 또는 일부에 관심을 집중할 것인가를 선택할 수 있다.[24] 〈그림 5.1 C〉에서 조직은 이러한 접근법을 취하고 있으며 시장분할을 위한 기초로서 소득계층을 사용했다.

물론 所得 이외의 변수들도 사용이 가능하다. 그 중 가장 중요한 것은 지

그림 5.1 시장분할에 대한 상이한 접근들

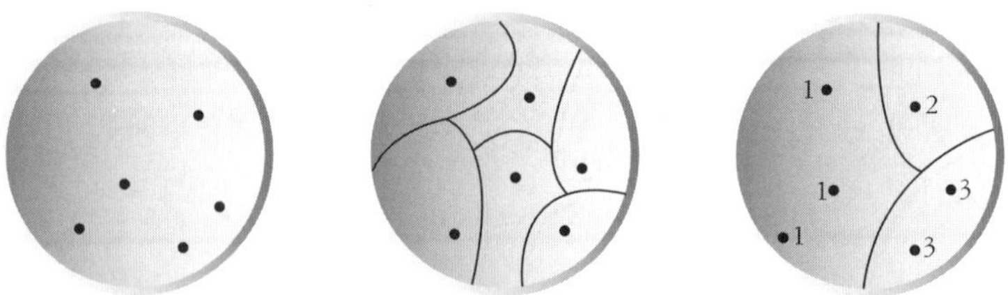

A. 비시장분할 B. 완전시장분할 C. 소득계층에 의한 시장분할

자료: G. Starling, *op. cit.*, p. 119.

23) Philip Kotler, *Marketing for Nonprofit Organization* (Englewood cliffs, N. J.: Prentice-Hall, 1975), p. 94.

24) *Ibid.*, pp. 101~102.

역, 국가규모, 기후 등에 의한 地理的 階層, 연령, 성별, 인종 등에 의한 人口統計的 階層 그리고 사용률, 이윤추구정도, 생활양식 등에 의한 深度的 階層 등 세 가지 주요 계층들이라고 할 수 있다. 정책의 형성 및 집행에서의 이러한 복잡한 양상들을 정부가 간과한다면, 신축성이라는 기준을 충족시킬 수 없으며 따라서 대응성이 약화된다.

消費者로서의 顧客이라는 개념은 대응성과 신축성을 성취하기 위해 매우 효과적인 방법이다.

(3) 能力(Competence)

행정책임성은 또한 공공정책의 형성과 집행은 객관적으로 인지된 유용한 기준에 의하여 이루어져야 함을 뜻한다, 행정작용은 성급하지 않고 신중해야 하며 결과에 대한 세심한 주의가 필요하다. 그러한 행위는 효율적(최소한의 비용을 사용)인 동시에 효과적(소기의 목적을 달성)이어야 한다. 오래전 미국에서 상영된 '전기활주' (Electra Glide)라는 영화에서 어떤 배우가 이 가치에 대해 다음과 같이 요약한 바 있다: "不正腐敗의 최악의 형태가 無能(Incompetence)이다."

(4) 合法的 節次(Due Process)

법률가에게 있어서 정당한 절차란 다른 어떤 용어로도 설명될 수 없는 특정한 의미를 가진다.

이 개념은 원래 형법에 적용되었는데 후에 공공행정으로 그 적용이 확장되어 行政裁量에 대한 주된 제한요소로서 작용하고 있다. 따라서 행정기관들은 자신들이 다루는 문제들에 대해 관할권을 행사해야 하는 동시에 자신들의 지배에 영향받는 모든 사람들의 견해를 경청하고 그에 따라 통지를 해주어야 하며, 어떤 이해집단들의 출현도 보장해야 한다. 공무원들은 공평해야 하며 자신들이 결정하는 문제에 개인적인 이해를 개입시켜서는 안 된다. 행정명령에 대해서는 특정한 법률적 근거가 제시되어야 하며 그에 의해 영향받는 사람들은 이의를 제기할 기회가 주어져야 한다. 이것은 合法的 節次(due Process)라는 용어의 절차적 의미에 있어서 정당한 절차가 되는 것이다.

(5) 責務性(Accountability)

이와 동의어는 回答性(answerability)이다. 정부조직은 자신의 외부에 존재하는 사람 혹은 사물에 대해 책임을 져야 한다. 특히 사태가 악화될 때, 누군가 책임을 져야 하나 불행히도 정부는 자주 얼굴 없는 존재가 되어 책임소재의 규명이 어려워진다.

1982년 6월 14일 영국군대가 아르헨티나로부터 포클랜드섬을 재탈환한 직후 영국 외무장관 캐링턴(Carrington) 경은 스스로 사임했는데, 그 이유는 국가손실을 초래한 아르헨티나의 침공을 사전에 예방하지 못한 외교적 노력의 실패와 그것을 미리 예견하지 못한 영국정보부의 실수 때문이었다. 비록 포클랜드의 재탈환이 대처행정부에게는 정치적 이익을 가져다 주었지만 캐링턴의 행위는 적절한 것이었다고 판단되었으며 사표가 철회되지 않았다.

이 같은 정치인의 행동은 1983년 10월 23일 레바논의 베이루트 공항에 있는 미국해병대 막사 폭발사고 이후의 일련의 사태들과 좋은 대조를 이룬다. 비록 그 사고가 그 지역에 대한 미국의 이해에 역행하는 심각한 것이었지만, 그로 인해 누구도 사임당하거나 징계를 받지 않았다. 이에 대해 레이건 대통령은 자신에게 책임이 있기 때문에 누구에게도 책임을 돌릴 수 없다고 말했다. 잘못은 개인적인 차원이 아니라 체계적인 것이며, 특히 책임성의 개념이 혼란상태에 빠져 있는 미국행정부에 있는 것이다.[25] 또한 책임성은 '監督과 統制'의 관리적 절차를 의미하기도 한다.

(6) 正直性(Honesty)

민주시민들이 중요시하는 價値들에 대해 설문조사를 해 보았을 때, 정직성이 최상위 혹은 그에 비슷한 위치를 점하게 된다. 비록 수단상의 차이는 클지라도 정부가 정직이라는 가치를 실현하기 위해 상당한 노력을 한다는 것은 주지될 수 있는 사실이다.

정직성의 여러 단면 중 하나가 公明正大(candor)함인데, 이는 정책결정과 집행은 특정한 단계에 대중의 심사를 거쳐야 함을 의미한다.

그런데 몇몇 학자들은 모든 단계에서 공명정대함을 요구하는 것은 자칫 체

25) Grover Starling, *op. cit.*, ch. 4.

계를 과열시킬 수도 있다고 생각한다. 즉 의사결정과정에 좀더 근접하고자 하는 새로운 기법들의 대부분은 특정한 쟁점의 내용을 명확히 할 것과 각 대안의 위험요소들을 정당화할 것, 그리고 모든 비용들을 확인해야 할 것 등을 요구한다. 그러므로 이러한 분석적 기법들은 갈등을 공개화시키는 蓋然性을 증진시킬 수 있게 된다.

초기에 이런 종류의 논쟁들은 정치적 술수나 그에 관련된 기술적 용어(technical jargon)의 깊은 늪에 빠져 있었기 때문에 당시에 외부집단이나 개인들이 정치적 산물로 인해 자신들이 어떤 영향을 받을지를 정확히 예측한다는 것은 더욱 어려웠다. 오늘날 대부분의 시민들에게 정부 내의 지나친 공명정대함이 약간의 정치적 갈등을 일으키고 있다는 생각이 지배적이다.

2. 行政責任性의 實際

여기서는 이론과 실제와의 관계에서 실제행정이 행정책임성의 이론과 얼마나 차이를 갖는가를 고려해 본다. 이를 위해 공모(collusion), 강압(coercion), 왜곡(distortion), 엘리트주의(elitism)라는 4가지 주요요소를 중심으로 논의하고자 한다.

(1) 共謀(Collusion)

많은 정책결정들이 의회소속의 각종 위원회들과 관련기관들, 그리고 특정의 이익집단들로 구성된 하위정치체계에서 이루어진다. 이러한 하위체계들은 보다 광범위한 시각을 갖고 공공이익을 보다 분명하게 대변하는 것처럼 보이는 대통령, 혹은 입법부와 같은 상위의 정치관료에 대해서는 너무나 무감각하다. 위의 각종 기관들은 자주 특정이익을 자신들의 '顧客의 利益'으로 판단함에 따라 '共謀'가 어떤 경우에는 강력한 힘을 행사하게 된다. 이 경우 기관은 특정이익을 옹호함으로써 정당한 책임감을 갖게 된다고 느낀다.

이러한 공모의 가능성은 비단 중앙정부 수준에만 한정되는 것은 아니다. 즉 腐敗의 소지가 있는 분야나 지방정부의 수준에서도 발견할 수 있다.

(2) 强壓과 强制(Coercion and Nannyism)

행정책임성의 실제에서 부딪히게 되는 두 번째 유형은 强壓인데, 그 출현배경이 흥미롭다. 민주주의는 최소한의 합의 없이는 존재할 수 없다. 그 결과 행정국가는 合議過程에서 자신의 몫을 획득하지 못한 사람들이나 그것에 불만을 갖고 있는 자, 혹은 획득하지 못한 자, 혹은 그것의 파괴를 주장하는 자들을 다루기 위한 많은 프로그램이나 기법들을 갖게 된다. 때로 강제적 성격을 띠는 이러한 프로그램이나 기술들 중에는 충성의 선서, 표현과 결사의 제한, 거짓말 탐지기 테스트, 도청, 자료은행 등이 포함된다. 이들은 정당한 절차라는 가치와 항상 쉽게 조화되지는 않는다.

좀더 완화된 강압의 형태를 나니즘(nannyism)이라고 부른다. 여기서의 주된 동기는 합의를 위한 욕구가 아니라 보호욕구 ── 보다 정확하게는 과잉보호 ── 이다. 이러한 의미에서 행정국가는 일종의 過保護體가 되어 가고 있다. 이러한 현상의 예로서 미국학자들에 의해 자주 인용되는 것이 연방무역위원회(Federal Trade Commission: FTC)와 Food & Drugs Administration(FDA)이다. 어떤 사람들은 1970년대 말까지 FTC가 '국가의 과보호체' 였다고 한다.

FDA는 소비자들의 선택의 자유를 제한함으로써 그들을 보호하고자 한다. 현행 법률에 의하면 '안정하고 효과적' 이라는 FDA의 공식승인을 받지 않은 어떠한 약품 혹은 의료기구도 판매를 위해 만들어질 수 없게 되어 있다. FDA의 허가가 나지 않은 관계로 실험용 의약품을 구할 수 없는 환자들이 속출하기도 했다.

이론적으로 FDA의 규제목적은 부당한 위험으로부터 소비자들을 보호하는데 있지만, 그러한 복잡한 승인절차의 필요성을 제시하는 어떠한 연구결과도 없다. 한 연구에 의하면 전문가들은 설문조사를 실시한 승인허가품목의 절반정도에 대해 FDA의 결정에 이견을 보였다고 했다.

(3) 歪曲(Distortion)

公共關係(Public relations)는 대중의 태도를 반영하고, 조직의 정책과 이익을 비교 확인한 후, 공공의 이해와 수용을 얻기 위해 계획을 집행하는 관리기능이다. 따라서 어떤 기관의 공공관계프로그램의 목적은 공공에게 정보를 전달하고 그들에게 건설적 방향으로 영향을 미치려는 데에 있다. 위의 두 가지 목적을 위해서는 왜곡의 위험성을 인식할 필요가 생긴다.

1) 시민에 대한 정보제공

공공에 대한 정보전달의 중요성은 아무리 강조해도 지나칠 수 없다. 양식 있는 대중은 민주주의의 필수적 구성요소이다. 그러나 실제로 몇몇 정책결정자들은 행정상의 기밀유지와 속임수를 쉽게 정당화한다. 그들은 평범한 시민은 다음과 같은 복잡한 정책결정사항을 이해할 수 없다고 믿고 있다. 즉 지하에서 실시하는 핵폭탄실험이 심각한 지진이나 해일을 일으키지는 않는가, 핵에너지의 연구에 대한 예산은 과대하고 태양에너지 연구에 대한 예산은 너무 부족한 것이 아닌가 등의 문제이다.

이러한 복잡한 문제들을 대중들이 명확하게 이해하지 못함으로써 정책결정자들은 일종의 '속일 수 있는 권리'를 갖게 된다.

2) 시민에 대한 영향력 행사

공공관계프로그램의 두 번째 목표는 대중에게 영향을 주는 것이다. 앞에서 논의한 바와 같이 훌륭한 행정가는 자신이 속한 기관의 목적을 획득할 수 있는 사람들이다. 이를 위해서는 대중적 지지의 자원이 필요하다. 링컨(Abraham Lincoln)은 다음의 말을 통해 대중과의 허심탄회한 意思疏通의 중요성을 역설했다. 이와 같은 공동체에서는 대중들의 감정을 아는 것이 가장 중요하다. 그것을 고려한다면 어떤 일도 실패할 수 없으며 그것이 없이는 어떤 일도 성공할 수 없다. 어떤 경우에는 행정기관이 대중들로 하여금 특정한 행동을 취하게 그들을 설득해야 하는데 안전벨트의 착용이나 금연문제 등이 그 예에 속한다.

모든 수준에 있어서 공공행정가들은 언론매체를 통해 자신의 견해를 밝히는 것을 중요하게 인식하고 있으나 이에 대해 그들이 별로 훈련을 받지 못하고 있다.

3) 정부분야의 광고나 P.R.의 결점

헤스(Stephen Hess)는 정부 내 공보관들에 관한 2년 동안의 연구에서 고스덴(Lindon Gosden)이라는 인물을 찾아냈는데, 그는 후에 운수성장관이 된 루이스(Drew Lewis)를 위해 일했다. 고스덴은 언론보도분야에 관해 일가견이 있었는데 그는 신문보도를 담당하는 비서관이 정치지도자와 그의 정책들에 대한 충실한 대변자로서 효과적으로 봉사하기 위해서는 반드시 철저한 構成因子가 되어야 한다고 생각했다. 이는 내부조직의 한 부분인 동시에 의사결정을 유도하는 당사자가 됨을 의미한다. 그런데 헤스의 연구결과에 따르면 대부분의 경우에 있어서 심지어는 상위공보관도 그런 역할을 못하고 있음을 발견했다.

또 다른 문제는 대부분의 정부공공관계 프로그램들이 걸러지지 않은 현장정보들을 상관에게 제공해야 할 때에 그 情報의 擴散을 강조한다는 것이다.

(4) 엘리트주의(Elitism)

정부를 움직이고 있는 얼굴 없는 비도덕적 엘리트들의 계속적인 출현가능성을 수많은 사람들이 지적해 오고 있다. 그런 부류의 집단들이 이상적인 행정책임성에 미치는 악영향은 다양한 탈을 쓰고 등장하기 마련이다.

1954년 프랑스의 사회학자인 에룰(Jacques Ellul)은 민주주의를 전복시키고 새로운 귀족정치를 낳게 하는 기술 ──예정된 결과를 위한 복잡하고도 표준화된 수단들── 대해 논의했다.[26]

행정이라는 영역에서 조직과 메커니즘에 대한 기술의 개입으로 인해 두 개의 계급이 창출되는데, 이 둘은 상호 양극을 형성한다. 첫째는 숫적으로는 소규모이지만 인식 · 조직 · 지도 · 통제의 수단을 이해하고 있는 반면에, 다른 하나는 숫적으로는 매우 풍부한 집단으로서 단순한 실행자들로 구성된다. 후자는 자신들이 실행에 옮기는 복잡한 기술들을 이해하지도 못하는 보조원에 불과하다. 이러한 독점적인 기술들을 구사하는 자들에게 정상적인 민주주의의 운영이 수용가능할지는 의문이다. 더욱이 그것은 실행자들이 대중들에게 알려져 있지 않다는 점에서 숨겨진 獨占(hidden monopoly)인 것이다.

로작(Theodore Roszak)은 그러한 기술이야말로 "민주주의의 이상과 제도 내에서 스스로를 전복시키는 잠재적 수단이며, 도시산업사회의 상부구조를 지배하고 또한 자신의 생존과 번영을 위해 전문가와 과학자들에게 완전히 장악되어 있는 사회체계를 통제하는 전문적 지식의 최후거점이다"라고 주장했다.[27]

---

26) Jacques Ellul, *The Technological Society* (New York: Knopf, 1964), p. 275.

27) Theodore Roszak, *Where the wasteland Ends* (Garden city, N.Y.: Anchor Books, 1973), pp.

정부 내에서 專門職業主義가 출현하고 관료엘리트가 소속집단에 무감각한 현상은 바로 오늘의 문제이지 내일의 일이 아니다. 예술비평가인 휴즈(Robert Hughes)는 많은 공공건물의 건축형태 그 자체가 엘리트주의의 상징이라고 주장했다(1980: 105): "외부는 깨끗하고 정돈된 모습을 띠고 있지만 그 내부에서 어떤 일이 일어나는지는 알려 주지 않는다."

전문직업주의가 성장함에 따라 적어도 네 가지 관심사들이 야기되었다. 첫째는 특정한 엘리트전문가집단들(예를 들어 법조계, 의학, 과학 등에 관한) 이 많은 관료기구와 공공기관들을 장악하게 하는 경향이다. 둘째는 공무원과 같은 일반적 정부기관의 희생을 통해서 전문가집단이 충원 · 선발 · 승진 등의 문제를 지배하게 되는 것이다. 셋째는 전문가집단들이 담당해야 할 전문화의 영역이 점점 축소된다는 것이다. 넷째는 전문적 영역을 담당할 공무원이 조직화되어 자신들의 특정분야와 관련된 정책의 변화를 위해 지속적인 영향력을 행사하여 일반관료와 정무관의 특권까지도 침해하게 된다는 것이다.

모셔(Frederick C. Mosher)에 의하면[28] 정부 내·외의 전문직업주의 경향은 좀처럼 역전되거나 지체되지도 않을 것이라고 한다. 따라서 전문직업주의에 대한 최상의 견제책은 교육과정이라고 할 수 있겠는데, 이를 통해 전문가들이 창출되고 그러한 교육프로그램을 지속적으로 실시함으로써 그들을 쇄신시킬 수 있게 된다. 모셔(F. Mosher)는 이러한 과정은 연구를 통해 변화하리라고 본다. 이러한 전문가에 대한 교육프로그램을 확대하고 인간화의 방향으로 유도하며 경우에 따라서는 프로그램을 연장시키기 위한 필요성들이 궁극적으로는 어떠한 공무원제도의 개혁보다도 사회문제에 대한 정부의 대응성에 보다 중요하게 작용한다.

행정의 대응성과 신축성에 대한 판단은 그것이 사회의 하위계층에 있는 사람들을 어떻게 대하느냐에 따라 명백하게 결정된다. 그런데 불행히도 너무 많은 행정가들이 이러한 문제에 관심을 기울이지 않고 있다. 그들은 타 집단을 자신들의 문화적 관점에서 파악하려고 하는데, 사회학자들은 이러한 경향을 自民族中心主義(ethnocentricism)라 일컫는다. 명칭이야 어떻든 거기에는 무감각과 엘리트주의가 배어 있는 것 같고 대응성과 신축성을 억제하는데, 이는 특정인종의

35～36.

28) Frederick C. Mosher, *Democracy and the Public Service* (New York: Oxford University Press, 1968), pp. 132～133.

독자성 추구를 부인하기 때문이다.

이상에서 행정책임이 함축하고 있는 가치들과 행정책임성을 획득하는 데서 나타나는 문제점들을 살펴보았다.

제 3 절 行政責任性의 確保方案

책임 있는 행위, 특히 행정책임성은 개인이 갖고 있는 태도 · 속성 · 가치들, 행위규범으로 구성된 조직문화, 참여수준, 회답성 수준에 따른 조직구조와 사회적 기대 등에 의해 책임성 수준이 영향을 받게 된다. 이를 그림으로 나타내면 〈그림 5.2〉와 같다.

따라서 책임 있는 행위를 구성하는 요소 내지 개별적 수준에서 倫理的 自律性을 구성하는 요소들은 구체적으로 책임 있는 행정행위들을 제시하면서 살펴보겠다.

〈표 5.1〉을 통해서도 알 수 있듯이 개인적 및 조직적 수준에서의 책임성을

그림 5.2 행정책임성에 영향을 미치는 요소들

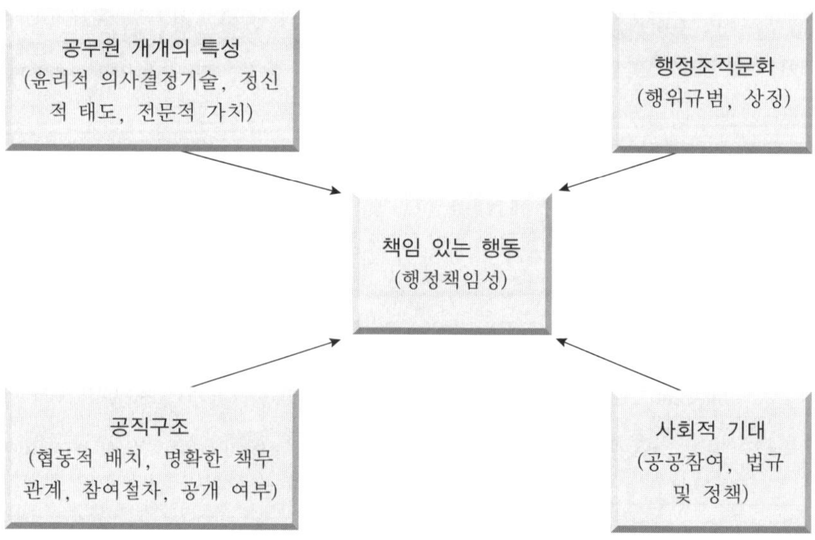

자료: Terry L. Cooper, *op. cit.*, p. 228.

표 5.1 책임 있는 행위를 구성하는 요소

책임 있는 행위의 구성요소	개인적인 윤리적 자율성의 구성요소
• 개인적 특성 • 조직구조 • 조직문화 • 사회적 기대	• 조직경계결정과 초월 • 조직력을 제약하기 위한 법적 · 제도적 기제 • 자의식
〈책임 있는 행정행위〉	
• 현 법전 및 윤리법규의 규정 내에서 실행 • 전문분야체계의 지식을 관리, 고양 • 조직 · 조직목표 · 정책분야에 대한 지식을 관리 및 개발 • 조직의 업무와 목적을 위해 노력 • 법적으로 위임받은 조직사명과 일관된 결정 • 조직의 위계구조에 회답성을 인정 • 최상의 기술적 판단을 실행 • 조직의 비공식적 규범과 절차 순응 • 특수화된 조직구조 내에서 작업	• 정치적 공동체 및 개인적 양심의 가치 내에서 행위 • 현 사회 · 정치 · 경제체제에 대한 지식을 관리 및 고양 • 자신의 가치, 신념, 확신, 세계관 그리고 삶의 우위권에 대한 지식을 관리 및 개발 • 가족, 사회, 공동체관계를 관리 및 개발 • 공적 선호, 수요 및 이익에 근거하여 조직사명 내 법적 변화에 대한 제안제공 • 조직가치, 정치적 양심의 가치와 일관되지 않은 법규에 의문, 저항, 도전 • 규칙적이고 접근가능한 공적 참여제공 • 공적 선호, 요구 및 이익에 기초한 절차 규범, 규칙, 규율에서의 변화를 제안 • 다른 조직들, 선출된 관료 및 공공과의 단위들 사이에 협동을 고양

확보하는 데는 개인, 조직 그리고 이를 둘러싼 환경간의 상호영향성을 고려하면서 고찰해야 될 것이다.

공공조직 내에서 책임 있는 행동을 하도록 하는 두 가지 일반적인 접근에는 外的 統制와 內的 統制가 있다. 그런데 이 두 가지 접근은 프리드리히(Carl Friedrich)와 파이너(Herman Finer)의 역사적 논쟁과 연관되어 아직도 행정실무자는 물론 학자들에 의해서도 논의되어 오고 있다.

프리드리히[29]는 책임성은 객관적인 외부적 책임성 차원뿐만 아니라 심리적 요인이 있다고 하면서 내적 통제의 중요성을 주장하였다. 그리고 그 이후의 글

29) Car Friedrich, "Problem of the American Public Service," *Commision Inquiry on Public Service Personnel* (1935).

에서 프리드리히는 여전히 내적 통제의 중요성에 부가하여 행정가의 전통적인 정치적 책임성의 중요성을 강조함으로써, 책임 있는 공공정책에는 '二重的 基準'이 필요하다고 주장한다. 즉 행정책임성은 결코 완벽한 정도로 달성될 수 없으므로, 정치적 통제가 기술적 수준과 대중의 여론의 영향을 보충해야만 한다는 것이다.

이러한 견해는 가우스(John M. Gaus)에게서도 발견할 수 있는데, 그는 1930년 중반 미국의 정부체계에서 책임성 확보의 중요한 수단의 하나로 그의 직업적 기준에 기인한 것으로서 개별적 공무원들이 인지하는 것이 있다고 하면서, 그것이 바로 內的 制裁라고 하였다. 이후 비슷한 시기에 마르크스(Fritz Morstein Marx) 또한 프리드리히와 유사한 견해를 피력하였다.[30] 그리고 이러한 프리드리히의 주장은 1960년 후반부터 행정학에 대두된 신행정학 운동에 의해 새로운 자극을 받게 되었다. 이에 따라 신행정학에서는 사회적 형평성 가치를 획득하기 위해 행정가는 고객지향성이어야 한다는 것을 중요한 행정책임성이 내포된 철학으로 여겼다.

이상의 논의와 대조적인 흐름의 시작으로 1936년 파이너(H. Finer)의 주장을 들 수 있다. 즉 책임성의 주관적 요소를 강조하는 프리드리히에 대항해 파이너는 "윤리법전, 내부규율 그리고 이러한 것들을 효과적이게 하는 장치들이 내실 있는 행정을 확보하게 하는 길이며, 오늘날 정치적 통제 또는 정치적 책임성의 근본 가능성보다 더 중요한 것은 없다"[31]고 하면서 법적 · 제도적 통제체계만이 책임성 확보의 유일한 방법이라고 주장하였다. 이상의 行政責任性 확보를 위한 방법으로 프리드리히와 파이너의 주된 논쟁을 통해, 이들을 근간으로 한 수단들을 범주화하여 살펴보면 다음과 같다. 내부적 · 공식적, 내부적 · 비공식적, 외부적 · 공식적 그리고 외부적 · 비공식적인 확보방안으로 나눌 수 있다. 그런데 이러한 네 가지 범주 중 어느 하나 혹은 각 범주에 속하는 하나하나의 요소만을 고집하는 학자는 없다. 〈표 5.2〉는 길버트(Gilbert)[32]의 견해를 약간 수정하여 적용한 것이다.

물론 위와 같은 네 가지 서술적인 범주를 사용하는 데에는 규정상 · 분류상

30) F. M. Marx, *Public Management in the New Democracy* (1940), p. 237.
31) 파이너는 막스 베버에 뿌리를 두고 있는 행정역할의 전통적 관점을 재확인하였다.
32) C. E. Gilbert, *op. cit.*, p. 382.

표 5.2 행정책임 확보방안

	내 부 적	외 부 적
공 식 적	행정수반	입법부, 사법부
비공식적	직업윤리강령 대표관료제 공공이익 윤리분석	이익집단 대 표 시민참여 여 론

의 어려움이 따르겠지만 각 요소간의 균형을 유지한다고 했을 때, 이는 행정책임성을 강화하기 위한 다양한 제도적 접근들과 견해들을 분석하는 유용한 수단이 될 것이다. 공식적 범주와 비공식적 범주를 구분하기는 쉽지 않으나, 비공식적 관계들은 헌법에 명시되고 있지 않다는 점에서 대강의 구분이 가능하다. 내부적인 확보방안과 외부적인 확보방안간의 차이는 전자가 정부의 집행체계와 그것을 책임지는 최고집행가를 의미하는 반면 후자는 그것을 제외한 사회적 요소와 정치적 장치들이라는 점에서 구분된다. 여기서는 이들 범주들 중에서 사법부, 시민참여, 공무원 윤리 강령, 대표관료제, 공익 그리고 윤리분석 등을 다루겠다.

1. 司法的 統制

(1) 行政節次의 模型

법조인들을 비롯한 많은 사람들은 개인들이나 민간조직, 지역공동체에 영향을 미치는 정부결정사항들을 감시하기 위한 주된 장치의 하나로서 國家司法體系를 꼽는다. 정부의 결정사항들에 대한 행정상의 치유책들이 별 영향력을 발휘하지 못하게 되면 개인은 보통 정부결정에 대한 사법부의 검토기회를 갖게 된다.

그런데 보다 공식적인 절차를 요하는 경우에는, 행정법 판사들은 그 개요를 일반적으로 검토하고 쟁점의 성격에 따라 잠정적인 결론을 내린다. 이에 대한 이견이 필요한 경우 그것은 보통 다른 기관의 관료들이 여러 기록들을 조사하게 되는 행정적 과정의 일부가 될 것이다. 이러한 단계를 거쳐 마침내 최종결론에 도달하게 되는데 이러한 행정기관의 산출물은 관련된 집단에게 상당한 영향력을 행사한다.

한편 기관의 의사결정에 대한 또 다른 검토방법은 법원에서 찾을 수 있다. 이는 행정상의 각종 절차들이 그 영향력을 행사하지 못하게 될 때 일어날 수 있다.

그리고 의회는 법률로써 행정기관의 권위를 규정 · 제한하며 대통령은 행정기관에 대해 특정한 정책지침을 제시하거나 집행명령을 내릴 수 있다.

(2) 司法統制의 重要性

최근 가장 급속히 확대되고 있는 행정에 대한 통제방안이 법원의 판결이라 하겠다. 이는 교도행정(교도소의 규모와 적정수용인 내용), 교육정책(교과과정의 내용), 그리고 자동차의 안전기준과 자원관리와 같은 기술적 영역에까지 그 범위가 확대되고 있다.

이러한 사법부에 의한 통제의 한계는 무엇인가? 그 첫째는 이미 발생한 과오를 완화하거나 處罰하는 것이 고작이라는 것이다.

둘째는 最高法院과 그것을 구성하는 개인들은 중앙정부기관들의 입장에 반대하기보다는 흔히 지지하는 경향이 있다는 것이다.

셋째는 推論的(speculative) 분위기를 띠게 하는 것이다. 미국의 경우 공익을 담당하는 판사들이 등장하고 워터게이트사건 이후 '소송편집광'(litigious paranoia)적인 분위기가 대두되면서 미국 역사상 과거 어느 때보다도 더욱 강하게 사법부가 행정에 개입하게 되었다. 클리블랜드(Harlan cleveland)에 의하면 이러한 현상은 궁극적으로 모든 행정기관들이 자신들의 업무절차를 일일이 기록하게 되고 판사들에게 더 많은 권력을 부여하게 되어 결과적으로 기형적인 행정절차를 초래하게 된다고 본다.

넷째는 법원이 판결해야 할 사안들이 많이 밀려 있는 경우에 그것들을 행정의 다양한 시각으로 해결할 수 있을지 의문이다. 특히 사법부의 의사결정이 과학적 · 기술적 그리고 관리적 문제와 관련 있는 경우에 더욱 그러하다.

마지막인 동시에 가장 근본적인 것으로서, 행정기관이 "적절한 모든 요소를 고려하지 못했는지" 혹은 "재량권을 남용했는지"의 여부를 판사들이 판단할 필요가 있느냐는 것이다. 이러한 문제들을 감시하는 시민들의 대표성을 위한 보다 유용한 분업체계가 제시될 수 있으며, 반면 법원은 달리 책임질 수 없는 관료들을 체크하는 데 주력하게 된다. 행정기관들이 정치적 통제하에 있다고 가정한다면 판사들은 헌법상의 권리장전을 보호해야 하는 자신들의 고유업무에 충실할 수 있게 된다.

2. 市民參與(Citizen Participation)

버클리 경(William F. Buckley, Jr.)은 정부의 운영을 하버드대학 출신자들보다는 케임브리지市[33]의 전화번호부의 맨 앞쪽에 있는 백 명의 사람들에게 맡기겠다고 했는데 그는 이 말에서 공공정책 결정과정상의 시민의식에 대한 기본적인 철학을 제시하였다. 다른 이들은 정부의 고객으로서의 시민들이야말로 본질적인 정부관료들보다 공공의 요구에 더 대응적이라고 생각된다. 심지어는 가장 비도덕적인 업무의 수행이라든지 정부가 최소의 책임성만을 갖게 되는 것도 시민들의 영향력이 거의 없는 상황과 일반적으로 관련 있다는 가설이 제시될 수 있다. 이러한 이유들 때문에 모든 수준에서의 정부가 행정과정상 시민참여를 공식화하려고 애쓰는 것도 별로 놀라운 사실이 아니다.

제도화된 시민참여의 가장 보편적인 형태는, 諮問集團으로서의 市民委員會(citizen committee), 특정한 정책분야에서 영향력을 행사하는 집단으로서의 시민집단, 그리고 近隣政府(neighborhood government)로서 그 속에서 시민은 수많은 정책분야에서 직접적인 책임성을 갖는다. 미국의 경우 시민자문위원회는 정책결정과정에서 종종 중요한 역할을 수행한다. 여기서 자문집단(advisory groups)이란 연방행정기관과 그 지부, 그리고 지방행정기관 내에 있는 1,200개가 넘는 각종 위원회(board, commissions, committees)를 지칭한다. 이 자문위원들은 2만명 이상의 인원을 확보하고 있으며 가능한 거의 모든 주제를 다룬다. 지방정부들은 지역사업의 기획과 경찰업무의 개혁에서부터 공해규제에 이르기까지 각 주제별로 자문위원회를 구성한다. 행정가는 이러한 기구들을 통해 영향받는 이익의 대표자들로부터 각종 정보와 충고, 견해 등을 얻게 되는데 이러한 投入要素는 바람직한 정책결정을 하는 데에 도움을 준다.

이러한 시민참여의 한계는 그것이 自己奉仕的(self-serving) 정치형태를 띨 수 있다는 것이다. 이때의 목적은 정부에 대해 자문역할을 한다기보다는 政治의

33) 하버드대학은 미국 매사추세츠주의 케임브리지시에 있다.

場에서 승리하는 데에 중심이 두어진다. 벤트리스(Curtis Ventriss)[34]는 다음의 예에서, 參與的 民主主義로 인해 시민들이 좀더 광범한 보편적 이익을 누릴 수 있느냐는 문제뿐만 아니라 참여적 민주주의의 확대로 인해 반사회적인 결과를 낳을 수도 있느냐라는 문제를 동시에 제기하고 있다.

시민참여에 대한 또 다른 한계는 없겠는가? 첫째, 어떤 행정가들은 참여운동을 해결 불가능한 문제로부터 자신들의 책임을 면하기 위한 수단으로 파악한다는 것이다. 즉 다루기 힘든 문제가 주어졌을 때 자신의 책임을 다른 곳으로 이전시킴으로써 참여적 민주주의를 주장할 필요가 있게 된다.

둘째, 불만이 많은 집단을 행정과정에 끌어들임으로써 행정가는 그들을 달랠 수 있는 것이다.

셋째, 시민참여는 관료집단이 고객을 형성하는 수단으로 사용될 수 있다는 것이다. 이러한 기법은 예컨대 본질적 이익집단이 없는 環境計劃에서 사용될 수 있다. 훌륭한 행정가는 영향력 높은 시민들로 구성되는 태스크 포스(task force)를 구성할 필요성만을 느낄 것이며, 그들은 자신들이 선호하는 프로그램을 위한 효과적인 로비활동의 중추세력이 되는 것이다.

3. 職業倫理綱領(Professional Codes)

전문가의 직업적 강령(Professional codes)의 유래는 200년 이상 동안 의학계를 지배해 온 히포크라테스 선서까지 거슬러 올라갈 수 있다.

전문인의 윤리강령이 제한적인 有用性을 갖는 데는 세 가지 이유로서 설명할 수 있다.

첫째, 행정가의 활동영역 자체가 한 가지 전문직에만 국한되지 않기 때문에 필수적으로 강령의 조항 외부에 있는 문제들이 제기되는 것이다.

둘째, 강령지침들의 구성문제로서, 그것이 너무 일반적인 성격을 띨 경우에는 행위의 지침으로 무용하게 되며 세부적인 사항까지 고려할 경우 자칫 장황하게 되거나 지엽적이기 쉽다.

셋째, 강령의 많은 내용이 어떤 형태건 권위에 대한 순종을 상정하는 경우

34) Curtis Ventriss, "Emerging Perspectives on citizen Participation," *PAR* (May/June 1985), p. 437.

그것들은 본질적으로 취약하고 심지어는 위험스런 면을 내재하게 된다고 할 수 있다.

참고로 美國行政學會(American Society for Public Administration)가 제정한 倫理綱領을 살펴보면 다음과 같다.

미국행정학회 윤리강령

ASPA는 행정학의 과학, 과정, 그리고 기술(art)을 향상시키고자 한다. ASPA는 정부, 교육 그리고 사적 이윤추구분야 이외의 모든 분야에서의 전문화 및 서비스 질 향상을 도모한다. ASPA는 프로그램, 서비스, 정책연구, 회의, 저술 등을 제공함으로써 공공문제의 분석, 이해 그리고 해결에 기여한다. ASPA회원들은 민주사회에서의 시민의 모든 책임과 권리를 시민들과 공유하나 ASPA의 모든 회원에게 부과적인 헌신과 관여를 목표로 한다. 어떤 원리와 도덕기준이 단순히 부정을 예방하는 면에서가 아니라 시기적절하고 열성적인 책임준수를 통한 권리추구라는 면에서 ASPA회원의 행위를 지도해야 한다. 이런 목표를 위해서 회원인 우리는 행위과정의 선택에 있어 양심의 비판적 역할을 인식하며 생활의 도덕적 모호성을 고려하면서 다음과 같이 행동한다.

1. 공공기관에 국민의 믿음과 확신 · 진실을 고무시키기 위하여 우리의 모든 공적 활동에서 개인적 성실성, 진실성, 정직성, 용기 등의 최상기준을 드러낸다.
2. 국민에 대한 봉사는 우리 스스로보다 우선한다는 것을 인식하면서 존경, 관심, 정중함, 대응성을 갖고 국민에 봉사한다.
3. 개인의 전문적 능력을 향상시키기 위해 노력하며 우리 회원들의 전문적 발전을 행정학분야에 도입시키려 노력한다.
4. 긍정적 태도를 갖고 조직과 작동의무에 접근하며, 공개적 의사소통, 창조성, 헌신 그리고 열정 등을 적극 지원한다.
5. 우리의 공적 활동의 수행으로부터 부당한 개인적 이익을 추구하지 않는다.
6. 우리의 공적 의무행위와 상충되는 이익이나 활동을 피한다.
7. 공적 의무추구과정에 취득한 기밀을 존중 · 보호한다.
8. 법률에 의거하여 공익을 증진시키기 위한 모든 재량권을 행사한다.

9. 공공업무를 전문적 지식, 공정성, 공평성, 효율성, 효과성 등에 입각하여 관리할 책임을 개인적 의무로서 받아들인다.
10. 충원, 선발 그리고 승진 등을 통해 사회의 모든 요소에서 자질 있는 자에게 균등한 기회를 보장하는 실적주의적 고용과 적극적 인사조치의 프로그램을 지지 · 집행 · 증진시킨다.
11. 모든 형태의 불법적인 차별, 사기, 공금의 비효율적인 관리를 제거한다. 동료가 어려움에 봉착할 경우 적극 지원한다.
12. 연방과 주정부의 헌법, 공공기관, 피고용인, 고객 그리고 모든 시민간의 관계를 규정하는 다른 법률들을 존중 · 지지 · 연구한다.

이러한 전문직업윤리는 다양한 직업종사자에게 특수하게 요구되는 윤리로서, 각 직업종사자들에게는 일정한 행동규범 · 행동윤리에 따른 행동을 필요로 하고, 이들이 이와 같은 직업윤리와 기준을 준수할 때 민주시민의 기대에 부응하게 되는 것이다.

4. 代表官僚制(Representative Bureaucracy)

대표관료제란 간단히 말해 한 사회를 대표하는 관료제라 할 수 있다. 즉 정부 내에서 少數集團이 차지하는 비율이 전체인구에서 그 집단이 차지하는 비율과 거의 비슷하게 된다. 물론 여기서의 가정은 소수계층(여성, 소수인종, 심신장애자)을 보다 더 고용함으로써 관료제 내에서 그 집단태도의 대표성이 신장된다는 것이다. 이러한 대표성은 수동적일 수 있는 반면에 능동적일 수도 있다.[35] 能動的 代表性은 공무원의 출신지와 그들의 배경이 전체사회를 반영하고 있는 강도에 초점을 둔다. 能動的 代表性은 행정가가 자신이 대표하고자 하는 사람들 ── 전체국민이건 그 일부이건 간에 ── 의 이익과 바램들을 투입하는 상황을 의미한다. 그러면 소수계층의 대표성이 확보되었다고 해서 관료제 내에서 그 집단의 이해가 능동적으로 대표된다고 할 수 있겠는가? 톰슨(Frank Thompson)[36]

35) Frederick Mosher, *op, cit.*, p. 12.
36) Frank Thompson, "Types of Representative Bureaucracy and Their Linkage," in R,T. Golembiewski et al.(eds.), *public Administration* (Chicago: Rand Mc-Nally, 1976), pp.

은 이 문제에 대한 전반적인 연구검토 끝에 부정적인 결과를 제시했다.

다운스(Anthony Downs)는 소수계층 대표성과 실제적 대표성의 상관관계가 희박한 이유를 다음과 같이 설명했다. "관료들에게는 … 의사결정상의 대표성이라는 가치가 강한 동기부여요소로 작용하지 않는다. 대표성확보의 목적이 관료들에게 미치는 영향력은 그들 자신의 개인적인 목적이나 소속기관의 목적이 그들에게 미치는 영향력보다 약하다. … 어떤 관료들도 한번 임명되면 재선거(reelection)의 위험에 직면하는 일이 없기 때문에 자신들의 정책에 대해 책임지거나 정당화해야 할 의무가 없다. 이렇듯 관료들에 대한 强化機構(enforcement mechanism)의 결여로 인해, 관료들이 대표성을 확보하는 방향으로 행동하려는 것을 더욱 어렵게 한다. 관료들은 많은 일을 할 수 있는 권한이 없다.

5. 公益(Public Interest)

앞에서 살펴본 전문가 윤리강령이나 대표관료제와 관련된 몇 가지 한계점들이 존재하는 상황하에서는 행정적 의사결정의 지침으로 公益이라는 개념을 사용할 수 있다. 이에 의하면 행정가는 소규모의 자조적 집단(self-serving group)의 지엽적인 이익보다는 집합적이고 광범위한 地域共同體의 利益에 기초하여 의사결정을 해야 한다는 것이다.

공익을 명확하게 규정짓기란 쉬운 일이 아닌데, 리프만(Walter Lippman)[37]은 이 문제에 대해 다음과 같은 훌륭한 답을 제시하고 있다. 공익이란 서로 혼합되고 개인적이거나 특수한 이익들이 모여서 이루어진다. 따라서 공익이란 합리적으로 생각하고 분명하게 행동하고 그리고 은혜롭게 행동할 수 있도록 유도해 준다.

그러나 비록 관료가 공익에 대한 명확한 의식, 합리성, 그리고 목적의식 등을 지니고 있다 하더라도 실제로 그것만으로 충분한가? 그가 질적인 차원에서 통합된 개인이익들(국민투표)과 보편적 관심들을 어떻게 구분할 것인가? 또한 그는 다양한 형태를 띠고 있는 대중들의 의식 ──합리적이고 장기적이거나 혹은 감정적이고 단기적인── 을 어떻게 구분할 것인가?

576~601.

37) Walter Lippman, *The Public Philosophy* (Boston: Little, Brown, 1955), p. 42.

1960년대 후반과 1970년대 초반 사이에 많은 학자들이 新行政學을 주장하기 시작했다. 그들의 목표가 뚜렷한 초점을 결여하고 있었지만 몇 가지 뚜렷한 경향을 갖고 있었다. 그들에 의하면 미국 내의 주류행정학은 현상유지에 지나치게 급급하고 있다는 것이었다. 특히 사회 내 불리한 입장에 있는 사람들에 대한 사회적 정의를 부인한다는 것이었다. 따라서 행정학의 목적은 사회적 형평의 실현이 되어야 한다는 것이다.

이러한 공익에 대한 제규정은 많은 문제들을 제기한다. 왜 이러한 특별한 원칙(사회적 형평)이 다른 것들(예를 들어 자유)에 대체되어야 하는가? 어떻게 사회적 형평을 실현할 것인가? 대표성 있는 정부란 무엇을 의미하는가? 선거에 의해 충원되지 않은 행정가들이 선거에 의해 임명된 관료들의 '잘못된' 정책결정을 '바로잡아야' 하는가? 그것은 어떤 권위에 의해서인가?

신행정학에 관한 주된 논점은, 그것이 행정학에 대해 만족할 만한 정의(definition)를 제공하는 데에 있는 것이 아니라 그것이 행정학의 본질과 영역을 다시 생각하게 한 데에 있다. 행정학은 이제 더 이상 계획집행상의 효과와 능률의 문제로 파악되지는 않을 것이며 또한 고객의 욕구를 태평스럽게 간과하지도 않을 것이다. 가장 중요한 것은 행정학도들이 倫理에 대해 논의하기 시작했다는 사실이다.

6. 倫理分析(Ethical Analysis)

지금까지 관료제에 대한 행정부와 입법부의 통제와 정책결정과정의 이익집단의 활동 등과 함께 사법부의 통제, 시민참여, 전문가의 강령, 그리고 공익에 대해 고찰해 보았는데 이를 통해 한 가지 잠정적인 결론을 내릴 수 있다. 그것은 보다 책임성 있는 행정의 추구는 끊임없는 과정이라는 것이다. 결론적으로 윤리학 분야에서 최근의 연구뿐만 아니라 전통적인 것에도 논의의 초점을 두고자 한다. 여기서의 주된 목적은 公共行政家의 道德的 選擇에 보다 유용한 틀을 개발하는 것이다.

倫理學은 가치에 관한 체계적인 연구를 내용으로 한다. 우선 윤리학의 학습이 행정가에게 왜 유용한가에 대한 실제적인 문제를 고려하기에 앞서 먼저 윤리학은 배우는 것이 아니라는 보편적인 혐오의식에 대해 간단히 얘기하고자 한다.

윤리학에 대한 반대론자의 대부분은, 어느 누구도 어떠한 태도에 대해 옳고 그르다고 얘기할 수 없다는 가정을 인식의 근거로 삼고 있다. 이러한 관점을 갖고 있는 사람들은 플라톤, 아리스토텔레스, 석가, 예수, 유교, 제퍼슨의 철학과 사상을 부정한다. 그들에 의하면 우리들을 인도할 전통적인 도덕이나 실제적인 이성은 존재하지 않으므로 도덕문제에 대한 올바른 해결책은 "장황에 달려 있다"는 것이다. 이러한 주장은 狀況倫理(situation ethics)로 알려져 있으며 닉슨 행정부의 특징적인 성격이었다. 닉슨 대통령의 국내정책 참모시절에 상황윤리학을 수용했던 에리치만(John Ehrlichman)은 "정책상의 기준, 도덕 그리고 목표 등을 수립하는 데에 백악관이 주도적 역할을 해야 한다. 그렇지만 재선거에 직면한 상황에서는 선거구에 관심을 가져야 한다. 한편 선거로 임명되지 않은 관료는 선거를 통해 임명된 관료의 견해에 따라야 할 것이다. 나는 나의 의견이 닉슨 대통령의 견해로 대체될 수는 없다고 생각한다."[38] 이것은 우리나라의 행정부나 정치권의 인사들에 의해 일반으로 채택되고 있는 관점이다.

(1) 왜 倫理를 研究하는가

윤리를 연구하는 실질적인 이유가 몇 가지 있다. 첫째, 윤리의 연구를 통해 행정가들이 보다 빨리 意思決定을 할 수 있다. 즉 서로 갈등관계에 있는 가치들이 내재해 있는 의사결정상황에 직면해 있는 경우에, 자신이 추구하는 가치들을 완전히 검토한 개인은 무엇을 해야 할지 방황하느라 시간을 낭비하지 않는다. 그런 사람은 보다 신속하고 확신 있게 행동할 수 있다.

둘째는 그것이 보다 一貫性 있는 의사결정을 유도한다는 것이다. 이런 능력을 갖춘 행정가는 자신의 하급자로부터 공정하다는 평을 받는데 이는 그가 직원들을 공평하게 대하기 때문이다.

셋째로 윤리의 연구를 통해 어떤 政策의 가치적 측면이 부각될 수 있다는 것이다.

넷째는 행정가가 보다 사려깊은 판단을 할 수 있게 하는데 이는 大衆을 옹호하는 성격을 띤다.

도덕적 갈등은 종종 필연적인 동시에 난처한 문제로 등장한다. 흔히 어떤 귀중한 가치가 다른 가치의 실현을 위해 잔인하게 희생되어야 하는 것이다. 때

38) Times, 1975년 12월 1일자.

로는 하나의 가치가 하나 또는 둘 이상의 의미를 내포하는 경우도 있는데, 평등이라는 가치가 그런 경우이다. 즉 기회의 균등을 뜻하는가 아니면 결과의 균등을 뜻하는가?

이러한 윤리원칙들을 실제행정에 적용하는 경우 부적절한 논쟁이 발생할 위험성이 많아진다.[39] 그렇다면 어떻게 하면 윤리적 분석에 대해서 보다 체계적인 태도를 가질 수 있는가?

(2) 倫理分析의 方法

공공행정가는 필연적으로 중요한 윤리적 차원의 의사결정문제에 직면하게 되는데 때로 바람직한 방향이 명백하게 제시되기도 하지만 어떤 때는 그렇지 않은 경우도 있다. 이러한 조직 내·외적 관계를 갖는 상황하에서 행정가는 윤리적 측면을 고려하여 의사결정에 이르게 되는 다소 정돈된 사고방식을 추구하게 되고 또한 그것을 필요로 하는데, 이는 도덕적 관점으로 대안들을 평가하는 접근법이라고 할 수 있다. 여러 철학자들이 우리가 倫理分析이라고 부르는 것을 조직화하려고 시도했는데, 그 중 보다 중요한 세 가지 관점을 간단히 소개하면 다음과 같다.

1) 契約主義(Contractarianism)

가장 영향력 있는 윤리적 관점들 중 하나는 계약주의인데, 그 중심사상은 생명, 자유, 행동추구와 같이 남에게 양도될 수 없는 특정한 권리가 있으며 또한 한 사람이 다른 사람에게 취할 수 있는 행동에는 계약적 제한이 존재한다는 것이다. 여기서 강조하는 것은 개인의 권리에 관한 것이라 하겠다.

행정절차상 계약이론은 부하직원과 고객의 권리와 소수집단에 대한 공정한 대우를 고려하는 의사결정에 관해 관심을 가질 것이라고 주장한다.

---

39) 닉슨 행정부 시절 의회에 대한 정보제공으로 인해 면직됐던 Ernest Fitzgerald가 대표적인 경우이다. 그는 국방부의 비용분석가였는데 C-5A기의 구입에 따르는 비용의 과다지출 내용을 폭로했던 것이다. 한편 David Sullivan은 1979년에 Henry Jackson 상원의원에게 정보를 제공한 이유로 CIA에 의해 면직되었다. 그는 전략무기제한 협정을 반대하는 사람들에게 유용한 정보를 제공하였던 것이다. 진보론자들은 Fitzgerald를 열성적으로 옹호했고 국방부에 대한 정보를 의회에 보고해야 할 필요성을 수년간 계속 주장했지만 Sullivan의 즉결면직에 대해서는 아무도 이의를 제기하지 않았다.

2) 影響力을 가진 사람의 分析(Stakeholder Analysis)

이는 19세기의 實用主義에 그 사상적 근거를 두고 있다. 이는 가치의 기준을 양도할 수 없는 권리라든가 의사결정자의 권한을 계약적 제한점에 두기보다는 效用의 原則(Principle of utility)에 적용하게 되는데, 이는 절대다수의 절대행복이 참과 거짓의 기준이 된다고 본다. 이러한 관점은 지속적으로 영향력을 가지기는 하지만 항상 현실적인 입장이라고는 할 수 없다. 행복이란 과연 개인에게 기쁨을 줄 수 있는 그 무엇을 의미하는가? 그러면 매우 이질적인 사람들이 존재하는 상황에서 행복은 어떻게 측정될 수 있겠는가?

따라서 영향력이 있는 사람의 분석에서의 목표들은 상대적으로 적정수준을 유지한다. 첫째, 어떤 정책으로 인해 영향을 받을 것이라고 예상되는 집단을 확인하고 그들이 어떤 영향을 받게 될지를 검토한다. 이 시점에서 그 정책으로 인한 이익과 손실의 대략적인 계산을 생각해 볼 수 있다. 즉 이익이 손실을 능가할 때만이 그 결정이 옳은 것이라고 할 수 있다. 이러한 접근법은 철학적 인식을 위장한 상식으로 보일지도 모르나, 실제로 의사결정이란 잠재적 영향을 받게 되는 모든 집단이나 그것에 함축된 모든 의미들을 고려하지 못하고 상식적인 수준에서 만들어지는 것이다.

3) 規則 · 原則과 合理性의 준수

이 접근법에 대해서는 여러 가지 설명이 가능하나, 중심사상은 다음과 같이 간단히 얘기할 수 있다. 즉 어려운 선택을 할 경우에는 어떤 법칙이나 원칙에 입각해야 한다는 것이다.

롤스(John Rawls)는 이러한 접근법에 관해 다음과 같은 예를 제시한다, 그는 이성적인 동시에 상호 무관심한 개인들의 모임을 상정하고 있다. 그러나 이 같은 가정적 상황하에서 사람들은 특정한 의사결정을 하기보다는 正義라는 개념에 관한 원칙들을 선택하는데 이들은 조작적 의미를 내포하고 있다. 즉 모든 실질적인 의사결정과정을 규제할 수 있다. 그러나 그들이 동의하는 이러한 원칙들은 어떤 것인가? 롤스에 의하면 이러한 상황에서 사람들은 약간 상이한 두 가지 원칙을 선택한다고 한다. 첫째는 과업이나 기본적인 권리와 의무에 있어서 平等을 요하는 것이다. 반면, 둘째는 사회 · 경제적 불평등의 허용문제로서 이는 모든 사람에게 보충적인 편익이 돌아갈 경우와 사회 내의 가장 불리한 입장에 있는 구성원들에 한해서만 허용가능한 것이다. 그렇다고 이러한 원칙들이 모든 집단구성원의 더 큰 이익을 위해 특정집단의 고통을 허용하는 제도들을 정당화하지는 않는다. 그러나 몇몇 사람들에 의해 획득된 더 큰 편익에 따라 불행한 사람들의 처지가 개선된다면 그 경우를 不正義(injustice)로 보지는 않는다.[40)]

롤스에 의하면, 이러한 원칙들은 본질적으로 전통적인 앵글로색슨적 형평의 개념을 정확히 표현한 것이다. 그러나 비판론자들에 의하면 롤스의 원칙들은 불리한 입장에 처해 있는 사람들에 대한 인간애를 더욱 강조한다는 것이다.

적어도 공공의사결정자의 시각에서 보았을 때 롤스의 正義論에 대한 또 다른 문제점은 그것이 비신축적이며 그에 따라 자율성을 감소시킨다는 것이다. 이러한 입장은 카우프만(Walter Kaufmann)에 의해서도 제기되었는데, 그는 정의를 실행함으로써 道德的 代理人(moral agent)이 갖는 선택의 전 범위가 차단될 수 있다는 것이다. 따라서 사람들은 자신들이 누릴 수 있는 자율성의 정도를 인식하지 못하게 되는 것이다. 그는 이어서, "우리는 사랑과 정직, 용기와 인간애와 같은 것은 그 예를 제시할 수 있지만, 그와 같은 방법으로 정의가 무엇인가에 대해서는 알 수 없다. 즉 구체적인 예를 제시할 수 없다. 솔로몬의 유명한 판단은 정의라기보다는 전설적인 지혜로 설명된다. 그의 판단이 그렇게 유명해지게 된 것은 그가 사실에 충실했기 때문이다."[41)]

또 카우프만은 오늘날 정의와 밀접하게 연계된 誠實의 개념은 다른 것으로 대체되고 있는데 그것은 개인적 자율성과 정직과 관계된다. 여기서는 正直은 단지 진실, 신용, 솔직함만을 의미하지는 않는다. 그보다는 그리스인들에게 정의로서 여겨지는 善의 合計(the sum of the virtues)라 하겠다. 따라서 카우프만이 분명히 말하지만 링컨(Abraham Lincoln)을 "Honest Abe"라고 부르는 것도 그가 거짓말을 하지 못했기 때문이 아니라 그가 선했기 때문이다.

카우프만에 의하면, "정직의 중요한 기준은 자기가 말하는 것과 믿는 것에 대해 양심을 갖고 있는 것을 뜻한다. 이는 그가 무엇을 옹호하고 또한 반대할 것인가, 대안은 무엇이며 이 상황에서 적절한 대안은 어떤 것인가 등을 결정할 때 약간의 곤란을 겪게 됨을 의미한다. 이는 과학적 방법론의 본질이라 할 수

40) John Rawls, *A Theory of Justice* (Cambridge, Mass.: Belknap Press, 1971).

41) W. Kaufmann, *Without Guilt and justice* (New york: Peter H. Wyden, 1973), p. 4.

있는 합리성의 핵심이며 知的 誠實性(intelectual integrity)을 의미한다.[42)]

그러나 성실에 관한 더욱 새로운 개념은 부가적인 요소를 필요로 한다. 실제와 이론은 통합되어야 하기 때문이다. 새로운 성실함에 따라서 행동하기 위해서는 자기 확신과 용기가 필요하다. 왜냐하면 자기가 직면하고 있는 가장 중요한 문제에 자신의 초점을 맞추어야 하기 때문이다. 요컨대 권위에 순종하기보다는 스스로 결정해야 하는 것이다.

42) *Ibid*., p. 178.

제 6 장

行政倫理와 不正腐敗

제 1 절 不正腐敗의 槪念 및 類型
제 2 절 歷代政府 腐敗評價와 內容
제 3 절 不正腐敗의 原因分析
제 4 절 不正腐敗의 防止戰略

제 6 장 行政倫理와 不正腐敗

제 1 절 不正腐敗의 槪念 및 類型

行政倫理란 행정의 모든 역할을 보다 바람직하고 공평한 방향으로 인도하는 규범적 기준으로서, 내재적이고 비공식적이며 상황적인 것이다. 이러한 규범적 기준을 확보하기 위한 적극적인 방법으로서 行政責任性을 논하였다. 여기서는 행정윤리의 소극적 측면으로서 不正腐敗에 관해서 논하고자 한다.

공무원의 부패행위가 사회에 미치는 부정적 영향에 대해 나이(J. S. Nye)는 첫째, 부패는 정부의 정통성의 상실로 사회혁명 또는 군사쿠데타를 유발함으로써 정치적 불안정을 가져오고, 둘째로 자본유출, 경제적 투자의 왜곡, 기술낭비를 포함하여 국가자원이 비합법적으로 사용되어 경제발전을 지연시키는 원인이 되고, 셋째 행정능력의 저하로 정부능력의 소멸을 가져온다고 지적하고 있다.[1] 또한 베일리(David H. Bayley)는 공무원 부패의 부정적 측면을 다음과 같이 제시하고 있다. 첫째, 부패는 정부가 추구하는 목표의 달성을 실패로 돌리기 쉬우며, 둘째 행정의 비용을 가중하게 하여 자원배정의 비합리적 증가를 초래하고, 셋째 공공목적에 사용되어야 할 자금을 유출시키며, 넷째 행정부 내의 다른 공무원에까지 영향을 미쳐 도의적 의욕을 저하시키고, 다섯째 정부권위에 대한 국민의 신뢰를 상실시키며, 여섯째 경제발전에 필요한 강력한 지도력을 약화시키는 결과를 초래하고, 일곱째 국민들로 하여금 공직자의 민폐에 대한 원성을 자아내어 사회불안을 야기시키며, 여덟째 행정결정이 금전으로 좌우되고 업무처리가 지연되며 공무원의 공정성에 대한 신뢰상실로 기대세력의 규합공작을 통하여

---

1) J. S. Nye, "Corruption and Political Development: A Cost-Benefit Analysis," *Political Corruption Reading in Comparative Analysis*, in Arnold J. Heidenheimer, pp. 570~572.

막대한 자금과 시간이 낭비된다고 지적하고 있다.[2]

이처럼 행정에 부정적 영향을 주는 부정부패를 윤리적 측면에서 중요하게 다루게 된 것은, 어느 국가를 막론하고 공직 내의 부정부패현상은 정도의 차이는 있지만 거의 공통적인 속성처럼 되어 있기 때문이다. 또한 부패가 만연하여 행정에 대한 국민의 신뢰감이 결여되고, 행정의 규범적 기준이라 할 수 있는 행정윤리의 기준에 많은 혼돈이 제기되었기 때문이기도 하다.

부정부패의 원인과 유형 및 결과 등은 유사한 양상을 보이기도 하지만 특정 국가의 特定한 時點에 있어서의 행정조직 내 부정부패현상은 독특한 것이다. 이는 부정부패가 당해국가의 정치 · 행정제도, 국민의 가치관 및 사회문화적 특성을 반영하고 있기 때문이다.[3] 그리고 국가마다 社會文化的 背景과 歷史的 傳統이 다르기 때문에 부정부패를 보는 관점도 달라서 그 범위와 처벌의 강도에도 다소 차이가 있다. 또한 동일국가 내에서도 시점의 차이에 따라서 부정부패에 대한 관점이 달라질 수 있다. 즉 어떤 행위가 어느 시대에 있어서는 부패로 간주되지 않았지만, 특정 시기에 와서는 부패로 규정되는 경우가 발생하기도 한다.[4] 따라서 여기서는 부정부패에 접근하는 방법들과 개념정의 및 유형, 원인분석, 방지전략 등을 살펴보겠다.

1. 不正腐敗의 槪念定義

(1) 腐敗의 槪念

특정한 問題의 연구나 조사에 있어 주요한 요소의 槪念化는 연구하고자 하는 목적을 달성함에 있어서 가장 중요한 일의 하나이다.[5] 명확한 개념정의는 용어의 論理性이나 타당성을 높여 주는 중요한 역할을 하기 때문이다. 따라서 개

---

2) David H. Bayley, "The Effects of corruption in a Developing Nations," *op. cit.*, pp. 526~528.

3) Jemes C. Scott, *Comparative Political Corruption*(Englewood cliffs, N.J.: Prentice-Hall, 1972), p. 3.

4) 전수일, "관료부패에 관한 연구 - 한국관료와 시민의 형태분석을 중심으로"(고려대학교 박사논문, 1982), p. 1.

5) Thomas D. Cook(1979), etal.C, *Quasi Experimentation*(Chicago: Rand McNally College Publishing Co.), pp. 1~30. 재인용: 김해동, 체제부패와 공공정책의 관계에 대한 연구, 서울대 행정대학원 행정논총, 제29권 1호, 1991, 6월호, p. 64.

념을 규정하는 일이 연구의 출발점임은 말할 필요도 없다.[6] 관료부패(bureaucratic corruption)의 부패현상이 특정 국가 · 사회의 정치제도, 국민의 가치관 내지는 도덕성 그리고 사회적 경향을 반영하는 것이므로[7] 부패의 개념에 대한 학자들의 견해는 매우 다양하며, 통일적인 개념정의가 이루어지지 못하여 왔다. 부패, 뇌물의 역사는 구약시대부터 시작되어 창녀와 함께 가장 오랜 역사를 지닌다고 한다. 로마제국시 Corrupt(부패시키다, 타락하다)라는 말은 「여인을 유혹해 육체를 탐하다」와 「관료에게 돈을 바치다」의 두 가지 뜻으로 개념지워졌다. 부패의 영어 어원 Corruption은 라틴어 Cor(함께)라는 단어와 Rupt(파멸하다)라는 단어로 이루어졌는데 즉 공멸한다라는 의미를 내포하고 있다고 볼 수 있다. 결국 부패라는 개념은 깨끗치 못하고 더럽고 추악한 것으로 결국은 파멸에 이른다고 정의할 수 있다. 그러면 부패학자들의 견해는 어떠한지 살펴보기 위해 행정부패의 실체(reality)를 보는 대표적인 학설을 소개하고자 한다.

첫째는 사적 부문이 배제된 공직중심적(public office centered)인 관점에서 정의한 것이다. 이는 금전이나 지위획득 혹은 영향력의 확대나 사적 이득을 위해 법적 · 공공의 의무규범에서 일탈하는 것을 말하는 것으로서 Bayley, McMullan, Nye 등이 주장하고 있다. 이와 관련 Bayley는 부패를 특히 뇌물수수 행위와 관련해서 이익에 치중한 나머지 공권력을 오용(misuse)하는 행위를 총칭하는 개념으로 파악하였다.[8] 다시 말하면 관료가 주어진 권한을 남용하여 개인적으로 뇌물을 수수하는 행위라고 볼 수 있다.

둘째, 부패경제학의 관점에서 본 市場중심(market centered)의 정의라고 볼 수 있다. 시장이론을 기초로 한 경제학자들은 관료제가 경제에 대하여 광범위한

---

6) 金光雄, 「사회과학 연구방법론」(서울: 박영사, 1987).

7) James C. Scott(1972), *Comparative political Corruption*(Englewood Cliffs, N.T.: Prentice-Hall), p. 3.

8) David H. Bayley(1966), "The Effects of corruption in a Developing Nations," *Western political Quarterly*, Vol. 12 N. 4, p. 719.

劉鐘海(1992), 전게서, p. 187.

Daniel H. Lowenstein은 "Legal effort to Define Political Bribery"에서 부패라는 용어는 다음과 같은 네 가지 조건을 포함하여야 한다고 주장한다. ① 부정한 행위를 하고자 하는 자의적 의향이 있어야 ② 공무원에게 이익이라는 가치가 생겨야 하며 ③ 공무원의 행위와 가치 있는 사물간에는 관계가 있어야 하고 ④ 그 관계에는 공무를 수행함에 있어 영향을 주고 또는 받는 의향이 포함되어 있어야 한다고 주장했다. 金海東 외 공저, 「관료부패와 통제」(서울: 집문당, 1994), p. 24.

조정자의 역할을 수행하면서 공공의 이익을 분배함에 있어서[9] 부패공무원이 자신의 지위를 개인의 이익을 극대화하는 수단으로 생각할 때 부패가 발생한다고 본다. 이러한 견해에는 Robert Tilman, Nathaniel H. Leff, Jacob Van Kleveren 등이 여기에 속한다.[10]

셋째, 국가나 사회에 있어 공익중심(public interest centered)의 개념이다. Carl Friedrich, Arnold A. Rogow, H. D. Lasswell이 대표적인 학자로, 공익개념이야말로 가장 폭넓게 부패개념의 본질을 파악하는 척도라고 생각되는데, 부패행위는 적어도 공공질서체제에 대한 책임을 위반한 것이고 특수이익을 공동 이익에 우선시킴으로써 실제로 그러한 체제와 양립할 수 없게 한다. 여기서 말하는 특수이익은 관료자신의 이익을 국가의 공적임무보다 우선시하여 이득을 탐하는 행위라고 볼 수 있다.

넷째, 제도적 접근설로서 부패현상을 특히 개발도상국이나 후진국에 있어서 제도적 취약성과 사회적 기강의 해이에서 기인된 연성국가(soft state)의 결과적 부산물로 보는 입장이다. 이것은 Goulder, Huntington, Roy, Myrdal 등이 주장하고 있다.

다섯째, 권력관계적 접근방법으로서 부패현상은 관료들이 권력남용적 병폐와 역기능의 결과적 부산물로 보는 입장인데 Riggs, Werlin, Scott 등이 주장하고 있다.

여섯째, 기능주의적 시각으로서 부패현상을 행위의 결과와 효과의 차원에서 순기능과 역기능의 역할로 보며, 특히 개발도상국에서는 부패를 발전과정에서 순기능과 역기능의 역할로 보며, 필연적으로 발생하는 부산물(byproducts)로 보는 입장이다. 이것은 Leff, Nye, Hoselitz 등이 주장하고 있다.

일곱째, 후기기능주의(post-functionalism)적 시각으로서 이것은 부패현상은 선진국이나 후진국이나 할 것 없이 발생하는 보편적 현상으로서 자기영속

---

9) Nathaniel H. Leff, "Economic Dervelopment through Bureaucratic Corruption," in *Heidenheimer*, pp. 510～512.

10) Tilman은 부패를 강제적 가격모형에서 → 자유시장모형으로 Klaveren은 "The concept of corruption"에서 부패한 공무원은 자신의 직책수행을 하나의 사업으로 보고 그 곳에서의 수입을 극대화하려고 한다고 주장. Jacob Van Klaveren, "The concept of corruption" in *Heidenheimer*.

Robert O. Tilman(1968), "Bureaucracy: Administration, Development and corruption in the New states," *Public Administration Review,* Vol. 28, no. 5, pp. 440～442

성(self-perpectuation)의 성격을 가진 것으로 보는 입장이다. S. Werner가 대표적이다.

여덟째, 사회문화적 규범의 일탈행위로 보는 입장으로서 부패현상은 사회문화적 환경과 역사적 전통의 부산물로 보는 입장이다. 이러한 시각에 의하면 부패현상은 주변 사회의 비난을 받으며 부패되었다고 보는 것이다. Wraith와 Simpkins가 이러한 입장을 주장하고 있다. 1960년대의 구조기능주의 학파가 주장한 기능주의설은 개발도상국들의 정치, 경제적 발전에 대한 정치적, 관료적 부패의 기능적인 기여에 매우 관심을 가졌으며 부패를, 성장-부패 사이클(growth-decay life cycle)에 내재된 요소로 간주하였다.

〈표 6.1〉에서와 같이 부패의 개념을 분석하는 접근방법은 다양하다. 우리는 여기에서 부패현상에 대한 실체분석은 보다 포괄적이고 통합적이 되지 않으면 안 된다고 보게 된다. 왜냐하면 부패현상은 원래 실체를 정확하게 알기 어려운 괴물(monster)적 존재이므로 보다 논리적이고 객관적 분석이 필요하되, 모든 행정현상이 인간의 내면과 의식, 그리고 가치의 세계에서 표출된 현상이므로 주관적 내면의 세계를 결코 무시할 수도 없다고 하겠다. 이러한 논거에서 부패현상은 보다 통합적 시각에서 개념정립화 되어야 한다고 보게 된다. 따라서 이 통합적 시각에 의하면 행정부패는 공직자가 사회규범과 관계법규의 위반은 물론 공익(public interests)을 추구하기를 바라는 국민들의 기대가능성을 저버리고 사익을 추구하거나 특정이익을 도모하는 행정형태라고 할 수 있다.[11] 결론적으로 부패는 "法을 집행하는 관료들이 법규를 남용하거나 재량권을 일탈하여 부정한 방법으로 재화가치를 획득하거나 수수하는 행태"이며, 관료의 개인적 이득을 얻기 위해 탐욕스런 의식과 행태가 표출된 것"으로 정의하고자 한다. 그

11) 김영종 교수는 부패현상과 경제발전과의 관계를 경제학의 도움을 정치과정에서 부패문제가 어떠한 영향을 미치는가는 정치학을, 부패현상이 사회구조와 변동에서 차지하는 의미는 사회학의 지원을, 심리적 갈등이나 상태에서 도출되는 것으로 파악할 때는 심리학적 연구의 지원이, 부패문제를 사회규범을 일탈한 범죄의 행위로 보는 차원에서는 범죄학적 접근이 그리고 부패현상을 법률적인 규범학과의 접목을 고려하여서는 법학적인 지원도 필요하다고 보았다. 그리고 부패의 실체를 종교적 차원의 죄(sin)까지 취급하게 될 경우는 종교학적 지원도 필요하다고 보면서 심층적으로 체계화, 분석화, 종합화되어야 하며 이런 의미에서 Corruptionology의 성립을 가능하다고 주장한다.
김영종 "민주사회발전을 향한 행정 부패의 방지 전략," 「민주 사회의 성숙을 위한 공공 행정」, 한국행정학회 제 1 차 국제학술대회, 1988, p. 400.

표 6.1 行政腐敗의 개념정립에 관한 이론

접근방법	주요내용	분석단위	대표학자
윤리 및 도덕설 (Moral Approach)	공직의 비윤리적, 비도덕적 이용	관료와 사회 (관료의 행위)	E. C. Banfield J. T. C. Liu
제도적 접근 (Institutional)	제도적 취약성 사회적 기강의 해이	후진국이나 개발도상국의 관료제도	S. P. Huntington G. Myrdal: E.V. Roy
시장/교환설 (Market/Exchange)	시장교환관계	관료와 고객집단	R. Tilman: H. Simon A. Heidenheimer
공 익 설 (Public Interest)	공익위반의 결과	관료의 형태, 의사결정과정	R. W. Friedrich H. D. Lasswell
가능주의설 (Functional)	발전과정의 부산물	관료제도, 기업가, 사회	N. H. Leff J. S. Nye
후기기능주의설 (post-funtionalism)	보편적 현상과 자기영속성의 현상	선·후진국의 관료제도	S. B. Werner
권력관계설(power-relations approach)	관료의 권력남용과 역기능의 부산물	관료제의 권력	F. W. Riggs J. C. Scott
사회문화적 규범설 (socio-cultural approach)	사회문화적 환경과 전통의 부산물	사회문화적 환경, 관료제의 역사성	E. Simpsons
통합설 (integrated approach)	복합적 행정현상: 선진국과 후진국의 공통성과 특수성, 부패의 제변수의 복합적, 다면적 현상	선·후진국의 관료제도 비교 관료제도, 행태, 그리고 사회문화적 환경의 주요 변수분석통합적 분석	김영종
탐재 · 탐욕설 (covet for property approach)	관료의 부정한 행태. 탐재 · 탐욕, 가치관의 아노미	관료제의 병리현상 역기능. 관료문화	김 택

자료: 김영종(1988), "민주사회발전을 향한 행정부패와 방지전략"에서 재인용, 「민주사회의 성숙을 위한 공공행정」, 한국행정학회간, p. 401.

리고 이와 같은 부정부패가 성립되기 위한 요건으로는 권한의 남용이 의도적이고 비합리적이어야 하며, 특정인에 귀속되는 사적 이익 또는 불이익이 있어야 하고, 특정한 사적 이익 또는 불이익이 권한의 활용과 직·간접적으로 연결되

어야 한다.[12)]

(2) 腐敗의 弊害

관료부패가 미치는 영향에 대해서 학자들간에는 크게 두 가지 논의가 진행되어 왔다. 그것은 곧 부패의 순기능과 역기능에 관한 것이다. 부패는 다양한 사회현상의 산물이기 때문에 관점에 따라 인식도 상이하다. 일반적으로 부패는 정치적 · 경제적 · 사회문화적 환경의 측면에서 역기능적 역할을 하는 것으로 인식되고 있다. 그러나 다른 한편으로는 순기능적 역할도 한다고 주장하는 경우도 있다. 예를 들면, 근대화 과정에서 나타나는 문제의 해결책으로 부패를 보는 경우가 있다(Merton 1968, 126–136; Tilman 1968). 최근에 Werner는 관료부패의 연구방법에 대한 논의를 하면서, 1960년대의 연구경향을 기능주의라 하고, 1970년대의 그것을 후기기능주의(post functionalism)라 하여, 관료부패가 갖는 영향 또는 기능에 대해 논하였다.[13)] 여기서 그는 기능주의자들에 있어서의 부패는 국가의 성숙과정에 있어서의 자기파괴적(self destruction) 현상으로 파악하여, 이들이 갖는 순기능과 역기능을 지적하였다.[14)]

1) 腐敗의 順機能的 側面

먼저 순기능의 면을 보자. 개발도상국가의 부패행태를 규범적 · 역사적 맥락

---

12) 보통 부정행위와 부패를 합쳐서 부정부패 또는 부정부패행위로 사용한다. 엄격하게 말하면 부패란 부정행위의 결과적인 상태를 말한다. 정부의 기관들이 녹이 쓸고 부식하여 제기능을 정상적으로 발휘하지 못하는 상태를 말한다. 즉 不正은 동적인 측면을, 腐敗는 정적인 측면을 의미한다고 金海東 교수는 설명하고 있다.
그러면 政經癒着은 무엇인가 이에 대해 全哲煥 교수는 다음과 같이 설명한다. 부정부패 · 정경유착 등은 거의 모두 위법 또는 가장된 合法性에 의하여 권력을 이용한 경제적 이익의 사적 내지 집단적 취득을 의미하지만 매우 유사한 성격을 지닌다. 그러나 특혜의 정치경제 혹은 정격유착이란 개념은 부정부패의 개념보다도 더욱 모호하다. 유착이란 말 속에 '직접, 간접의 특혜'가 포함되는 것으로 이해하고 癒着을 字典의 의미에서 일단 '한 器官이 생리적으로 보면 아무런 관계가 없는 다른 기관에 대하여 조직적으로 결합하는 것'의 유기체적 의의를 원용하여 정치 · 경제의 상호관계 변화를 중심으로 논의한다. 전교수는 정경유착이 발생하기 위해서 특혜의 授受집단 또는 개체간에는 반드시 어떤 행위와 양자에 대하여 다같이 이익을 주거나 손해를 끼칠 수 있어야 한다고 보았다. 全哲煥, "정경유착과 민주화의 과제," 「季刊京鄕」 봄호, 1988, p. 132.

13) Simcha B. Werner, "New Directions in the Study of Administrative Corruption," *PAR*, Vol. 43, No. 2(1983), p. 146.

14) *Ibid.*, pp. 149～152.

에서 분석한 Expo는 개발도상국의 권력은 특정시점에 있어 정치권력을 장악한 극소수의 독점물인데, 이러한 나라에서의 관료부패는 국가발전에 기여할 수도 있다고 보았다. 즉 그는 관료부패는 관료적 red-tape나 경직성을 줄이는 기능을 담당한다고 주장하였다.[15] 그리고 Nye는 관료부패의 순기능과 역기능을 비용-편익의 분석시각에서 논하면서, 부패가 국민통합과 정부의 능력분야에서는 긍정적인 역할을 한다고 주장하였다.[16] 그 외에 특히 개발도상국가에서의 관료부패의 순기능적 역할로 지적되는 것으로서, 경제적 선택의 폭을 넓히는 경제적 시장의 형성과 시민과 관료를 통합시키는 기능,[17] 정당형성과 제도화,[18] 행정부의 경직성 완화,[19] 자발적 단체나 이익집단의 존속[20] 등이 지적되었다. 우리나라의 경우에도 해방 후 자본축적과정에서 관료의 부패는 일시적인 도움을 주었다고 평가하는 사람들도 있다. 이와 관련 Tilman은 "부패는 저개발국가나 발전도상국가들의 경제발전에 기여한다. 따라서 이 나라들에서는 정부의 통제로 인해 시장이 자유롭게 작동될 수 없게 되어 있기 때문에 경제적 생산성이 서구에 비해 상당히 낮다"고 하면서 "부정부패는 정부주도 경제체제하에서도 시장 메커니즘이 작동할 수 있게 해 주는 역할을 한다"고 주장하였다.

2) 腐敗의 逆機能的 側面

이제 역기능의 측면을 보자. 위와 같은 순기능적 주장에 대해서 가장 신랄한 비판을 한 학자는 Myrdal이다. 스웨덴의 군나르 뮈르달은 남아시아의 빈곤에 대한 10년간의 연구결과를 담은 '아시아 드라마'로 1974년 노벨 경제학상을 받았다. 이 연구에서 뮈르달은 빈곤의 원인으로 인구과잉이나 자원부족 등 지금까지 논의되어 오던 경제적 요인 말고도 부패가 경제발전에 미치는 영향을 경제학자로서는 처음으로 깊고 심각하게 다뤘다. 그는 경제개발에 있어서 경제적이고

15) Monday V. Expo, *Bureaucratic in Subsaharan Africa*(Washington, D.C: Univ. Press of American, Inc., 1979), pp. 1~222.

16) J. S. Nye, "Corruption and Political Development: A Cost-Benefit Analysis," *APSR*, Vol. LXII, No. 2(June, 1967), pp. 411~433.

17) Scott, *Comparative Political Corruption*, (N. Y: Prentice-Hall, 1972), p. 11.

18) R.Braibanti "Public Bureaucracy and Judiciary in Pakistan." in J. LaPalombara(ed.), *Bureaucracy and Political Development*(Princeton: Princeton Univ. Press, 1963).

19) Nye, *op. cit*., p. 417.

20) O. P. Dwivedi, "Bureaucratic Corruption in Developing Countries," *Asian Survey*, F/4 (1966~1967), p. 246.

수량적인 접근도 중요하지만 이에 못지않게 발전을 저해하며 저지하고 있는 비경제적인 요인에 대한 연구도 중요하다고 갈파했다. 그는 기능론자들의 증명되지 않는 가정들은 오류라고 지적하고 오히려 국가발전의 저해요소라고 주장한다. 그는 아시아지역 국가 저발전의 원인으로서 관료부패를 첫번째로 꼽고 있다. 부정부패의 효과를 이처럼 기본적으로 규범적 관점에서 이해하는 것과는 달리, Carino(1986: 170-191)는 도덕적 판단을 배제한 상태에서 부정부패가 현실에 야기시키는 부정적인 효과들을 검토 · 제시하는 실증적 관점을 피력하고 있다. 그녀는 아시아 7개 국가들의 부정부패에 관한 실증적 연구에서 부패는 부정부패를 행한 개인에게는 경제적 부를 가져다 주며, 신분상승의 기회를 갖게 하지만, 발각되는 경우 유형 · 무형의 큰비용을 물어야 하는 부담을 갖게 한다. 부정부패한 행위를 한 사람과 경쟁적 관계에 있으면서 부정부패에 가담하지 않은 다른 개인들에게는 상대적 불공평성으로 인한 유형 · 무형의 비용을 부담케 한다. 조직에 대해 부정부패는 조직의 공식적인 권한-복종 구조를 왜곡시키는 결과를 초래하며, 부패하지 않은 유능한 인재들이 조직을 떠나게 만듦으로써 조직의 인적 역량의 질적 수준을 약화시키고, 수입과 지출 모두에 있어 조직의 물적 자원이 비효율적으로 운영되게 만들어서 결국 능률성 면과 효과성 면 모두에 있어 조직의 성능을 저하시킨다며, 부패는 정부의 세입감소, 해외자본에의 의존도 상승, 법규 해석의 모호성 증대 및 법규의 형식화, 그리고 이로 인한 정부정책의 왜곡 및 혼선을 초래함으로써 사회 전체에 존재하는 유형 · 무형의 모든 자원이 비효율적으로 생산 · 사용되도록 만든다고 주장하였다.

또한 David H. Bayley는 부패의 역기능으로서 ① 다양한 계층에 대한 객관적 정치지도가 불가능하게 되고, ② 생산적 노력의 상실과 공신력의 감퇴, ③ 개인의 이기심을 채우기 위한 부정한 방법의 횡행, ④ 정부의 신뢰성과 권위의 추락과 국가들의 불신감 증대, ⑤ 도덕적 윤리적 기준의 쇠퇴, ⑥ 행정업무(administrative services)의 부진과 행정가격(price of administration)의 상승, ⑦ 행정의 업무가 인간의 필요에 의한 결정대신 화폐에 의하여 결정되므로 불공정한 행정공급의 성립이 되기 쉽다는 점이다. 이와같이 부패가 초래하는 또 하나의 해악은 그것이 정책목표를 왜곡 또는 축소시킨다는 사실이다. 이것은 전항의 해독과 중복되는 것이며 아마 전형적인 경우가 부실공사이다. 이러한 현상은 검은거래에 대한 관심 때문에 야기되는 것이기는 하나 관료들의 저항이나 권태에서 오는 경우도 있다는 것에 주의하여야 할 것이다. 그리하여 정책목표는 용두사미가 되어 버리거나 그 목표와는 다른 결과가 초래된다는 것이다.

3) 結 論

결국 부패의 연구방향에 대해 논한 Werner의 논문에서나, Marcos하의 필리핀을 논한 Tilman,[21] 방글라데시의 정치부패를 논한 McHenry[22]의 견해 등을 종합할 때, 부패의 순기능은 극히 한계성을 지닌 일련의 부차적 효과로서 이해되는 것이 타당할 것이다. 우리나라 경우도 관료부패로 인하여 수차례 정권의 몰락을 가져온 경험과 공권력의 추락, 사회적 기강의 해이, 행정철학의 빈곤으로 인한 관료부패와 국민저항과 불만, 계층간의 갈등과 물질만능주의 사상의 팽배로 인한 민주주의 발전의 저해 등 많은 역기능에 시달려 온 것이 사실이다. 해방 이후 우리는 부패문제로 인하여 수차례의 정권의 몰락을 가져온 경험과 민주발전에 이 괴물적 존재의 커다란 위협으로 인하여 공신력의 추락, 불신의 풍조, 사회적 기강의 해이, 벼락출세주의와 찰라주의적 처세형 철학의 대두, 행정철학의 빈곤으로 인한 관료들의 부패로 인한 국민들의 저항감과 불만, 정책결정이나 집행에 대한 시민들의 불신 등 이루 헤아릴 수 없는 역기능을 초래하였다.

2. 不正腐敗의 類型

부정부패는 어떠한 기준을 적용시키냐에 따라 다양한 방식으로 분류될 수 있다. 첫째로 그 정도에 따라 백색부패(경미한 부패; petty corruption), 회색부패(일상화된 부패) 그리고 흑색부패(악성화된 부패) 등으로 나눌 수 있다. 둘째로 주체가 누구냐에 따라 또는 부패의 영역이 어디냐에 따라 관료부패 · 정치부패 · 기업부패 · 언론부패 등으로 나눌 수 있다. 그리고 그 주체가 단수냐 복수냐에 따라 개인형 부패와 조직형 부패로 나눌 수도 있다. 전자는 개인적인 사욕을 위하여 단독의사에 의하여 이루어지는 경우이고, 후자는 둘 이상의 공공기관이나 조직이 집단적으로 저지르는 부패유형이다. 셋째로 부패의 범위와 거래방식에 따라 거래식(transactive) 부패와 강압식(extortive) 부패로 나눌 수도 있다(Alatas 1990;

---

21) Robert O. Tilman, "The Phillippines under martial Law," *Current History*, Vol. 71, No. 422(1979), pp. 201～204.

22) F. McHenry, "Food Bungle in Bangladesh," *Foreign Policy*, Vol. 27(1972), pp. 72～80.

Kaufman 1997). 넷째로 부정부패의 내용에 따라 독직행위, 뇌물수수행위, 공금횡령행위, 그리고 족벌주의와 연구주의를 들 수 있다.

여기서는 여러 학자들이 제시한 부패의 각 類型들을 소개하고자 한다.

첫째, 케이든 부처(G. E. Caiden & N. J. Caiden)는 부패의 주체가 개인이나 조직이냐에 따라 개인적 부패와 조직적 부패로 구분할 수 있는데, 조직적 부패가 발생되는 경우 조직내부의 규칙은 조직목표를 달성하는 데에 필요한 표준적 형태가 되지 못하고 조직 내의 질서가 혼란스럽게 된다는 점에서 그 심각성이 강조된다.[23)]

둘째, 로즈 애커만(S. Rose. Ackerman)은 부패행위의 주체가 관료제상 어떤 직위를 차지하는가에 따라서 고위층 부패(top, high level corruption)와 하위층 부패(low level corruption)로 구분할 수 있다.[24)] 고위층 관료는 의원들과 결탁한다든지 재벌기업과의 유착을 통해 부패행위를 하게 되는데 이러한 그들의 행동이 결국 입법적 결정에 나쁜 영향을 미치게 되는 것이다. 이러한 고위층 부패행위는 은밀이 진행되는 까닭에 그 정도의 심각성과 규모의 방대함에도 불구하고 일반인들이 감지하기가 매우 힘들다.

셋째, 부패의 다양한 형태를 이해관계의 유형과 공급자의 수에 따라 시장부패(market corruption), 후원조직(patronage organization), 연고주의(nepotism), 위기시 부패(crisis corruption)의 네 가지로 유형화할 수 있다.[25)]

넷째, 부패의 정착화의 정도에 따라 제도화된 부패와 우발적 부패로 분류된다. 전자는 부패의 방법이나 과정, 금액, 수준 등이 상당히 일반화되어 있어서 부패행위가 일정한 유형을 띠고 있는데, 이런 경우 대체로 부패행위가 장기간 성공적으로 이루어지는 가운데 비공식적으로 관례화되어 하나의 하위문화가 된 것이라고 할 수 있다. 이에 비해 우발적 부패는 부패행위가 일회에 그치거나 일정한 행위의 유형이 보이지 않으며 제도화된 부패에 비해 덜 조직적이다.[26)]

다섯째, 먼저 부패를 통한 권력의 획득·신장 혹은 금전 및 물질적 이득취

---

23) Gerald E. Caiden & Naomi J. Caiden, "Administrative Corruption," Public *Administration Review*, Vol. 37, No. 3(1997), pp. 306～308.

24) Susan Rose Ackerman, Corruption: A Study in Political Economy(New York: Acdamic Press Inc., 1978), pp. 60～73.

25) Michael Johnston, "The Political Consequences of Corruption: A Reassessment," *Comparative Politics*(July, 1986), pp. 463～473.

26) 김해동, "서정쇄신과 사회병리," 「한국행정학보」, 제10집(1976), pp. 20～22.

득이라는 목적성이라는 측면, 그리고 자발적 행동 혹은 고객과의 직접적 거래라는 부패의 형태적 측면이 상호 결합되어 권력지향 · 일방적, 경제적 이익지향 · 일방적, 권력지향 · 쌍방적, 경제적 이익지향 · 쌍방적을 고려할 수 있다.

지금까지 부패의 유형을 여러 가지 각도에서 살펴보았는데, 요컨대 부패의 유형은 부패의 실체가 여러 가지 형태로 나타나는 현상적인 내용을 분석하는 경우로서 논리적으로 그 존재양식을 파악하려고 하지만, 실제 세계에서 부패의 실체에 대한 유형별 분류는 매우 복합적으로 혼재하는 경우가 대부분이기 때문에 이러한 유형분류작업이 실질적으로 유의미하다고는 볼 수 없다.

(1) 權力型 腐敗

첫째, 정권주체(정치)의 부패이다. 이것은 대부분 무력이나 혁명 또는 쿠데타 등과 같은 부당한 방법으로 정권을 쟁취한 독재자와 그의 추종자들에 의하여 이루어진다. 이러한 정권주체의 부패는 정치자금조달과 관련된 부패, 선거부패, 반대세력의 역할과 관련된 부패[27]와 같은 세 가지 유형의 부패가 일반적이다. 둘째, 기관주체의 부패이다. 부패행위의 주체가 행정기관이 되는 경우로서, 이 경우 부패는 대체로 각종 행정관리기준이 비현실적이건, 보수수준이 현실적으로 미달되는 상태에서 야기되는 경우가 많다. 즉 기업활동에 관련된 행정기관으로부터 어떠한 혜택을 보거나 보기를 기대하는 기업이나 개인이 기관의 사무추진비 명목으로 금전을 제공하는 형태로 나타난다.[28]

(2) 官僚腐敗

관료부패는 그 수단적 측면에서 생계형 부패와 권력형 부패로 나눌 수 있다. 생계형 부패란 하위직 공무원이 적당한 보수만으로는 기본적 생활을 영위하는 데 위협을 느껴 양심의 가책을 느끼면서도 부정의 유혹을 뿌리치지 못하고

---

27) 이것은 일반적으로 독재정권들이 하는 일반적인 정치탄압행위를 총칭한다. 중요한 점은 이러한 정치적 탄압이 정부의 공식적 기능의 일부로서 수행된다는 점이다. 무솔리니와 나찌 정권, 동남아의 독재 정권, 라틴아메리카의 여러 독재 국가의 경우에 이런 현상을 잘 나타내고 있다.

28) 특히 권력부패에서 고위직 관료는 하위직을 지도, 감독하고 국민의 준법정신과 도덕관을 계도하는 책임이 있으며, 국가의 주요 정책을 결정하거나 직접적으로 보좌하는 역할을 하기 때문에 부패에 관여하게 되면 사회적으로 미치는 악영향이 매우 크다는 점에 유의해야 할 것이다.

부패행위를 하며, 이러한 부정소득으로 기본적인 가계의 적자를 메꾸어가는 부패행위이다.

권력형 부패란 고위직 공무원들이 직접적 또는 간접적으로 그 직무와 관련하여 자신의 이익을 위해 직권을 남용하는 것을 말한다. 이들은 주로 신분의 불안 때문에 유사시의 경우에 대비하기 위한 수단으로 부패를 행하게 된다. 이는 처음부터 법을 무시하고 거액의 이권을 착복하는 부패행위로서, 이 행위를 저지르는 주된 주체가 하위직 공무원들의 직무수행을 감독하는 중요한 위치에 있는 자들이기 때문에 그 영향력은 국가정책의 각 분야와 불특정 다수인 전국민에게까지 미칠 수 있다.

(3) 政經癒着型 腐敗

고도경제성장 모형에서 파생된 정치권력(political power)과 경제권력(economic power)의 유착 또는 관료와 경제 elite들의 관경유착 등으로 인하여 발생한 부산물로서 그것은 공직자로 하여금 물량적 탐욕을 유발하는 유인효과를 가져와 급기야는 각종의 이권개입에 돌입되고 공직의 타락과 범죄의 유발의 원인으로 지적된다. 특히 성장이데올로기(growth ideology)의 합리화에 근거한 정치와 경제 elite들의 야합으로 인한 공직자의 타락과 범죄유발은 제 3, 4 공화국 이후 5, 6공화국을 거치는 동안 우리나라에서 계속 일어난 공무원범죄의 주요 원인이기도 하였다.

(4) 軍 · 經 腐敗

군·경부패의 뿌리는 군납이라고 볼 수 있다. 6·25 전쟁을 계기로 군부세력이 사회적으로 큰 비중을 차지하게 되었으며 국가정책이 군 작전에 우선권을 주었고 군대의 발언권이 늘어났으며 국방예산이 엄청나게 증가되었다. 이와같이 방대한 예산이 소요되는 군수품 분야는 우선 규모가 엄청날 뿐만 아니라 계속적이고 안정적인 공급처가 되므로 어느 때나 군납을 둘러싼 경쟁은 치열할 수밖에 없었다. 특히 전쟁 직후의 1950년대 우리 경제는 이렇다 할 발전계획을 갖지 못하였고 정부의 경제정책은 비능률적이었다. 따라서 자본축적은 기대할 수 없었고 수출규모나 경제규모는 영세하기 짝이 없었으며 관료세력은 부정부패가 만연된 상태였고, 이 같은 상황하에서 기업성장의 지름길은 軍納이었다고

볼 수 있다.[29)]

특히 H그룹의 경우 1950년대 말 미군 군수품수송을 맡은 것이 계기가 되어 1960년대 월남전의 와중에서 7백 80만달러어치 물자수송 계약을 美軍과 체결하여 일약 수송재벌로 등장하였음은 주지의 사실이다.[30)] 이와같이 군납은 대규모의 안정적인 수요처가 되므로 일면은 각종 收賂사건, 이권화 등의 잡음이 끊이지 않았으며 다른 일면으로는 재벌형성에 크게 기여한 것으로 평가된다.

(5) 기타 腐敗類型

1) 수단별 분류: 生計型 腐敗와 權力型 腐敗

부패의 수단을 기준으로 생계형 부패와 권력형 부패로 나눌 수 있다. 生計型 腐敗란 하위직 공무원이 적당한 보수만으로는 기본적 생활을 영위하는 데 위협을 느껴 양심의 가책을 느끼면서도 부정의 유혹을 뿌리치지 못하고 부패행위를 하며, 이러한 부정소득으로 기본적인 가계의 적자를 메꾸어 가는 부패행위이다. 하위직 공무원의 경우 사회적 지위가 그리 높은 것은 아니며 보수가 높아 경제적으로 안정된 것도 아니므로 권력에 대한 진정한 의무감을 가지기 어렵고 국가업무 수행이라는 공직자의 권리이자 의무인 공직이념에 특별한 동기부여가 이루어지기 어렵게 된다.[31)] 이러한 유형의 부패는 하위직 공무원이 담당처리하는 사무에서 광범위하게 발생하며, 특히 공식적 보수수준이 낮은 우리나라를 비롯한 개발도상국의 경우에 구조화되어 있다고 볼 수 있다. 이에는 관료제의 역기능으로 흔히 지적되고 있는 번문욕례(red tape)나 급행료(speed money) 등이 속한다.

權力型 腐敗란 고위직 공무원들이 직접적 또는 간접적으로 그 직무와 관련하여 자신의 이익을 위해 직권을 남용하는 것을 말한다. 이들은 가계비를 상회하는 보수를 지급받고 있지만 신분의 불안 때문에 유사시의 경우에 대비하기 위한 수단으로 부패를 행한다. 권력형 부패는 처음부터 법을 무시하고 거액의 이권을 착복하는 부패행위로서,[32)] 법을 교묘하게 이용하여 사리를 도모하는 생계

29) 안병만, 전게서, pp. 327～328.
30) 조선일보 경제부, 「재벌 25시」(서울: 동광출판사, 1983), pp. 152～155.
31) A. J. Heidenheimer(ed), 김중위(역), 「권력과 부패」(서울: 한벗, 1982), p. 60.
32) 구민상, "한국관료제의 병폐와 그 진단," 「청림」, 제27권(대전: 한남대학교, 1985), p. 59.

형 부패와는 근본적인 차이가 있다. 이들 고위직 공무원들은 하위직 공무원의 직무수행을 지도 감독하고 국민의 준법정신과 도덕관을 계도해 나가야 할 책임이 있으며, 또한 국가의 중요정책을 결정하거나 간접적으로 보좌하는 역할을 하므로 이러한 권력형 부패는 주로 중요한 국가시책의 입안, 결정 · 인사 등 중요한 문제와 관련하여 발생한다. 따라서 권력형 부패는 특정집단을 위해서 부패가 발생하지만 그 피해는 불특정 다수인인 전국민이 입게 되는 것이다.

2) 목적별 분류: 權力指向的 腐敗와 去來的 腐敗

부패는 다음과 같은 기준에 따라 분류해 볼 수 있다. 첫째, 부패로 권력을 획득하거나 신장하는 것이냐, 아니면 금전 및 물질적 이득을 취하는 것이냐의 여부이다.[33] 둘째, 1인 또는 2인 이상이 자발적으로 행동하는 것으로 일방적인 경우인가, 아니면 공직자들과 고객들의 직접적 거래를 포함하는 거래적인 경우인가의 여부이다.

이러한 기준에 입각하여 4가지 유형의 부패유형 ── 권력지향 · 일방적, 경제적 이득지향 · 일방적, 권력지향 · 쌍방적, 경제적 이득지향 · 쌍방적── 을 고려할 수 있다. 여기에서 우리에게 특히 중요한 것은 경제적 이득지향 · 쌍방적 ──거래적 부패── 모습을 띠는 부패행위이다. 왜냐하면 이것은 다른 유형보다 사업집행과 그것의 효과성 및 서비스전달 그리고 어느 집단이 정책과정으로부터 무엇을 얻는지를 결정하는 데 중요한 영향을 미침으로써 공공정책분석의 문제로서 부패를 다루게 한다. 또한 정책과 제도의 재설계의 주요 관건이 되는 것은 물론 무엇보다도 이런 종류의 부패는 불완전한 인간이 만들고 운용하는 체계 속에서 공권력과 사적 이익을 조화시킨다는 것이므로 실제로 매우 어려운 문제의 단면을 보여 주기 때문이다.

去來的 腐敗行爲의 가장 보편적인 모습은 賂物收受行爲이다. 뇌물행위는 어떤 사람이 정부관료들로부터 바라는 바의 행위를 확보하기 위해서 금전이나 다른 유인책을 제공하는 것을 말한다.[34] 뇌물은 필요한 행위의 전·후에 혹은 나누어서 지불되기도 한다. 뇌물행위는 대개 관여의 범위가 좁고 뇌물행위자의 수도 적고, 수수행위는 외부에 공개되는 위험을 극소화하기 위하여 1대 1로 행하여지

---

33) Michel johnston, *Political Corruption and Public Policy in America*(Monterey, California: Books/Cole Publishing Company, 1982), p. 11.

34) 田秀一, 전게논문, p. 19.

는 수가 많다. 키(V. O. Key, Jr.)에 의하면 뇌물수수 행위는 상당한 기술을 요한다고 한다. 즉 뇌물은 받는 사람과 친교를 맺기 위해서는 상당한 사전교섭이 있게 마련이다. 어떤 의미에서 뇌물은 냉혈적 장거래(cold-blooded commercial transaction)이기도 하다.[35)]

賂物은 행정상의 번문욕례를 줄이는 유일한 방법이라고 생각하는 경우도 있으며, 또 흔한 말로, '급행료', '기름치기'(lubricating money) 등이 여기에 해당하는 것들이다. 그 밖에 위장된 형태의 뇌물행위도 많다. 예컨대 값이 오를 전망이 있는 부동산이나 주식을 사도록 귀뜸해 주는 일도 관련 공무원에게는 큰 이득을 가져다 줄 수 있으며, 이러한 예는 증권매매행위에서도 찾아볼 수 있다.

뇌물수수행위와 엄격하게 구분하기 어렵지만 유사한 형태의 부패유형으로는 관여범위가 넓은 매직행위(graft)와 강탈행위가 있다. 賣職은 부패와 동의어로 간주되기도 하며 뇌물수수행위가 하나의 구성요소가 된다. 공직자가 그 업무를 수행하는 것이 그의 의무로 되어 있는 데도 공공봉사에 대한 대가를 명시적으로 요구하는 경우가 이에 해당한다. 예컨대 각종 인·허가시 그에 대한 대가로 금품을 강요한다든지, 모든 면허취득자에게 혹은 모든 공사입찰건당 일정한 액수의 금품을 강요하는 행위가 바로 그것이다.[36)]

뇌물수수가 일종의 교환행위인 데 반하여 强奪行爲(extortion)는 금전, 기타 금전적 가치가 있는 것을 지불하도록 강요하는 수단으로 권력을 남용하거나 위협을 가하는 일방적인 행위이다. 가령 각종 인허가 담당부서에서 적정기간 내에 인허가를 내주지 않고 위법이나 비리사실에 대한 묵인의 대가로 금품을 요구한다든지, 免許擔當係員이 영업허가를 취소하겠다고 위협하거나, 또 지출계원이 정당한 기간에 지불을 하지 않고 지연시키는 것 등이 바로 그것이다.

---

35) V.O. Key, Jr., "Techniques of Political Graft," in Heidenheimer, *op. cit.*, p. 47.

36) 田秀一, 전게논문, p. 21.

제 2 절 歷代政府 腐敗評價와 內容

1. 序 論

오늘날 부패문제는 한국에만 국한된 것이 아니라 세계적인 의제로 떠올랐다. 세계 각 국가들은 부패척결이 자국의 국가경쟁력을 확보하고 국가발전을 가져온다는 공통된 인식을 하고 있다. 우리나라가 21세기에 선진제국과 대등한 위치에서 그 역할을 수행하려면 부정부패 척결이 매우 긴요한 과제라고 볼 수 있다.

부정과 부패를 일소하기 위해서는 무엇보다도 통치권자의 의지가 필요하다. 싱가포르의 전수상 리관유는 강력한 리더십을 바탕으로 비리를 발본색원하는 데 진력하였으며 부패방지법이나 반탐오조사국과 같은 제도적 방안을 마련하여 지속적으로 추진하였다고 한다. 그런데 우리나라의 경우 과거정부나 김대중 정부의 반부패정책이 실패한 가장 큰 이유는 부패통제정책이 확고한 제도적 장치가 결여된 상태에서 추진되었을 뿐만 아니라 부패통제체계 또한 효율적으로 운영되지 못하고 있다는 사실이다. 따라서 저자는 부패통제정책이 보다 확실하고 지속적인 성과를 산출하기 위해서는 현재 우리 사회가 안고 있는 부패병을 치유할 수 있는 정책 아젠다가 무엇이며 또한 반부패제도 및 법규범을 차원 높게 발전시킬 수 있는 실천적 프로그램을 생산 발굴하여 실행하도록 하여야 한다고 주장하고 싶다. 사실 부패문제의 해결은 단순한 처벌이나 제도를 고치는 것이 아니라 우리 사회에 뿌리박힌 오래된 부패관행과 부패문화를 일소하여야 하기 때문에 전문적이고도 체계적인 전략이 요구되며 공론과 참여의 접근이 필요하다고 볼 수 있다. 그간 한국 부패는 개인적인 차원의 부패라고 하더라도 그러한 부패가 발생하게 되는 원인의 상당부분이 한국사회가 지니고 있는 모순과 문제에서 발견 될 수 있다는 점에서 구조적인 부패의 성격을 지니고 있다고 볼 수 있다. 이와 같이 심각한 부패 네트워크를 타파하고 새로운 부패방지 시책을 모색함에 있어서 중요시해야 할 것은 사회적 규범과 법칙이 준수되도록 하여 부패의 소지를 줄여 나가게 해야 할 것이다. 따라서 부패방지를 위한 제도개혁은 부패에 관련된 제반 제도적 취약점을 보완하고 부패소지를 극소화하여야 하고 사정기구의 역할과 기능을 극대화할 수 있는 방안을 마련해야 한다.

이 같은 측면에서 참여정부가 부패척결을 위해서는 다음과 같은 점을 중시해야 할 것이다.

첫째, 부패척결을 위해서는 무엇보다도 최고통치권자의 반부패 의지와 결단이 필요하다. 대통령 임기 5년 동안 부패척결을 완수한다는 것은 어렵기 때문에 방만한 대책보다는 구체적이고 효율성 있는 방안 하나만이라도 지속적으로 밀고 나가야 하며 일관된 정책의 연계성이 요구된다. 최근에 논의되고 있는 특검제도나 고위공직자비리조사처가 과연 한국적 현실에서 타당성과 효율성이 있는지 심도 있게 검토하여야 할 것이다.

둘째, 부패는 다양한 요소들의 복합체라고 볼 수 있다. 사람, 제도, 법 뇌물 등 공무원 부패를 야기하는 변수가 다양한 것처럼, 부패구조를 구성하는 요소도 사람에서 금전까지 다양하다. 그래서 부패의 원인에 대한 분석과 진단만이 아니라 처방을 발견함에 있어서도 다양한 시각에서 종합적인 제시가 필요하다. 이를 위해서는 민간단체, 전문가, 관계인사 등이 참여하는 '국가 투명성 위원회'를 설치하여 반부패 프로그램을 마련하여야 한다.

셋째, 관료들이 쉽게 물질적 유혹을 받을 수밖에 없는 것은 공무원들의 박봉이라고 볼 수 있다. 싱가포르 공무원들이 부패에 물들지 않는 이유는 바로 높은 보수에 있다고 한다. 공무원 보수나 처우개선을 대폭적으로 향상시킴으로써 공공서비스행정에 전념하도록 하여야 한다. 따라서 공무원비리의 원천적 차단을 위해 처우나 환경의 획기적인 개선이 요구된다. 이를 위해서는 직무분석에 의한 보수차등화, 민간임금 상승시 공무원 봉급의 자동인상시스템의 도입, 공무원 노조의 인정 등이 필요하다.

넷째, 공직인사의 투명성보장과 각종 규제를 혁파하여 행정의 투명성, 인사행정의 공정한 기준, 행정의 합리적 집행이 보장되도록 제도적인 장치를 마련해야 한다. 특히 공직을 대선의 전리품으로 생각하지 말고 무원칙 인사나 낙하산 인사가 횡행하지 않도록 독립성과 투명성을 보장하여야 한다. 이와 함께 유능한 일꾼들을 발탁하도록 노력하여야 할 것이다. 최근에 실시하고 있는 공직 다면평가라든지 인터넷 추천제를 보완하여 인사시스템으로 정착하도록 노력하여야 할 것이다.

다섯째, 문제의 소지가 다분한 부패방지법을 필히 개정보완 실시하도록 차기 노무현 정부의 노력하는 자세가 필요하다. 특히 내부고발행위의 조사권 확보 문제라든지 내부고발자보호 및 보상제도의 현실화 등 부패방지법의 문제점을 인식하여 여야의원들의 책임 있고 성실한 법률안 마련이 요구된다고 볼 수 있다.

그 동안 한국 행정을 퇴화시키고 있는 부정부패를 반부패시스템을 통해 퇴출하기 위해서는 과거 성찰적(retrospective) 정책논리보다는 미래 지향적(Prospective)이며 지속가능한(Sustainable) 정책아젠다를 통해 행정의 투명성과 효율성을 갖쳐 나가야 할 것이다.

이제 노무현 새정부는 부패방지를 위한 각계의 의견을 폭넓게 수용할 뿐만 아니라 정보의 공유뿐만 아니라 부패방지의 정책에 대한 정확한 방향을 설정하는 계기가 되었으면 하는 바램이다. 무엇보다도 학계 시민단체 관료들의 부패방지 시책에 대한 전반적인 컨센서스가 필요하며 아울러 반부패 정책방향도 단순한 논의의 차원이 아니라 한걸음 더 나아가서 실천적 정책제시의 원동력이 되었으면 한다.

2. 歷代政府의 反腐敗 政策評價

한국의 부패는 대체적으로 행태론적 시각으로 부패에 접근하고 있다. 행태론적 접근은 부패의 요인을 문화적 특성 등에 기초한 개인의 가치관과 인식 등에서 찾고 있다. 정부가 반부패를 '공직기강 확립' 또는 '국민의식 개혁'이라는 맥락에서 다루려 하였음은 이와 같은 맥락에서 풀이될 수 있다. 그래서 정부의 반부패가 정치행정체제와 제도의 결함을 시정하기 위한 포괄적인 개혁이 아니라 이른바 '비위공직자'들에 대한 단속과 처벌이라는 단편적인 사정활동에 의존하게 된다.

1) 歷代政府의 反腐敗 戰略

- 대인처벌 위주의 통제를 실시
- 가시적인 성과지향과 권위에 의한 통제방식
- 시민과 공직자의 참여유도의 실패
- 최고지도자의 지속적인 의지와 실천력의 부족
- 반부패의 전략이 구호성 주장이거나 또는 도덕성과 윤리의식에 호소하는 수준
- 반부패의 표적성과 편파성
- 부패구조에 대한 반부패 전략의 미흡
- 반부패기구의 중복

2) 第 5 共和國

국보위, 사회정화위원회, 특명사정반 등 강력한 사정기구를 통한 단속과 적발위주의 반부패 시책을 전개하였다. 반부패를 체제 · 제도적 개혁과정으로 보지 않고 공직윤리 및 의식개혁 차원에서 접근하였으며 당시에는 정부주도적 성장전략을 택하고 있던 시기로 부패의 근원인 각종 특혜, 정책자금 등에 대한 근본적 제도개선 추진에 한계가 있었다. 그리고 공직자윤리법 제정 등 부조리 환경 · 제도를 개선하고, 비위공직자 숙정, 사회 전분야에 걸친 사회정화운동을 과거에 비해 강력하게 추진하였으나 실효성 없는 행정제도개선, 적발 · 처벌 위주 사정, 정치적 사정 등으로 반부패정책은 실패하였으며 사회전반을 부패에 무감각하게 하는 결과를 초래하였다.

3) 第 6 共和國

출범초기 “민주적, 자율적 사정”을 주창하며 제도 · 의식개선 등 부패예방 활동 전개로 부패를 척결하려는 의욕을 보였으나 정권 중반 이후 다양한 사정기구들을 설치하여 적발 · 처벌위주의 사정으로 회귀하였고, 이 또한 ‘수서비리’ 등 대형비리로 신뢰가 저하되어 어느 정권보다 부패가 조직화, 대형화, 관행화되는 계기로 작용하였다.

4) 文民政府

부패척결을 국정과제와 지표로 설정, 출범 초기부터 강력하고 광범위한 반부패 정책을 전개하였으며 접근방식에 있어서는 행태론적 접근에서 벗어나 제도개혁적인 접근을 시도하였다. ‘성역없는 사정’을 추진하는 한편, 시민사회의 참여로 공직자 재산공개제도 도입, 금융실명제 실시, 행정절차법과 정보공개법 제정 등 상당한 제도개선을 이루었으나 제도의 형식적인 운영, 기득권 세력의 저항, 권력 핵심부의 부패연루 등으로 한계에 직면하였다. 특히 고비용 정치구조, 각종 규제의 잔존, 사회적 투명성 미습 등 부패척결의 환경이 조성되지 않은 상태에서 제도적 반부패 노력은 시행과정에서 형식화가 초래되었다.

5) 國民의 政府

부패의 근원을 차단하기 위한 부조리유발 제도개선, 기업경영의 투명성 제고 등 체계적인 부패방지종합대책을 추진하고, 부패방지 인프라 구축에도 심혈을 기울였다. 주요 내용을 보면 다음과 같다.

첫째, 부패통제기반 구축을 부패방지법 및 자금세탁방지 관련법 등 부패방지 관련 법률 제정, 부패방지위원회를 설치하였다.

둘째, 과도한 규제 철폐, 민원처리절차 간소화, 정보공개 확대, 지도단속 투명화 등 취약분야에 대한 행정개혁을 통해 부패발생 소지를 차단하였다.

또한 국민의식, 행태개선을 위한 반부패 교육 · 홍보 등을 적극 실시하였다. 시민감사청구제도, 시민감사관제도, 고발자보호 및 보상제도 도입 등 시민의 감시기능을 강화하였다. 그러나 체계적인 반부패대책 추진을 위한 기반을 조성하고, 행정제도개혁의 지속적인 추진으로 부패의 소지가 줄어들고 행정의 투명성이 증진되고 있으나, 아직 부패의 근원이 상존하고 부패친화적 국민의식도 근본적으로 바뀌지 않은 상황에서 일부 고위 공직자의 부패로 인해 부패방지대책이 국민의 전폭적인 지지를 얻는 데는 한계를 노정하였다.

3. 腐敗剔抉을 위한 課題

TI의 부패인지도 지수상 1995년 이후 우리와 경제적 측면에서 비교되고 있는 싱가폴과 호주는 10위권 이내를, 홍콩은 20위권 이내를 유지하고 있으며, 말레이시아는 약 30위권 이내를 유지하고 있고, 경제발전과 규모가 가장 큰 미국은 약 15위권을 유지하고 있다. 이들 국가에서의 반부패 사례가 우리나라 부패척결 노력에 시사하는 바는 다음과 같이 요약될 수 있다. 정치지도자가 부정부패 척결에 대한 확고한 의지를 가지고 자신이 모범을 보였다는 점, 즉 지속적인 사정활동이 성공요인 중의 하나이다. 그리고 부정부패를 단편적이 아닌 지속적이고 종합적 관점에서 대처하였다는 점, 즉 홍콩이나 싱가폴에서 볼 수 있듯이 전담기구 설치 및 법 정비를 통한 엄격한 사정활동이 이루어질 수 있는 체제를 갖춤과 아울러 자국의 상황에 맞는 종합적이고 중장기 전략을 수립하였다는 점이다. 홍콩과 싱가폴에서 볼 수 있듯이 부패척결 노력은 점차 예방 · 교육 · 홍보부문으로 집중되고 있다. 정부의 부패척결 노력을 국민들에게 지속적으로 교육과 홍보를 통해 알림으로써 부패방지를 위한 예방 내지는 사전활동을 활성화하였다. 무엇보다 중요한 것은 공무원들 자신에 대한 의식교육 및 변화가 전제되어야 하며, 부패척결을 위해 시민단체 등의 참여를 적극적으로 유도해야 한다.

■ 외국의 사례분석을 통해 본 부패척결의 성공조건 ■

① 최고지도자의 강력한 반부패의지 및 리더십: 이광요, 장개석, 메클로스, 나세르
② 국민의 적극적인 지지 · 참여: 홍콩, 이탈리아
③ 부패방지법 제정 및 독립적인 사정기구운영: 호주, 말레이시아, 싱가포르, 홍콩, 호주
④ 반부패 제도 마련, 반부패 교육 · 홍보 노력: 홍콩, 미국
⑤ 높은 공무원 보수: 싱가포르, 홍콩

■ 외국의 사례분석을 통해 본 부패척결의 성공조건 ■

구 분	근거법률	통제기구	담당인력
싱가포르	부패방지법 (1960)	부패행위조사국 (1960)	80명
홍 콩	뇌물방지령 (1970)	廉政公署(ICAC) (1974)	1,300명
호 주	부패방지위원회법 (1989)	부패방지독립위원회 (1989)	128명

※ 1998년도 부패통제관련 예산: 홍콩 1,100억원, 호주 100억원.

한국정부의 반부패의 가장 중요한 경험과 교훈의 하나는 국가형성 초기부터 부패는 줄곧 체제화 · 제도화된 현상으로 확산 · 심화되어 온 반면, 정부의 반부패 활동은 지금까지도 확고하게 제도화되지 못하고 있는 실정이다. 역대정부는 주로 소극적, 단편적인 수단이나 초법적, 한시적 수단에 의존하였으며, 특히 대통령의 막강한 권력과 권위가 반부패 활동의 가장 유력한 수단으로 되어 왔다. 이는 한국정부의 반부패가 다분히 법치보다는 인치에 치중하였음을 보여 주는 것이고, 따라서 반부패 활동이 지속성이나, 일관성, 형평성을 지키기 어려웠고, 특정한 집권세력이 반부패를 정략적으로 이용함을 방지하기도 어려웠으며, 아울러 정치적으로 이용됨으로써 정부의 반부패가 국민의 신뢰를 잃게 되었다. 통제활동을 살펴보면 제 1 공화국에서 제 3 공화국을 제외하면 정부는 주로 공직자를

비롯한 일반시민의 도덕성, 책임성제고를 위한 전략을 실행함에 중점을 두었다. 제4공화국 시절부터 역대 정부는 거의 예외없이 정신혁명, 의식개혁, 환경정화 등 작업을 반부패의 주요한 과제로 설정하였다. 반부패의 기구 측면에서 보면 발전된 양상이 뚜렷하지 않다. 제 1 공화국으로부터 제 3 공화국에 이르기까지는 주로 개별적인 사법 · 사정기구들만이 반부패 활동에 관여하였고, 부패에 대한 대응은 점진적인 접근방법을 적용하였다. 제 4 공화국과 제 5 공화국 시절에는 권력기관 및 한시적 기구들이 반부패를 주도, 그리고 제 6 공화국부터 공식적인 사정기구들의 역할이 점차 강화되기 시작하였고, 문민정부 시절부터 사정기구의 위상이 현저히 제고되었고, 공식적인 사정기관이 반부패의 전반과정을 주도하는 방향으로 나아가기 시작하였다.

하지만 역대 정부의 반부패 활동은 정치화되고 적법성과 형평성이 결여되는 결과를 초래하여 많은 비판을 받고 있다. 즉 권력과 권위가 법과 제도를 초월하였고, 정부의 반부패 활동은 반부패관련 법과 제도의 제정 및 실행과정이 아니라 집권세력의 의도나 의지를 관철하는 과정으로 되었다. 반면 부패구조는 유기체적인 성장을 거듭하면서 더욱 복잡하게 발달하여 단순한 제도적 통제장치로는 통제할 수 없는 상태에 이르렀다고 할 수 있다. 따라서 이제는 실행력 없는 강령이나 구호를 외치는 식의 접근방법을 지양하고, 시기와 규모에 관계없이 개혁과 사정에 책임소재를 명확하게 밝힐 수 있는 투명한 메커니즘이 있어야 하고 통합적인 통제수단이 마련되어야 할 것이다.

역대정부의 반부패전략을 요약하면 ① 대인처벌 위주의 통제를 실시하였고, ② 가시적인 성과지향과 권위에 의한 통제방식, ③ 시민과 공직자의 참여유도의 실패, ④ 최고지도자의 지속적인 의지와 실천력의 부족, ⑤ 반부패의 전략이 구호성 주장이거나 또는 도덕성과 윤리의식에 호소하는 수준, ⑥ 반부패의 표적성과 편파성, ⑦ 부패구조에 대한 반부패 전략의 미흡, ⑧ 반부패 기구의 중복 등을 들 수 있다.

현대 행정의 파행성을 지칭하는 공직부패를 예방하고 통제하기 위해서는 우선 권력원의 정화와 관료제 특유의 역기능요인을 건전하게 유도하는 것이 필요하며 통제를 위한 효과적인 통제장치를 마련하는 것이 중요하다.

노무현 정부가 어느 때보다도 부패척결에 대한 강력한 의지를 가지고 있고 참여정부 출범 이후 각종 규제개혁과 지속적인 사정활동을 통해 부패문제해결을 시도하였다. 국민들도 각종 부패사건들을 근원적으로 해결하기 위한 특단의 대책이 마련되어야 한다고 요구하고 있다.

올해 한국은 매우 중요한 시기이며 부패척결의 호기이다. 과거 시책의 문제점과 외국의 성공사례에 비추어 부패문제의 근원적 해결을 위해서는 제도개선과 함께 부패친화적인 문화의식의 대대적 전환이 필요하다.

첫째, 우리나라 국민들도 부패차단을 위해서는 국민의식개혁이 매우 중요하다고 보고 있으며 특히 청소년들의 반부패 의식을 함양하는 교육의 중요성을 지적하지 않을 수 없다. 또한 일반시민의 반부패 의식을 제고하기 위해서는 문화교실, 주부대학 등 각종 사회개발교육기관을 적극적으로 활용하는 방안이 긴요하다고 볼 수 있다.

또한 지식정보사회에 적합하도록 정부운영시스템의 변화가 예상되는 상황에서 조직 및 인력관리와 업무프로세스의 변화에 따른 심리적인 불안은 개개인에게 더욱 심화될 수 있다. 그럼에도 불구하고 인식의 전환노력을 기울이지 않는 것은 상태를 더욱 악화시킬 수 있다는 사실을 주목할 필요가 있으며, 개인의 노력과 함께 공공기관의 입장에서도 새로운 환경에 적합한 조직 및 행정문화로 전환해나가는 노력이 필요하다. 전자정부에 적합한 행정조직문화는 국민을 위해 봉사하는 고객중심의 행정문화, 개방적이고 접근이 용이한 열린 행정문화, 국민들의 행정참여를 최대한 보장하는 행정문화, 자유로운 정보유통이 가능한 행정문화, 환경에 탄력적이고 유연하게 대처하는 행정문화이다.

둘째, 부패지수의 국제적 평가점수의 상향화도 필요하다. 우리나라에 대한 반부패 평가지수는 한국의 국제경쟁력 향상에 필수적인 요소는 국가신인도에도 영향을 주고 있다. 국제투명성기구의 국가별 부패지수 순위는 매년 개선되고 있지만 만족할 결과가 아니다. 일반적으로 부패순위와 경제발전의 수준의 상관관계가 높은 것으로 나타나고 있으나 2000년도를 기준으로 우리나라는 국내총생산(GDP)규모면에 OECD국가 중 10위권, 1인당 GDP규모로는 24위 수준의 경제수준임에도 부패지수 순위는 여타 OECD국가에 비해 현저히 낮은 수준을 보이고 있어 경제발전 수준에 비해서 부패순위가 훨씬 낮게 평가되고 있다. TI부패지수는 과거 3년 동안의 인식도에 대한 조사결과를 중심으로 산출되므로 즉시성과 객관성이 미흡한 것이 사실이다. 순위 상향을 위해서는 내부적으로는 전자정부 및 정보공개제도의 완전한 구축으로 깨끗하고 신뢰받는 정부를 구현함으로써 청렴도

모범국가로 도약하도록 노력하고 규제의 질적 개선을 통한 공사 모든 부분의 투명성과 공정성이 확보되는 사회건설이 긴요하다. 외국의 반부패관련 기관 국제기구에 한국의 반부패시책을 적극적으로 홍보하고 설문조사에 응할 만한 외국기업인들에 한국의 부패상황에 관한 설문실시 등 반부패의식, 불만사항 등을 파악하여야 하고 한국에 주재하는 외국기업인을 위한 반부패신고센터 구성도 필요하다.

셋째, 공공기관의 청렴지수 측정 · 공포의 문제라고 할 수 있다. 민원인을 중심으로 해당 공공기관을 대상으로 청렴도를 평가하고 기관별 부패실태, 부패방지장치, 반부패 노력도를 측정 지수화하여 이를 공표함으로써 기관간 반부패 노력을 유도하는 데 공공기관의 부패방지 이행실태를 평가하고 부패유발적 행정제도를 개혁함에 있어서 행정경영의 투명성, 공개성 제고를 위한 제도개혁의 지속적으로 추진하고 제도개선 국민제안제를 실시하고 기관별 · 분야별 부패취약분야에 대한 위험성을 분석 실시하여야 한다. 이를 위해 청렴도지수 평가영역을 확정하여 실시하고 부패인식도 조사결과 중 부패실태, 부패유발제도, 부패유발문화에 대한 평가를 활용하여야 한다.

제 3 절 不正腐敗의 原因分析

부패의 원인은 연구자의 연구시각과 방향에 따라 다양하다고 볼 수 있다. 본서에서는 크게 제도적인 측면 구조적인 측면, 사회문화적인 측면, 윤리도덕적인 측면 등으로 나누어 살펴보고자 한다.

1. 制度的 側面

부패를 설명하는 또 하나의 입장으로서 제도적 · 관리적 결함을 드는 학자들이 있다. 말하자면 사회의 법과 제도상의 결함이나 또는 이러한 것들에 대한 관리기구들과 그 운영상의 문제들, 또는 이러한 것들의 예기치 않았던 부작용 등이 부정부패의 원인으로 작용한다는 것이다. 특히 후진국들에서 정부 각 기관의 관리와 그 과정이나 절차들이 너무나 이상에 치우쳐 있다거나 형식적이며, 현실정을 무시하고 있어서 비현실적일 경우에는 각종 부정부패현상들이 야기된다

는 것이다.[37)]

이러한 요인으로 대표적인 것으로는 공무원의 낮은 보수, 신분의 불안정, 法 적용의 재량행사 등이 해당된다. 공무원들이 공기업이나 사기업에 비하여 낮은 임금을 받는 현실에서 부정에 대한 유혹을 떨쳐 버리기는 상당히 어렵다고 볼 수 있다. 또한 신분의 불안정으로 인해 업무에 수동적 태도를 취하며 부패유혹과 한탕주의에 빠져들게 된다.

특히 이러한 제도적 측면에서의 부패는 관료의 상당한 재량권 행사를 수반하기도 한다. 즉 모호한 법령에 대한 공무원의 재량적·자의적 해석에 의해서 부패가 발생하기도 한다.[38)]

또한 여러 가지 복잡하고 중복적 행정절차는 부패의 素地가 되며 불합리한 행정관리는 소위 '급행료'의 유발요인이 된다. 이러한 제도 및 관리론은 부정부패 현상이 단순히 피상적인 개인적 성격에 기인한다는 선을 넘어서서 보다 더 넓은 정책적 안목을 제시하여 준다. 즉 제도나 관리상의 개혁은 부패상태에 있는 보다 많은 계층의 행태변화를 가능케 할 것이다. 제도적 측면을 살펴보면 다음과 같다.

첫째, 관료제의 부작용 때문에 부패가 심화된다고 한다. 현대의 모든 국가가 공통적으로 안고 있는 문제점이다. 현대 국가에서 행정관료는 막강한 권한을 가진다. 행정이 복잡해지고 전문화될수록 관료들의 권력독점현상은 심화된다. 관료들에 대한 외적 통제는 주로 선출직 공무원들에 의해 이루어진다. 그러나

37) Gunar Myrdal, "Corruption: It's Cause and effect," in Myrdal, *Asian Drama*(N.Y: Pantheon, 1971).

38) 중소기업을 운영하는 J산업의 이영수 사장은 지난 1997.2.14, 경총 강연에서 다음과 같이 부패실태를 고발했다.

1억 3천만원짜리 공장을 짓는데 3천만원을 뇌물로 바쳐야 했던 일이며, 이유 없이 수출품을 불합격 판정으로 묶어 놓았다가 뇌물을 주니까 합격 도장을 찍어주던 수출검사소장, 그 밖에도 경찰·특허청·세무서·소방서 어느 한 곳도 썩지 않은 곳이 없다고 그는 고발하고 있다.

그는 또 다음과 같이 말하고 있다.

"우리나라 공직자들의 부정부패는 구조적 병폐의 산물입니다. 이러한 부패관리들로 인한 부정한 '검은 돈'의 뿌리를 뽑으려면 기업들의 모든 수입과 지출을 수표로 해야 합니다. 그래야 돈의 흐름이 맑아져 부정이 발붙이지 못할 것입니다."

그는 우리나라 공직사회의 부패상을 폭풍·폭설·폭우를 들어 비유했다. 새로운 정부가 들어서서 한바탕 휩쓸고 지나가면 순간 말끔해지지만 시간이 지나면 언제 그랬느냐는 식으로 본래의 흉한 모습을 보인다는 것. 동아일보, 1997.2.16, 중앙일보 1997.2.16.

정치인에 의해 결정된 정책도 결국 관료가 집행한다. 정치인의 관료집단에 대한 통제에는 한계가 있기 마련이다. 각종 정보를 독점하고 신분보장의 특혜를 누리는 관료집단은 점차 일반국민과는 이해관계를 달리하는 전문집단으로 변질된다. 관료집단이 자신들의 집단이익을 보호하기 위해 노력하는 과정에서 자연히 부패가 발생한다. 이른바 '관료주의'의 폐해가 나타나는 것이다.

관료주의의 폐해는 행정제도의 결함과 밀접하게 관련되어 있다 행정제도가 부실하면 관료들이 부정행위를 자행할 가능성도 커진다. 또한 관료들의 부정행위를 통제할 수도 없게 된다. 까다로운 행정절차, 인사제도의 결함, 관료들의 무사안일한 태도, 형식주의 등이 관료부패의 일반적 원인으로 지적되고 있다.

둘째, 경제활동과 국민생활에 대한 官의 규제와 인·허가가 등 행정규정과 절차 때문에 부패의 소지가 많다는 사실이다. 공무원이 재량권에 편승해 뇌물이 오가는 풍토는 기업경쟁력을 떨어뜨리는 요인이 되고 있다. 과거 주한 다국적기업최고경영자협회도 "기회가 있으면 한국을 떠나겠다는 사업가가 한둘이 아니다"라고 발표했던 적이 있다. 경제의 고비용 저효율구조는 여기에서도 연유한다. 기업과 주민은 관의 규제의 그물을 뚫어야 하고 그러기 위해서 손쉬운 뇌물공세에 호소하려는 유혹을 받게 된다. 문제는 규제의 단계마다 독점적인 권한을 가진 관료들이 너무 많다는 데 있다. 이들이 제각기 뇌물을 요구하다보면 기업이 부담하는 '추가세금'은 눈덩이처럼 불어난다. 규제가 많으면 상납과 같은 조직적인 부패구조가 탄생하는 것이다. 문제는 부패가 규제를 줄이는 효과가 있더라도 부패한 공무원들은 더 많은 규제를 만들어 이를 상쇄해 버린다. 일반적으로 뇌물과 정경유착에 능한 기업은 보다 나은 제품을 만드는 데 시간과 자원을 덜 쓰게 마련이다.[39] 독점적 권한을 확대하려는 관료들의 시도는 자연히 규제의

39) 중앙일보, 1994년 11월 3일자 "불합리한 규제가 부패부른다" 참조. 하버드대학교 안드레이슐라이퍼 교수와 로버트 비시니 교수가 발표한 부패연구의 일부분이다. 조선일보, 萬物相(1995. 5. 31)에는 관의규제와 정부간섭이 부패를 늘어나게 한다면서 다음과 같은 내용을 실었다. 이집트에서는 '바크쉬쉬'라고 한다. 케냐에서는 '다시'라고 한다. 멕시코에서는 '몰디다'라고 부른다. 중국에서는 加速費(가속비)라고 말한다. 우리나라에서는 上納(상납), 인사, 기름칠 등 경우에 따라 여러 가지로 부른다.
시카고대학 교수이자 노벨 경제학상 수상자인 게리 베커 박사는 이렇게 설명한다. "부정부패는 경제에 대한 정부간섭의 결과로 나타난다. 어느 나라에서나 규제가 심할수록 부패는 늘어나게 마련이다." 그에 따르면, 간섭이 심할 때에는 '기름칠'이 유용할 수도 있다. 가령 과일을 통관시킬 수 있다면 그 만큼 경제적으로 이익이 된다.
컬럼비아대학의 바르와티 교수도 "정부의 불합리한 간섭이 심할 때에는 뇌물은 필

확대로 이어진다. 불필요한 규제가 많을수록 부패가능성이 높아진다는 점에 관해서는 이론의 여지가 없다. 과거 일본기업들의 대장성 관료에 대한 '과잉접대사건' 도 불필요한 규제가 많이 때문에 발생한 것이라는 점에 의견이 일치했었다.

셋째, 공무원에게 지급되는 보수수준의 저하로 인해 부정과 부패의 원인이 되고 있다. 후진국 행정일수록 공무원의 보수는 최소한의 생계비에 미달하는 경우가 많다. 이런 상황에서 공무원은 부정에로의 유혹을 받기 쉬울 뿐만 아니라 부정과 연계되지 않는다 하더라도 보수수준의 민·관의 심각한 격차로 인하여 우수인력의 공직에로의 유치가 어려워지고 공무원의 사기저하로 행정능률과 행정서비스의 質이 저하되게 되어있다. 현재 민간부문과의 평균치는 87%이고, 고위직은 중견기업의 58%를 차지하고 있다. 그러나 여타 부문의 경우 공무원임금 인상률을 최소한의 수준으로 생각하여 자신들의 임금 인상률을 결정하기 때문에 결과적으로 공무원과 여타 부문의 급여격차는 더욱 커지고 있다. 국민의 정부들어 국가적으로 어렵게 되자 정부가 공무원 보수를 삭감하게 되고, 결국 공무원들의 사기저하와 생계형비리가 속출하게 되었다.

그리고 최근의 개방형 임용제도 도입과 조직구조 조정으로 인하여, 신분의 불안정이 가속화되어 부정부패를 낳는 한 요인이 되고 있다. 안정성이 결여되면 직접적으로 자기에게 이해가 없는 업무에 대해서는 수동적인 태도를 취하게 된다. 자기가 맡은 직책에서 언제 물러날지 모른다는 생각은 사회일반의 금전만능사상의 작용을 받아서 그 자리에 있는 동안 생활에 대한 최소한의 재정적인 기반만은 만들어 놓자는 생각을 하게끔 만들 수도 있다.

이에 따라 자신의 지위를 유지하기 위해서는 직·간접적으로 권력자에게 접근하게 되고 상관에 대해 지나치게 굴종하는 태도를 지니게 되며 무사안일과 복지부동함 그리고 비리에 죄의식없이 빠져들게 된다. 도표에서 볼 수 있듯이 승진소요연수의 장기화에 따른 인사적체 현상에 불만이 더욱 가중되고 있다. 세무공무원이나 지방공무원들, 하위경찰관들은 이런 승진체계에 사기가 저하되고 있고, 실제로 부패범죄와도 상관성이 있다고 볼 수 있다.

넷째, 비효율적 행정제도를 거론할 수 있다. 부패를 유발하는 원인의 하나는 부패행위를 다루는 법령과 제도 등 반부패정책이 제대로 갖추어져 있지 않은 현실에서 찾을 수 있다. 물론 우리나라에서도 부패관련자를 처벌할 수 있는 법

요약"이라고 보고 있다.

표 6.2 국가 및 지방공무원 직급별 승진소요연수

(단위: 년)

구 분	9급→8급	→7급	→6급	→5급	→4급	→3급	→2급	→1급
국 가	6.6	7.1	7.1	9.3	10.7	10.7	5.4	6.1
지 방 (강원도)	2.9	7.3	8.5	13.1	–	–	–	–

자료: 국가–총무처 1993국감자료(서울신문 1994.10.8).
지방–강원도 1994도의회 행정감사자료(강원도민일보 1994.11.17).

률들은 많이 있다. 부패를 유발하는 원인 중 또 하나는 부패행위를 통제하기 위해 설치된 정부기관들이 제대로 기능을 발휘하지 못하고 있는 데서도 찾을 수 있다. 우리나라에는 현재 부패문제를 다룰 사정(司正)기관들이 많이 존재한다. 검찰과 경찰, 국세청, 국무총리국무조정실, 감사원, 각급 정부에 설치되어 있는 자체 감사기구, 금융감독원, 공정위 등은 모두 정부부문과 민간부문에서 일어나는 부패행위를 처리할 권한을 가지고 있다. 그러나 이들 기관이 우리 사회의 부패통제에 기여한 점에도 불구하고 우리 사회의 부패현실을 고려할 때 많은 제약점을 노정하고 있는 것이 사실이다. 과거 이들 사정기관들의 기능발휘를 제약하는 가장 중요한 요소는 이들 기관들이 그 업무수행에 있어 독립성을 확보하지 못하고 있다는 점을 지적할 수 있다. 이 점에 대하여는 정치적 압력에 굴하여 부패행위에 대한 사실규명작업을 제대로 수행하지 못하는 경우라든지, 사실규명은 이루어졌다 하더라도 그것을 공개하지 못하고 덮어버리는 경우 등에서 잘 볼 수 있다. 특히 공무원부정에 대한 감사·수사체계가 허술해 공직사회의 고질적인 상납구조와 기업체와의 유착이 계속 이어졌었다. 각급 기관에 대한 감사원감사의 경우 서류대조 등으로 공직자가 세금이나 공금을 횡령한 사실이 드러났을 때만 당사자를 검찰 등 수사기관에 고발할 뿐 나머지 사항에 대해서는 대부분 행정처분에 그쳤으며 또 고발을 받은 수사기관도 감사원이 통보한 비위사실을 재확인할 뿐 추가범죄나 상급자관련 여부 등을 더이상 캐지 않는 실정이었다. 관련 기업이나 고객납세자와 짜고 과세대상 부동산을 고의로 빼주거나 과다보상, 세금감면 등으로 거액의 특혜를 준 사례가 적발되더라도 수사권이 없는 감사원으로서는 확대 수사할 수 없는 형편이었다.

2. 構造的 側面

官僚腐敗(bureaucratic corruption)의 경우 부패는 관료가 공공행정조직에서 구조적 관행으로 정착화되거나 내면화된 병적 도벽관료제(kleptocracy)[40]에 기인한다고 할 수 있다.

공직자, 사회지도층, 시민 등의 다양한 계층에서 발생하는 부패행위는 그들의 비합리적이고 탐욕적인 욕구의 만족을 위한 일탈행위(deviant behavior)를 합리화하거나 정당화 또는 준공식화하는 속성과 근성 등의 비윤리적 가치체계를 내면화(internalization)하는 조직구조나 개인의 가치구조 탓이라고 지적할 수 있다.[41] 그 중에서도 공직자의 비윤리적 가치체계의 내면화가 가장 큰 문제이다. 체제론은 부패의 원인을 정부와 일반국민(public)과의 상호작용의 소산으로 보는 것이다. 이 설명은 개인이나 제도의 결함 · 실패가 아닌 부패현상을 중립적이고 분석적인 시각에서 보려는 시도이다. 또한 구조적인 측면에서는 오랜동안의 비합리적인 관행과 풍토(ethos), 그리고 관료구조의 내적 수준과 조직문화적인 차원에서의 그 원인을 추적할 수 있다.[42]

부패라는 것이 어느 하나의 단일변수에 의해서 설명될 수 없는 것이라고 한다면, 그러한 부패가 발생할 수 있는 체제적 혹은 구조적 메커니즘이나 관련변수들간의 관계를 파악하여 부패과정을 파악하는 것이 보다 적합할 것이다. 우리나라는 역사적으로 일제식민지 경험과 유교문화의 영향, 권위주의적 정권, 그리고 군사문화 등의 유산이 마치 용광로처럼 정치인들과 기업인 혹은 시민들의 상호 탐욕적인 금권과 권력의 야합에 의한 부도덕적이고 불법적인 복합적 원인변수가 용해되어 나타나고 있다고 볼 수 있다.[43] 정경유착은 '이해관계를 바탕으로 한 권력과 기업의 야합'이라고 볼 수 있다. 따라서 돈이 필요하면, 그 과정에서 비리, 부정과 부패가 싹튼다. 부정부패가 만연하고 정치인 · 기업인 · 국민이 이에 대해 도덕적으로 무감각해지면 정부의 권위와 신뢰성을 추락시킨다. 우리 경제의 몰락이 정경유착에서 비롯되었다는 주장이

40) 전종섭, 「행정학: 구상과 문제해결」(서울: 박영사, 1987), p. 230.
41) 김영종, "부패문화의 개혁정책론," 「부패학」(서울: 숭실대출판부, 1996), pp. 298~299.
42) 김영종, 「부패학: 원인과 대책」(서울: 숭실대 출판부, 1996), p. 366.
43) 김영종, "정경유착의 구조적 실태," 제15회정신문화포럼 주제발표논문, 정문연, p. 2.

이래서 설득력이 있다. 정경유착은 막대한 돈을 필요로 하는 우리 정치구조에서 비롯된다. 그래서 우리 정치의 특성은 일본과 유사한 금권정치라고도 일컬어진다.[44)]

정치경제학적 측면에서 정경유착문제는 부패의 소지가 되는 경우가 많다. 특히 이 경우는 정부의 고위공직자와 기업의 최고의사결정자를 둘러싸고 유발되기 쉽다. 특히 한국과 같은 고도경제성장의 모형과 불균형발전 모형을 선택한 국가에서도 군엘리트가 정치권력을 장악한 후 그 정통성이나 정당성을 국민에게 설득하기 위해 경제성장 이데올로기를 내세우면서 정경유착으로 인해 부패의 결과를 초래하는 경우가 많다. 예컨대 6공들어서 최대의 부패사건의 하나인 소위 수서사건은 바로 정치, 기업, 그리고 관료 등의 제관계요인들의 상호 합작품이라 할 수 있다. 정경유착의 폐해가 어떠한 결과를 초래하는가의 문제는 다음과 같은 점을 지적할 수 있다. ① 정상적인 기업활동보다는 특혜금융에 의한 기업육성으로 그 수익을 비정상적인 면에 사용하기 쉽고, ② 시장경제의 합리성보다는 정치적 필요상품을 생산하게 되고, ③ 소비자 선호아닌 상품생산으로 자원낭비의 가능성이 많으며, ④ 비정상적인 분배문제와 왜곡으로 비윤리적 반사회적으로 유도될 경우가 많으며, ⑤ 기업의 이익추구를 위한 뇌물 등의 공세로서 권력 엘리트에 접근하게 되는 등 부패유발의 소지가 많아지는 경우 등이다. 정경유착의 대형사건 중 대표적인 사례로서 제 5 공화국에서 일어난 범양사건의 경우 약 100억원에 달하는 비자금은 아직도 행방이 묘연하며 이러한 것은 정치권력의 비호하에 기업성장을 가져온 특혜경제와 정경유착에 의한 행정부패의 대표적인 사례이고, 앞서 언급한 6공의 수서사건은 정·경·관의 철저한 합작품의 대표적인 사건이라고 할 수 있고 이러한 사례들은 부패의 원인이 단순한 단면적인 행위주체라기보다는 관계변수들의 공동주체에 의한 부패소지와 서식처로서의 존재의미가 있다는 것을 다시한번 깨닫게 된다.

특히 최근 들어 나타나는 각종 부패는 단일변수에 의해서는 설명이 안되며 체제적 · 구조적으로만 파악이 가능하다는 점에서 더욱 이러한 체제적 입장이 요구된다. 결국 체제적 관점에서 도출될 수 있는 체제부패는 총체적 부패라고도 할 수 있으며, 앞서 제시한 개인적, 사회문화적, 제도적 취약성을 바탕으로 할 때 더욱 발생가능성이 높다고 할 수 있다. 수서사건을 체제적 · 총체적 부패라고

44) 중앙일보, 1998. 1. 9.

할 수 있는 것도 이렇게 여러 측면에서 접근이 가능하기 때문이다.[45] 그러나 이러한 접근법에도 역시 한계는 존재한다. 즉 이러한 입장에서는 손쉬운 혹은 간단한 부패통제의 수단이나 방법의 강구가 어렵다는 것이다. 이러한 이유 때문에 체제론적 설명은 체계적·구조적 설명은 용이하지만 한편에서는 '결국 그렇게 될 수밖에는 없었다'라는 체념적 결론을 내릴 경우도 많다.[46] 과거 홍콩의 문회보(文匯報)라는 신문이 한국사회에서는 뇌물을 주지 않으면 관청의 민원이 해결되지 않는다고 보도한 적이 있다. 이 신문은 그러한 비뚤어진 관행을 賄賂公行, 즉 '공공연한 뇌물분위기'라고 표현했다. 특히 "공무원들은 황제 이상으로 군림하고 있을 뿐만 아니라 말단직원들마저 기업과의 직접접촉을 통한 수뢰가 손쉽기 때문에 승진조차 하지 않는다"고 보도했다. 이 기사가 사실이라면 우리나라에서는 돈만 주면 어떤 어려운 일이라도 다 해결될 수 있다는 것을 나타난다 하겠다. 결국 국가의 기둥인 공직사회가 오염되고 흔들리면 그 사회는 지탱하지 못하고 무너지게 된다.

부패의 구조는 부패활동의 정도와 그에 따른 경제적 폐해를 결정하는 사회의 정치·경제적 구조와 관련된 것으로, 부패와 관련된 뇌물의 크기와 부패에 따른 사회적 비용과 편익의 크기를 장·단기적으로 결정하는 데 지대한 영향을 미친다(Lui 1985; Lui 1986; Schleifer and Vishny 1995; Lui 1996; Braguinsky 1996). 따라서 부패의 경제적 비용과 편익을 분석함에 있어서 제도의 왜곡과 그에 따른 부패구조의 관계를 파악하는 것이 매우 중요하며, 특히 이들 관계의 역사적 변화를 파악함으로써 부패의 동적인 변화과정과 경제성장 및 발전간의 상호관계를 보다 심도 있게 이해할 수 있다고 하겠다.

45) 1991년 수서택지비리 사건을 보자. 수서비리는 1986년 건설부와 서울시가 노른자위 땅인 이 지역에 대규모 택지개발을 계획하면서 시작됐다. 관계당국은 당초 이 지역을 땅 소유자가 직접 주택을 지어 분양하는 구획정리사업을 통해 택지를 개발하려 했다. 그러나 투기꾼들이 몰려들고 무주택 서민들에게 혜택이 돌아가야 한다는 여론이 비등하면서 공영개발 방식으로 정책이 전환됐다. 이에 따라 구획정리사업을 예상하고 땅을 구입해 주택조합까지 만든 한보측은 청와대와 정치권 등에 접근 공영개발 방침을 변경시키기 위해 집요한 로비를 벌였다. 한보 정태수 회장은 청와대 비서관 J씨를 통해 구획정리와 공영개발을 절충한 방식으로 개발이 가능토록 관계기관에 압력을 넣어 달라고 청탁 J씨는 노태우 대통령과 정회장을 뇌물을 매개로 연결 1990년 8월 17일 한보측에 수서지구 특별분양을 허용하는 결정을 내리게 된다.

46) 김해동, "체제부패와 공공정책의 관계에 대한 연구," 서울대 행정대학원, 「행정논총」, 제29권 제 1 호(1991. 6), pp. 69~70.

부패의 구조를 결정하는 요소들로서는 왜곡된 제도, 부패활동의 경제적 유인, 그리고 부패활동의 경쟁적 구조를 들 수 있다. 특히 우리나라의 경우 중앙집중적 권력구조하에서 이념정치 · 정책정치보다는 보스 · 파벌정치에 의한 정치행태를 가지고 있는 경우에는 고비용의 정치구조를 유발하게 되고 이는 불법적이고 음성적인 정치자금을 필요로 하게 되어 정경유착에 의한 부패를 조장하게 된다. 또한 최근 삼성의 자동차사업 진출 승인 및 기아그룹 처리문제 등에서 볼 수 있듯이(불법적인 정치자금 제공에 영향을 받아) 권력이 중앙에 집중된 상황하에서 고비용의 정치구조는 정치논리로 경제문제를 해결하려는 정치적 부패의 유인을 제공하여 결과적으로 경제적 폐해를 가져올 수도 있다.

3. 行政文化的 側面

(1) 賂物文化

부패가 사회문화적 소산이라고 주장하는 학자들도 있다. 특정한 지배적 관습이나 경험적 습성 같은 것이 바로 부패를 조장한다고 보는 것이다. 특히[47] 후진국 부패의 근원을 '선물증정'에 있다고 주장하기도 한다. 우리나라에서도 '선물관행'이 있어서 남의 집을 방문할 때 선물꾸러미라도 들고 가야 예의이고 사회적 약속과 관행이 되어 버렸다. 이러한 선물문화는 부패환경과 토양을 조성하는 사회구조적 뇌물문화의 특징처럼 고착화되어 버렸다. 특히 무엇을 청탁하러 갈 때에는 그 청탁과 신분에 상응하는 선물꾸러기를 들고 간다든가, 잘아는 절친한 사람의 부탁이나 그가 곤란한 상태에 있을 때에는 규정 등의 원칙에 우선하여 그를 도와주어야 한다는 의리의식이나 보은의식이 따른다. 그리고 법규나 원칙을 어겨서라도 상급자나 기관장의 심기를 편하게 하여야 한다는 의식, 공식적 제도나 조직체보다 소집단 구성원 상호간의 친밀감에 치중하고 상부상조하여야 한다는 강한 비공식집단의식 등은 우리의 전통적 · 문화적 요인이기도 하며, 이것이 부패요인과도 직결될 수 있다고 보여진다.

한국의 관료문화, 즉 총체적 의미에서의 한국관료들의 사고방식, 가치성향 및 행동양식에 대한 그 동안의 지배적 견해는 부정적인 것이라고 볼 수 있다.

47) Brasz, H. A, "Sociology of Corruption," in A. J. Heidenheimer(ed.), *Political Corruption*(N.J.: Transaction Books), pp. 41～46.

권위주의적이고, 형식주의적이며, 운명주의적이며, 이성적이기보다는 온정적이고, 향리적 파벌주의 성향이 강하다는 등 막스 베버(Max Weber)가 상정하고 있는 서구식의 합리적 관료문화와는 거리가 멀다는 것이 전통적 관점이다.[48] 예를 들어 건설업체와 관계되는 인사에게 청탁을 하려고 하는 경향이 있다던지, 혹은 官에서 발주하는 공사에 참여할 수 있는 능력이 있으면서도 관련 공직자에게 일정한 돈을 제공하는 행태는 바로 사회의 사회문화적 경향을 반영하는 것이라고 할 수 있다. 물론 이러한 경향은 우리뿐만 아니라 후진국들에 상당히 공통된 현상이다.

그러나 이러한 입장에 치중할 경우, 앞서의 경우처럼 많은 한계를 지니고 있다. 후진국의 사회문화적 성향에 대한 비판은 이를 비판 내지 판단하는 근거가 바로 서구적 규범이라는 데 있는 것이다. 즉 후진국의 전통적 규범이나 행태가 서구적 규범의 측면에서 볼 때 매우 비합리적이라는 것으로서, 이러한 입장에서 볼 경우 비서구사회에서는 서구적 합리성이 정착할 때까지는 부패가 성행할 수밖에 없다는 결론이 되기도 한다.[49] 일찍이 춘원 이광수는 민족 개조론에서 우리나라 사람들의 병폐를 다음과 같이 지적했는데, "거짓말 잘하고, 공리공론을 일삼고, 표리부동한 성격, 공과 사를 구별하지 못하는 습관, 전문성의 결여, 낭비벽, 위생관념의 부족, 용기가 없고 우유부단하다"고 주장하였다. 이와 같이 사인주의적 문화의 팽배가 공공이익보다 더 큰 비중을 두고, 그것이 우리 사회의 관행으로 고착되어질 때 부패문화는 공공연하게 당연시 될 수 있다. 따라서 합리성을 저버리고 개인이나 가족 또는 특수한 이익을 추구하게 되며 정실주의, 연고주의, 가족주의 등의 공과 사의 무분별한 관료문화적 병폐가 부정을 야기하게 되는 것이다.[50]

합리적이고 도덕적인 시민문화가 결핍된 사회문화적 환경은 관료제의 병폐와 역기능을 통제하지 못하고 오히려 관료들에게 뇌물을 제공하고 그 대가를 바라는 사회분위기로 부패가 더욱 확장된다.[51]

---

48) 황성돈, "유교사상과 한국관료문화,"「한국관료제와 정책과정」, 안해균 외 공저, (서울: 다산출판사, 1994), p. 27.

49) 김해동, "체제부패와 공공정책의 관계에 대한 연구," 서울대학교 행정대학원,「행정논총」, 제29권 제 1 호(1991. 6), pp. 67~69.

50) 김영종,「부패학」(서울: 숭실대출판부, 1996), p. 96.

51) 김영종, 상게서, p. 284.

(2) 儒敎的 權威主義

우리 사회에서 긍정론과 부정론이 함께 지적되어 왔던 유산은 아마도 유교적인 규범문화의 전통이라고 지적되고 있다. 이 문화가 우리 사회에서 오랫동안 지배적인 통치 이데올로기로서 확립되었다는 점이 중요하다. 유교문화의 실제적 행위 통제력은 물론 시대에 따라 집단에 따라 대상에 따라 다르게 나타날 것이다.

유교적 전통 이외에 한국 행정과정에서의 비합리적 요인들의 문화적 진원으로는 하나로 사인주의(私人主義)[52]가 있으며, 그 특성으로 공물(公物)의 사물관(私物觀) 경향 조장, 지연 · 혈연 · 학연 등 인간관계에 입각한 비공식집단 형성, 업적주의 · 보편주의 확립기반 배제 등이 있다. 같은 맥락에서 조선시대 정부형태는 집권성을 지니고 있었으나 이는 법제에 근거한 것이 아니라 사람, 즉 권력자에 의한 것이었으므로 조선시대 후반기로 갈수록 권력남용이 증가하였다. 이 같은 봉건적 신분질서를 유지한 유교, 가산관료제적 사인주의, 법제에 근거하지 않은 권력의 남용은 우리나라 관료부패의 역사적 유산이 되고 있다.

그러나 인간관계를 위계적으로 통제하고 합리화시키는 유교문화의 힘은 우리 사회에서 매우 막강했다고 할 수 있다. 이 문화가 현대 한국사회에서 관료적 권위주의의 등장을 한결 용이하게 했으리라는 점도 쉽게 수긍할 수 있을 것이다.[53] 우리나라는 정치문화의 미성숙과 군사문화의 구조화로 인한 권위주의와 수직적 지배문화가 상당히 심각한 폐해를 가져왔다. 앞에서도 언급한 것처럼 동양의 유교문화권 국가의 사회규범으로 가족주의, 의리주의, 정실주의, 연고주의 등이 있는데 그 중 義理의식과 보은의식은 관료사회에 커다란 영향을 미치고 있다. 不正사건의[54] 크고 작음을 막론하고 많은 부패현상이 의리관계를 이용한 것

52) 안병영(1987, 92-96)은 한국 행정문화의 특성을 일반주의와 사인주의로 구분한다. 일반주의란 전문적 영역이나 능력, 지식보다는 일반적 지식 내지 일반 행정가적 역할이 중시되는 경향으로 행정의 전문화 · 합리화 · 과학화를 저해하는 요인인 동시에 현대 관료조직이 기본적 전제와 어긋나는 것이고, 사인주의는 전근대적 사회행동유형에서 강하게 표출되는 원초적 관계의 반영을 의미하는 것으로 공과 사의 무분별, 공적 역할에 대한 사적 관계의 우선, 각종의 점액성의 원초적 연고관계에 대한 집착 등을 의미한다.

53) 한상진, 「한국사회와 관료적 권위주의」(서울: 문학과 지성사, 1988), p. 93.

54) 관료문화의 측면에서 관료행태에 끼친 영향과 그 철학적 기초를 이룬 유교문화에 대하여 Henderson은 권위주의적 관료행태의 주요한 요인으로 보고 있으며 이러한 것은 관료부패의 주요 원인의 하나라고 지적한다.

들이다. 특히 일부 악덕기업가들은 이 의리관계를 극히 교묘하게 이용하고 있다. 例를 들면 퇴직한 기업체간부가 전직의 지위를 이용하여 일반적으로 이권을 받는다든가 퇴역장성을 중역으로 기용하여 이권청탁을 시킨다든지, 무기거래상으로 위장하여 커미션을 챙긴다. 또한 술자리를 같이 한다든가 골프나 마작을 하면서 친분을 쌓는다. 우리나라 대기업의 접대비는 상상을 초월한다. 각 기업마다 로비전담 부서가 있다는 것은 이것을 잘 말해 준다.[55]

조선조 신하가 왕에게 바치는 진상품이나 공물은[56] 부패보다는 충성과 보은의식의 발로로 생각하였으며, 사회문화의 미풍양식이고, 상대방의 호의를 받아내는 기능을 하였다. 이러한 선물을 주고 받는 행위는 오늘날에도 예의라든가 인사라는 행태로 남아서 상대방의 호감을 얻는다든가 어떠한 관계를 유지하는 기능을 수행하고 있다. 이것이 오늘날에는 연말연시 등 전통적 명절이나 관혼상제시의 '떡값' 명목이나 '부조금봉투'의 행태로 남아 있다. 이러한 유교문화에 바탕을 둔 관행이나 행태는 행정관료부패의 토양이 되어 있는 것이다. 또 이 전통적인 유교문화는 관존민비와 권력지향적 가치관으로 공직자들의 의식구조를 지배하게 되고 권위주의적 관료행태가 권력오용과 남용이란 결과를 가져와서 역시 부패의 좋은 서식처가 된다는 것이다.[57] 한국관료의 병리적 행정행태와 관련하여 볼 때 무엇보다 중요한 행정행태는 우리나라에 있어서 고질적인 권력의 집중화 현상이다. 이것은 관료의 의식면에서 볼 때 한국관료의 지나친 권력소유 욕망으로 발생된 것이라 말할 수 있다.[58]

Henderson, Gregory, Korea: *The Politics of the Vortex Cambridge*(Harvard university Press, 1968), p. 921.

김영종 교수는 최고 지도자들의 장기집권의 병폐와 카리스마적 leadership 또는 권력 남용으로 인한 역기능이 관료부패의 주요 변수라고 주장한다.

55) 金海東, "한국 관료행태의 전통문화적 제요인," 「행정논총」, 제16권 1호(1978), pp. 57~68: 김해동, "관료부패의 유형," 서울대 「행정논총」, 제28권 제 1 호(1990, 6월호), p. 148.

56) 조선시대 경저리나 지방의 양반, 관리들의 방납의 폐는 농민에게 큰 고통이 되어 쌀로 통일하는 대공수미법의 필요에 따라 大同法이 선조 41년(1608)에 이원익의 주장으로 경기도에 처음 실시되었다. 대동법의 실시로 국가수입은 증대되었으나 농민의 부담(대동미 1결당 12말)은 커졌고 정부의 수요는 공납청부업자인 공인의 손을 거쳐 국가에 납부하게 되었는데 공인은 국가와 농민의 중간착취인으로 그 폐해가 극심해졌다. 또한 영조 7년(1731)에 계획을 세워 1750년에 실시된 균역법도 관리들의 착취로 농민의 원성이 높았다. 중요한 사실은 조선시대 鄕吏들의 무보수로 부정이 극심했다는 사실이다. 변태섭(1994), 「수험한국사」 참조.

57) 김영종, 전게서, p. 286.

58) 유우곤, "현대 한국관료의 의식구조," 「계간 경향」(1988, 봄호), pp. 210~218.

한국관료들의 권위주의 성격과 강도는 영국이나 미국의 경우보다도 1.7배 가량 높은 것으로 보고되고 있음을 볼 때 이러한 행정관료들의 권위주의적 관존민비 행태는 부패의 중요한 토양이 된다고 하겠다. 한국에 있어서의 이른바 官治行政은 바로 이 권위주의적 관료행태에서 비롯되었다.

그런데 관치행정이란 원래의 의미는 국민을 위한 행정의 이념, 즉 위민이념을 강조한다.[59] 즉 공자는 '正'을 기준으로 행정의 본질을 설명했으며, 모든 사람이 평등하고 평화로운 생활을 할 수 있는 대동사회의 건설을 이상적 행정의 지표로 삼았다는 것이다.

> "行政人이 도덕성에 기준해 정책을 결정하고 집행하면 국민들도 적극 협조하게 되지만, '邪'에 집착하면 정부의 정상적 기능을 상실할 뿐만 아니라 국민들도 行政人들의 부도덕성을 모방하게 된다"(論語 子路篇).

목민관의 바람직한 몸가짐과 언행이야말로 만천하를 태평시대로 변화시키는 방법이라고 공자는 주장했었다. 그러나 관치행정의 위민이념이 가부장적인 권위주의로 변질되었고, 행정봉사는 정부가 베푸는 은사로 여겨진다. 정부는 은사를 베푸는 주체의 입장에서고, 국민을 은혜를 받는 객체의 입장에 세움으로써 윤리적으로 주는 자와 받는 자를 명백히 구분한다. 행정의 실제에서 관료부정과 행정관료가 이와 같은 위민이념의 논리와 무관하지 않음에 주목할 필요가 있다. 한국의 공공행정이 지닌 특성들, 예를 들면 권위주의, 기관편의적 법규행정, 형식적 능률주의, 관존민비의 행정문화화 행태, 공무원의 선민의식과 허구적 공복관, 특히 관직만능과 행정부패 등은 모두가 관치행정에서 그 요인을 찾을 수 있다고 보여진다. 이렇게 볼 때 우리의 전통적인 유교문화적 풍토는 오늘날까지의 관료부패를 조장한 社會文化的인 要因이 되지 않았나 생각된다(이에 대한 반론도 만만치 않다).

(3) 軍士文化

1961년 5·16혁명 이후, 우리의 정치문화 혹은 행정문화에 미친 군사문화의 영향은 매우 컸고 군 관료의 역할과 비중도 크게 증가되었다.[60] 흥미 있는 것은

59) 허 범, "새로운 공공행정의 모색," 「민주사회의 성숙을 위한 공공행정」, 한국행정학회편(서울: 고시원, 1988), pp. 103~105.

60) 김영종, 「부패학」(서울: 숭실대학교 출판부, 1996), p. 155.

과거 큰 정치변동이 있을 때마다 軍최고 통치권자들은 부정부패의 척결을 주장하고 나왔다는 점이다. 5·16 이후의 제 3 공화국도 그러하였고 제 5 공화국의 전두환 정권 역시 그랬었다. 제 6 공화국의 노태우 정권도 부정부패척결을 강력하게 주장하였다. 이처럼 큰 정치적 변동이 있을 때마다 정치지도자들은 부패척결을 외쳤으나 현실은 그렇지가 못했다.

사실 고도로 정치문화가 발달한 나라에서는 군의 정치관여와 방식은 정상적인 헌법적 절차에 따라서 나타나나, 정치문화가 저급한 미개국가에서는 관여를 행하는 것이 민간정부의 대치 또는 폐지이거나, 방식도 폭력을 행사하고 그 결과로서 군사정부나 사이비 민간정부가 수립된다.[61]

물론 군의 정치적 개입에 대하여 그 역기능을 논의하는 측면에서는 ① 사회의 기능화를 저해한다는 점, ② 민주주의 규범을 약화시킨다는 점, ③ 현대의 정치방식인 정치적 거래(poiltical bargaining)를 약화시킨다는 점, ④ 정치의 참여와 토론을 약화시킨다는 점, ⑤ 특혜를 통한 부패의 조장을 행할 우려가 크다는 점 등이 지적되기도 한다.[62]

군의 민주화가 실제로 한국의 민주화에 가장 중요한 요소인에도 불구하고, 군사문화는 군인들이 본질적 존재목적과 사명 그리고 국민들의 기대가능성을 저버린 일탈행위로서 정치부패, 관료부패와 함께 이 땅의 민주화를 방해하는 암적인 역기능을 초래했던 것도 사실이다. 이 군사문화는 정치행정문화의 하위개념적 의미임을 떠나서 제 3 공화국 이후 한국의 정치 사회문화와 혼용 혹은 상위개념인 영향력을 발휘, 부패와 밀접한 관계를 갖게 되었다고 할 수 있다.[63]

군 관료의 부패는 군 관료들의 본질적 존재목적과 사명 그리고 국민들의 기대가능성을 저버린 일탈행위라고 볼 수 있다. 이 군 관료의 부패는 군사정권을 통하여 정부부패나 행정관료부패와 매우 밀접한 관계를 갖게 되었다.[64] 사실 권력만능과 명령만능적 軍 관료행태의 실상은 제 3 공화국 이후에 빚어진 대형부패사건 대부분이 정치권력의 배후를 가지고 있었고 정치권력의 많은 부분이 군 관료엘리트의 권위주의적 행태를 배경으로 일어났던 것에서 찾아볼 수 있다. 이처

---

61) Samuel G. Fine, *The man on Horse Back: The Role of the Military in Politics*(New York : Proeger, 1962), p. 28.

62) 한용원, 「군사발전론」(서울: 박영사, 1981), pp. 67～68.

63) 김영종, 전게서, p. 142.

64) 김영종, 전게서, pp. 162～163.

럼 軍事文化는 우리나라 행정부패에 무시할 수 없는 영향을 미쳤던 것이다.

4. 倫理 · 道德的 側面

이 입장에서 볼 때 부패라는 것은 개인들의 행동결과이다. 부패의 원인을 부패행위에 참여한 개인들의 자질(qualities), 본성(nature), 윤리(ethics)에 있다고 보는 견해이다.[65)]

즉 개인의 성격이라든가 독특한 습성이 부패행태와 밀접한 관계가 있다고 보는 입장이다.[66)] 공무원의 범죄는 공무원 자신의 형태(behavior)적 요인이나 권위주의적 가치관 등의 차원에서 권력을 남용함으로써 발생하는 범죄현상으로 볼 수 있으며 이러한 경우에는 공무원의 범죄는 공무원 개개인의 일탈행위(deviant behavior) 자체를 연구의 대상으로 보아야 할 것이다.[67)] 흔히 부패를 당사자의 비도덕성이나 비윤리성에 기인하는 것이라고 보는 사람들이 많으며 이러한 비도덕적 행위를 증오하고 처벌해야 된다고 하는 주장이 가장 많은 것으로 판단된다. 예를 들어서 월급이 적어서 부패행위를 한다든지 혹은 윤리의식수준이 낮아서 부패를 한다든지 하는 것이 바로 이러한 설명과 상당히 부합된다.

특히 부패현상이나 행위가 특정상황하에서 또는 어떠한 사람과의 관계에서 다른 사람과 달리 왜 그렇게 반응하였는가를 설명하고자 할 때는 이와 같은 개인적 성격이나 습성에서의 접근이 상당한 도움이 될 것으로 보인다. 아무리 합리적인 정책결정과 계획이 수립되고 능률적인 조직이 존재하고 있다 하더라도 조직 속에서 정책과 계획을 집행하는 관료들의 가치관, 태도 즉 의식구조가 공익성과 윤리성을 외면한다면 행정은 곧 부패소지를 낳게 될 것이다.[68)]

이러한 개인적 특성에 의한 접근에는 몇 가지 약점이 있다. 첫째는 부패행위가 특정한 형의 인간의 고유한 행위가 아니라는 것이다. 즉 부패현상은 고학력이나 저학력, 농촌출신이나 도시출신, 혹은 모든 인종을 막론하고 발견되기

65) Michael Johnston, *Political Corruption and Public Policy in America*(Belmont, Calif: Brooks/Cole, 1982), pp. 12~16.

66) 김해동, "관료부패의 유형", 서울대학교 행정대학원 행정논총, Vol. 28, No. 1(1990. 6), p. 146.

67) 이규이, 「범죄학」(서울: 세종각, 1969), pp. 51~83.

68) 유종해, 「행정의 윤리」(서울: 박영사, 1992), p. 301.

때문이다. 물론 통계적 분석들이 어느 정도의 차이를 제시하는 경우도 없지만 않지만, 그것이 일반성을 띤 것은 아니라고 할 수 있다.[69]

두 번째 한계는 이러한 개인적 특성에 의하여 부패를 설명하는 것은 우리의 제도나 법률 및 운영에 대체로 완전하다는 것을 전제로 하는 것 같은 인상을 준다. 이러한 의미에서 개인적 특성에 의한 접근은 도덕주의자들(moralist)이 부패를 증오하고 비난하는 데 도움이 될 뿐이다. 그리고 정책적 측면과 관련하여 이러한 개인적 · 미시적 접근은 부패와 관련된 정책형성이나 부패현상의 사회적 · 정치적 조장을 풀어보는 데는 조금도 도움이 되지 못한다.[70]

윤리란 사회적 존재로서의 인간이 특정한 환경이나 상황에서 취하게 될 행동에 대한 도덕적 기초를 마련해 주는 것으로서 특정상황에서 인간의 행동을 규정하거나 금지하는 규범적 행동기준이라고 할 수 있다.[71]

정부조직은 윤리적 문제와 그 문제를 해결하기 위한 체계적 접근이 특별히 필요한 영역이다. 행정윤리는 정부조직에서의 공무원의 행동에 도덕적 원리를 적용시키는 것을 의미한다.[72]

정부조직은 전통적으로 개인책임보다는 소위 조직윤리를 강조한다. 조직윤리는 공무원이 조직 내에서 구성원간의 친화, 승진 · 안전 · 공동의 이익을 공유하는 대가로 충성과 기관의 전술과 정책을 수용할 것을 요구한다.[73]

이 윤리는 공무원의 개인적 윤리나 동기와는 관계없이 충성심을 보여 줄 것을 요구하며, 복종의 형태로 나타난다. 그 결과 공무원은 조직에 대한 충성심을 가장 높은 단계의 도덕성으로 간주하게 되고 건설적인 이의제기나 반대는 위배되는 것이 되기 때문에 조직은 이를 허용하지 않게 된다.

조직윤리는 조직의 비공식적인 약속이 되고 조직구성원을 지배하게 되기 때문에 공무원은 이 윤리를 위배함으로써 자신의 지위와 수입을 잃게 되는 모험을

69) M. Colin, "A Critique of Criminology," *America Journal of Sociology*, vol. 89, No. 3(1983).

70) 김해동, "관료부패의 유형," 서울대 행정대학원, 행정논총, 제28권 1호(1990), pp. 146～147.

71) 정헌영, "행정윤리의 성립가능성 및 확립방안," 「한국행정학보」, 24권 2호(1990), p. 837.

72) 박종두, "행정윤리에 관한연구," 「현대사회와 行政」, 제 2 집(연세행정연구회, 1991), p. 67.

73) Jong S, Jun, public Administration, 윤재풍, 정용덕 공역, 「행정학」(서울: 박영사, 1987), p. 458.

시도하려고는 하지 않게 된다. 비합리와 비리를 고발하면 배신자나 고자질쟁이, 투서쟁이로 낙인 찍혀 조직에서 영원히 매장되는 것이 한국 조직사회의 특성이다.

오늘날 우리는 정치 · 경제 · 사회 · 문화 등 모든 영역에서 대규모조직의 지도자들이 비윤리적이고 비도덕적인 행위를 너무 많이 목격하고 있다. 이러한 비윤리의 세계에서 오직 관료들에만 공직윤리를 강조하는 것은 설득력을 지니지 못하고 있다. 그러나 행정이 국가발전을 주도하여 온 우리나라에서는 이러한 비리가 모두 다 관료의 문제라고 해도 과언이 아닐 것이다. 회사가 상품을 제조하면서 공해를 배출하듯이 행정도 발전을 제조하면서 부패를 배출하였던 것이다.[74)]

이러한 행정 · 사회분위기의 도덕적 타락은 관료의 부정이 잉태되며 조직과 개인의 부패에 대해서 공무원 자신은 저항하지 않고 침묵한다.

전감사원 감사관 李文玉 씨가 삼성그룹 감사중단 사실을 언론에 발표한 사실, 한준수 전군수의 선거부정 사실을 공표한 것, 윤석양 이병이 보안사 민간인 사찰에 대한 양심선언을 한 것 등은 공무원이 자신의 의무를 다하기 위해서 조직윤리에 대항한 대표적 케이스라고 볼 수 있다. 그러나 대다수의 관료들은 침묵과 복종으로 행동한다. whistle-blower가 되기보다 조직윤리에 따른다. 그것이 전통적 미덕이고 조직윤리에 따르는 것이 올바른 처신이라고 대다수가 여긴다. 이것이 부패원인이 되고 마는 것이다.

지금까지 부패발생의 요인을 살펴보았다. 부패는 위에서도 살펴보았듯이 다양한 요인에 의해 부패가 발생한다고 볼 수 있다.

5. 犯罪學的 分析

공무원부패 및 범죄의 원인은 그 실체를 보는 시각에 따라서 상이할 수 있으나 일반적으로 미시적(micro) 또는 거시적(macro)으로 분석할 수 있고 또는 범죄사회학, 사회심리학 그리고 사회구조적 요인과 통제론적 입장에서 논의할 수 있다.

---

74) 유종해, "민주사회에서의 행정윤리의 기능," 「민주사회의 성숙을 위한 공공행정」, 한국행정학회편(서울: 고시원, 1988), p. 443.

첫째, 미시적 분석에서는 공무원범죄는 공무원 자신의 행태(behavior)적 차원에서 공무원 자신의 권위주의적 가치관, 권력남용, 일탈행위(deviant behavior) 등을 그 중요한 요인으로 보게 된다. 환언하면 공무원의 도덕성의 결여나 사명감과 공직관의 해이, 또는 탐욕과 이권 등의 결과적 현상으로 보게 된다.

둘째, 거시적 원인으로서는 공무원 자신의 행태보다는 제도적 차원에서나 체제적 요인에서 그 원인을 찾아보게 된다.

이 경우에는 행정제도상의 미비점, 결함 또는 환경적 요인에 의하여 범죄의 유인변수가 적용되는 경우가 여기에 해당된다. 특히 이 경우는 주는 자가 있으니 받는 자가 있는 것이 아니겠느냐의 외부적 유인효과가 미치는 영향에 초점을 두게 된다.

셋째, 범죄사회학(Criminal Sociology)에서는 공무원의 범죄는 공무원이 처해 있는 사회구조(social structure)적 현황에서 그 원인을 찾을 수 있다.

예를 들면 Merton의 사회구조와 Anomie이론에 의하면 사회적 목표와 그 목표를 달성하는 수단이자 분배, 규제간의 괴리현상으로서 불일치(discrepancy)나 무규범상태(anomie)에서 원인을 찾게 된다. Richard Cloward와 Lloyd Ohline은 이질적 사회구조론(theory of differential opportunity structure)에 의하여 일탈행위 발생의 전제조건으로서 그 원인을 찾게 된다.

넷째, 사회심리학적 또는 생물학적 분석에서는 공무원의 범죄는 사회적 집단에서 고립된 공무원 개개인의 행위에서 그 원인을 찾고 있다. 특히 실증주의 범죄학파의 창시자이며 주관주의적 범죄학파인 Cesare Lombroso의 범죄선천성 원인설이나 Freud의 정신분석학적 이론에 의한 본능적 욕구의 통제력 상실에서 그 원인을 찾게 된다.

다섯째, 사회통제론(social control)적 시각에서 대부분의 개발도상국이나 후진국에서 자주 찾아볼 수 있는 사회적 기강(social discipline)의 차이로 인하여 통제조치가 완화됨에 따라 공직자들이 책임의식과 도덕성이 약화되고 따라서 범죄의 소지(opportunity)가 발생되고 범죄의 유발이 초래된다는 견해이다.

제 4 절 不正腐敗의 防止戰略

1. 不正腐敗 防止를 위한 기존 論議

행정부패의 방지문제는 政權의 正統性 및 信賴性 문제와 관련하여 항상 제기되었던 문제이다. 따라서 여기서는 행정 내 관료부패의 방지전략을 살펴보겠다.[75]

첫째, 行政改革을 통한 巨視的 부정부패 방지전략이 있다. 행정부패 현상은 단순히 부패행위자의 차원에서만이 아니라 제도적 요인에서 귀인(causal attribution)하는 것이라고 볼 때, 부패행위자의 처벌에만 관심을 가질 때는 귀인착오를 범할 우려가 있는 것이다.[76] 행정개혁은 행정조직의 단순한 조작적 변동만을 의미함이 아니고 행정인의 가치관, 신념 또는 태도변화 등을 포괄하는 개념이다.[77]

둘째, 行政倫理 教育과 訓練戰略으로, 행정관료들을 위한 교육훈련과 민주화시대에 알맞는 행정윤리교육과 훈련을 강화하여야 할 것이다. 그러나 이러한 미시적 전략은 도덕적·자율적 통제 역학으로서 계속 논의되고 연구되어야 할 것이다.

셋째, 行政組織 發展戰略으로, 행정조직 부서별로 행정부패 방지를 위한 민주화의 추진이 필요하다, 즉 행장조직 단위별로 청렴도와 행정윤리의식의 수준을 강화할 필요가 있으며, 그렇게 하기 위해서는 조직의 장과 구성원이 조직발전을 위해 일체감을 가지고 직무활동을 할 필요가 있다. 특히 이 전략은 공무원 단독적 차원에서의 부정부패보다는 공직업무의 속성상 조작적인 부정부패사건이 증가하고 있는 연구들을 보아도 알 수 있다.

넷째, 規範的 戰略으로, 통제강화와 재산공개 등의 통합적 부패방지법의 입법화를 통하여 신뢰성을 제고하려는 방안이다. 이는 거의 모든 나라에서 자기나라의 실정에 맞게 법규화하고 있다.

---

75) 김영종, 전게서, pp. 406~413.

76) 조철옥, "귀인요인(causal attribution) 형태와 상벌체계의 괴리현상에 관한 연구: 부정사건을 중심으로," 「한국행정학보」, 제19권 제 1 호(1985. 6), pp. 127~148.

77) 김규정, 「행정학 원론」(서울: 법문사, 1985), pp. 776~781.

다섯째, 市民文化的 發展戰略으로, 건전한 시민문화의 창출을 통한 환경적 차원에서의 부패통제전략이 있다. 흔히 부패현상은 행정현상이고 사회현상이며 또한 시민과 행정관료, 시민과 시민, 행정관료와 행정관료 혹은 행정조직과 시민의 집단간에 상호 이해관계의 구조적 요인에서 유발되는 복합적 현상이기 때문에, 행정부패현상을 단순하게 치료하는 차원에서의 전략은 일시적일 뿐이라는 것이다.

여섯째, 汎國民的 腐敗防止戰略으로, 이 방지전략은 부패는 망국병이므로 이러한 망국병을 추방하지 않으면 참다운 민주사회 건설을 기대하기 어렵다는 시각에서 출발한다. 즉 행정부패는 단순히 관계되는 행정관료의 차원에서만이 아니라, 전 국민이 모두 관심을 가지고 추방함으로써 깨끗한 사회풍토를 만들 수 있다는 입장이다.

일곱째, 작은 政府 指向戰略으로, 행정의 자율성 강화와 분권의 확대 및 지방자치제의 실시를 통한 방지전략이다. 즉 권력만능주의와 행정만능주의는 권력비대화의 부산물이므로, 결국 행정부패는 시민에 의해 통제되어야 한다. 그러기

표 6.3 행정부패 방지전략

방지내용/주요내용	특 징
행정개혁전략	행정조직의 구조적 변동, 제도적 개선, 공직자들의 가치관 변화, 부패방지위원회 설치, 보수의 적정화
행정윤리교육과 훈련전략	행정윤리교육의 체계화, 제도화 및 강화, 미시적 도덕적 전략
행정조직 발전전략	행정조직 단위별 발전전략, 감시자, 구성원의 일체감
규범적 전략	통합적 부패방지법의 입법화를 통한 통제강화, 재산공개 등을 통한 신뢰성 제고
시민문화적 발전전략	부패환경의 제거, 깨끗하고 합리적인 시민문화의 발전추구
범국민적 부패방지전략	부패추방운동의 생활화, 홍보의 강화, 교육의 강화, 민·관·군·경의 상호연계성
작은 정부 지향전략(행정의 분권과 자율성)	권력의 분산, 자율성의 강화, 하위조직에 행정권의 위임과 책임의 강화
행정가전략	행정청문회제도의 실시와 행정평가를 통한 통제전략

자료: 김영종, 전게서, p. 413.

위해서는 권력의 집중보다는 권력의 분산을 과감하게 시도함으로써 이루어질 수 있다.

여덟째, 行政評價戰略으로, 행정조직의 청문회제도와 행정평가를 통한 사회적 통제전략이다. 각 행정기관은 모든 행정행위는 도덕적으로 자기규제를 할 뿐만 아니라 감시자와 고발자(whistle-blower)에 의하여 행정윤리와 도덕성을 평가받을 수 있어야 할 것이며, 정기적으로 시민들에게 행정평가와 청문을 받는 기회가 있어야 할 것이다. 왜냐하면 민주화 시대에 있어서 행정의 궁극적 목적은 시민의 삶을 편리하게 하고, 또한 그들의 삶의 질을 향상시키기 위한 봉사 그 자체이기 때문이다. 따라서 이러한 목적으로 각 정치기관은 물론 모든 기업조직 등은 시민봉사를 위한 고발센터를 설치하도록 하고 시민의 행정평가를 제도화시켜야 할 것이다. 특히 국가의 부패는 사회의 부패를 항상 동반한다는 점을 인식하고,[78] 행정부패척결과 함께 사회적 부패문제의 척결도 아울러 고려하는 동시전략방법을 잊어서는 안 될 것이다. 아래는 이상의 이론적인 부패방지전략을 정리한 것이다.

2. 不正腐敗의 防止戰略

(1) 不正腐敗 防止戰略의 推移

우선 우리나라 공무원 부정부패의 일반적 경향을 살펴보면, 공무원의 부정부패행위 중 직무와 관련되는 것으로 파악되는 직무유기, 직권남용, 수뢰의 범죄 인원 등을 보면 1989년의 경우 534명으로 1988년의 544명에 비하여는 10명이 감소한 것으로 나타났다. 특히 수뢰죄는 1985년도의 132명에서 1986년에 일시적인 증가를 보였으나 1987년, 1988년에는 각 95명으로까지 감소하였다가 1989년에는 다시 106명으로 증가하였다. 지난 10년간의 수뢰범죄자 인원의 연도별 추이를 보면 〈표 6.4〉와 같다. 그러나 受賂罪의 성질이 증뢰자, 수뢰자 쌍방을 처벌하고 특정의 피해자가 존재하지 않는 등 극히 潛在性이 강하고 검거가 곤란한 것이 사실이므로 위와 같은 발생인원의 감소가 반드시 공직사회의 정화

78) David J. Gould, "The Effects of Corruption on Administrative Performance: Illustration from Developing Countries," *World Bank Staff Working Papers*(Washington, D.C.: World Bank, 1983), pp. 1~36.

를 의미한다고 보기는 어렵다고 하겠다.[79)]

그 동안 정부에서는 이에 대한 제거 및 예방을 위한 노력을 계속하여 왔으며, 특히 수차례에 걸친 강력한 반부정부패운동을 전개하여 왔음은 주지의 사실이다. 이 중 주목할 만한 것이 '서정쇄신운동'과 '사회정화운동'이다.

庶政刷新은 1975년부터 국가적 사업으로 추진되었다. 서정쇄신은 최고통치권자의 발신에서 비롯된 것으로 그 범위가 매우 넓은 하향적 운동이었다. 이 운동의 초기에는 통치지도자의 지지와 독려에 힘입어 사회 각 분야에 상당한 영향을 주었으며, 1979년까지 그 명맥을 유지하였으나 운동의 초기와는 달리 시간의 경과와 더불어 운동의 기본취지와 열기는 미미해져 갔다.

社會淨化運動은 제 4 공화국의 출범과 더불어 조국근대화와 국민정신개혁을 위한 민족운동이라는 기치 아래 전개되기 시작하였다. 비윤리적이고 부패적인 공직자로 지목된 사람들의 대대적인 肅正과 부정축재의 국가환원조치를 단행하면서 조직화되기 시작한 이 운동은 서정쇄신운동의 발전적인 변환이라는 측면에서 이해되어질 수 있다.

표 6.4 공무원범죄 연도별추이(1965~1989년)

	'65	'70	'75	'76	'77	'78	'79	'80	'81
계	5163	2277	3772	3560	2779	2860	2977	3422	3614
형 법 범	4394 (85.1)	1647 (72.3)	2766 (73.3)	2520 (70.8)	1964 (70.7)	2038 (71.3)	1963 (65.9)	2320 (67.8)	2476 (68.5)
문 서	459 (8.9)	198 (8.7)	353 (9.4)	423 (11.9)	311 (11.2)	259 (9.1)	225 (7.6)	233 (6.8)	187 (5.2)
직 무 유 기	299 (5.8)	164 (10.0)	232 (6.2)	249 (7.0)	171 (6.2)	212 (7.4)	209 (7.0)	249 (7.3)	217 (6.0)
직 권 남 용	140 (2.7)	19 (0.8)	96 (2.5)	81 (2.3)	78 (2.8)	91 (3.2)	117 (3.9)	123 (3.6)	124 (3.4)
수 뢰	244 (4.7)	106 (4.7)	267 (7.1)	261 (7.3)	219 (7.9)	185 (6.5)	305 (10.2)	246 (7.2)	327 (9.0)
업 과 치 사 상	553 (10.7)	263 (11.6)	625 (6.6)	487 (13.7)	410 (14.8)	456 (15.9)	420 (14.1)	518 (15.1)	573 (15.9)

79) 법무연수원, 「범죄백서」(1900), p. 108.

기 타	2699 (52.3)	897 (39.4)	1193 (31.6)	1019 (28.6)	775 (27.9)	835 (29.2)	687 (23.1)	951 (27.8)	1048 (29.0)
특 별 법 범	769 (14.9)	630 (27.7)	1006 (26.7)	1040 (29.2)	815 (29.3)	822 (28.7)	1014 (34.1)	1102 (32.2)	1138 (31.5)
부정수표단속법	9 (0.2)	4 (0.2)	5 (0.1)					1 (0.03)	7 (0.2)
폭력행위등처벌	189 (3.7)	351 (15.4)	561 (14.9)	433 (12.2)	335 (12.1)	315 (11.0)	353 (11.9)	417 (12.2)	517 (14.3)
교통사고처리특례									
기 타	571 (11.0)	275 (12.1)	440 (11.7)	606 (17.0)	480 (17.2)	507 (17.7)	661 (22.2)	684 (20.0)	614 (17.0)

	'82	'83	'84	'85	'86	'87	'88	'89
계	4018	4168	4808	3972	3802	3979	4574	5040
형 법 범	2418 (60.2)	2036 (48.8)	2221 (46.2)	1652 (41.6)	1563 (41.1)	1521 (38.2)	1659 (36.3)	1574 (31.2)
문 서	304 (7.6)	255 (6.1)	320 (6.7)	241 (6.1)	183 (4.8)	233 (5.9)	212 (11.3)	190 (3.8)
직 무 유 기	244 (6.1)	201 (4.8)	228 (4.7)	143 (3.6)	159 (4.2)	219 (5.5)	333 (7.3)	248 (4.9)
직 권 남 용	125 (3.1)	72 (1.7)	96 (2.0)	80 (2.0)	123 (3.2)	89 (2.2)	116 (2.5)	177 (3.5)
수 뢰	353 (8.8)	213 (5.1)	187 (3.9)	132 (3.3)	159 (4.2)	92 (2.4)	95 (2.1)	102 (2.2)
업 과 치 사 상	268 (7.1)	228 (5.5)	244 (5.1)	209 (5.3)	143 (3.8)	110 (2.8)	155 (3.4)	125 (2.5)
기 타	1106 (27.5)	1067 (25.6)	1146 (23.8)	847 (21.3)	796 (20.9)	775 (19.5)	748 (16.4)	725 (14.4)
특 별 법 범	1600 (39.8)	2132 (51.2)	2587 (53.8)	2320 (58.4)	2239 (58.9)	2458 (61.8)	2915 (63.7)	3466 (68.8)
부정수표단속법	67 (1.7)	241 (5.8)	652 (13.6)	567 (14.3)	613 (16.1)	546 (13.7)	532 (11.6)	296 (5.9)
폭력행위등처벌	565 (14.1)	596 (14.3)	566 (11.8)	499 (12.6)	463 (12.2)	535 (13.4)	536 (11.7)	629 (12.5)
교통사고처리특례	354 (8.8)	549 (13.2)	648 (13.5)	570 (14.4)	534 (14.0)	644 (16.2)	876 (19.2)	1146 (22.7)
기 타	614 (15.3)	746 (17.9)	721 (15.0)	684 (17.2)	629 (16.5)	733 (18.4)	971 (21.2)	1395 (27.7)

자료: 法務硏修院, 「犯罪白書」(1990), p. 108.

또한 사회정화운동의 일환으로 공직부패에 대한 예방책으로서 公職者倫理法이 1981년 12월 31일에 법률 제3520호로 제정되었는데, 공직자의 부정부패를 방지하기 위하여 ① 고위공직자(1급, 4급)의 재산등록, ② 공직자의 선물신고, ③ 퇴직공무원의 취업제한 등을 규정하고 있다. 또한 국가공무원법상의 공무원 복무규정을 보더라도 엄연히 清廉의 義務를 규정하여 공무원은 직무와 관련하여 직접적으로나 간접적으로 사례, 증여 또는 향응을 주거나 받을 수 없다고 명시되어 있다.[80)]

그러나 이러한 노력에도 불구하고 부정부패 방지에는 큰 효과가 있다고 보기는 어렵다고 생각되며 아직도 어느 정도의 부정부패가 우리 사회에 상존하고 있다고 보여진다.

(2) 腐敗防止戰略의 摸索

부정부패를 방지한다면 부패가 어디에서 오는 것인가를 규명하고 그 원인을 제거하는 것이 바람직하다고 할 것이다. 그러므로 부패의 방지전략은 원인과 대응하여 모색될 수 있다.

1) 環境的 防止戰略

전체사회적 특성이 부패의 원인으로 작용하게 되므로 전체사회가 건전하여야 공직사회의 부패가 근절된다. 즉 정치·경제적 불안정을 극복하려는 범사회적 노력, 평등한 사회의 건설, 전근대적 문화의 개선 등 거시적 명제가 환경적 부패방지전략이 된다고 볼 수 있다. 앞서 논의된 시민문화적 발전전략, 범국민적 부패방지전략 등이 이에 해당된다.

우리의 경우 일제통치와 6·25 동란을 겪으면서 가난하게 살아오다 급격한 사회변동과 경제개발로 우리의 생활패턴이 상당히 방만해진 것도 부인할 수 없는 사실이다. 이러한 틈바구니에서 대민관계상의 부패현상보다 더욱 문제시되는 것은 환경적 특성에서 비롯되어 제도화된 모습을 굳히고 있는 권력형 비리와 부조리라 할 것이다. 이러한 制度化된 腐敗는 국회－행정부처－재벌 등 政－經－官이 구조적인 연결고리를 맺고 있는 모습을 보이고 있다. 여기에 규범과 실제가 심히 괴리된 형식주의 그리고 관직을 치부의 수단으로 여겨온 오랜 전통의 정

80) 國家公務員法(1963.4.17) 법률 제1325호, 제 2 조.

치 · 행정의 관행으로 나타나고 있다. 또한 정책결정과정상의 집권화 구조와 비밀주의가 온존하고 정부 내외의 통제장치가 그 기능을 제대로 수행하고 있지 못하고 있다는 점 등이 모두 이러한 부패현상을 하나의 관행으로 굳혀 주는 주요 원인으로 볼 수 있다.

그러나 이 전체사회적인 방만함을 적절히 조절하여 건전한 사회로 전이시키는 제도적 장치와 사회적 분위기를 만들어야 할 것이다. 예컨대, 정치지도자가 스스로 자신에게 엄격한 공인다운 근검절약을 보이면서 호화사치생활을 하는 자들에게는 무거운 세금을 부과하는 등 실효성 있는 정책을 세우는 동시에 이들에게서 거두어들인 세금으로 소규모주택 건립보조 등 과감한 所得再分配政策을 편다면 부정부패 및 사치향락풍조도 크게 줄어들 것이다.

2) 組織的 防止戰略

공직사회 내부에서 혹은 제도상의 개선을 통하여 부정부패를 방지할 수 있다. 앞서 논의된 행정개혁전략, 행정조직발전전략, 작은 정부지향전략, 행정평가전략이 이에 해당된다.

우선 공무원의 報酬는 사익에 대한 유혹차단 및 도덕성보호 등을 보장하는 차원에서 現實化시켜야 한다. 적절하게 생계를 유지할 수 있어야 공무원이 부정에의 유혹을 적게 받을 수 있으며 민·관간의 격차가 줄어 우수 인력의 공직에로의 유치가 가능해질 것이다. 또한 경제적인 부패의 유인을 차단하기 위해서는 고위공직자의 재산등록제도를 적극적으로 제도화시켜야 할 것이다.

다음으로는 공무원의 身分을 완전히 保障하는 것이 요구된다. 충분한 신분보장만이 공직사회를 정치권력의 압력으로부터 보호할 수 있다. 이를 위해 공무원의 자유와 권리를 보장하고, 적극적인 의무규정을 활성화시키고, 보다 구체화된 공무원의 윤리헌장이 필요하다.

각종 행정제도의 개선을 통하여 行政規制 및 管理基準을 現實化하여야 한다. 우리나라에는 각종 사업과 관련하여 정부의 인허가를 받아야 하는 사항이 너무 많고 그 절차가 지나치게 까다롭기 때문에 기업간의 자유롭고 공정한 경쟁이 저해되고 있을 뿐만 아니라 각종의 부조리가 배태될 소지가 있다. 예컨대 현행법규에 의하면 기업이 공장을 건설할 경우 60개의 절차와 199개의 기관을 거쳐야 하고 312종의 구비서류를 갖추어야 한다. 미국에서는 대개 9개의 절차를 거치고 23종의 서류를 제출하면 공장건설하가를 받을 수 있는 것과 사뭇 대조적이다. 이와 같이 각종 인허가가 복잡할수록 많은 시간과 비용이 들며, 부장이 개입될 여지가 커진다. 우선적으로 세무·건축·교통·보건·위생·환경·소방 등 일선행정분야의 부정을 근절시키기 위하여 공무원에게 민원수당을 제공하고, 소액금품제공자도 제재를 가할 수 있는 법적인 근거를 마련해야 한다. 또한 민원분야에 대한 공무원의 불필요한 관여를 막기 위해 행정규제를 대폭 완화하거나 건축허가·조사·검사업무·위생감시업무 등을 민간단체에 위임하는 것도 바람직한 일이다. 세무행정의 개선 및 전산화 작업을 통하여 담당공무원과 납세자와의 대면적인 접촉을 줄여 나가는 것도 검토되어야 할 것이다.

공무원 재량권의 남용에 의한 부정을 근절하기 위해서는 정부의 정책입안과 정시 국민들의 참여와 토의를 활성화하여 폐쇄적인 정책입안 과정을 개방화함으로써 이권개입 및 불신의 의혹을 가능한 한 제거하여야 한다. 즉 行政의 公開化를 적극 추진해야 할 것이다.

3) 個人的 防止戰略

장기적인 관점에서 개인적 도덕성을 제고하려는 노력으로 사회의 敎育體系를 건전하게 확립해야 하고 단기적으로 공무원 재교육 및 훈련과정에는 행정철학 및 공직윤리 등의 자질향상에 기여할 수 있는 교육과정을 개발하여야 할 것이다. 인간의 존엄성과 공동체의식 강화를 위해 준법정신, 책임성 등이 보장될 수 있는 사회교육의 강화가 요구된다.

4) 諸防止戰略의 統合

요컨대 公職倫理는 일반국민윤리의 반영인 만큼, 일반사회조직 내에서의 국민윤리의 정립이 선행되어야 하고 공무원 자체 내에서의 정화운동도 병행되어야 한다. 그리고 개인적 차원에서의 도덕성 함양도 병행되어야 한다. 따라서 위에서 제수준의 방지전략이 동시적으로 모색되어야 할 것이다.

동시에 不正腐敗에 대한 사회적 비용은 일반국민이 지게 되므로 시민의 자발적인 단체를 통한 감시자(watch dog)로서의 시민의 역할이 강조되어야 할 것이다. 그러나 무엇보다도 공인에 대한 무리한 윤리요구 이전에 철저한 국민윤리의 전제를 통한 사회 전체의 윤리성 회복을 통해 倫理의 二重構造를 깨쳐 나가야 할 것이다. 이를 모형화해 보면 다음과 같다.

그림 6.1 부정부패의 사회적 통제모형

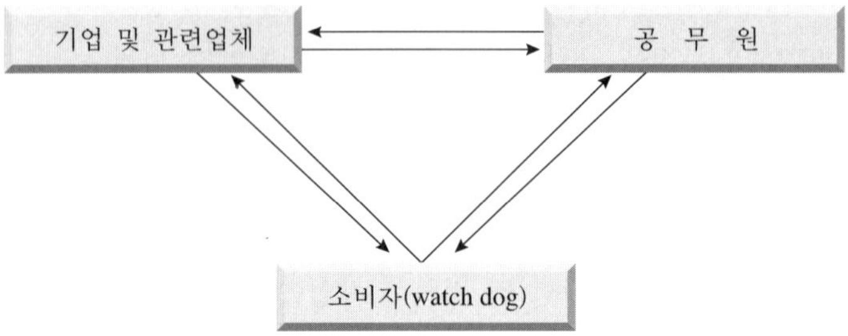

위의 부정부패를 해소하기 위한 社會的 統制模型으로서 소비자가 감시자(watch dog)로서의 역할을 수행할 것이 기본적으로 요구되나, 직업윤리로서 공직내의 윤리를 확립하도록 하기 위해서는 행정관료 내지 공무원들 스스로의 윤리의식 고양을 위한 장치들이 요구된다. 이에 따라 우리나라의 공무원 중에서 표본추출을 통해 선택된 1,000여 명의 공무원들을 대장으로 실증적인 윤리 의식조사를 하였다. 여기서 공무원들 스스로 부정부패방지를 위해 어떠한 것이 있는지를 살펴보았다. 즉 행정윤리는 理論과 實踐, 두 영역이 중복되는 부분이므로, 이론적 측면에서의 논의만으로는 불충분하므로 실질적인 논의가 되기 위해서는 실천적 측면에 대한 논의들이 동시에 논의되어야 한다.

제 7 장

國際的 反腐敗 動向:
아시아 국가의 反腐敗制度

제 1 절 序　論
제 2 절 아시아 국가의 反腐敗制度
제 3 절 反腐敗制度의 比較分析

제 7 장 國際的 反腐敗 動向: 아시아 국가의 反腐敗制度

제 1 절 序　論

1990대에 들어와 세계는 소위 소련과 동구 등 사회주의 국가들의 몰락과 쇠퇴가 부패의 요인으로 말미암은 현상으로 보았다. 특히 아시아의 경제위기와 빈곤문제가 부패와 연관시키는 시각을 가지게 되었다. 이와 같이 부패가 자국의 문제에서 국가적 문제로 떠오르게 되자 세계 각 국가들은 반부패 정책에 관한 새로운 방지시스템을 시행하게 되었다고 볼 수 있다. 1994년 5월에 OECD에서는 "국제적 영업거래에 있어서의 뇌물방지에 관한 OECD각료이사회 권고" (Recommendation of the Council of the OECD on Bribery in International Business Transactions)가 채택되어 회원국들은 국제 영업거래에 있어서 타국 공무원들에게 뇌물제공 등의 방지와 함께 외국 공무원의 법적 의무에 위반하는 일체의 금전적인 혜택과 이권을 뇌물로 보아 금지하는 권고안을 채택하였고 1996년 5월에는 호주를 포함한 여러 공업국가에 존재하는 해외공여 뇌물에 대한 조세공제제도를 폐지 국제회의를 통해 뇌물증여를 범죄로 규정하는 법안을 설립하는 권고안을 통과시켰다(Peter Rooke, 1996). 또한 1997년에는 OECD를 중심으로 세계 주요 선진국들이 부패문제가 세계경제질서에도 심각한 영향을 주고 있다는 인식 하에 상대국 정부의 공무원에게 뇌물을 공여하면 처벌하는 부패라운드를 발효시켜 1999년부터 전 OECD회원국이 법제화하여 실행하도록 하였다.

1999년 2월 15일에 발효된 외국 공무원의 뇌물방지법의 영향으로 공여의사 표시만으로도 처벌할 뿐만 아니라 개개인도 처벌하며, 뇌물이익의 2배를 벌금으로 처하도록 하였다. 또한 윤리적으로 행동하지 않는 기업은 무역이나 해외투자에 관해 국제거래상 제재조치를 가하는 윤리라운드도 1995년 미국정부의 주도로 이루어졌는데, 선량한 국제기업 관행 프로그램(Best Global Practice)을 추진하고 있다.

이외에도 세계은행은 IMF체제하에 있는 각 국가들에게 기업재무자료의 투명화, 주주집단 소송제, 연결재무제표 폐지, 사회이사 집중투표제, 감사위원회 제도 도입 등을 권고하여 기업의 부정부패관행에 쐐기를 박았다. 최근 부패방지를 위한 국제적 활동 중 활발하게 움직이는 또 하나의 이 기구는 국제투명성 위원회(Transparency International)라고 볼 수 있다. 지난 1993년에 발족한 TI는 불과 3년만에 세계 50여 개국 이상의 회원국을 확보하였고 각 국가의 부패추방을 위한 실행계획(action plan)을 전개하고 있다.[1] 특히 TI는 '국가 청렴도 감사'의 개념에 의하여 매년 조사하는 각국의 부패지수의 발표는 매우 의미심장한 반부패 정책의 촉매제로서 작용하게 하고 있다.

제 2 절 아시아 국가의 反腐敗制度

아시아 국가의 부패통제는 주로 부정부패에 대하여 엄격한 처벌규정과 법집행에 있다. 또한 반부패에 관한 관련법이 이미 제정되어 실시하고 있는 점이다. 현재 한국은 공무원의 경우 국가공무원법, 지방공무원법, 공직자윤리법, 등이 산발적으로 적용되고 있으며 효율적인 법 집행이 되질 않고 있다. 본 장에서는 아시아 국가 중 도시국가인 홍콩과 싱가포르의 강력한 반부패 법규 및 제도의 사례를 살펴보고자 한다.[2]

1. 홍 콩

(1) 背 景

1970년대 중반 전까지 홍콩은 부정부패로 사회가 혼란에 처하였다고 볼 수 있다. 이 당시 홍콩에는 사회의 부패상을 반영하는 유행어가 인구에 회자되었는데 그 내용은 다음과 같았다. "버스에 타거나"(부정부패에 적극적으로 가담한다는

1) Rooke, Peter, Global Anti Corruption Movements: The Role for Civil Society, PSPD (1996), pp. 2~26.

2) ICAC(2000), Annual Report 참조.

의미), "버스와 함께 달려가는"(부패시스템을 방해하지 않고 방관자가 된다는 의미) 그리고 "버스 앞에 서는 것"(부패를 보고하거나 부패에 저항하는 것으로 함)인데 앞의 두 가지 유행어는 선택의 여지가 있지만 마지막 유행어는 실현가능성이 없는 대안으로 여겼다.[3)]

홍콩은 지난 1948년에 부패방지법(The Prevention of corruption Ordinance)을 제정하였는데 이 법에서는 입법국회의원, 공기업과 사기업의 종업원, 정부의 관료 등을 대상으로 엄격하게 부패행위를 처벌하고 있으며 최고 5년에서 $10,000의 벌금을 처하고 있다. 그리고 반부패지부(Anti Corruption Branch)라고 하는 특별기관이 경찰부(Police Department)에 설치되어 있었으나 비효율적인 측면이 많아 1957년에 부패에 관한 상설위원회(Standing Committe on Corruption)를 설치하였고 1960년에 집행부와 입법부 위원까지도 포함시켰다. 1971년에는 뇌물방지법(The Prevention of bribering ordinance)이 입법화되었다. 이 법에서는 공무원이 적절하지 않는 재산을 소유하거나 유지하는 것은 부패에 해당한다고 규정하였고 공무원이 자기자신의 소유재산을 은닉하거나 숨기는 행위에 대해서는 범죄행위로 보았다. 1971년 영국에서 파견된 홍콩총독 매클로스(Marry Maclehose)는 부정부패를 척결하기 위해 1974년 2월에 염정공서 설치근거법(Independent Commission Against Corruption Ordinance)을 마련하였고 이에 따라 염정공서(ICAC: Independent Commission Against Corruption)란 반부패 기구를 창설하였다. 염정공서는 설립시 중국인의 관습이나 관례에 어긋난다하여 많은 비판을 받았었다. 그 후 홍콩정부는 염정공서 법규의 실시로 부정과 부패가 일소되었고 공공분야의 불신을 회복할 수 있었다. 특히 염정공서는 부패사건의 수사 및 조사권, 사법권 및 구속권이 있고, 시민들에게 반부패 교육예방 및 출판 발간·훈련 등의 홍보프로그램 등을 통하여 홍콩정부의 정의와 공정한 사회의 룰을 정립하는 데 기여하였다.

(2) 廉政公署 組織 및 機能

염정공서의 조직은 3개의 부서로 이루어졌는데 부패방지처, 사회관계처, 조사부로 구성되었다. 부패방지법에 의거 그 권한이 부여된 염정공서는 다음과 같

3) Manion, Melanie, "Corruption by Design Bribery in Chinese Enterprise Licencing," Journal of Law, Economics and Organization 12: (1996), pp. 167-195.

그림 7.1 염정공서조직체계

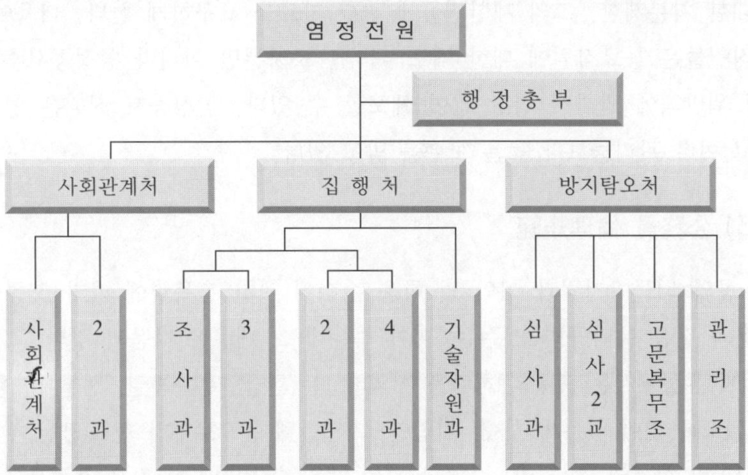

자료: 염정공서 1999년 Annual Report.

은 권한이 부여되어 있다.

첫째, 염정공서는 부패죄목혐의자나 부패에 관계된 여타 범죄에 관하여 체포할 수 있는 권한이 있다.

둘째, 염정공서의 장인 커미셔너나 부커미셔너는 공과 사를 불문하고 부패행위에 관하여 체포영장을 발부할 수 있는 권한이 있다.

셋째, 염정공서의 장인 커미셔너나 부커미셔너는 은행이나 회계 등의 업무에 관하여 서명된 계좌추적권을 시도할 수 있는 권한을 가지고 있다.

넷째, 커미셔너나 부커미셔너는 염정공서 관리들에게 어떠한 뇌물도 제공받을 수 없도록 서약을 하도록 한다.

염정공서의 사회관계부는 언론매체나 교육제도를 담당하는데 염정공서의 기구 중 두 번째로 규모가 큰 조직이다. 사회관계부는 일반행정, 인사관리, 재정보급, 사회관계 리서치행위, 훈련, 교육, 직원복지 등을 담당한다.

부패방지부는 가장 작은 규모로서 공공분야와 사적분야의 부패제공 기회를 제거하거나 줄이는 업무를 수행하고 있다. 염정공서 커미셔너는 총독에 의해 임명되고 인사위원회에 독립된 상태에서 채용된다. 염정공서 직원들은 다른 정부부서에 전직할 수 없다. 염정공서 법규는 운영부서의 장은 그의 부하들이 의심받는 행위를 제한하도록 하는데 예를 들어 은행계좌를 검사하고 의심스러운 재산에 대한 처분제한, 그의 재산변동에 관한 자료를 요구하게 한다. 더욱이 염정공서 직원들은 동료직원에 대한 체포, 구금, 조사뿐만 아니라 염정공서훈령에서 제시된 위반죄에 관하여 영장 없이 체포할 수 있다. 염정공서 직원은 인사이동이 없고 여타 관리들보다 높은 보수를 받고 있다.

(3) 公務員 倫理規範

홍콩의 뇌물방지법과 이익 및 향응 수수에 관한 총독령에 따라 홍콩공무원은 다음과 같은 윤리규범을 준수하여야 하는데 그 내용은 다음과 같다.[4)]

먼저 홍콩에서는 총독의 허락을 제외하고는 현금, 유가증권, 선물, 향응을 받을 수 없도록 되어 있는데 첫째, 기업인, 기업단체 등으로부터 선물(금전 기타), 할인, 대부 및 항공권, 승선권, 승차권 등을 받을 수 있다. 이 경우 선물은 다른 사람에게도 통상적으로 주어지는 것이어야 하며 직무와 관련이 없어야 한다.

둘째, 공무원은 친구로부터의 금전차용액수가 HK$2,000을 넘지 말아야 하고 반드시 14일 이내에 상환하여야 한다. 셋째, 공무원은 공무원 복무규정에서 허락되지 않는 선물 등을 받고자 하는 경우에는 소속 기관장의 사전 승인을 받아야 하며 사전에 승인을 받지 않은 경우에는 사후에 승인을 받아야 한다. 넷째, 소속 기관장은 공무원이 이미 수령한 이익을 승인하지 아니하는 경우 받은 이익을 반환하도록 명하여야 하며 이익을 반환할 수 없는 경우에는 소속 기관장이 정하는 방법에 의하여 처분할 수 있다. 다섯째, 이익 향응 수수에 관한 총독령을 위반한 자는 뇌물방지법의 처벌규정에 의하여 HK$100,000 및 징역 1년을 부과할 수 있다.

(4) 廉政公署 問題點

염정공서가 공무원이나 공공기관에 대해서 독립적으로 조사하고 처벌함으로써 한동안 각광을 받았지만 비난도 감수한 적이 있었다. 염정공서가 경찰조직의 부패망을 파헤치려는 시도가 경찰기관으로부터 항의를 받게 되자 1977년 1월

4) 전수일, "공무원 윤리규범과 행동기준에 관한 연구": 선물, 접대 및 이익수수의 한도를 중심으로, 한국부패학회보, 제 4 호 참조(1999).

이전의 범죄에 대해서 사면을 취함으로써 시민들로부터 신뢰도가 추락하였으며, 중국정부 반환 이후 중국인의 사업거래로 인한 부패의 기회가 증가하는 데에 따른 염정공서의 활동이 한계에 봉착할 수밖에 없다는 우려가 최근에 제기되고 있다(Financial Times, 1997).

2. 싱가포르

유교문화권에 포함된 아시아 국가들은 경제발전과 함께 예외없이 공직자 부패라는 난제에 부닥친다. 그러나 유독 싱가포르만은 지난 1965년 완전 독립한 이래 깨끗한 정부의 기조를 유지한 채 연 9%대의 실질경제성장률과 1인당 국민소득 3만 2,000달러를 기록하고 있다.

정치적으로는 리콴유(李光耀) 전총리와 고촉통(吳作棟) 총리 중심의 인민행동당이 40여 년 동안 집권하고 있다. 그럼에도 "절대 권력은 절대 부패한다"는 말이 무색하게 '깨끗한 정치'를 실현한 모범사례가 되고 있다. 정치자금이라는 말도 없다. 집권당인 인민행동당은 선거비용을 최소화하는 한편으로, 중앙당 유지 · 운영비는 당원회비로 충당하고 지구당의 경우 바자개최 · 유치원운영 등과 같은 부대사업으로 돈을 조달하고 있다. 고위 공직자들에게는 엄격한 도덕기준이 적용된다. 1965년 리 전총리의 오른팔이었던 탄키아칸 국가개발장관이 미 보잉사 커미션문제로 가차없이 처벌받았는가 하면 1976년에는 리 전총리의 학교동창이자 국무장관이었던 위툰분이 부패혐의로 투옥되기도 했다. 싱가포르는 부패에의 유인을 억제하기 위한 목적에 따라 싱가포르 행정부처들의 업무나 활동에 대해서 스스로 감독의 강화나 평가를 요구하고 있다. 싱가포르는 관료들에게 높은 급여, 상여금, 그리고 쾌적한 근무환경을 제공함으로써 공직에 애착을 가질 수 있도록 함과 동시에 부패의 유인가를 상쇄시키고 있다.[5] 리콴유나 고촉동 등 최고지도층의 반부패 리더십도 매우 중요하다. 리콴유 스스로 "개인재산은 없다"고 공언하고 있으며 야당들도 그를 부패문제로 공격한 일은 아직 없다. 서방언론도 그의 독재체제를 비판할지언정 청렴성 문제에는 한 번도 이의를 제기한 적이 없었다. 1937년에 제정된 싱가포르 부패방지법(The Prevention Of Corruption

5) Quah, "Singapore's Experience in Curbing Corruption," in Arnold Heidenheimer Political Corruption: A Handbook(New Bruns wick: Transaction Publisher, 1989), p. 842.

Act)은 1960년에 권한을 대폭 강화시켜 개정하였는데 주요 내용은 반탐오조사국(CPIB) 의장에게 강력한 권한을 부여하였는데 반탐오조사국(CPIB) 의장은 싱가포르 국가원수에 의하여 임명되고 부패사건에 관해 영장없이 부패관련자를 구속하는 등 처벌이 엄격하다는 점이다. 부패사건 관련자는 최고 7년까지의 징역형과 벌금을 처하도록 하고 있는데 반탐오조사국의 이모저모를 살펴보면 다음과 같다.

(1) 反貪污調査局(CPIB: Corrupt Practices Investigation Bureau)의 背景

반탐오조사국은 1952년 설립되어졌는데 독립기관으로서 싱가포르의 부패방지와 조사를 책임지고 있다. 1940년에서 1950년 초까지 싱가포르는 부패와 무질서가 난무하였으며 부패와 뇌물은 싱가포르의 삶의 한 생활양식으로 자리잡았다. 이 당시 모든 부패사건은 싱가포르 경찰로 알려진 반부패브랜치(Anti Corruption Branch)에서 조사되었는데 효과적으로 대처하질 못하였다. 특히 부패 경찰관들에 의해 조사되니 반부패 실효성이 미흡하였다. 따라서 모든 부패사건의 조사에 관하여 경찰로부터 독립적인 조직부서로서의 설립이 제기되었으며 싱가포르정부는 이와 같은 점에 의거 반탐오조사국을 설립하게 되었다. 초창기 반탐오조사국은 여러 가지 어려움에 봉착하였는데 무엇보다도 반부패법이 부적절하고 개인의 부패행위에 대해 증거를 수집하는 것이 어려웠다. 또 다른 문제는 공공분야의 지원부족에서 비롯되었는데 공무원 대다수가 반탐오조사국에 대해서 효과성을 의심하였고 협조도 하지 않았을 뿐만 아니라 두렵게만 인식되었다. 이러한 상황은 인민행동당(People's Action Party)이 1959년 집권하면서 변화가 오기 시작하였다. 즉 부패관리들에 대한 강력한 처벌을 시도하였고 부패관료는 공직에서 추방하기에 이르렀다. 반탐오조사국에 대한 공무원의 신뢰는 정부가 반부패 정책을 성실하게 수행하는 것을 인식함으로써 성립되게 되었다.

(2) 立法(Legislation)

1960년에 싱가포르정부는 부패에 대하여 보다 효과적인 법률을 제정하였다. 소위 반부패법이라 불리는 부패방지법(The Prevention Of Corruption Act)의 제정이라 할 수 있다. 반탐오조사국에는 조사권이 부가되었으며 처벌도 강도 높게 규정되었다. 부패방지법은 241챕터로 구성되었으며 오늘날 반탐오조사국이 모든 부패와 맞서 싸울 수 있도록 필요한 권한을 부여하였다. 1989년에는 부패법(The Corruption Act: confiscation of benefits)이라 불리는 새로운 법이 통과되었다. 이 법은 법원에 부패사범들이 획득된 각종 재산을 압류하고 동결할 수 있도록 하는 권한을 부여하였다.

(3) 組織과 機能

싱가포르가 부정부패를 완전 추방하게 된 것은 우선 엄격한 제도적 장치에서 비롯된다. 1960년 제정된 「부정부패방지법」은 정치인 · 공무원들의 부패를 강력하게 방지하고 있다. 싱가포르 수상직속으로 설치된 「부정부패행위조사국」은 모든 공직자들의 부정행위를 철저하게 조사 · 감시해 구조적인 부조리를 척결하도록 하였다.

반탐오조사국은 수상의 직속하에 있다. 반탐오조사국은 49개 오피서로 구

그림 7.2 싱가포르CPIB 조직체계도

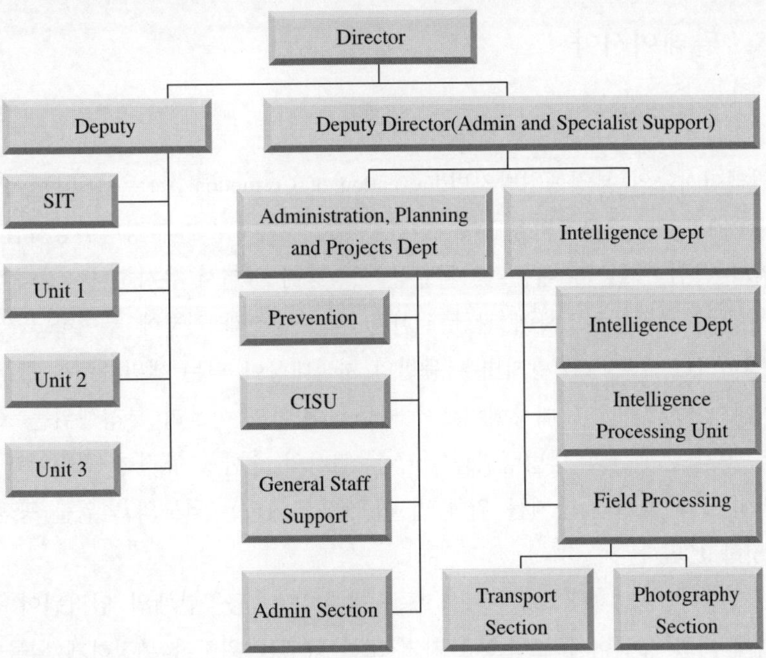

자료: 싱가포르 CPIB, Introduction, 2000.

성되는데 국장, 2명의 부국장, 5명의 조리서장(Assitant Director)이 있으며 41명의 특별조사관(Special Investigator)이 있다. 반탐오조사국은 2개국이 있는데 운영국(The Operation Division)과 행정 및 특수지원국(Specialist Support Division)이 있는데 각국은 부국장의 명령을 받고 있다. 그리고 반탐오조사국의 주요 기능은 다음과 같다. 첫째, 공·사 영역에서 발생한 부패행위혐의자의 비리를 접수하거나 조사한다.

둘째, 공무원에 의한 부정과 비리를 조사한다. 셋째, 부패행위 기회를 축소할 수 있도록 공무수행에 있어서 처리 및 절차를 검사함으로써 부패방지에 노력한다. 반탐오조사국은 공직 부정행위뿐만 아니라 민간부문의 부정행위까지도 조사범위로 하고 있으며, 부패방지법이 규정한 범죄에 관련된 정보가 접수되거나, 상당한 혐의가 있을 경우에는 영장없이 체포할 수 있는 권한이 부여되어 있다. 또한 은행계좌, 주식지분, 동산구입, 지출상태를 조사할 권한이 있으며 관련기록, 물품의 제출을 요구할 권한이 있다. 또한 수사에 필요하다고 판단되면 혐의자의 재산과 서류를 압수, 수색할 수 있는 권한이 있다.[6)]

3. 말레이시아

(1) 不正行爲防止法

말레이시아의 부정행위방지법(Prevention of Corruption Act)은 1961년에 제정공포되고 1971년에 개정되었으며, 인접국가인 싱가포르의 부정행위방지법과 부정행위의 범위, 뇌물의 내용 및 처벌상의 형량에 있어서 유사하나, 말레이지아의 경우에는 부정행위조사에 관한 권한을 일반 경찰과 검찰에 부여하고 있다는 점이 상이하다. 부정행위방지법은 동법의 처벌대상이 되는 행위자로서 공무원과 공공기관의 행위 및 그 대상행위로서 뇌물을 정함과 아울러 부정행위를 조사단속하는 경찰의 권한과 범법행위를 소추할 검사의 권한을 규정한 법률이다. 「부정행위의 보다 효과적 방지를 위한 법률」 제 2 조에서는 뇌물의 범위를 광범위하게 규정하고 있다

부정행위방지법 제 3 조와 제 4 조는 개인 또는 공공단체의 임직원이 작위, 부작위에 대한 유인이나 보답으로 자기 또는 타인을 위하여 부정하게 뇌물을 요

6) 김병철, “외국의 공직부정부패 방지제도와 그 운영,” 감사 46호 참조(1996).

구 또는 제공의 의사표시를 하거나, 특정인 또는 타인을 위하여 부정하게 뇌물을 제공, 약속 또는 제공의 의사표시를 한 자는 유죄가 되며, 유죄판결로 5년 이하의 징역 또는 1만달러 이하의 벌금형에 처하거나 이들을 병과하고 있다. 특히 공공기관과의 계약, 계약의 신청 또는 이러한 계약에 포함된 공사의 시행을 위한 재도급 등을 위한 것인 때에는 최고 7년의 징역에 벌금 1만달러나 또는 양자를 병과할 수 있다.

제12조는 뇌물을 부정하게 공여, 약속 또는 공여의 의사표시를 받은 국회의원, 주의회의원, 공공기관의 임원 또는 공무원은 즉시 뇌물공여의 사실과 공여자의 성명을 인근 경찰관에게 통보하여야 하며 정당한 사유없이 당해 의무를 이행하지 아니하는 때에는 이 법의 규정에 의하여 유죄가 되며 유죄판결에 따라 6월 이하의 징역 또는 500달러 이하의 벌금에 처하거나 이를 병과할 수 있다.

제14조는 제 3 조와 제 4 조의 규정에 위반한 자에 대한 소송절차에서 공공기관에 근무하는 자가 뇌물을 수수하였음이 입증된 때에는, 당해 뇌물은 반증이 없는 한, 이 법에서 말하는 유인 또는 보답으로 부정하게 공여 또는 수수된 것으로 본다고 규정하고 있다.

제21조는 치안판사는 고발에 따라 필요한 신문을 거친 후 특정장소에 이 법 또는 다른 법에 규정된 범죄의 증거가 있다고 믿을 만한 상당한 이유가 있는 것으로 인정하는 때에는 영장에 의하여 경찰관으로 하여금 필요한 경우에 강제로 당해 장소에 들어가 범죄의 증거를 수색, 압수 및 유치하게 할 수 있다.

제23조는 다른 법의 규정에 불구하고, 검사는 특정인이 이 법의 규정에 의한 범죄 또는 규정된 범죄를 범하였다고 의심할 만한 상당한 이유가 있다고 인정하는 때에는 명령에 의하여, 지명된 경정급 이상의 경찰관에게 당해 명령에서 명시하는 방법에 따라 사건을 조사할 수 있는 권한을 부여할 수 있다. 권한이 부여된 경찰관에게 요구받은 정보, 각종 계좌, 서류 또는 물건을 제공 또는 제출하지 아니한 자는 이 법의 규정에 의하여 유죄가 되며, 유죄판결에 따라 1년 이하의 징역 또는 2,000달러 이하의 벌금에 처하거나 이를 병과할 수 있다.

(2) 反腐敗法

1997년 제정된 이 법은 부패방지를 위한 풍부한 내용을 담고 있다. 특히 이 법은 감독관(Director-General)제도를 두고 있다. 감독관은 다음과 같은 의무를 가진다. 첫째, 이 법 아래에서 범죄행위에 대한 보고를 받으며 그것을 조사한다. 둘째, 이 법 아래에서 의심스러운 범죄를 조사한다. 셋째, 이 법 아래에서 범죄의 발견을 촉진하기 위해 공공부문의 관행, 체제, 절차를 조사하고 이의 교정을 추진한다. 넷째, 부패행위를 방지하기 위해 부패범죄를 저지른 자를 교도하고 훈계한다. 다섯째, 감독관이 부패의 발생가능성을 감소시키기 위해 필요하다고 생각하는 공공부문의 효과적인 의무의 이행과 양립하는 관행과 체제에 있어서의 어떤 변화를 위해 공공부문의 장들에게 충고한다. 여섯째, 부패를 방지하기 위해 대중들을 교육하고, 마지막으로 부패와 싸우기 위해 대중들을 계몽한다.

(3) 機　　能

말레이시아의 반부패조사청은 부패와 권력남용을 정확하게 그리고 쉽게 이해할 수 있도록 효율적인 기능을 수행하고 있는데 이런 기능을 위해 개방된 조사를 통하여 얻게된 정보를 기초로 고발을 한다.

부패 커미션의 충분한 증거를 위해 구체적으로 정보를 수집하고 획득하는 노력을 하는 한편 권력남용과 오직행위는 완전하고 즉각적으로 그리고 효과적인 조사를 행한다. 공익과 정의는 법률과 규율하에서 지속적으로 보호되며 또한 권력남용과 부패사건에 있어 엄정한 재판과 법률적 자문을 할 수 있도록 노력한다. 또한 윤리헌장과 직무규정에 위반하게 된 관리들의 징계처리를 다루는 공·사 영역분야의 장에게 조언을 하고 있다. 이와 아울러 부패나 권한남용의 기회는 취약한 관리시스템이라는 반부패조사청의 조사결과와 분석보고서의 지적에 따라 이를 일소하는 방법과 역할을 강구하는 기능을 주력하고 있다. 그리고 부패나 권한남용에 관련되지 않는 자를 명확하게 하기 위해 반부패조사청의 확실한 그리고 정확한 조사가 이루어지도록 노력하고 있다. 특이한 점은 공공분야에 있어서 중요한 지위를 충원하는 것을 포함하여 영예로운 상이나 서훈, 선별적 퇴직 · 승진 등을 반부패조사청이 자문한다는 사실이다. 이외에도 중요한 단체나 공공기관의 조직리더에게 권력남용과 반부패를 위하여 계속적인 지지와 참여를 고양시키고자 노력하며 각종 정보수집이나 수사, 부패방지를 위해 국가라든지 세계적 수준의 기관과의 협력과 관계를 유지하고 있다. 그리고 반부패 훈련을 수행하도록 하기 위해 반부패조사청에서 실행할 수 있도록 노력하고 있으며 반부패조사청 직원들의 전문성과 연대의식을 제고시키기 위해 체계적이고 조직화된 훈련프로그램과 진취적인 리더십을 개발하고 있다. 반부패조사청의 직원들이 인력관리프로그램 발전이나 정보기술, 부서관리 및 체계적 직무과정을 위해 양질의 리더십 훈련을 고양시키고 있다.

1) 强化戰略

반부패조사청의 직무효과성을 고양하기 위해 반부패조사청 관리의 직업화를 강화하는 것뿐만 아니라 국제적 반부패 법 시행기관이나 언론매체들과의 협력을 고양시키고자 한다.

2) 防止戰略

이런 전략은 도덕적 가치를 고취시키는 노력을 강조하며 부패를 방지하고 법규를 시행함으로써 흔들림 없는 감독시스템을 수립한다.

3) 施行戰略

반부패조사청은 이미 알려진 공무원수입의 과도한 재산소유가 발견되었을 때 증거분에 관해 기소되며 처벌되도록 한다. 과다수입 자료를 만족스럽게 증명하지 못하는 재산의 압류를 시도하고 뿐만 아니라 반부패조사청 조사에 있어서 부패방지의 노력을 확실하게 하기 위해 사회나 조직리더의 도덕적 가치를 가르치도록 설득하며 이를 위해 계획적이고 협조적이고 효과적으로 수행되도록 노력한다.

■ 고객헌장 ■

고객에게 편견없이 확고하고 공정한 방법으로 조사하고 부패방지를 위해 서약한다.

부패에 관계된 충분한 협의자들과 정보제공자의 비밀유지가 될 수 있도록 신속한 과정을 하도록 노력한다.

모든 부패조사가 객관적이고 이해할 수 있도록 하며 그리고 신중한 절차수행이 되도록 한다.

모든 부패사건이 공정하고 능률적으로 수행되도록 노력한다.

반부패조사청과 정부 그리고 국가는 부패사건에 관해 편견 없이 공정하고 충분하게 이해할 수 있도록 유선방송이나 보도에 부패관련 정보를 보장한다.

그림 7.3 말레이시아 반부패 조사청 조직구조

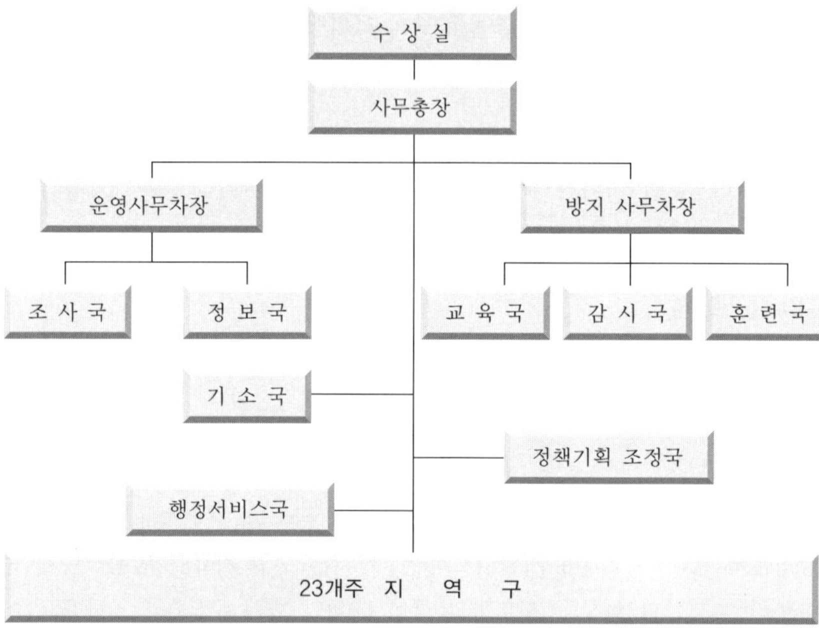

자료: 말레이시아 반부패조사청, Annual Report 1999.

제 3 절 反腐敗制度의 比較分析

홍콩은 오랫동안 영국의 식민지를 받아오다 1997년 1월에 영국으로부터 독립되어 중국으로 반환된 특별자치구이며, 싱가포르는 1965년 말레이지아 연방으로부터 독립된 도시국가라고 볼 수 있다. 현재 싱가포르는 의원 내각제 국가로서 현재 고촉동 총리의 인민행동당이 집권하고 있으며 홍콩은 영국에 반환 후 중국의 특별 행정자치구로서 동건화 행정장관이 통치하고 있다. 이들 국가를 포함하여 아시아 대부분 국가들의 반부패를 위한 정부기관은 매우 다양하다고 볼 수 있다. 대통령 비서실, 수상실, 검찰, 경찰, 감사원, 염정공서, 반탐오조사국 등이 그 예라고 볼 수 있는데 이는 각국의 법률의 기본적인 차이 때문이라고 볼 수 있다. 한국의 감사원은 헌법에 규정되어 있고 헌법상 독립기관으로서 역할을 한다. 또한 감사원법이 설립되어 회계, 감사기능을 독립적으로 수행하고 있다.

홍콩의 염정공서나 싱가포르의 반탐오조사국은 한국의 감사원과 같은 기능과 권한을 부여받았는데 부패문제에 있어서는 한국보다는 좀더 강력한 조직이라고 볼 수 있다. 한국의 감사원이 수사 기능이 없고 비위관련자를 검찰에 고발만 하지만 홍콩의 염정공서나 반탐오조사국은 수사기능뿐만 아니라 영장없이 구속할 수 있는 권한이 있다는 것이다. 한국의 경우 검찰의 영장신청과 법원의 영장발부가 꼭 필요하지만 홍콩이나 싱가포르는 한국과는 달리 독자적으로 부패사건을 수행하고 처리하고 있다. 홍콩의 염정공서는 1974년에 창립되었고 싱가포르의 반탐오조사국은 1952년에 설립되어졌다. 한국의 감사원은 이보다 먼저 1948년에 창립되었다. 1993년에 한국의 감사원은 감사원장 자문기구로 부정방지위원회를 설립하였고 김대중 정부에서는(1999년) 부패방지 자문기구로 반부패 특별위원회(PCAC: presidential commission anti corruption)가 구성되었다. 싱가포르의 반부패기구인 ACB(Anti Corruption Branch)는 1937년의 CID(Criminal Investication Department)의 한 부분으로 탄생하였다. 홍콩과 싱가포르는 부패방지에 있어서 독립적으로 업무를 수행하고 있는 것이 유사점으로 볼 수 있다. 그러나 한국의 감사원이나 검찰은 강력한 권한과 기능역할이 주어졌지만 그 성과는 미흡하기 짝이 없다고 볼 수 있다. 한국의 감사원이 800여 명에 불과하지만 홍콩의 염정공서는 1,400여 명에 이르고 있다. 한국의 검찰이 독립성과 중립성에 관하여 국민들로부터 많은 비판을 받고 있지만 싱가포르나 홍콩의 경우 국민들의 성원과 지지를 받고 있으며 어떠한 압력에도 굴하지 않고 있다. 싱가포르와 홍콩은 부패방지법이 있지만 한국은 국회에 계류중이다. 소속에 있어서는 싱가포르의 반탐오조사국은 수상직속하에 있고 홍콩의 염정공서도 총독하에 있는데 한국의 감사원은 대통령직속 헌법기관으로 있다는 사실이다.

세계 각 국가들은 자국의 공무원들의 독직문제뿐만 아니라 뇌물, 사기, 절도, 횡령, 선거뇌물, 세금포탈, 불법적 마약거래, 도박, 기업의 불법행위까지 폭넓게 단속하고 있다. 이를 위해 부패방지법을 제정하여 강력한 단속을 시도하고 있는데 싱가포르는 1960년, 홍콩은 1948년, 태국은 1975년에 이미 법을 제정하여 부패방지에 나섰다. 또한 말레이시아가 1961년도에 법을 제정하였고, 인도 1947년, 미국과 영국도 관련 법규를 마련하여 체계적으로 반부패정책을 시행하고 있다.

주요 내용 \ 국가	싱가포르	홍 콩	타일랜드	필리핀	인 도	말레이시아	미 국	영 국	일 본	호 주	중 국	러시아	네덜란드	이탈리아
명 칭	부패방지법 (The Prevention of Corruption Act)	뇌물방지법 (The Prevention of Bribering Act)	반 수뢰 및 부패방지법 (Anti Graft & Corruption Act)	반수뢰 및 부패방지법 (anti-Corruption Act)	부패방지법 (The Prevention of Crruption Act)	부패방지법 (Prevention of Crruption Act)	정부윤리법 (Ethics Government Act)	공공단체 부패행위 방지법 (Public Bodies Corruption Practices Act) (Prevent ion of Corruption Act)	정치윤리 위원회 규정	독립부패방지 위원회 (Independent Commission Against Corruption Act)	중국행정감찰규제령, 국가공무원임시규제령	뇌물 수수자처벌에관한 포고령:공직사회 부패척결에 관한조치(대통령 포고령361호)	형법상 부패관련 법규	부패행위에 대한 특별 규정
제정 연도	1937 (1960년개정)	1948, 1971	1975	1960	1947 (1991년개정)	1961 (1971년개정)	1978(1989년), 1934(1977년개정)	1889, 1906 (1916년개정)	1985	1989	1987년 이후	1917, 1992	1976 (개정)	1989
주요 부패사항	뇌물, 증회	마약, 여권위조, 불법이민, 신용카드사기, 뇌물 등의 증수회죄	공직자에 대한 증회와 공직자의 부패	직·간접 친인척간의 이권개입, 뇌물등(3, 4, 5, 6, 9조)	뇌물의 취득, 직권 남용한 특수한 이권 개입의 부패	각종의 뇌물 증여, 약속 또는 미수교사 공모 등의 부패행위	주요공직자의 이권개입 등의부패행위, 미국기업의 외국공무원뇌물제공	공직자의 이권개입 기타 뇌물수립 등의 부패	의원의 독직 및 공무원 독직 등의 부패	관료, 정치인 등 주요공직자, 그리고 기업경영자 등의 부패행위	전국가공무원 대상의 부패	전공직자	공무원과 증회한자도 처벌	
처 벌	최고 7년까지와 벌금	최고 7년까지와 벌금	최고 무기징역 및 사형	1년-10년징역 및 사형	6월이상 5년이하의 징역과 벌금, 직권남용은1-7년의 징역	5년이하의 징역 및 벌금	재산공개중 허위보고 때는 벌금부과, 최고 5년이하의 징역 및 벌금	최고 7년이하의 징역	최고 7년이하의 징역	1년이하 징역	최고사형(공개처형 포함)	5년 이상	4년 이하 징역	최고 20년 징역
특 징	① CPIB(Corrupt Practices investigaton Bureau)의 독립기구설치 ② 엄격한 처벌 ③ 부패사건 조사국장은 사전 영장 없이 구속과 사법권 행사 ④ 부패사건조사국장의 국가원수에 의한 임명과 특별한 수사권 부여	① ICAC(Independent Commission Against Corruption)의 독립기구 설치 ② 입법부 의원 공사 기업인 정부관료 포함 ③ 수사 및 조사사법, 구속 부패척결 교육, 출판, 훈련계획 등	① 광범위한 뇌물시 부패사례를 처벌 ② 부패방지위원(Commision Counter corruption)설치 및 독점적 조사, 수사, ③ 수상, 상하의원장에게 매년 부패사건 결과보고	모든 공직자는 임명후 30일이내 그리고 매년 4.15일 이전 재산의 등록과 신고의 의무화(교사 노동자 임시직 제외)	① 특별법관에 의한 재판 ② 공무원의 일반 부패와 직권 남용의 형사상 처벌 ③ 공무원의 포괄적 개념(중앙 지방사법부 선거관계인, 정부 투자기관, 선거공직자 모든대학의 교수 조교 등 ④ 중앙과 각주의 경계 위원(Vigilance commission)구성, 부패사건 수사의회에 보고	① 국회의원 공공기관, 임원 공무원 등의 포함 ② 경찰, 검사 등의 특별조사권 그리고 부패법죄에 대한 체포 및 집행 가능	① 주요고위 공직자의 재산공개, 퇴직 후 취업규제, 정부 윤리국 설립(The Office of Government Ethics) 특별(독립)검찰관(Independent)설치 규정 ② 입법, 사법, 행정부의 주요 공직자의 재산 공개 의무화(대통령, 부통령, 상·하 양의원, 대법원, 판사, 고급공무원 등) ③ 재산공개제출서의 의무화(대통령,부통령 정부윤리국)대통령, 의원 입후보자, 연방 선거위원회, 입법부 국회사무총장행정부 소속 기관장 사법부 사법윤리 위원회 ④ 철저한 보고 요구(예: 200$이상 선물 250$이상(최근의 개정 선물은 20$ 또는 연50$ ⑤ 미국기업과 그 간부의 처벌 강화 (5년이하의 징역) ⑥ 국내법의 허용되는 합법적인 행위의 책임 면제	① 공직자의 특수한 이권개입 ② 계약관계에서 이권개입 ③ 국회의원의 정치윤리법에 의거 의회에 일임(의회자신이 처벌권을 가짐) ④ 의원의 재산 공개의 의무화	의원의 자숙과 사임권 규정, 부패사건의 형법규정, 공무원부패의 형법규정	부패행위조사, 반부패교육(학교정규교과목), 부패예방교육, 부패예방위원회 설치운영, 부패행위의 청문회실시, 부패의 포괄적 개념규정	각급행정감찰기관의 국민부패신고접수.처리특별기관의 설치, 부패신고에 관한 감찰기관 사무처리절차법 제정운용, 정보제공자의 법적 권리보호(중국헌법41조), 지방행정부패의 방지위한 제도적 장치 모색	직위이용 영리 특혜행위, 공직자의 겸직행위, 직무와 관련 타인의 대리인으로 영업행위, 회사관리에 참여하거나 경제활동행위, 금품수수등 뇌물	형법규정(177조 328조, 362조, 363조), 부패사건의 고지의무의 부여(형사소송법), 부패행위조사의 국립범죄수사국의 책임	범죄예방과 행정개선의 동시추진, 비교적 중징계나 중형(예: 20징역, 종신공무담임권박탈), 부패사건을 재판하는 특별법원과 검찰의 운영, 행정기관 투명성확보를 위하여 행정서류공개제도(1991), 광역지방행정위원회(prefecture)설치감시와 감사, 감사원의 회계감사

자료: 김영종, 「부패학」(1998), p. 238; Ledivina v. Carino, Bureaucratic Asia: Causes, Consequences and Controls(1986).

제 8 장

公職倫理와 淸白吏思想

제 1 절 序　　論

제 2 절 韓國行政의 公職倫理 現況 分析

제 3 절 韓國의 行政文化와 淸白吏思想

제 4 절 公職倫理와 淸白吏思想 沮害要因

제 5 절 腐敗文化改善과 公職倫理 제고방안

제 6 절 結　　論

제 8 장 公職倫理와 淸白吏思想

제 1 절 序　論

현재 우리 사회는 그간 압축성장의 여파로 정신과 과학의 문화적 지체현상이 막대하고 격렬한 사회변동의 탓으로 전통적 가치의 파괴, 부정부패의 혼재, 구성원간의 이념적 갈등, 도덕의 타락과 사회의 아노미적 병폐 등으로 한국사회 윤리의 정신적 지표를 송두리째 마비시키고 있다. 이는 사회통합의 저해며 국가 발전의 저지요인이 되고 있다. 결국 이 모든 갈등원인은 사회윤리의 문제라는 것과 관련되고 있고 이에 대한 깊은 숙고와 성찰, 그리고 진지한 논의를 통한 해법을 찾아보지 않을 수 없게 만든다. 최근 한국사회의 위기는 도덕행위의 주체자와 사회구조의 문제가 복합적으로 동시에 발생하고 있다는 점이다. 도덕성의 위기를 시민 개개인의 도덕적 취약성으로 귀결시키는 것은 인간과 사회의 문제를 경시하는 오류를 띠게 된다. 하루가 다르게 변하는 현대의 지식정보사회에서 물질만능주의가 판을 치는 도덕적 아노미현상을 사회에만 돌리는 것 역시 개개인의 근원적 자유와 도덕적 책임문제를 도외시하는 것이다. 그러나 사회적 변동과정에서 구조적 차원의 부정부패라든지 모순이 개개인의 도덕적 타락에 심각한 영향을 미친 것이 사실이다. 또 사회구조 자체에 환류됨으로써 악순환이 오늘날 계속되고 있다. 그리고 현대 사회의 변화속도에 부응하지 못하는 정신문화의 빈곤은 윤리적 지체 현상을 드러내고 있으며 부패라는 병에 만연돼 있다는 사실이다.

그러나 부정부패가 한 나라의 사회문화적 소산이라고 볼 때 한국의 시민문화, 총체적 의미에서의 한국국민들의 사고방식, 가치관 및 행동양식과 의식에 대한 그 동안의 지배적 견해는 부정적이라고 볼 수 있다. 왜냐하면 지연·학연·혈연이 중시되는 한국적 연고주의라든지 합리가 지배하기보다는 온정적이고 향리적 파벌주의가 강한 것이 한국사회의 문화적 특징이기 때문이다.

사실 부패학자들의 후진국에 대한 사회문화적 비판성향은 이를 비판내지 판단하는 근거가 바로 서구적 규범이라는 잣대를 놓고 생각을 하는 경향이 농후하다고 볼 수있다. 이미 서구적 편견이라는 일부 지적을 거론하지 않더라도 후진국을 포함한 개발도상국의 사회문화적 빈도는 낮게 평가하는 것이 일반적이고 보편적인 현상이라고 본다. 즉 후진국의 전통적 규범이나 행태가 서구적 규범의 측면에서 볼 때 매우 비합리적이라는 것으로서 이러한 입장에서 볼 경우 서구사회에서는 서구적 합리성이 정착할 때까지는 부정부패가 성행할 수밖에 없다고 주장한다.

현재 한국의 사회풍토는 부패환경과 토양을 조성하는 사회구조적 뇌물문화의 특징이 되어 버린 지가 매우 오래되었다. 또한 사인주의적 문화의 팽배가 공공이익보다 더 큰 비중을 두고 그것이 우리 사회의 관행으로 고착될 때 부패문화는 공공연하게 당연시 될 수밖에 없다.

그래서 합리성을 저버리고 개인이나 가족 또는 특수한 이익을 추구하게 되며 정실주의, 연고주의, 가족주의 등의 공과 사의 무분별한 관료문화적 병폐가 부정을 야기하게 되는 것이다.

특히 공직부패의 문제는 공무원조직만이 아니라 사회 각 계층과 전 분야를 망라해서 뿌리를 내리고 있다. 그래서 이 문제의 해결은 공무원 스스로의 노력이 매우 중요하지만 한국사회의 부패토양의 근원인 사회윤리적 여건을 고양하여야 하며 국민들의 성숙한 시민윤리정립이 시급하다고 볼 수 있다. 이렇게 볼 때 공직부패에 대한 적극적인 대응전략으로서 부패추방을 위한 반부패 국민의식개혁, 성숙한 사회윤리규범, 시민도덕운동 등의 총합적인 반부패 문화가 중요시되고 있는데 그 논거로는

① 우리 사회의 심각한 문제라고 할 수 있는 부정부패가 사회 전체의 불합리한 구조적 틀 속에서 운영되어 계속 만연되고 있다는 점

② 권력비리가 난무하는 가운데 국민들은 도덕적 불감증, 정부불신, 냉소주의, 자포자기 의식이 확산되므로서 개혁이 저해되고 있다는 점

③ 부패문화가 하나의 세력권으로서 형성되어 뇌물문화로 굳어진 점 등이 지적된다.

이와 같은 측면에서 본 연구는 한국의 시민윤리, 사회윤리, 국민의식을 가

로막고 있는 역기능적인 행정문화와 사회문화를 바람직한 변화의 반부패 유발문화로 승화시킬 수 있는 방법을 모색하고 공직윤리의 주요 덕목인 청백리정신을 공직자의 사회윤리도덕관으로 체화하기 위한 연구를 논의하려는 데에 그 목적이 있다고 할 수 있다.

제 2 절 韓國行政의 公職倫理 現況 分析

중앙정부와 지방정부의 예산 그리고 공기업의 예산을 모두 합치면 우리나라 경제규모에 대하여 차지하는 공공부문의 비중이 절반에 가깝다. 정부투자기관과 정부출자기관(정부출자 금융기관 포함)이 우리나라 경제에서 차지하는 비중은 GNP의 8~9% 수준이다. 정부투자기관, 정부출자기관, 정부출연 혹은 보조기관 등 정부산하기관에 대한 공식자료는 1998년에 대통령직 인수위원회가 밝힌 것이다. 이 자료에 따르면 전체 정부산하기관은 552개이고, 종사자수는 385,571만명이며, 예산은 143조원이다. 인력에 있어서는 중앙정부의 38.2만명보다 다소 많고, 예산에 있어서는 중앙정부예산 94.1조원보다 50%를 넘어서는 수준이다. 즉 공공부문이 한국사회에서 차지하는 비중은 사회적 파급력과 경제적 비중 모두에

표 8.1 한국의 부패인지지수(CPI) 변화

연 도	결 과	순 위	조사대상국수
1995	4.29	27위	41개국
1996	5.02	27위	54개국
1997	4.29	34위	52개국
1998	4.20	43위	85개국
1999	3.80	50위	99개국
2000	4.00	48위	101개국
2001	4.20	42위	91개국
2002	4.50	40위	102개국
2003	4.30	52위	133개국

자료: 김영종, "내면적 부패," 한국부패학회보 9-1호에서 재인용.

서 상당하며, 한국사회가 윤리적이기 위해서는 무엇보다 공직윤리가 확립되어야 한다.[1]

작년 국제투명성협회가 발표한 부패인지도의 순위를 보면 매우 심각한 수준이다. 〈표 8.1〉에서 볼 수 있듯이 우리나라는 세계 133개국 중 52위를 차지했고 싱가포르(5위), 홍콩(15위), 일본(22위), 대만(31위), 말레이지아(37위)에 이어 52위에 머루르고 있다.

또한 한국의 공직사회의 윤리현황에 대하여는 다음의 조사결과가 설명해 준다. 2002년 2월에 행정자치부 공무원 직장협의회가 4급 이하 행자부 직원을 대상으로 설문조사를 실시하여 308명이 응답한 내용을 분석한 결과에 따르면 응답자의 84.7%는 "공직사회에 부패가 존재한다"고 답하였다. 그리고 그 원인에 있어서는 공무원들의 넓은 재량권(28.6%) 등의 구조적 요인을 지적하고 있다.

그리고 9월에는 전국공무원노조와 여론조사전문기관인 한길리서치가 전국 성인 남녀 20세 이상 남녀 1,000명과 공무원 3,176명을 대상으로 실시한 여론조사결과 국민의 88.6%가 공직사회의 부정부패가 심각하다고 생각하는 것으로 나타났다. 또한 80.6%는 금품 · 향응 제공이 민원처리에 영향을 준다고 생각하는 것으로 나타났다. 한편 공무원노조 조합원들은 "상급자의 부당한 업무지시 명령

표 8.2 공무원직장협의회 설문조사분석

질 문: 우리 공직사회에 부패가 존재한다고 보는가?	
존재한다	84.7%
존재하지 않는다	15.3%
질 문: 공직사회의 부패원인은?	
개인의 욕심	11.1%
부정을 용인하는 사회적 풍토	13.8%
공무원의 넓은 재량권	28.6%
편의를 바라는 구조적 모순점	20.0%
공직사회의 구조적 모순점	17.5%
불필요한 행정규제	8.9%

자료: 행정자치부 공무원직장협의회, 「2002 설문조사 결과 분석현황」(2002년 3월).

1) 사회윤리제고를 위한 부패방지개선방안, 부패방지위원회 2002 참조.

에 대하여 어떻게 하는가?"는 질문에 대하여 "상급자 명령대로 처리한다"는 응답이 전체의 67.9%를 차지하고 있어 대다수의 공무원이 자신의 가치판단에 따라 행동할 수 없는 관료조직의 풍토가 형성되어 있는 것으로 나타났다. 공무원의 신분이 보장되어 있다는 점을 고려할 때, 한국사회에서 일반인이 주관에 충실하게 행동하기는 어려운 현실이며, 이는 한국문화에 자리잡고 있는 어두운 측면이다.

이러한 공무원의 현실인식과 업무처리 태도는 최근 한국의 공공부문에서 발생한 여러 가지 오류 즉 의료보험정책의 좌초, 빚더미 지방자치단체, 교육의 붕괴, 무책임한 공적 자금관리, 공기업 낙하산인사, 공기업의 퇴직자에 대한 거액 위로금 지급 등 일일이 열거하기조차 힘들 정도로 쏟아지는 관료집단의 도덕적 해이와 직·간접으로 관련된다. 국가기강 해이의 원인은 국가권력의 사물화와 자기목적화에서 비롯된다. 권력은 국리민복을 위한 수단인데 권력자체가 사익추구를 위한 자기목적이 되면서 공사의 구별이 흔들리고 있다. 정책담당자가 각종 이익단체의 압력, 정당 및 정치인의 압력, 친인척의 로비 등에 굴복하여 자신의 개인적 이익을 위해 행동하기 때문이다.

제 3 절 韓國의 行政文化와 淸白吏思想

1. 韓國의 行政文化

한국의 문화적 전통은 공동체적인 정의적 인간관계를 바탕으로 한 것이다. 이러한 문화의 특징은 인간관계의 중시와 공·사무분별, 상부상조 의식의 발달 등이다.

한국의 관료문화, 즉 총체적 의미에서의 한국관료들의 사고방식, 가치성향 및 행동양식에 대한 그 동안의 지배적 견해는 부정적인 것이라고 볼 수 있다. 권위주의적이고, 형식주의적이며, 운명주의적이며, 이성적이기보다는 온정적이고, 향리적 파벌주의 성향이 강하다는 등 Max Weber가 상정하고 있는 서구식의 합리적 관료문화와는 거리가 멀다는 것이 전통적 관점이다.[2)]

2) 황성돈, "유교사상과 한국관료부패문화," 「한국관료제와 정책과정」(다산출판사,

관료행태의 역기능적인 면은 ① 충원에서의 인맥의식, ② 파벌의식, ③ 관료의 과다권력 소유, ④ 관료들의 부패, ⑤ 법규만능주의와 불신풍조 등을 지적할 수 있다.[3)]

사인주의적 문화의 팽배가 공공이익보다 더 큰 비중을 두고, 그것이 우리 사회의 관행으로 고착되어질 때 부패문화는 공공연하게 당연시 될 수 있다. 따라서 합리성을 저버리고 개인이나 가족 또는 특수한 이익을 추구하게 되며 정실주의, 연고주의, 가족주의 등의 공과 사의 무분별한 관료문화적 병폐가 부정을 야기하게 되는 것이다.

합리적이고 도덕적인 시민문화가 결핍된 사회문화적 환경은 관료제의 병폐와 역기능을 통제하지 못하고 오히려 관료들에게 뇌물을 제공하고 그 대가를 바라는 사회분위기로 부패가 더욱 확장된다.[4)]

한국의 행정구조와 문화를 이해하기 위해서는 역사적 고찰이 필요하다. 조선 시대의 정치 · 행정적 이념이 오늘날의 한국행정제도 및 관료부패문화 형성에 커다란 영향을 주었기 때문이다.

특히, 조선시대 전 기간에 걸쳐 국가 공식 이데올로기로 작용한 유교는 정치제도에 많은 영향을 주었다. 유교는 중앙집권적이고 권위주의적인 정부형태를 수립하는 데 활용됨으로써 사회 기본구조와 규범을 지배계급의 정치철학과 합치시키는 데 기여하였다. 그리고 가족, 촌락 및 민족 등의 제 1 차 사회집단 내의 인간관계에 있어서 순종체계를 예론적 규범에 의해 정당화하고, 이러한 봉건적 신분질서를 전반적으로 규제하는 사회적 가치준거이기도 하였다. 이 같은 유교적 전통은 현재의 행정과 국가발전에 상당히 도움이 되는 긍정적인 면도 있다. 즉, 1970년대 세계가 경제침체기에 빠져 있음에도 불구하고 높은 경제성장률을 보인 국가들 대부분이 유교적 전통을 지닌 동양권 국가였고, 유교적 전통의 긍정적 속성으로 배움과 인격수양 및 근검절약의 강조, 의(義)의 중시와 조화 등을 논거로 제시할 수 있다. 이러한 관점에서 조선시대 관료는 유교관료제 내에서 지배적인 지위를 차지하면서도 실제 기능면에서는 국왕에게 충성을 다하는 관료로서 가신적인 성격을 지녀 사회 · 경제적인 조건에 의해 근대적 관료의 성격을

1994), p. 24 참조.

3) 안병만, 「한국정부론」(다산출판사, 1990), 참조.

4) 김영종, 「부패학」(숭실대출판부, 1996), p. 96.

지닐 수도 없는 양면성을 지녔다.

2. 淸白吏 精神

한국의 전통윤리의 하나인 청백리사상은 깨끗하고 순백한 정신자세의 공직자를 지칭한다. 청백이라는 말은 청렴결백의 약칭으로 우리나라를 비롯한 동양에서 가장 이상적인 관료의 미덕으로 지칭하는 것이다. 먼저 청백리의 뜻을 구체적으로 이해하기 위해서 설문해자적인 접근법을 적용하여 해석하면 다음과 같다.[5] '淸'은 靜(고요함), 澄(맑음), 潔(깨끗함) 등을 나타내는 조어이다. 좀더 구체적으로 해석하면 지상에 존재하는 것 중 물이나 불보다 맑은 것이 없기 때문에 精(깨끗함, 맑음)이 쌓여서 푸름을 이룬다고 하여 '淸'이 되었다. '白'은 純(순수), 明(밝음), 潔(깨끗함)이며 '吏'란 '一'자와 '史'자에서 나온 것으로서, 곧은 역사적 심판과 사실역사만의 교훈으로 공직을 수행한다는 의미이다. 청백리는 청렴한 관리를 의미하는 것이기도 하지만 조선시대에 특별히 국가에서 선발되어 청백리안(청백리 대장)에 명단이 올랐던 사람들을 말하였다. 청백의 의미를 보다 정확히 하기 위해 최초의 자료들을 중심으로 의미해석을 시도하면 다음의 몇 가지로 대별할 수 있다. ① 품행의 순결성, ② 정의를 위한 순직, ③ 정도와 청백한 방법이 아니면 모든 공직에 나아가지 않는 것, ④ 신분에 부적합한 직업을 회피하는 것, ⑤ 청백은 家나 身과 같다, ⑥ 公과 私에 있어 사리가 분명하고 청초하며 과오가 없을 것, ⑦ 지역의 풍속에 밝고 애민하는 신하 등이다. 그리고 「後漢書」에는 청렴결백하여 백성을 撫育, 敎化할 능력이 있을 것으로 관리의 청백을 강조하고 있다. 결국 청백리의 어원적 의미를 종합해 보면 맑은 물처럼 티없이 깨끗하여 소색으로 때묻지 않은 광명의 淸官 · 淸正을 뜻하는 것이다. 그래서 옛부터 청귀한 관직을 수행할 수 있는 능력과 품행이 단정 · 순결하여 자기 일신은 물론 家內까지도 청백하며 汚賤에 조종되지 않는 정신을 가진 관리를 청백리 즉 소극적 의미인 부패하지 않은 관리(The uncorrupted officials)가 아닌 적극적인 의미가 담긴 맑고 깨끗한 관리(The cleanhanded government officials)라고 하였다. 청백리정신에서 가장 중요시하는 청렴정신은 자체의 의미가 밝히고 있듯이 탐욕의 억제, 매명행위의 금지, 성품의 온화성 등의 뜻을 내포하고 있다. 그러

5) 이서행, 「청백리정신과 공직윤리」(인간사랑, 1990), pp. 37~39.

므로 廉은 관리나 백성 모두에게 표본을 뜻하기 때문에 청렴윤리는 청백리의 기본정신이 포함되어 있으며, 국가의 생명력과 도덕성을 활성화하고 따라서 역사적 평가의 기준이 될 수 있어야 한다.

그래서 청백리는 본래 우리나라에서 전통적으로 8덕목(淸白 · 勤儉 · 厚德 · 敬孝 · 仁義 · 善政 · 忠誠 · 遵法)을 실천한 바람직하며 깨끗한 공직자상을 지칭하는 말로 사용되어 왔다. '청백'이라는 말은 '청렴결백'의 약칭으로 이는 우리나라를 비롯한 동양에서 가장 이상적인 관료의 미덕으로 지칭되는 것이기도 하다. 청백리는 청렴한 관리를 지칭하는 말이기는 하지만 엄밀히 말하면 조선시대에 제도화되어 청백리안에[6] 명단이 올랐던 사람들을 말하였다. 이러한 전통시대 청백리에 대한 관념에는 단순히 청렴한 품성만을 중시한 것이 아니라 정사에 대한 근면성까지 포함되어 있음을 알 수 있다. 깨끗한 품성과 함께 성심성의로 奉公하는 태도와 그것이 실제 행정에서 효과를 올리는 능력까지도 인정받아야 비로소 '염근리'라고 지칭되었던 것이다. 청아한 명성이나 날리면서 직무에 소홀한다든가 또는 지나치게 원리원칙에 얽매어 각박하게 함으로써 행정의 실효가 없는 것도 역시 비판의 대상이 되었던 것이다. 또한 청백리는 자고한 사람들에 대한 호칭이고, 생존하는 관리에게는 보통 廉謹吏(염근리) 혹은 염리라고 불렀다. 염근리로 선발된 사람은 승진이나 보직에 많은 특혜를 받았고, 죽은 후에도 자손들에게 벼슬이 주어지는 등 여러 가지 혜택이 있었다. 뿐만 아니라 이는 관료로서의 명예였으며 가문을 빛내는 일이기도 하였다. 반대로 부정부패한 관료는 貪官汚吏 혹은 贓吏라고 불렀다. 탐관오리로 지목되어 탄핵을 받았거나 처벌받은 관리들은 장리안에 수록되어 본인의 관직생활이 막히는 것은 물론 그 자손들이 과거를 보는 것도 허용하지 않았다. 그 만큼 조선시대에는 청백리와 탐관오리에 대한 관리제도가 엄격하였다.[7]

그런데 유교가 정치와 사회의 중심 이념이 되었던 중국을 비롯한 동아시아에서는 특히 관료들의 청렴성이 강조되었다. 우리나라도 삼국시대 이래 유교가 국가를 다스리는 중요한 이념과 수단이 되었기 때문에 관리들의 공직윤리로 유교적 청렴윤리가 강조되었다. 유구한 민족사를 되돌아보면 삼국시대부터 청백리정신과 吏道刷新의 확립을 위한 작업을 통해 청렴결백하고 선정을 베풀어 민중

---

6) 상게서, pp. 103～116.

7) "청백리정신과 감사인"(감사원, 1996), p. 64.

의 추앙받는 良吏와 淸白吏의 배출을 위해 노력하였음을 볼 수 있다.[8)]

유교의 청렴사상은 개인의 성실성 강조에서 비롯된 것이라고 할 수 있으며 오늘날의 공직자들이 반드시 돌이켜 보아야 할 대목이다. 모든 부정과 부패는 그것을 엄폐할 수 있다고 생각하는 사고방식에서부터 야기되지만 아무리 밀실에서 이루어지는 부정한 거래라고 하더라도 마침내는 드러나게 된다.[9)]

"혼자 있을 때 삼가야 한다"는 공자의 가르침은 개인적 성실성의 확립이 모든 사회활동의 기초가 된다는 원리를 말하는 것이다. 유학자들의 견지에서는 적어도 이러한 성실성이 확립되어야 비로소 집을 다스리고 국가를 다스릴 만큼 수양되었다고 할 수 있게 되는 것이다. 이것이 바로 유교에서 말하는 수기 치인의 원리이다.

공직자, 사회지도층, 시민 등의 다양한 계층에서 발생하는 부패행위는 그들의 비합리적이고 탐욕적인 욕구의 만족을 위한 일탈행위(deviant behavior)[10)]를 합리화하거나 정당화 또는 준공식화 하는 속성과 근성 등의 비윤리적 가치체계를 내면화(internalization)하는 조직구조나 개인의 가치구조 탓이라고 지적할 수 있다. 그중에서도 공직자의 비윤리적 가치체계의 내면화가 가장 큰 문제이다.[11)]

---

8) 청렴은 본래 유교에서 드러나게 표방하는 주요 교리의 조목에 속하는 것은 아니지만, 정치적 이상을 추구하던 유학자들이 공직자의 윤리로서 매우 중시하였던 것이다. 왜냐하면 청렴은 유교 정치사상의 핵심에 속하는 인정 곧 덕치주의, 위민사상, 정직의 윤리, 청빈사상 등과 결부되어 있기 때문이다. 이들은 총체적 의미에서 관료나 학자들의 개인적 수양덕목에 속하는 염치, 의리, 명예심 등의 선비정신과도 결부되어 있으며, 총체적으로는 인격의 완성을 지향하는 仁의 덕목 속에 함축되어 있다. 이서행, "청백리사상과 공직윤리," 참조.

9) 유교경전 대학에는 통치자나 행정 관료의 기초적인 수련 요건을 단계적으로 명시하였는데 이는 格物(사물의 이치를 궁리함), 致知(지식을 극진히 함), 誠意(뜻을 성실히 함), 正心(마음을 바르게 함), 修身齊家治國平天下의 과정이 있다. 이 중 정심과 성의가 청렴사상과 직접 관련되는 조목이다.

10) 전종섭 교수는 관료부패(bureaucratic corruption)의 경우 부패는 관료가 공공행정조직에서 구조적 관행으로 정착화되거나 내면화된 병적 도벽 관료제(kleptocracy)에 기인한다고 주장했다.「행정학: 구상과 문제해결」(박영사, 1987), 참조.

11) 홍콩의 문회보(文匯報)라는 신문이 한국사회에서는 뇌물을 주지 않으면 관청의 민원이 해결되지 않는다고 보도한 적이 있다. 이 신문은 그러한 비뚤어진 관행을 회뢰공행(賄賂公行), 즉 '공공연한 뇌물분위기'라고 표현했다. 특히 "공무원들은 황제 이상으로 군림하고 있을 뿐 아니라 말단직원들마저 기업과의 직접접촉을 통한 수뢰가 손쉽기 때문에 승진조차 하지 않는다"고 보도한 적이 있다.

茶山 정약용은 "나라가 망하는 것은 외침이 아니라 공직자의 부정부패에 의한 민심이반이다. 또 청렴은 공직의 기본이며 모든 선의 원천이고 덕의 근본"이라고 말했

제 4 절 公職倫理와 淸白吏思想 沮害要因

1. 市民倫理 부문의 沮害要因

한 사회 내에 건전한 시민의식이 자리잡으려면 각 개인이나 집단에 있어서 정신적 측면과 물질적 측면이라는 두 부분이 잘 조화를 이루어야만 한다. 현재 우리 사회 전체의 질병이라고 할 수 있는 한국병은 바로 이러한 두 가지 가치가 부조화를 이룬 데서 그 원인을 찾을 수 있다. 한국병의 종류로서 합리성의 결여, 형식주의, 권위주의, 직업정신의 결여, 拜金風潮, 이기주의, 쾌락주의 등을 지적할 수 있다.[12)]

구체적으로 보면, 합리성의 결여는 비합리적 수개념, 감정적 토론문화, 흑백논리, 조급성 등의 형태로 나타난다. 형식주의는 학력중시, 허영과 눈치문화, 제도만능 사고방식으로 표출되고 권위주의는 관존민비, 남존여비, 서열의식 등으로 특징지워진다. 직업정신의 결여는 장인정신과 서비스 정신의 결여, 공짜심리 등에서 찾을 수 있으며 배금주의는 금전만능 풍조와 더불어 봉투문화의 성행을 낳았다. 이기주의는 자기중심주의, 책임회피, 연고주의, 집단이기주의로 세분될 수 있으며 쾌락주의는 불건전한 놀이문화와 향락문화로 나타나고 있다.

이러한 한국병이 적절히 치유되지 않고 심화된다면 민주공동체건설 실현을 위한 바람직한 시민의식의 확립을 기대할 수가 없다. 이러한 병리현상이 우리 사회에 팽배하게 되면 일반국민들의 소외감을 증폭시켜 정치 · 행정체제에 대한 불신감을 조장시키게 된다. 이로 인해 정치 · 행정체제에 대한 일반 국민들의 요구 및 지지 기능이 저하되어 행정부의 과업성과 수준이 낮아지게 된다. 그러면 공무원 사회에서 유능한 공무원들의 사기는 더욱 떨어지게 되고 민간부문에로의 이직률이 높아지게 된다.

일반국민들의 정치 · 행정체제에 대한 무관심으로 인해 사정기관도 본연의 역할을 충실히 수행해 내지 못해 행정성과에 대한 평가가 왜곡되게 나타날 수

다. 즉 현재 우리 사회의 구조화된 뇌물관행이 부정과 부패의 중요한 한 원인이 되고 있다고 볼 수 있다. 「목민심서」 참조.

12) 춘원 이광수는 그의 저서 「민족개조론」에서 "한국인의 병폐를 거짓말과 공리공론을 일삼고, 표리부동한 성격, 공사무분별, 전문성 결여, 낭비벽" 등을 지적했다.

있다. 부실한 행정서비스에 대한 일반국민들의 불만은 더욱 증대되게 되고 이것은 다시 소외감을 심화시키는 악순환이 되풀이 되게 된다. 이러한 딜레마에서 벗어나기 위해서 우리는 과감히 이러한 악순환의 고리를 끊지 않으면 안 된다.

2. 公共倫理 부문의 沮害要因

(1) 公職倫理 分析

이 입장에서 볼 때 부패라는 것은 개인들의 행동결과이다. 부패의 원인을 부패행위에 참여한 개인들의 자질(qualities), 본성(nature)윤리에 있다고 보는 견해이다. 즉 개인의 성격이라든가 독특한 습성이 부패행태와 밀접한 관계가 있다고 보는 입장이다. 공무원의 범죄는 공무원 자신의 형태(behavior)적 요인이나 권위주의적 가치관 등의 차원에서 권력을 남용함으로써 발생하는 범죄현상으로 볼 수 있다. 이러한 경우에는 공무원의 범죄는 공무원 개개인의 일탈행위(deviant behavior) 자체를 연구의 대상으로 보아야 할 것이다.

흔히 부패를 당사자의 비도덕성이나 비윤리성에 기인하는 것이라고 보는 사람들이 많으며 이러한 비도덕적 행위를 증오하고 처벌해야 된다고 하는 주장이 가장 많은 것으로 판단된다. 예를 들어서 월급이 적어서 부패행위를 한다든지 혹은 윤리의식수준이 낮아서 부패를 한다든지 하는 것이 바로 이러한 설명과 상당히 부합된다.

특히 부패현상이나 행위가 특정 상황하에서 또는 어떠한 사람과의 관계에서 다른 사람과 달리 왜 그렇게 반응하였는가를 설명하고자 할 때는 이와 같은 개인적 성격이나 습성에서의 접근이 상당한 도움이 될 것으로 보인다. 아무리 합리적인 정책결정과 계획이 수립되고 능률적인 조직이 존재하고 있다 하더라도 조직 속에서 정책과 계획을 집행하는 관료들의 가치관, 태도 즉 의식구조가 공익성과 윤리성을 외면한다면 행정은 곧 부패소지를 낳게 될 것이다.

이러한 개인적 특성에 의한 접근에는 몇 가지 약점이 있다. 첫째는 부패행위가 특정한 형의 인간의 고유한 행위가 아니라는 것이다. 즉 부패현상은 고학력이나 저학력, 농촌출신이나 도시출신, 혹은 모든 인종을 막론하고 발견되기 때문이다. 물론 통계적 분석들이 어느 정도의 차이를 제시하는 경우도 없지않지만, 그것이 일반성을 띤 것은 아니라고 할 수 있다.

두 번째 한계는 이러한 개인적 특성에 의하여 부패를 설명하는 것은 우리의 제도나 법률 및 운영에 대체로 완전하다는 것을 전제로 하는 것 같은 인상을 준다. 이러한 의미에서 개인적 특성에 의한 접근은 도덕주의자들(moralist)이 부패를 증오하고 비난하는 데 도움이 될 뿐이다.

그리고 정책적 측면과 관련하여 이러한 개인적 · 미시적 접근은 부패와 관련된 정책형성이나 부패현상의 사회적 · 정치적 조장을 풀어보는 데는 조금도 도움이 되지 못한다.

윤리란 사회적 존재로서의 인간이 특정한 환경이나 상황에서 취하게 될 행동에 대한 도덕적 기초를 마련해 주는 것으로서 특정상황에서 인간의 행동을 규정하거나 금지하는 규범적 행동기준이라고 할 수 있다.[13]

정부조직은 전통적으로 개인책임보다는 소위 조직윤리를 강조한다. 조직윤리는 공무원이 조직 내에서 구성원간의 친화, 승진 · 안전 · 공동의 이익을 공유하는 대가로 충성과 기관의 전술과 정책을 수용할 것을 요구한다.

이 윤리는 공무원의 개인적 윤리나 동기와는 관계없이 충성심을 보여줄 것을 요구하며, 복종의 형태로 나타난다. 그 결과 공무원은 조직에 대한 충성심을 가장 높은 단계의 도덕성으로 간주하게 되고 건설적인 이의제기나 반대는 위배되는 것이 되기 때문에 조직은 이를 허용하지 않게 된다.

조직윤리는 조직의 비공식적인 약속이 되고 조직구성원을 지배하게 되기 때문에 공무원은 이 윤리를 위배함으로써 자신의 지위와 수입을 잃게 되는 모험을 시도하려 하지 않게 된다. 비합리와 비리를 고발하면 배신자나 고자질쟁이, 투서쟁이로 낙인찍혀 조직에서 영원히 매장되는 것이 한국 조직사회의 특성이다.

오늘날 우리는 정치 · 경제 · 사회 · 문화 등 모든 영역에서 대규모조직의 지도자들이 비윤리적이고 비도덕적인 행위를 너무 많이 목격하고 있다. 이러한 비윤리의 세계에서 오직 관료들에만 공직윤리를 강조하는 것은 설득력을 지니지 못하고 있다. 그러나 행정이 국가발전을 주도하여 온 우리나라에서는 이러한 비리가 모두 다 관료의 문제라고 해도 과언이 아닐 것이다. 회사가 상품을 제조하면서 공해를 배출하듯이 행정도 발전을 제조하면서 부패를 배출하였던 것이다.[14]

13) 정헌영, "행정윤리의 성립가능성 및 확립방안,"「한국행정학보」, 24권 2호(1999), p. 837.

14) 유종해, "민주사회에서의 행정윤리기능,"「민주사회성숙을 위한 공공행정」(한국행정학회편, 1988), p. 443.

이러한 행정·사회분위기의 도덕적 타락은 관료의 부정이 잉태되며 조직과 개인의 부패에 대해서 공무원 자신은 저항하지 않고 침묵한다.

전감사원 감사관 李文玉 씨가 삼성그룹 감사중단 사실을 언론에 발표한 사실, 한준수 전 군수의 선거부정 사실을 공표한 것, 윤석양 이병이 보안사 민간인 사찰에 대한 양심선언을 한 것 등은 공무원이 자신의 의무를 다하기 위해서 조직윤리에 대항한 대표적 사례라고 볼 수 있다. 그러나 대다수의 관료들은 침묵과 복종으로 행동한다. whistle-blower가 되기보다 조직윤리에 따른다. 그것이 전통적 미덕이고 조직윤리에 따르는 것이 올바른 처신이라고 대다수가 여긴다. 이것이 부패원인이 되고 마는 것이다.

(2) 環境的 原因

환경적 요인은 공직사회에서 반영되어 부정부패를 야기시키는 전체사회적인 특성을 의미한다. 공직사회는 전체사회의 일부분을 구성하고 있으므로 사회의 일반적 윤리의식이 공직윤리에 영향을 미친다고 볼 수 있다. 따라서 사회에 만연되어 있는 비윤리적 의식이 공직사회에도 침투되어 공무원의 부패를 조장하게 된다. 사회적인 도덕성이 상실되어 있는데 공직사회의 윤리의무를 강조한다는 것은 지나친 일이다.

공직사회의 환경으로서 전체사회가 부패를 조장할 수 있는 요인으로는 정치경제의 불안정, 공동체 의식의 박약, 상대적 박탈감, 전통적인 행정문화 등을 들 수 있을 것이다. 정치경제가 불안정한 상태에서는 미래를 예측하거나 장기적 계획을 수립하기 어려워진다. 이러한 상황에서는 비단 공무원뿐만 아니라 모든 개인들은 근시안적인 생활태도를 가지게 되며 언제 무슨 일이 일어날지 모른다는 불안감 때문에 수단과 방법을 별로 중요시하지 않게 된다. 따라서 사회적인 규범이나 관행에 혼란이 오고 비정상적인 행동양식이 빈번하게 나타난다. 특히 금전에 대한 의존도 높아져 금전만능사상을 낳게 한다. 공동체의식을 공동체의 구성원들이 그 공동체를 중심으로 해결을 꾀하고자 하는 사고의 방식이라고 볼 때, 이러한 공동체의식이 결여되어 있는 사회에서는 자기와 직접적으로 이해관계가 없는 문제, 즉 공공의 문제에 관심은 매우 희박해진다.

그러나 반대로 자기의 이익이 침해될 우려가 있는 문제에 대하여는 매우 민감한 반응을 보인다. 이러한 사회에서는 공직에 있는 공무원들이 공직의 의미를 제대로 파악하지 못하고 사회 전체의 이익을 위해서는 자기의 개인적 이익을 우선적으로 생각하게 되어 부정이나 부조리를 저지르게 되는 요인이 되는 거이다. 또한 공동체의식의 결여는 공직자와 부정부패에 대한 고발정신의 약화를 가져올 수 있다. 즉 자기에게 직접적인 고소가 없을 경우 부정부패를 알고 있더라도 그것을 바로잡기 위한 고발의 필요성을 절실하게 느끼지 못하고 있다.

(3) 組織文化的 側面

행정문화는 일반문화가 행정체계나 행정조직 속에 전파되어 행정현상에 영향을 미쳐서 표출되거나 공무원들의 의식 속에 내재되어 있는 문화와 행정조직 내에서 자생된 문화를 포함한다. 우리나라의 전통적인 문화가 행정문화화 된 것으로는 권위주의 가족중신주의 정적인간주의 형식주의 의리주의 등을 들 수 있다. 이러한 요소들은 하나의 일반윤리로서 뿌리 박혀 있어 공직자들의 행태를 지배하고 있다. 전통적 행정문화는 행정조직에서 긍정적인 기능을 수행하기도 하지만 부정적인 행정행태를 유발하는 요인으로서 작용하기도 한다.

제 5 절 腐敗文化改善과 公職倫理 제고방안

1. 腐敗文化 改善方案

(1) 意識改革

우리 사회의 생활전반에 관행화되고 일상화되어 버린 부패문화를 일소하는 첫번째 개혁과제는 국민의 의식개혁이라고 볼 수 있다. 의식의 개혁이 없는 부정부패의 척결은 단지 형식적이고 전시효과성이 될 가능성이 크다. 아무리 철저하게 부정과 부패, 그리고 비리를 찾아 내어 척결한다고 하여도 왜곡되고 돈이면 다 된다는 그릇된 국민의식이 상존하는 한 그것은 계속적으로 부정부패와 비리를 만들어낼 것이기 때문이다. 사회정의를 실현시켜 나가는 것이라 할 수 있다.

의식개혁운동의 과제와 방법(방안)은 이 운동에 참가하는 개인이나 단체가 처한 입장에 따라 다양할 수밖에 없으며, 그것을 누가 연구해서 일률적으로 제공할 수는 없는 것이다. 만약 그러한 것이 제시된다고 하면, 이미 그 운동은 관료적이고 획일적인 성격을 띠게 되고, 결국 성공할 수가 없다. 따라서 지역이나 하는 일의 성격, 조직규모, 추진인원, 자원, 지원단체 등의 성격에 따라 각기 독특한 과제가 선정되어 추진되어야 한다. 의식개선운동은 국민자율운동이어야 하므로 처음 이 운동이 정부에 의해서 제창되고 추진된다 해도 일정한 기간이 지나면 민간사회 단체가 주축이 되어 국민이 스스로 참여하고 실천해야 할 범국민운동으로 확인되어야 한다.

따라서 행정기관은 민간운동기구들이 운동을 전개함에 있어서 필요한 정보나 자원을 제공한다든지, 다양한 사회단체간의 협조기회를 마련하는 등, 국민들 스스로가 실천할 수 있도록 자율성과 참여기회를 넓혀 주는 역할을 해야 한다. 그리고 공직자 자신들은 부단히 자신들의 문제나 고유업무와 관련된 문제, 산하단체의 지도·감독과 관련된 문제 등을 의식개혁운동의 과제로 삼아 국민앞에 솔선해서 실천해야 한다.

결론적으로 의식개혁을 위해서는 다음과 같은 점이 집중적으로 전개되어야 한다.

첫째, 고질병으로 지칭되는 부정부패와 온갖 부조리를 생성시키는 왜곡된 의식구조의 타파와 제거를 위한 노력이 매우 중요하다. 잘못된 의식구조란 예컨대 관료들의 공직 사유관, 탈법의식, 불신주의, 배금 및 금력 지상주의적 사고, 연고주의, 절차 우선주의 로비문화 등인데 이러한 의식개혁은 정부에 의해서도, 민간에 의해서도 적극적으로 행해져야 하는데 그 방법은 언론과 교육 등의 방법이 구체화되어야 한다. 이를 위한 별도의 반부패 의식 연구가 필요하다.

둘째, 건강하고 진취적이며 창의적인 바람직한 의식구조를 적극적으로 형성하려는 정부와 민간의 집중된 노력이 있어야 한다. 패거리 정치의 청산, 갖가지 연줄과 가족주의 등 네포티즘의 타파가 필요하다. 그러나 사람이 사는 사회는 유기체적(eco system)이며 생물적이어서 이것이 간단히 변하질 않을 것이다. 그러나 바람직한 합리적 의식구조가 필요하다. 바람직한 의식구조란 공동체의식, 합리적 사고, 도덕적인 봉사정신의 회복, 민족과 국가에 대한 자긍심과 애국심 등이다. 여기에서의 적극적인 노력도 매우 구체화되어 나가야 한다.

셋째, 법 의식의 확립이다. 법 의식의 확립은 곧 국가가 얼마나 법을 엄정하고 공평하게 집행하는가에 달려 있다. 공무원들이 법을 남용하고 불공정하게 집행하는 한 국민의 법 준수의식이 생겨날리가 없고 돈이면 무엇이든 다 된다는 의식이 팽배해질 수밖에 없다. 따라서 국가는 법이 엄정히 집행되도록 해야 하고, 법을 지킨 사람과 안 지킨 사람 사이에 신상필벌이 적용되도록 공무원 징계제도의 엄정적용이 필요하다.

그러면 구체적 실천방안을 살펴보면 다음과 같다.

먼저, 의식개혁운동의 과제와 방법은 그 운동에 참가하는 개인이나 단체가 처한 입장에 따라 다양할 수밖에 없다. 그러므로 각계각층의 국민들이 참여할 수 있는 분화되고 다양한 프로그램의 개발이 필요하다. 하나의 포괄적인 운동만으로는 사회 각 부문에 걸쳐 다양한 형태로 광범하게 퍼져 있는 우리 사회의 부패문화를 효과적으로 개선할 수는 없다. 그러므로 지역이나 직종, 또는 계층이나 연령별로 각기의 상황과 처지에 맞는 국민의식 개혁과제와 프로그램들을 개발하여 부패추방운동의 사회문화적 기반을 확충하는 것이 시급하다.

둘째, 의식개혁운동은 국민자율운동이어야 실질적인 효과를 거둘 수 있고, 또 활력과 지속성을 지닐 수 있다는 것이 과거 관주도 국민운동에서 얻은 교훈이다. 그러므로 반부패 국민의식 개혁운동은 우선적으로 민간자율에 의한 운동이 되어야 하며, 정부는 우선적으로 그러한 시민운동을 지원하고, 그것이 활성화될 수 있는 행정적 · 제도적 여건을 조성하는 역할에 머물러야 한다.

셋째, 광범한 정책영역에 걸쳐 퍼져 있는 부패구조의 척결에는 다양한 정보와 전문성이 요구된다는 점에서 정부기관의 협조가 없이 시민단체 활동만으로는 부족하다. 따라서, 시민운동의 자율성과 독자성을 침해하지 않는 범위 내에서 시민단체와 정부기관간의 상호협력체계를 점진적으로 확대시켜 나가는 것도 동시에 추진되어야 한다. 특히, 정부는 공직자 윤리규범의 제고를 위한 다양한 프로그램의 개발과 추진, 그리고 교육과정에서 시민운동 단체들의 전문가와 활동가들을 참여시킴으로써 정부 내 운동에 대한 시민단체의 참여를 우선적으로 확대시켜 나가는 것이 효과적일 수 있다.

마지막으로, 의식개혁은 단기간에 성취될 수 있는 것이 아닌 만큼 장기적 전망 속에서 단계적론적으로 추진되어야 한다. 우선은 실천하기 쉬운 것부터, 즉 '작지만 의미 있는' 반부패운동부터 시작하여 점차 그 수위를 높여가는 것이 효과적이다. 물론, 기존의 시민운동에서 추진해 오던 각종 제도개혁운동은 지속적으로 강화되어야 한다. 그러나 그러한 개혁운동조차도 그에 대한 일반국민들의 참여를 확대시킬 수 있는 다양하게 구분된 단계론적 참여프로그램들을 개발하여 제시하는 것이 긴요하다.

(2) 權威主義 追放

한국의 행정문화와 행정행태는 관치행정적인 것이라고 볼 수 있다. 전체적으로 그것은 권위주의로 특정지을 수 있다. 권위주의는 민본행정으로의 전환을 어렵게 하는 가장 심각한 장애요소가 아닐 수 없다.[15] 이러한 권위주의는 1961년 이후 군부정권의 출범과 더불어 더욱 강화되었다고 볼 수 있다. 지난 1997년 2월초, 홍콩에 사무실을 둔 '정치와 경제위험도 컨설팅기구'가 아시아의 주요 12개국에서 활동중인 외국기업인과 상사원들을 대상으로 공무원의 관료화 여부에 대한 여론조사를 실시한 결과에 따르면 싱가포르의 공무원들이 가장 비관료적이고 협조적인 데 반해 한국은 중국이나 인도네시아보다 더 고질적으로 관료화돼 조사대상국 중 '관료작태'가 가장 심각한 나라로 꼽혔다고 홍콩의 언론들이 지적했다.

오늘날과 같이 국민의 욕구가 다양하게 분출되고 정치와 행정의 민주화가 이룩되고 있는 현실에서도 한국행정기관의 권력남용과 관료제화 현상은 민원업무에서 심각하게 나타나고 있다. 고압적인 자세, 업무처리 절차의 복잡화, 관례묵수(默守)적인 행정처리방식(routinization), 봉사심의 결여 및 무사안일주의, 법규 만능주의 등은 행정체계가 아직도 권위주의적 관료제화로 경직화되고 있다는 것을 보여 주며, 시민들은 손쉽게 청탁문화에 빠지게 된다.

따라서 행정기관과 관료는 국민의 복지를 위해서 봉사하는 기관이며 봉사하는 공복이라는 정신이 투철해야 하며, 국민은 이를 믿고 행정에 참여하며 서로 협조하는 관계가 이루어져야 할 것이다. 따라서 정부는 믿을 수 있고 봉사하는 정부라는 인식을 국민이 갖도록 권위주의 병폐들을 과감하게 혁파하여야 한다.

(3) 行政權力文化의 終焉

우리나라에 있어서 행정관료가 일반국민에 대해서 아직도 선민의식과 우월

15) 백완기 교수는 한국의 행정문화인 권위주의는 평등의 관계보다는 수직적인 관계에서 지배복종의 관계를 강조하는 문화라고 주장하면서 관 지배주의나 관 우월주의 또는 관존민비사상은 권위주의의 한 형태라고 할 수 있다고 주장했다.

의식, 만능주의적 의식 등 엘리티즘에 빠져 있다고 볼 수 있다. 인간은 심리적으로 자기만이 무엇을 독점하고 있고 선택의 기회를 가졌다고 생각할 때에 우월감을 갖고 오만의 횡포에 빠지기 쉽다. 이러한 의미에서 관(官)지배의 행정문화를 불식시켜야 한다. 그렇게 하기 위해서는 민간기업을 존중하고 기업과 행정기관을 대등한 관계에 있게 해서 엘리트의 분산화가 이루어지도록 노력하여야 한다.

현재의 고시문화(시험에 합격하면 출세한다는 대다수의 국민의식)도 하루빨리 개선해야 하며 폐지하는 것이 옳다고 생각된다. 즉, 공무원으로서 종합적인 검증이 어렵고, 단순 암기위주의 시험과목으로 편성되어 있어 그 폐해가 심대하다. 최근 행자부와 중앙인사위원회에서 이러한 임용고시폐단을 인식하고 새로운 공직적격성시험제도를 도입키로 것은 시의 적절하다고 평가한다. 시험제도가 공복으로서 도덕적 책임감이나 윤리 · 희생 · 봉사정신이 전혀 반영될 수 없고 수험테크닉을 요구하다보니 문제가 심대하였다고 본다. 그러니 행정기술자만 난무하고 진정한 시민의 공복은 찾아보기 힘들었다. 사회가 다원화되면 가치기준의 다원화가 이루어지고 사적부분이 공적부분보다 확대해져 민간우위문화가 가속화되어야 한다. 여기에서도 정부와 민간의 쌍방의 노력이 있어야 함은 물론이다. 이 가치의 다원화 속에서 행정은 다른 분야와 평등한 관계를 유지하게 되며 이것은 부패척결의 한 바탕이 되는 것이다.

비윤리적 행태는 전염병처럼 확산효과가 강하다. 공직의 부패는 사회부패로 확산되기도 하고 사회부패는 공직사회의 부패로 연결된다. 따라서 사회윤리가 무너지면 공직윤리도 기대하기 힘들다. 깨끗하고 양심적인 공무원이 사회를 맑고 바르게 하는 데 선도적 역할을 하지만 사회에 비윤리적 분위기가 지배적이면 공무원만 독야청청할 수 없다. 만약에 사적부문에서 부정거래와 탈법행위가 빈번하다면 이런 행태들은 쉽게 공공부문에 전이된다. 행정의 대상이 되는 개인이나 기업에서는 사적 부문에서의 행동방식으로 공무원을 매수 회유 또는 협박을 하기 때문이다. 그래서 공직윤리가 지속적으로 확립되기 위해서는 사회윤리와 기강이 확립되지 않으면 안되는 것이다. 사회공동체에서 사익과 공익이 충돌할 경우 공익을 우선 존중하고 사회질서의 유지를 위하여 개인의 불편과 손해를 감수 할 수 있는 태도가 확립되지 않으면 안되며 법과 정의가 존중되는 사회적 풍토가 마련되지 않으면 안된다. 그리고 혈연 · 지연 · 학연 등의 연고나 파벌보다는 사회의 일정한 규칙과 존중하는 습관과 무분별한 사치와 낭비를 지양하고 절제 있는 생활태도를 갖추는 것도 사회윤리의 확립에 반드시 필요한 것이다. 깨끗한 사회는 건강한 사회윤리가 필수적이다.[16]

2. 腐敗防止 國民意識運動 實踐方案

(1)「反腐敗 市民憲章」및「行動綱領」의 제정 및 확산

• 부패추방을 위한 일반시민들의 의지와 활동지침을 담고 있는「반부패 시민헌장」및「행동강령」을 제정한다. 이는 가능한 추상적인 내용을 담지 말고, 일반인들의 생활주변에서 일상적으로 일어나고 있는 비리와 관련된 구체적인 내용들을 중심으로 작성한다.

• 추진방법: '부패방지위원회'의 주관으로 이를 작성하되, 작성 후에는 시민단체들을 중심으로 일반국민들에게 전파시키고, 방송 및 신문사의 협조를 얻어 이와 관련된 특집기획을 편성한다.

• 보완조치: 경우에 따라서는 시민단체 회원들 중심으로 가두배포, 호별배포 또는 반상회 기회에서의 배포 및 설명 등을 행하는 등이 필요하다. 이러한 시민단체들의 활동에 대해 '부패방지위원회'가 일정수준의 예산을 지원할 수도 있을 것이나, 어떠한 경우에도 정부가 주도한다는 인상을 주지 않도록 최선을 다해야 한다. 자칫, 또다른 관주도 시비가 야기될 경우에는 이 운동 자체가 무산될 수도 있기 때문이다.

3. 反腐敗 · 公職倫理 제고방안

(1) 淸廉의 公職倫理

현대 자본주의 사회는 시장경제의 위력 속에서 놀라운 발전을 이룩하였으며 체제 자체에 대한 자신감과 확신을 가져다 주었으나, 한편으로는 우리에게 상품화의 문제를 남기고 있다. 생산과정에서의 소외는 인간성의 상실 즉 물화(reification)를 가져 왔으며 사회 전체적으로 금권만능사상이 지배하게 되었다. 금권만능사상은 관료제 내에도 뿌리깊게 자리잡고 있으며 뇌물수수 등을 통하여 사

16) 김택,「관료부패이론」(한국학술정보, 2003).

부문에 대하여 지대추구행위(rent seeking activity)를 조장하도록 하고 있다. 한국사회에 구조적으로 만연된 뇌물문화는 체제자체를 부도내게 하는 문제임은 분명하므로, 뇌물수수와 공직을 이용한 부패 등의 일탈적 행정현상은 우리에게 행정윤리의 정립을 시급히 요구하고 있다. 무엇보다도 최고통치권자의 공직윤리가 중요하다. 그동안 역대 대통령들이 국가를 생각하는 윤리관보다 개인의 사리사욕에 더 큰 욕심을 가졌다는 사실을 보아 왔으므로 대통령의 정치윤리회복이 필요하다.

유교에서는 위정자들의 부귀를 무조건 배격한 것은 아니다. 공자에 의하면 나라에 도가 행해지고 모든 것이 정상적으로 이루어지는 나라에서는 부귀하게 되지 못하는 것이 수치라는 것이다. 왜냐하면 그러한 나라에서는 도덕과 능력 있는 사람을 등용하기 때문에 벼슬을 하고 부귀하게 되는 것은 명예로운 일이기 때문이다. 반대로 나라가 무도한 지경에 빠지게 되면 부귀하다는 것이 수치스러운 일이 된다. 그 자신도 무도하게 하지 않으면 그것을 얻을 수 없기 때문이다. 그래서 공자는, "나라에 도가 있을 때 빈천하게 사는 것은 수치요, 나라에 도가 없는 데도 부귀하게 사는 것은 수치다"[17]라고 말했던 것이다.

조선시대 학자로서 고위 관직을 지냈던 청백리 栗谷은 공직자의 자세를 「擊蒙要訣」에서 일목요연하게 설파하였다. 그 역시 백성을 다스리는 관리들에게 있어서 가장 중요한 덕목은 청렴과 근면으로 보았다.[18]

율곡은 "벼슬이란 남을 위한 것이요, 자기를 위한 것이 아니다"라고 하였다. 이 때문에 관직에 나아가는 사람들은 모름지기 국가를 부강하게 하고 국민들을 편안하게 하려는 정치의 이상을 실현하고자 하는 것이지, 자신의 부귀와 영화를 누리려고 하는 것이 아님을 강조하였다. 이 때문에 자신의 도를 실현할 가망이 없으면 벼슬에 나가서는 안 된다고 생각했던 것이다. 다만 매우 궁핍하여 먹고살기 위해 벼슬을 하는 경우에는 도를 실현할 수 없더라도 벼슬을 할 수는 있지만 책임이 적은 낮은 관직을 자청하여 겨우 생계나 유지할 정도로 하여야 한다는 것이다. 그러나 이때도 역시 청렴하고 직무에 충실하고 부지런하여야 한다고 강조하였다. 낮은 자리에 있더라도 공직자의 책임을 벗어날 수는 없기 때문이다.

우리나라의 유학자들 가운데서 행정의 실제와 관료의 품성 및 행동의 준칙

17) 「論語」, 泰伯, 「邦有道, 貧且賤焉, 恥也, 邦無道, 富且貴焉, 恥也」.
18) 이서행, 「청백리와 공직윤리」, 「목민심서」 등 참조.

들을 가장 깊이 연구하여 정리한 사람은 실학의 집대성자라고 할 수 있는 다산 丁若鏞이다. 그의 「牧民心書」는 주로 지방관들의 일선행정에 대하여 정밀하게 서술한 명저이지만, 여기에는 전통시대 관료들이 가져야 할 심성과 행동의 준칙들을 망라하여 수록하였다. 이것은 비단 그의 사상일 뿐만 아니라 중국과 한국의 역대 유학자들의 논의들을 집대성한 것이기도 하다.

다산은 청렴이야말로 수령의 본무이며, 모든 선의 원천이고, 모든 덕의 근본이라고 보았다. 청렴하지 않고는 능히 수령 노릇을 할 수가 없다는 것이다. 그는 청렴은 관료들의 당연한 의무이며, 그것이 천성적으로 체질화되어 자연스럽게 표출되어야 할 것으로 보았다. 그러나 그는 이 문제를 공리적으로 설명하기도 하였다. 그는 청렴이 관리들에게 대단히 유익한 자산이라고 설파하였다. 심지어 그는 청렴을 "천하의 큰 장사"라고 묘사하기도 하였다. 벼슬에 욕심이 큰 사람은 반드시 청렴하여야 한다는 것이다. 청렴에 대한 평가와 명성이야말로 계속하여 그 사람의 승진과 영전을 보장한다는 것이다. 이 때문에 그는 청렴하지 못한 사람들을 지극히 어리석게 보았다. 그토록 뻔한 사리를 지혜가 짧아 제대로 인식하지 못하고 부정과 부패에 물들어 관료로서의 빛나는 전도를 망치기 때문이라는 것이다.

임금에게 생살여탈권(生殺與奪權)이 있었던 왕조시대에도 삼사(三司)가 들고 일어나면 임금도 전횡을 할 수 없었다. 무능하고 사악한 군주라면 신하는 자신의 목숨을 걸고 충언과 고언으로 무능을 깨우치고 사악함을 바로잡으려 했다. 당시 신하는 임금으로부터 녹(祿)을 받았지만 지금의 공직자는 국민으로부터 월급을 받는 공복이다. 공복이어야 할 공직자들이 사복, 거간꾼, 하인으로 전락해, 오고가는 떡고물을 챙겨 공인의식이 실종되고만 현실을 관료들은 부끄러워해야 한다. 대통령이 아무리 청렴을 외치고, 솔선수범하고 나서봐야 측근들이 부정한 돈을 챙기는데 앞장서는 현실에서 일선 공무원들의 부조리가 근절되기를 바란다는 것은 무리인지도 모른다. 그러나 국민을 대신해 공복의 자리에 앉았다면 스스로 비리를 멀리 하려는 마음자세를 가져야 한다. 공무원들이 뇌물에 익숙하게 되면 그 피해는 국민들에게 돌아온다. 부실공사는 국민의 세금인 재정의 손실을 초래하고 성수대교 붕괴처럼 무고한 시민의 생명까지 앗아간다.[19)]

공무를 집행하면서 대가를 바라는 것은 공직자의 자세가 아니다. 공직자는

19) 김택, 「관료부패이론」(한국학술정보, 2003).

사회의 기둥이라고 볼 수 있다. 공직자에게는 공직윤리가 있다. 공직윤리가 무너지면 사회를 지탱할 수 없게 된다. 우리나라가 선진국 멤버십이라는 경제협력개발기구(OECD)에 가입했지만 공무원들의 직업윤리는 아직도 제 3 세계 수준에서 벗어나지 못했다는 평을 듣고 있다. 권한과 돈이 있는 곳에는 으레 부패가 뒤따르는 것이 우리의 현실이다. 지속성 있는 공직윤리 쇄신책을 마련하여 계속적인 윤리교육이 필요하다.

정부의 도덕성과 공무원의 개인적 책임이 확보되기 위해서는 정부와 공무원, 시민이 함께 노력을 하지 않으면 안된다. 긍지와 책임감에 투철한 전문직업관료 집단이야말로 안정된 국정운영의 대들보다. 눈치보기 · 발빼하기 · 해바라기성 관행이 체질화된 상황에서 책임행정과 공직윤리를 기대한다는 것은 나무에서 물고기를 찾는 것일 게다.

이를 위한 몇 가지 방안을 살펴보면 다음과 같다. 첫째, 정치영역에서 정권이 정당성과 도덕성을 가지려면 정치의 민주화가 선행되어야 한다. 정치적 민주화가 이루어지지 못하면 행정의 민주화도 이루어질 수 없다. 왜냐하면 정치분야에서 근본적인 정권의 정당성과 도덕성이 의심되는 상황에서는 행정도 타락의 연장선상에서만 존속할 수 있을 뿐이기 때문이다. 뿐만 아니라 행정은 정치의 시녀로 전락해 버리기 때문에 공무원의 공정한 봉사를 기대하기가 어렵게 된다. 따라서 정치의 민주화는 행정윤리를 유지 · 확보하기 위한 전제조건이 된다.

둘째, 행정의 민주화를 위해서는 관료제의 개혁을 통해서 조직의 분권화와 참여장치를 보장하여야 한다. 경직화되어 있는 조직구조를 신축적 구조로 바꾸고, 이를 통해서 권한이 하급기관이나 하부직으로 위임될 뿐만 아니라 상하간의 명령적 지배관계도 기능적 · 인격적 관계로 바뀌게 된다. 또한 형식적인 윤리교육과 조직에의 충성심만을 앞세우는 공무원 교육체계를 개혁해서 공무원의 윤리적 책임을 강조할 수 있도록 교육훈련의 커리큘럼을 대폭 수정해야 할 것이다. 공무원들에게 시민적 욕구에 대한 폭넓은 이해와 공익규범, 공동체 의식을 심화시켜 주는 방향으로 교육체계를 새롭게 바꾸어 나가야 할 것이다.

교육훈련과정은 공무원 자신의 윤리적 책임, 변화하는 상황에서의 윤리적 선택의 의미, 그리고 조직적 책임과 충성의 한계에 대해서 의문을 제기할 수 있는 능력을 가진 공무원을 개발해야 한다.

셋째, 공무원의 윤리의식을 고양시키는 방법은 결국 관료 자신의 비판의식이다. 조직이 부패하지 않도록 자신과 조직, 그리고 국민에게 책임을 지는 공무원이 될 수 있는 행동규범을 가져야 할 것이다.

넷째, 이와 함께 시민들이 행정정책과정의 참여를 통해 자신들의 이익을 행정과정에 반영시킬 수 있어야 한다. 이를 위해서는 시민들에 대한 공식적 · 비공식적 교육이 이루어져서 시민들이 공공정신을 함양해서 건강한 공동체를 구성할 수 있어야 한다. 시민들이 공공정신을 갖는다는 것은 바람직한 정부와 공무원을 가질 수 있게 되는 지름길이다.

다섯째, 공직윤리가 제대로 확립되기 위해서는 공직자의 가치관이 건전하게 확립되지 않으면 안된다. 건전한 가치관을 구성하는 요소로는 여러 가지가 있겠으나 다음의 몇 가지는 반드시 필요하다고 본다. 공익의 존중과 사회봉사의 정신, 정의존중과 공정한 직무자세, 신의와 성실의 존중, 근면하고 검소한 생활의 자세, 책임과 의무의 확실한 이행 등인데 이러한 가치관이 공무원의 내면세계에 자리잡도록 많은 노력이 필요하다.[20]

여섯째, 공무원들의 품위손상과 같은 비윤리적 행위는 일반 국민에게 확산되어 국민윤리의 붕괴를 가져오는 것이고 불건전한 공직자의 사생활은 공직의 민주성 공공성 봉사성을 저하시키는 것은 물론 부패의 회오리 속으로 몰고 갈 위험성이 크므로 품위를 유지하고 국민들로부터 신뢰를 받도록 노력해야 하며 이를 위해 공직자윤리법 등 제반 법규나 윤리강령에 의무 내지 처벌규정을 두어야 한다.

(2) 具體的 方案

먼저 공무원 윤리문제는 책임행정을 강조하고 고객지향적 행정을 주창하며 깨끗한 공직사회를 구현하기 위해서 필연적으로 풀어야 할 기본전제이다. 그 동안 우리 한국은 국제투명성협회의 부패인지도 지수에 매우 민감하게 반응한 반면, 공직부패해결에 근본적으로 접근할 수 있는 공무원 윤리수준의 측정과 문제점 발견 및 대안개발에 소홀히 해 온 것이 사실이다. 따라서 공무원들의 정책결정행태나 업무수행태도 등을 결정짓는 기본적인 요소가 공직자들이 소유하고 있

20) 최근에 한국부패학회의 반부패청렴상 제정 시행은 청렴한 공직자를 발굴하여 시상하는 제도로서 공직자의 사기를 제고하고 청렴윤리 분위기를 확산하는 데 커다란 반향을 나타냈다. 선정기준은 청렴결백, 검소, 성실한 근무자세, 준법정신으로 나누어 선정한다.

는 윤리이기 때문에 윤리를 개념하고 계량적으로 측정함으로써 공무원들의 행태 변화를 유도하는 것이 매우 시급하다고 본다. 따라서 공무원윤리의 정확한 규정과 윤리측정지수(EPI) 지표의 개발 및 시행이 중요하다고 본다.[21)]

윤리지표는 캐럴 루이스가 개발하여 제시하였는데 개인과 업무차원의 지표를 포함하고 있다. 즉 개인의 사적 행태에 대한 평가와 정책결정 및 집행에 있어서의 공적 행태에 대한 평가로 양분되어 있으며 "회사에서 사용하던 연필을 집에 가지고 가느냐"라는 사소한 질문에서 "법적이기는 하나 비효과적인 정책의 경우 법규정을 바꾸기 위해 노력하느냐? 아니면 정책을 재설계하여 시행하느냐? 라는 윤리적 정책결정에 관한 질문도 포함하며 법적 책임성, 신뢰성, 민주성을 평가하는 항목도 있다.[22)]

결론적으로 윤리지표 개발 및 시행은 공직자들로 하여금 공무원의 자세와 역할을 명확히 하여 주기 때문에 공지부패의 감소를 가져오는 효과가 있다. 또한 윤리지표의 정기적 측정은 공직자들의 업무에 대한 책임감을 높혀 준다.

제 6 절 結　論

사회부패문제의 해결은 사회의 구성원들이 개선되어야 한다고 생각하는 상태에서부터 시작되는 것이다. 사회윤리문제를 개선하겠다는 뚜렷한 의식이 없이는 사회문제는 해결되기 어렵다. 오랜 역사의 혼미 속에서 우리들에게 싹터온 부정부패, 이기주의, 무관심, 무사안일주의, 권위주의, 연고주의, 배금주의 등 부정적인 의식과 관행을 버리고 새로운 산업사회가 요청하고 있는 공동체의식, 투명한 행정, 협동사회, 정직과 주인의식, 합리주의 등과 같은 바람직한 의식을 발전시켜 나가지 않으면 안된다. 이것은 편협한 자기중심적이며 가족중심적 의

21) 이선우, 2002년 한국부패학회 하계학술대회 발표논문집 참조.

22) 공무원윤리지수 측정을 위한 분석기준은 여러 가지로 분류할 수 있는데 이선우 교수는 공무원을 크게 자연인과 공공서비스 창출을 위한 공직자로 구분하고 자연인은 특성과 인본주의(특성: 개인의 가치관 종교 가족 사회봉사)(인본주의: 존엄성 호혜성 시민성 환경친화성 미래지향성), 공직자는 직업윤리(태도: 혁신성 청렴성, 신뢰 업무수행역량 동료), 공공서비스를 제공하기 위한 의무(법적 책임성)와 업무수행관련 공무원의 역할(고객지향성, 업무수행태도, 임무)에 대한 윤리적 인지항목으로 나누어 시행하자고 주장한다.

식을 버리고 다른 사람과의 관계에서 자기 자신을 발견하게 되는 사회공동체윤리의식을 발전시켜나가는 것이다. 그리고 우리사회의 가치관의 혼돈과 이중적 부정을 극복하여 새로운 방향을 제시하여야 한다.

사회가 합리적이고 정의로운 사회적 시스템에 의해서 정상적으로 구성될 때 사회구성원들은 준법적으로 삶을 영위할 수 있으며 성공을 위한 경쟁도 준법의 테두리 안에서 행해지기 때문에 위법 곧 부정부패의 모험을 할 필요가 대폭 감소된다. 도덕적 행위자에 대한 사회적 현실의 부정적 영향을 제거하는 최선의 방법은 합리적이고 정의로운 정책과 제도 및 체제에 의해서 사회를 운영하는 것이다. 즉 사회의 부도덕과 부정부패의 원인을 제거하는 것이다. 그러나 그와 같은 사회적 원인을 보지 못하는 도덕적 방법은 부도덕한 사회적 현실은 방치한 채 도덕적 행위자 개인의 희생적인 도덕성만을 요구한다. 도덕적 행위자 개인의 그같은 희생적인 도덕적 실천에만 기대를 거는 부정부패 극복의 추구는 좌절과 실패를 초래할 뿐이다. 우리 사회를 보다 깨끗하고 정의로운 사회로 만들기 위해서는 공정한 제도와 더불어 공직자모두가 사리사욕을 배제하고 공복정신과 청렴한 정신자세를 갖는 것이 중요하다. 청백리정신은 공직자의 공인의식과 청렴자세를 회복하는 첫번째 덕목이 된다고 확신한다.

제 9 장

公務員에 대한 倫理的 期待와 行政實際의 葛藤

제 1 절 倫理的 딜레마의 理論的 側面
제 2 절 倫理的 딜레마의 實際的 側面

제 9 장 公務員에 대한 倫理的 期待와 行政實際의 葛藤

제 1 절 倫理的 딜레마의 理論的 側面

공직윤리문제는 개인적 수준이나 조직적 수준에서 발생하기도 하지만 공직사회의 전체사회에 대한 책임에서 온다고 할 수 있다. 왜냐하면 공직이 전체사회의 일부분으로 기능하고 있으므로 전체사회에 대한 책임에서 공직자는 직무를 수행하게 되는데 구체적으로 직면하는 행정실제와의 간격이 발생되기 때문이다. 공직자들은 個人的 利益과 公益 사이의 갈등[1]을 경험하게 되고 전통적인 개인적 의식구조 태도가 사회의 발전에 장애요소가 될 수 있을 경우를 만나게 된다.

전체사회에서 행정은 부분적 역할을 수행하므로 전체사회와 행정의 역할이 조화를 이루어야 하며, 보다 적극적으로는 행정은 사회의 여러 가지 역할의 조정자로서 기능하여야 한다. 이러한 차원에서 행정이 적극적인 역할을 할 때 이것을 '責任 있는 行政'이라고 할 수 있으며 이때 행정가가 가지는 윤리의식을 '責任感' 또는 '責任性'이라 할 수 있을 것이다. 실제적인 행정은 제 이해관계의 갈등 ──개인적 이해, 조직상의 이해, 공중의 이해── 이 있고 행정가에게 영향을 주는 여러 가지 요소들이 다양하기 때문에 책임 있는 행정을 구현하는데 큰 어려움을 만나게 된다.

실제행정에서 책임 있는 행정을 구현하는 데 직면하는 어려움을 '倫理的 葛藤', '윤리적 딜레마'라 할 수 있다. 예컨대, 현대 행정이 추구하는 二元論的 規範體制 때문에 윤리적 갈등이 온다. 많은 학자들이 '옳은' 행정과 '좋은' 행

1) Glen O, Stahl, *Public Service Ethics in a Democracy*(New york: Harper & Row, 1971), pp. 245~259: Choi, Pyoung Gul *et al.*, *Selected Readings in Public Administration*(서울: 다산출판사, 1980), p. 194.

정을 조화시키기 위하여 과학철학과 인식론은 물론 인접 사회과학분야까지 침해하면서 부단한 노력을 기울여 왔다. 그러나 아직까지 대다수가 공감할 만한 방법론은 제시되지 않고 있으며, 이에 따라 관료들은 다양한 대안 간의 선택을 놓고 심각한 딜레마를 겪고 있는 것으로 판단할 수 있다. 한편, 공무원이 이러한 선택의 고뇌를 느끼지 못한다면 그것은 논리적으로 볼 때 극단적인 것 하나만을 지향함으로써 획일적 행동으로 일관하거나 아니면 무사안일주의에 빠져 공복으로서 마땅히 지켜야 할 기본적 도리를 다하고 있지 못함을 의미할 수 있다. 책임성을 보장하기 위하여 선택의 딜레마에 맞서게 되는 것은 행정관료들이 윤리적 갈등을 경험하게 되는 가장 전형적인 측면이다. 우리는 양립할 수 없는 두 개의 대안들 사이에서 심각한 갈등을 겪을 수 있다. 우리는 이러한 딜레마를 윤리적 문제가 아닌 하나의 실제행정문제로서만 인식하는 것이 일반적이다. 그러나 이러한 상황의 근저에는 의식적이든 무의식적이든간에 가치와 원칙의 선택이 함축되고 책임 있는 행정을 구현하기 위한 윤리적 갈등을 포함하게 된다.

공직사회에서 윤리적 갈등은 세 가지 수준 ―환경적 · 조직적 · 개인적― 에서 고려해 볼 수 있다. 환경적 수준에서의 윤리적 갈등은 전체사회와 공직사회와의 관계에서 오는 것이며 조직적 수준의 갈등은 보조적 목표간의 상충관계, 개인적 수준에서는 개인의 사익과 공익간의 상충을 의미한다.

1. 環境的 水準에서의 倫理的 葛藤

이 수준에서의 갈등은 사회에서 지배적인 행동방식과 공직사회에서 기대되는 행동방식에 차이가 있는 것이다. 한 사회의 지배적인 행동방식이 '文化'인데 문화는 부분적인 사회에도 영향력을 지닌다. 주지하는 바와 같이 행정에서 기대되는 행동양식은 자유, 평등, 형평 등 보편적 가치를 추구하는 민주주의와 비정의성, 객관성, 중립성, 전문성 등 합리적 형태를 내용으로 하는 베버적인 관료주의이다. 그러나 또 다른 한편으로 행정에 영향을 주는 우리의 문화는 비합리적이며 비민주적인 속성을 가지고 있다. 즉 우리나라의 행정문화는 보편적이라기보다는 귀속적이고, 수평적이라기보다는 수직적이며, 객관적이라기보다는 정적이며, 전문적이라기보다는 일반적인 형태를 다분히 요구하고 있다. 이렇게 볼 때 우리나라 행정가의 직업윤리는 우리의 전통적인 조직문화와는 근본적으로 양립될 수 없는 것으로, 이는 곧 공무원으로 하여금 조직문화와 조직의 공식적 규범 사이에 심각한 갈등을 겪게 만드는 모순적인 상황으로 존재한다.[2)]

우리나라의 경우 행정관료가 문화와 윤리간의 본질적 상반성으로 인해 윤리적 갈등을 겪고 있는 것으로 인식되나, 이러한 논리가 충족되기 위해서는 아래와 같은 적어도 두 개의 조건을 전제로 한다. 즉 하나는 行政文化가 현실적으로 존재한다는 것, 다시 말해 위에서 언급한 문화적 속성을 우리나라 행정관료들이 공유하고 있다는 것이고, 둘째는 행정문화와 行政倫理가 행정관료들의 인식 속에서 동등한 비중을 차지하고 있다는 것이다. 즉 양자는 공무원들이 행정행태를 선택함에 있어서 동등한 영향력을 행사하고 있어야 한다.[3)]

베버적인 관료주의는 서구와 같이 자유민주의의 전통이 뿌리깊은 나라에서 의미가 큰 공직윤리이다. 예컨대, 이들 국가들에서 '公職倫理'란 사익을 위해서 공직이 사용되어서는 안 되는 규범성을 띠며, 이러한 취지는 관료뿐만 아니라 일반국민에게도 오랜 전통 속에 널리 인식되어 왔다. 따라서 이들 국가에서는 공사분리라는 것이 일종의 문화로서 존재하며, 관료들은 공사분리를 외칠 만큼 강한 윤리적 딜레마에 빠져 있지도 않고, 설혹 비윤리적 사고를 가진 동료나 이웃이 공사를 초월하는 행위를 요구한다 하여도 관철되지 않는다. 행정문화가 규범성을 가진다 하더라도, 문화가 지니는 독특한 행위경쟁력과 우리나라 행정문화가 지니는 '一般文化와의 同質性 때문에, '公私分離'라는 훌륭한 명제가 있다 하더라도 공무원이 행동을 선택하는 데는 갈등을 겪게 된다. 즉 공직사회 외부에서는 '의리', '가족'과 같은 개념을 고려하도록 요구하고 공인으로서의 직업윤리는 공사분리를 기대하기 때문이다.[4)]

그런데 다분히 부정적인 문화적 여건 속에서 행정윤리의 방향을 조명하기 위해서는 적어도 행정윤리와 행정문화간의 상대적 중요성을 규명해야 하고, 그 결과에 따라 올바른 접근방법을 모색하는 것이 타당할 것이다.

---

2) 이양수, 김호섭, 박천오, 하태권, 「한국행정문화와 행정행태에 관한 연구」(한국행정학회, 1990. 5), pp. 64~65.

3) 이양수 외, 전게서, pp. 65~66.

4) 김호섭, "한국사회와 관료부패," 「한국사회와 현실」(아주대학교 사회과학연구소, 1988), pp. 190~191.

2. 組織的 水準[5]에서의 倫理的 葛藤

행정의 가치체계로서 行政倫理는 행정학문헌을 통해 보았을 때 民主主義規範과 官僚主義規範들을 체계적으로 묘사하지 못하고 있으며, 지나친 추상성으로 인해 관료들을 위한 행동지침으로 적절하지 못한 면이 있다.

그러나 가치가 공공행정의 핵심이라는 것은 이젠 움직일 수 없는 주장이다. 이러한 관점에서 볼 때 행정가는 제도화된 가치들을 조정하고 증진시키는 데 불가피하게 관련되어 있다. 그러나 공공조직을 형성하는 어떤 가치들은 민간조직의 것과는 질과 양에 있어서 구별될 것이다. 따라서 여기서는 공공조직의 특징적인 가치들을 살펴보고, 가치갈등과 딜레마에 의해 야기되는 변화의 동태를 간략히 검토하겠다.

우선 가치개념을 둘러싼 논의들을 통해 정의를 밝히고, 여기서 사용될 가치들을 선택하는 기준이 무엇인지, 그리고 가치접근의 일반적인 분석적 특징들을 살펴보겠다.

여기서 '價値'란 조직행태에 의미를 주고 구조화하고 지도하는 바람직스러운 것을 상대적으로 안정된 개념으로, 그리고 공공조직 내에서 인간행동을 평가하고 해석하기 위한 기본적인 기준으로 봉사하는 가상적인 목표이다. 이에 따라 여기서는 가치개념 틀에 포함될 수 있는 가치항목으로 창출하고 선택하기 위한 지침으로 아래 다섯 가지 기준을 제시하였다.

첫째, 선택된 가치는 공공행정가의 현상학적 세계, 그들의 일상적인 경험에 근거를 두어야만 한다.

둘째, 공공행정가의 행태를 제약하는 정치문화 내에 고착된 지배적인 이해나 선호를 반영해야만 한다.

셋째, 선택된 가치는 공공조직의 기능이라는 면에서 동등한 중요성을 지니도록 하기 위해서 근본적이거나 본질적인 것이어야 한다.

넷째, 선택된 가치항목들은 공공과 사조직의 가장 큰 차이를 설명하는 최소의 因子數여야 한다.

---

5) Bruce Buchanan & Jeff Millstone, "Public Organization: A Value-Conflict View," in Felix A. Nigro and Lloyd G. Nigro, *Readings in Public Administration*(New York: Harper & Row Publishers, Inc., 1983), pp. 100～112.

다섯째, 선택된 가치는 '總體性으로서의 組織'을 의미 있게 알리고 상호 침투하도록 하는 것이어야 한다.

이상을 유념하면서 부캐넌과 밀스톤(Buchanan & Millstone)은 미국 행정의 역사적이고 철학적인 연구에서 동시대적인 역사적 주제를 조사한 바 있다. 이에 따라 다음의 세 가지 가치항목들을 끌어 내었다.

(1) 行政的 合理性 價値

모든 공공기관은 특정목적을 달성하거나 서비스를 제공하기 위해 고안된 '도구'로서 확립되었다. '행정적 합리성 가치'가 의미를 띠게 되는 것은 이러한 업무상황에서이다. 따라서 행정업무들은 최대의 효율성을 달성하기 위해 最善의 方式(one best-way)이 존재한다는 전제하에서 수행되었다. 합리성 가치는 능률성, 효과성, 생산성 개념들과 함께 사용된다. 그러나 이들 중에서도 '투입-산출비'로 정의되는 능률성은 합리성을 대표하는 개념으로, 첫째 바람직한 목적인 산출이 반드시 제시되어야 하고, 둘째 인과관계가 밝혀져서 목표달성을 유도한 수단과 이를 위해 소요된 비용이 확인되어야 한다는 두 가지 조건을 전제한다. 이는 목표-수단 연쇄라는 인식론적 본질과 극대화라는 원리에 근거를 둔 수단지향적 가치임을 의미한다.

행정적 합리성 가치에 근거한 정책결정은 전문적 지식을 갖고 있는 전문가에게 의존하며, 따라서 정책결정과정 밖에 있는 사람들, 즉 일반국민의 권리나 이해관계가 배제된다.

(2) 民主的 道德性 價値

공공기관은 프로그램을 실행하기 위해 존재할 뿐만 아니라 민주적 가치에 내재되어 있는 하위적인 가치들의 상호의존적인 가치들을 증진시키기 위해 공공기관들이 존재한다고 주장할 수 있다. 衡平은 민주적 도덕성이라는 가치항목에 포함되고 있는 구체적인 가치로 행정실제에 있어서 두 가지 형태를 띠어 왔다.

첫째는 사회생활의 必須的인 財貨나 用役을 자유경쟁시장을 통해서 획득할 수 없는 사람에게 이에 상응하는 혜택을 제공하는 것이고, 둘째는 개인들로 하여금 공직을 얻거나 이를 위해 경쟁할 수 있도록 '均等한 機會'를 부여하는 것이다. 전자는 공공서비스를 제공하는 형태로, 후자는 1978년 미국의 경우에서 볼 수 있는 바와 같이 평등고용기회법과 같은 하나의 법안의 형태로 나타났다. 이 법은 여성 및 소수민족 등 불평등한 대우를 받아온 계층에게 형평성 내지는 정의라는 차원에서 기회를 부여한 법으로 민주적 도덕성이라는 지배적인 가치에 근거하고 있다.[6)]

(3) 政治的 生存價値

정치적 생존가치는 다른 가치들과 마찬가지로 기관의 財源을 명령하고, 기관구조 내에 재현된, 그리고 기관과 기관성원들의 행태에 영향을 미치는 가치이다. 따라서 정치적 생존가치는 다른 가치들과 동등한 지위를 점하고 있는 것으로서, 또한 이들 행정적 합리성가치나 민주적 도덕성가치에 영향을 미치는 것이다.

政治的 生存이라는 가치 아래 행정관료를 위해 요구되는 가장 바람직한 행정행태는 다양한 이익들이 의사결정중심에 접근할 수 있도록 도와주고, 이들간의 질서 있는 균형이 유지될 수 있도록 도와주는 것이다.[7)] 그리고 정치적 가치에 따른 행동규범은 행정관료들이 다양한 이익들이 적극적으로 참여하는 정치적 장에서 심판을 보는 '중립적 중개인'이 되어야 한다는 것이다. 즉 다양한 이익들이 정책결정과정에 유도되면 관료들은 이러한 이익들이 합의에 도달할 수 있도록 기술적으로 관리해야 한다는 것이다.

(4) 세 가지 딜레마의 形成과 古典的 葛藤形態

葛藤은 명백한 해답이 없는 상황으로 딜레마를 창출하며, 그 해결은 개별적인 관료, 행정기관, 공공행정학자, 그리고 공공부문 전체의 주요한 업무이다. 공공조직 내에서 또는 공공조직과 더불어 일하는 사람들은 문자 그대로 수많은 倫理的 딜레마를 겪고 있다. 거짓말, 사기, 절도와 같은 것들은 다른 많은 사람들도 부딪히게 되는 문제이다. 그러나 민주적 기준에 대한 공공관리자의 헌신, 공무원의 정치참여에 대한 감정과 같은 것들은 공공조직에 특유한 것들이다.[8)]

---

6) Michael Harmon, "Social Equity and Organization Man: Motivation and Organizational Democracy," *PAR*, vol. 34 (Jan./Feb. 1974), pp. 14～15.

7) Michael Harmon, *Action Theory for Public Administration*(New York: Longman, 1981), p. 151.

8) Robert B. Denhardt, *Public Administration*: An Action Orientation(Brooks/Cole Publishing Company, 1991), pp. 107～108.

따라서 여기서는 세 가지 딜레마와 갈등을 살펴보고, 그들이 야기한 이론적 문제와 공공조직의 실적 및 행태에 대한 이의 결과를 살펴보겠다.

1) 行政的 合理性 對 政治的 生存간의 딜레마(R-P Dilemma)

새로운 조직의 구조적 배치 ―업무는 어떻게 구분되며 조정 되는가― 에 대해 고전적 처방과 현대의 상황적 조직이론의 기준은 업무나 목표의 본질이다. 그러나 그런 이론들은 공공기관을 설비하는 데 합리적인 설계를 제시하지는 않지만 설립된 구조에 영향을 미치는 가치의 하나이다.

따라서 공공기관들은 효과적이고 효율적으로 서비스를 제공하는 것과 마찬가지로 영향을 받는 집단들의 정치적 이해에 적절하도록 고안되었다. 그렇다면 정치적 가치와 행정적 가치는 왜 충돌하게 되는가? 그리고 왜 이런 종류의 갈등은 딜레마를 나타내는가? 왜냐하면 합리성과 정치성 두 가치는 우리의 정치체계 내에서 완전히 적법하기 때문이다. 즉 어떤 가치가 다른 가치보다 우월하다고 할 수 있는 명백한 방법은 없다. 그러면 어떻게 딜레마는 해결되는가? 協商에 의한 해결은 보통 합리성 가치와 특정한 이해간을 중재한다.

표 9.1 세 가지의 딜레마와 갈등형태

	행정적 합리성(R)	민주적 도덕성(D)	정치적 생존(P)
행정적 합리성(R)	–	합리성-민주성 딜레마(R-D Dilemma) 실적vs. 적극적 인사정책	합리성-정치성(R-P Dilemma) 프로그램 달성 혹은 특정이익을 대표
민주적 도덕성(D)	–	–	민주성-정치성(D-P Dilemma) 누가 혜택을 받게 될 것인가
정치적 생존(P)	합리성-정치성-민주성 갈등(R-D-P Conflict) 해결에 의해 얻은 새로운 가치들을 재조정 및 개혁		

2) 行政的 合理性 對 民主的 道德性간의 딜레마(R-D Dilemma)

행정실무에 있어서 가장 문제시되는 범주의 하나는 行政責任性이다. 공공관리자는 가능한 한 능률적으로 기능해야 한다는 것과 동시에 상급자, 시민, 의회 그리고 민주적 통치원리에 충실히 반응해야 한다는 상충적 요구에 직면할 가능성을 항상 갖고 있다.

能率性(efficiency)과 對應性(responsiveness)간의 갈등은 공공관리자들이 직면하고 있는 많은 문제들 중 특징적인 것이다. 기본적으로, 능률성과 대응성간의 갈등은 행정의 역사, 즉 政治 · 行政간의 이슈와 官僚制 對 民主主義의 이슈에 뿌리를 깊이 두고 있다. 주지하는 바와 같이 초기에는 정치와 행정이 분리되어야 한다는 주장하에 가능한 한 행정활동은 정치의 잠재적인 부패의 영향으로부터 벗어나 있어야 한다는 것이었다. 이러한 개념은 명백하게 정책결정은 정책집행과는 달라야 한다는 것을 전제로 하고 있는 것이다. 이러한 전제에 의하면 정책결정을 맡고 있는 의회는 국민에게 반응해야 하고, 정책집행을 맡고 있는 행정기관은 의회에 반응하면 된다는 것이었다. 민주주의의 선결조건은 의회의 명령(mandate)을 따르는 중립적이고 능률적인 공공관료제에 의해 충족될 것이다(이를 '중립적 권능'(neutral competence)의 원칙이라 칭한다).

대부분의 초기이론가들은 행정책임성에 대한 이와 같은 협의의 관점을 선호한다. 실로 中立的 能力의 原則과 이 원칙이 근거하고 있는 정치행정이원론은 계속적으로 행정실무분야에 영향을 미치고 있다. 그러나 中立的인 공공관료제의 유지가 어렵다는 것을 인식하는 사람들은 과거에도 많았고 현재도 그렇다. 혹자는 심지어 정책결정과정에서 행정기관이 역할을 수행하는 것이 불가피할 뿐만 아니라 적절하다고 주장하기도 한다.

行政에 있어 초기논의에서 파생된 두 번째 주제는 民主主義와 官僚制간의 갈등문제이다. 먼저 民主的 原則은 개인이 가치의 주요 측정도구이며, 개인의 발전은 민주적 정치체제의 주요 목표라고 전제한다. 그리고 민주적 도덕성은 모든 사람들은 평등하게 창조되었고, 재산 · 지위에 있어서의 차이가 어느 특정개인이나 집단을 우월하게 만들어서는 안 된다고 제안하고 있다. 이러한 민주적 도덕성은 주요 결정을 내리는 데 있어서 시민의 광범위한 참여를 강조하고 있다.

한편 官僚制의 제 가치들은 우선 특정개인의 능력을 뛰어넘어 목표를 성취하기 위해 많은 개인들의 일을 결합시켜야 했다는 것을 함축하고 있다. 그리고 관료체계는 상위계층에 있는 사람들이 하위계층에 있는 사람들보다 더 많은 권한과 재량권을 갖는 계층제적으로 구조화되어야 한다. 그러므로 관료조직은 일반적으로 권력과 권한이 조직의 정점으로부터 바닥으로 흐른다는 것을 전제로 하고 있다.

민주성의 個人的 價値와 집단이나 조직의 官僚制的 價値는 상반된다. 평등성의 민주적 가치와 대비하여 관료제적 계층제가 있다. 參與와 關與의 민주적 가치에 대비하여 의사결정과 권한에 있어 下向的(top-down) 方式과 같은 관료제적 가치가 있다. 이러한 가치들을 어떻게 조화시키는가가 초기의 학자들과 실무자들에게 어려운 과제였으며 이는 현재도 마찬가지이다. 이상에서 논의된 문제들은 "능률성의 극대화에 진력하는 어떤 기관이 시민의 욕구와 평등, 정의와 같은 다른 원리들에 충분히 대응할 수 있겠느냐"의 여부로 집약될 수 있다.[9]

인사정책의 예를 들어 살펴보면, 고용을 결정하는 것은 무엇인가?

행정적 합리성 對 민주적 도덕성간의 딜레마(R-D Dilemma)가 人事政策側面에서 해결되는 세 가지 방법으로는 첫째, 가장 역사적으로 선호된 해결책으로 가치들 중 하나가 다른 것들보다 일시적으로 우월하다고 생각하도록 만드는 것이다. 둘째, 개개기관 내 작업집단을 부분화시키는 것이다. 따라서 합리성과 민주성을 사실상 동등한 것으로 만드는 것이다. 셋째, 가장 광범위하게 지지받고 있는 해결책은 모든 사람들이 그들의 능력이 그들의 기술적 업무가 요구하는 바에 충분히 대응할 수 있는 위치에 놓여져 있는가와 報償的 正義에 대한 일시적 강조를 결합한다. 즉 완전히 합리적인 근거하에서 판단컨대, 능력발휘를 위해 민주적인 토대에서 인정할 만한 가치를 갖고 있는 능력 있는 자들을 개발함으로써 민주성과 합리성이 양립 가능하도록 하는 것이다. 그러나 이 해결책은 원칙적으로 갈등을 해결은 하나 실제로 실행하기는 어렵다.

3) 民主的 道德性 對 政治的 生存간의 딜레마(D-P Dilemma)

공공기관의 결과 ──그것이 어떤 형태를 취하든── 로부터 누가 혜택을 받게 되는가? 이에 대해 블라우와 던컨(Blau & Duncan)에 따르면 공공조직의 뚜렷한 특징은 公共一般이 그들의 주요 수혜자라는 것이다. 이러한 주장에서 공공기관의 민주적 이상이 표현되었다. 그러나 윌다브스키(Aron Wildavski) 등이 기술한 바와 같이 정치적 실제는 이와는 약간 다르다.

다운스(Anthony Downs)는 사람들은 민주적 도덕성과 같이 널리 공유되는 윤리적 가치를 수용하지만 꼭 그런 것만은 아니라고 하면서, 공익에 봉사할 수 있는 유일한 상황은 사회가 적절한 制度的 配置를 하여 지배적인 자기의 이해와 상반되지 않았을 때뿐이라고 하였다.

---

9) Robert B. Denhardt, *op. cit.*, pp. 107～120.

이러한 상황은 이익집단 多元主義를 연상하게 하며, 민주적 도덕성과 정치적 생존 딜레마가 행정과 정치학의 고전적인 관심사라는 사실을 경시하게 한다. 따라서 학자들은 이러한 딜레마를 기술하고 그것들을 화해시키는 길을 모색하는데 관심을 갖는다.

4) 세 가치간의 갈등(R-D-P Conflicts)

합리성-민주성-정치성의 세 가지 가치들이 현저하게 나타나는 행정적 상황은 行政改革이다.

동등한 가치들간의 긴장에서 오는 명백하고도 중요한 결과는 딜레마의 최종 해결책은 있을 수 없다는 것이다. 단지 일시적인 해결은 제도화된 긴장이 새로이 공개된 갈등으로 되었을 때, 再協商을 요구하는 것뿐이다.

3. 個人的 水準[10]에서의 倫理的 葛藤

개인적인 수준에서 윤리적 갈등은 행정가가 처한 상황에서 책임 있는 행정을 구현하기 위한 기준을 정립하기 어렵다는 것에서 온다. 책임성을 확보하기 위하여 환경적 수준에서나 조직적 수준에서 개별적인 행정가에게 기대되는 윤리적 기준 사이에 상충이 나타나 행정가에게 갈등을 준다. 기준들의 상충을 경험하는 것은 대부분의 행정가들에게 있어서 공통적인 현장이다. 책임성의 이중적 의미 ── 主觀的 責任性과 客觀的 責任性── 본질의 측면을 볼 때 그리 놀라운 것은 아니다.

행정역할은 현대 사회에서 차지하고 있는 많은 역할들 중 오직 하나에 불과하다. 게다가 행정가의 역할은 시민의 역할과 갈등상태에 있기 때문에 이 양자간에 갈등이 발생할 잠재성은 있다. 특히 공직의 특성으로 말미암아 자신의 개인적 이해, 조직 및 공공의 이해들간에 상충할 가능성이 있다.[11]

여기서는 행정가가 처하는 윤리적 갈등[12]── 권한(authority), 역할(role) 및 이해(interest)의 갈등── 에 관하여 고찰하겠다.

---

10) Terry L. Cooper, *The Responsible Administrator: An Approach to Ethics for the Administrative Role*(Port Washington, N. Y.: Associated Faculty Press, 1986), pp. 61～93.

11) *Ibid*., p. 62.

12) *Ibid*., pp. 61～93.

(1) 權限의 葛藤(Conflicts of Authority)

行政責任性의 유형으로 쿠퍼(Terry L. Cooper)는 객관적 책임과 주관적 책임을 제시하였는데, 이 두 형태간의 갈등가능성은 명백하다. 이것은 행정가로서 윤리적 딜레마를 경험하는 가장 공통적인 방식이며 가장 단순한 방법이다. 이러한 상황에서 행위에 대한 권한의 두 가지 원천간의 갈등을 느끼게 될 것이다. 즉 행정가의 가치(주관적 권한의 원천)와 법 또는 조직위계의 요구사항(객관적 권한의 원천)의 양립 불가능한 행동으로 인해 행정가는 갈등을 겪게 될 것이다. 즉 우리는 어떤 것을 하도록 내적 권한에 의해 요구되나 외적 권한은 우리에게 다른 것을 하도록 지시한다.

한편으로는 책임 있는 행동이 자신의 가치와 일관되게 행동하는 것을 의미하며, 다른 한편으로 상급자, 조직의 정책 또는 법에 의해 행동하도록 강요되면 충돌은 불가피해진다.

多元主義에 의해 특징지어지는 현대 사회에서 법규, 조직의 정책, 그리고 관료제적 위계가 구현된 집합적인 목적은 때때로 대중을 위해 봉사하도록 고용된 공무원 개인의 가치와 때때로 충돌을 일으키지 않을 수 없다. 즉 어떤 형태로 표출되는 사회의 집합적 의지와 행정가의 개인적인 양심이 불일치된다면 윤리적 진퇴양난(ethical quandary)을 경험하게 될 것이다.

이러한 주관적 · 객관적 권한의 비중에 있어서 주요한 문제는 어느 것에 더 기본적인 권한의 원천이 있는지, 또는 의사결정의 대안들을 평가하기 위한 보다 더 포괄적인 틀은 어느 것인지이다. 즉 어떤 경우에는 공익이라는 개념이 갈등을 해결하도록 하는 데 도움을 줄 것이다.

(2) 役割의 葛藤(Conflicts of Role)

책임성 문제에서 役割槪念이 중요하다. 특별한 역할에 관련된 가치는 주어진 의사결정상황에서 양립불가능 또는 상호배타적 일 수도 있다. 그러나 일반적으로 우리는 가치 그 자체를 경험하는 것이 아니라, 그러한 가치들에 의해 지배되는 역할들의 충돌을 느끼게 된다. 이 경우 갈등은 행정역할과 업무조직 외부의 몇몇 다른 역할들간에 발생한다.

이는 조직 내에서 우리가 행사하는 역할들간의 갈등의 한 예이다. 더 정확하게, 이를 더 큰 행정역할 내의 하위역할들간의 갈등이라 하거나, 행정역할의 구성성분간의 갈등이라고 부른다. 이러한 역할이 요구하는 바가 상충되는 상황과 그에 관련된 가치들을 다루는 것은 효과적인 組織管理에 가장 필수적인 윤리의 문제이다.

(3) 利害의 葛藤(Conflicts of Interest)

책임성 있는 행정가로 갈등을 경험하는 또 다른 방식은 공무원 자신의 이해가 공무원으로서의 의무와 불일치한 상황과 관련하여 일어난다. 그리고 이는 앞에서 다룬 두 가지 갈등유형과 동시에 일어날 수도 있으며 그렇지 않을 수도 있다. 흔히 이는 특별한 공적 역할이나 가치의 하위체계로부터의 요구와는 별도로, 個人的 利益을 위하여 공직을 이용할 기회가 주어졌을 경우에 발생한다.

투스만(Joseph Tussman)은 이러한 문제의 근원을 서구의 '個人主義 精神'에서 찾고 있다.[13] 개인이 정치적 · 사회적 권리와 의무의 주체로서 출현하게 됨에 따라 개인을 "주로 가치, 욕망, 충동 또는 이해의 집합체"로서 보게 되었다. 이러한 관점에서 볼 때, 개인이 그들 자신의 이익을 추구하는 것은 당연한 듯하다. 즉 개인적 욕망과 자신의 삶의 향상에 대한 충족은 적절한 행동형태로 간주되었다. '개인에 대한 존경'이라는 구절이 이러한 방식으로 행동하도록 개인의 권리를 인정하는 것을 의미하는 바이다.

그러나 이러한 이해갈등의 문제에 있어서, 우리는 "이해와 의무간, 개인적 삶의 경향과 공적 역할의 의무간의 피할 수 없는 갈등"에 직면하고 있다. 이러한 긴장은 서구의 개인주의 정신의 지배의 결과일 뿐만 아니라 현대 사회의 구조와 동학에 내재해 있는 것이기 때문에 피할 수 없는 것이다.

近代化는 집합적 성질을 지속적으로 요구하는 복잡한 상호관계와 상호의존성의 범위 내에서 이처럼 고양된 개인을 낳았다. 도시화와 산업사회화는 투스만이 말했던 긴장을 강화시켰다. 공복으로서 고용된 개인이, 특히 선출된 행정적 역할을 맡고 있는 개인이 공익과 사익간의 빈번한 긴장을 경험하는 것은 놀라운 일이 아니다.

13) Joseph Tussman, *Obligation and the Body Politics*(New York: Oxford University Press, 1960).

에멧(Dorsey Emmet)은 현대의 복잡한 조직의 두 차원간의 틈을 언급함으로써 행정가에게 특별한 문제를 환기시켜 주었다. 즉 에멧(D. Emmet)은 組織을 '공통의 목적을 가지는 共同體'로, 그리고 사람들이 직업을 갖고자 희망하는 '하나의 場'으로 간주해야만 한다고 하면서, 따라서 공공조직도 공익을 확보하기 위하여 확립된 집합체일 뿐만 아니라 개인들이 그들 자신의 이익을 실현하고자 하는 장이라고 하였다. 그러므로 현대 사회의 다원주의적 본질은 갈등이 個人利益과 組織利益간에 나타날 것이라고 보았다.

아마도 이러한 긴장이 해결되는 방식은 어느 정도 개인적 삶의 私的 및 公的 部門에 귀속된 상대적 가치에 의존한다. 세넷(Richard Sennet)[14]은 지난 200년 동안의 추세는 사적 부문을 위해서 공적 부문을 평가절하시켜 오는 경향이었다고 결론지으면서, 현대 사회에서 개인적 아이덴티티를 찾기 위한 근거로서 자아도취적 선입관은 공적 문제의 몰인간적 세계에서 이차적인 중요성을 갖는다고 하였다. 그렇다면 우리는 개인의 사적 이익을 위하여 긴장을 해결하려는 경향을 보이게 되는데 이는 놀랄 만한 일이 아니다.

스몰(Joseph small)[15]은 미국정부에서 利害葛藤의 문제에 대한 설문조사에서 이러한 경향이 현대 사회에서 증가하고 있다는 결과를 보여 주었다. 따라서 그는 점차 20세기 후반에 들어서면서 공익으로부터 개인적 이익을 단순하게 또는 완전히 분리시키는 것이 어렵게 되었다고 하였다. 왜냐하면 이러한 이해들은 서로 중복되어 있어서 더 이상 분리시키는 것이 불가능하고 과거와 같이 선과 악, 옳음과 틀림의 규범이 더 이상 부적절하기 때문이라는 것이다. 그러면서 스몰은 사적 이득을 위해서 공적 재원으로부터 돈과 권력을 추구하는 것은 '인간적 상황의 부분'(Part of human condition)이라고 결론지었다.

따라서 利害의 葛藤은 공공행정가들에게 있어서 특히 어려운 문제이다. 공공행정적 지위에 있는 시민들은 대개의 일반시민들이 접근하지 못하는 정부공공재에 접근할 수 있는 특수한 입장이다. 따라서 이러한 접근은 개인적 이득을 취하기 위해서 정부재원을 이용할 기회와 유혹을 제공한다. 그러므로 행정책임성은 유사한 기회와 유혹에 직면해 있는 다른 자들의 행동을 '감독, 조정 및 지도

14) Richard Sennet, The Fall of Public Man(New York: Vintage Books, 1974).

15) Joseph Small, "Political Ethics: A View of the Leadership," Amarican Behavioral scientists, vol.19, no.5 (May/June 1976).

하는 의무를 포함하고 있다. 공익의 公僕으로서 행정가는 자신의 이해갈등을 관리하는 데 뿐만 아니라 동료, 상급자, 하급자 그리고 민간인들의 이해갈등까지도 어느 정도는 관리할 책임을 지고 있다.

제 2 절 倫理的 딜레마의 實際的 側面: 주요 쟁점

倫理란 사람이 지켜야 할 도리이므로 모든 사람들이 일상생활에서 지켜줄 것이 기대되는 사회적 윤리가 설정되어 있다. 그런데 사람들이 어떤 조직이나 전문직업에 참여하는 경우 그러한 조직 또는 직업사회가 특별히 정하는 이른바 職業倫理도 지켜야 할 입장에 놓이게 된다. 이에 따라 공무원도 정부가 특별히 정하는 직업윤리를 준수해야 한다.

그러나 민간조직과 구별되는 정부조직의 특수성 때문에 공무원들의 직업윤리는 민간조직 종사자의 직업윤리와는 사뭇 다르다. 즉 보다 높은 수준의 윤리와 보다 엄격한 행동규범의 준수가 공무원들에게 요구된다는 뜻이다. 정부는 行政目的에 부합되고 기여할 수 있는 공무원을 필요로 하고 있으며 부과된 업무를 수행하고 공무원으로서의 품위를 유지하기 위하여 높은 수준의 윤리적 행동을 기대한다.[16)]

민주주의국가의 공무원에게 기대하는 직업윤리의 기준은 민주주의적 이념의 구현에 있음은 물론이다. 민주적 생활질서의 기초를 유지 · 발전시키고 국민전체의 봉사자로서 公益을 추구해야 함은 물론 업무수행에 있어서도 창의적이고 민주적이고 능률적인 태도로서 적극적 · 발전적인 행동을 기대하는 것이다. 이러한 공무원의 특수한 입장 때문에 민간부문 종사자의 직업윤리보다 더 높은 수준의 직업윤리를 기대하고 공무원의 행동양태를 규제하려고 하는 것이다. 이에 따라 민간부문과 정부부문의 윤리문제를 생각할 때 사람들은 二元的 基準(double standards)을 가지고 정부부문에는 보다 엄격한 기준을 적용하는 것이 보통이

16) 1990년에 행한 전국공무원 1,000명을 대상으로 한 설문조사에 의하면 공무원에게 일반인과는 달리 높은 수준의 윤리가 강조되어야 하는 가장 큰 이유가 무엇이냐는 질문에 84.7%(816명)가 공무원은 '국민에 대한 봉사자이며 공익을 추구해야 하므로'라고 응답하였으며, '사회의 지도세력으로 모범을 보여야 하므로'에 3%(109명), '특히 강조될 필요가 없다'에 3.6%(35명)가 응답을 하였다.

다.[17] 그러나 공직의 윤리적 기대는 또 한편으로 공무원 개개인의 시민으로서의 자유와 권리를 제한하는 결과를 가져오므로 민주주의적 원리에 위반된다는 이론이 있으나[18] 공무원 관계의 特別權力關係的 性格과 公職의 特殊性에 의하여 현대 민주주의 국가에 있어서는 일반적으로 공무원의 윤리적 기준을 법제화하는 현상을 보이고 있다. 그러나 정부조직의 구성원인 공직자에게 행동규범을 법률적으로 규제하려고 할 때에는 물론 정부의 특정목표를 달성해야 한다는 필요성에서 나타난 결과이겠으나 이때에 유의해야 할 점은 공직자의 기본권도 보호해야 한다는 양면성을 충분히 고려하여 신중하게 처리해야 할 것이다.[19]

또한 행정윤리는 規範的 性格을 가지고 있다. 즉 사실로서 공직윤리가 아닌 당연히 그렇게 해야 하는 행동에 관한 규범윤리적 특성이 있다.[20] 공무원들에 요구되는 대부분의 행동규범은 자율적으로 준수되도록 조장하고 지원하는 데 그치지 않고 중요한 행동규범은 이를 법규로 규정하여 의무화하고 있으며 法規上의 義務로 된 행동규범의 준수를 정확히 보장하기 위하여 벌칙을 제정하고 있다. 공직자의 행동규범을 법제화하는 범위는 구체적인 상황조건이나 법체제의 성격에 따라 다르게 나타난다.

어쨌든 행정윤리는 적극적인 의미에서 행정인이 국민을 위하여 무엇을 하느냐 하는 행정의 기본적인 사명과 관계되는 중요한 문제이다. 즉 행정윤리가 공무원이 준수해야 할 행동규범을 의미할 때, 이는 行政의 價値體系와 유사하게 취급된다.[21]

그런데 행정학의 전문적 교육프로그램의 역사를 개관하여 볼 때, 행정윤리

17) Pfiffner와 Presthus는 일반국민과 달리 公職者는 公的 任務인 公益을 추구·실현할 의무를 지니고 있다고 하면서 이러한 현상을 '二重的 道德水準의 要求'라고 말하고 있다: J. M. Pfiffner and R.V. Presthus, *Public Administration*(1953), p. 565.

18) Daivd M. Levitan, "Administrative Responsibility," Political Science Quarterly (Academy of Political Science, Colombia University Press, 1946), p. 587.

19) 吳錫泓, "公務員의 倫理와 行動規範,"「行政論叢」, 제20권 제 1 호(서울대학교 행정대학원, 1982), p. 36.

20) 李瑞行,「淸白吏精神과 公職倫理」(서울: 인간사랑, 1990), pp. 183～184.

21) 이는 Hejka-Ekins이 51명의 윤리교육관을 대상으로 가장 중요한 윤리적 기준이 무엇이냐고 생각하는가를 묻는 설문에 대한 응답결과이다.
이상의 윤리적 기준은 Hejka-Ekins에 따르면 미국정치체계에서 두 가지 기능을 수행한다고 한다. 첫째, 이러한 기준들은 규제적 기능에 봉사한다. 이를 통해 권력과 권한의 남용으로부터 시민들을 보호한다. 즉 그들은 Watergate Scandal에서 보았듯이 강력한 고급관료들에게 대항하여 시행될 수 있는 윤리규칙과 법규의 기본이다. 이러한 기준들은 윤리적 사각지대에 직면한 관료들에게 지침을 제공한다. 그

교육에는 일관성이 없었다. 정치행정이원론적 사고가 행정학의 시작부터 스며들어 행정학은 가치중립적인 특성이 지나치게 강조되었다. 價值中立的인 行政學에서는 공무원이 행하는 근본적인 가치판단이 경시되고 있어 가치판단이 내재되는 윤리적 문제는 중요하게 다루어지지 않았다. 이와 같은 이론적 조망과는 달리 공무원들은 행정실무에서 많은 재량권을 행사함으로써 상당한 권한을 가지게 되어 가치판단문제가 적극적으로 관여하게 된다. 프리드리히, 레이 등이 이러한 문제를 확인한 바 있으며 데이비스는 실증적 연구를 통하여 행정재량권 행사에서 고려되는 윤리적 기준을 조사하였다.

결과적으로 官僚의 裁量權에 대한 인식은 행정윤리를 고려함에 있어 주요 근거가 되어 왔다. 더욱이 1960년대 말에서 1970년대 초반까지의 신행정학에서 구체화된 규범성의 강조와 같은 그 밖의 요인들도 워터게이트(Watergate)와 같은 政治的 스캔들이 빈번하게 발생됨에 따라서 행정윤리에 있어서 새롭게 주목을 받게 되었다.[22)]

최근의 학문적 · 실무적 분야의 발전에 따라 윤리에 대한 관심이 증가일로에 있다.[23)] 현대 행정윤리는 민주주의 국가의 공무원들이 국민 전체의 봉사자로서

외에 윤리적 기준들은 직위 남용에 대한 보호와 규율업무 이상의 civic function을 수행한다. 적어도 부분적으로 윤리적 기준들은 공적 권위의 사용과 정부결정의 합법성(정당성)을 확보하는데 기여한다.

표 9.2 윤리적 기준에 대한 설문결과

윤리적 기준	비 율
공 익	16.9
사회적 형평성	15.9
체제 가치	14.6
고발자(whistle blowing)	13.4
효율성 · 능력 · 효과성 · 책무성	13.4
시민의 의무	10.1
ASPA 윤리 강령	7.8
기 타	7.9

* 51명의 윤리교육관 인원에 기초한 설문결과(NASPAA & IASIS).

자료: April Hejka-Ekins, "Teaching Ethics in Public Administration," *PAR*, vol, 48, no. 5(Sep,/Oct, 1988), p. 888.

22) April Hejka-Ekins, *op. cit.*, p. 885.

23) James S. Bowman "Ethics in Government: A Nation Survey of Public Administration," *PAR*(May/June 1990): 보우만은 1989년 750명의 ASPA 소속의 행정 관료들에게 우편

공익을 추구할 뿐만 아니라 국가발전을 위해 자신의 능력과 역할을 최대한 발휘하는 것이다. 사실 공무원들은 국민생활에 심대한 영향을 미칠 수 있는 권력을 행사할 수 있기 때문에 국민들은 공무원들의 높은 윤리성을 기대하게 된다.[24)] 그러나 公人의 윤리는 一般國民倫理의 반영인 만큼 일반사회조직 내에서의 국민윤리의 정립이 선행되어야 하고 공무원자체 내에서의 정화운동도 병행되어야 한다. 이를 위해 사회제도적인 개선을 통한 보다 근원적인 해결책의 강구가 우선되어야 할 것이다.

다음은 공직자의 윤리가 행정실제에서 부딪히게 되는 갈등의 주요 쟁점과 내용을 구성하고 있는 공무원의 충성, 단체행동 및 정치적 중립에 대하여 간략히 논의해 보고자 한다.

1. 公務員의 忠誠

공무원들이 지켜야 할 행동규범의 한 구성요소인 충성(loyalty)은 헌법의 기본질서와 국가적 이념에 대한 헌신을 뜻한다.[25)] 충성이란 國家體制에 대한 支持를 의미한다. 민주국가에서는 공무원의 충성이 국가와 국민 전체의 보편이익으로 지향될 것을 요구한다. 어느 특정개인이나 일부 국민의 특수이익에 결부된 헌신은 우리가 여기서 논의하는 충성에 해당되지 않는다.

충성의 의무를 갖는 공무원은 '不忠誠'을 범해서는 안 된다. 다시 말하면 헌법의 기본질서를 부인하는 신념을 갖거나 또는 그러한 신념하에서 헌법의 기본질서를 파괴하려고 해서는 안 된다. 충성의무를 위반하는 파괴행위(반국가활동, 반역행위)는 불충성의 고의를 내포하는 행위이다.[26)] 공무원의 충성의무를 행

설문한 결과 응답자의 거의 70%가 시간이 지남에 따라 점차 윤리에 대한 관심이 증대하는 듯하다고 응답하였다(20% 반대응답).

24) 이서행, 전게서, p. 210; 윤리적 일탈이란 반드시 윤리적 병리현상의 하나인 부패와 같은 것만을 의미하는 것은 아니며 윤리문제는 올바른 것 간에 선택의 문제일 경우가 많다. John A. Worthley, "Ethics and Public Management," *Public Personnel Management*, vol. 10, no. 1(1981), p. 41: Susan Wakefield, "Ethics and the Public Service: A Case for Individual Responsibility," *PAR*(1975), p. 45: 이준방, "한국행정윤리의 실태와 확보전략에 관한 연구"(경희대학교 박사논문, 1985), p. 8.

25) Norman J. Powell, *Personnel Administration in Government*(New York: Prentice-Hail, 1956), p. 132.

26) 유종해, 「현대행정학」(서울: 博英社, 1988), p. 583.

동규범으로 규정하는 정부는 '保安活動'을 통해 공무원의 불충성 또는 파괴행위를 감지하고 배제하려고 노력한다. 구체적인 충성의무의 내용과 한계는 보안활동에서 불충성을 가려낼 때 실현된다.

공무원의 충성의무는 국가체제의 근간을 보호해야 한다는 요청에 근거를 둔 것이다. 국가체제가 추구하는 이념을 실현하려면 우선 국가체제가 존속할 수 있어야 할 것임은 자명한 이치이다. 그러므로 국가체제는 스스로의 존립을 지키기 위해 외부로부터 가해지는 위협이나 공격에 대항하여 내부의 불안과 위협을 배제하지 않으면 안 된다.

공무원의 충성의무를 공식화하여 그 준수를 강제하면 다소간 人權을 制約하게 된다. 절대주의국가에서는 충성의무의 규정에서 비롯되는 인권제약이 당연시되겠지만 민주국가에서는 문제가 그렇게 단순하지가 않다. 민주국가의 이념은 모든 국민의 자유와 권리를 보호하는 것이기 때문이다. 민주국가에서 국민의 자유와 권리를 보호하려면 그것을 이념으로 삼는 국가조직을 보호해야만 한다. 그런데 국가조직을 보호하기 위하여 공무원에게 충성의 의무를 부과하면 공무원과 공무원이 되려고 지망하는 사람들의 자유와 권리를 제약하게 된다. 민주국가에서 민주주의 기본질서를 지탱해 주는 국가조직이 있어야 한다는 요청은 자명하다. 그런가 하면 공무원을 포함한 모든 국민의 자유와 권리가 보호되어야 한다는 요청 또한 자명한 것이다. 그러므로 公務員의 忠誠을 관리하는 활동은 국가조직의 안전을 보호할 필요와 개인의 자유 및 권리를 보호해야 한다는 필요를 적절히 조화시키는 책임을 지게 된다. 그러므로 忠誠管理 活動은 '두 가지 위험의 균형'(balancing of two risks)을 유지하는 활동이라고 할 수 있다.

오늘날 인간생활의 국제화 경향이 거듭 촉진되고 있음에도 불구하고 모든 국가는 자국이익의 옹호를 게을리 하고 있지 않다. 비록 동구와 구소련체제의 붕괴에도 불구하고, 민주국가들은 국제적으로 공산국가들의 도전을 도처에서 받고 있으며 국내적으로 적건 많건 간에 共産主義세력의 위협을 받고 있는 나라들이 많다. 이와 같은 共産主義의 위협은 민주국가들의 국가안보활동과 공무원의 충성관리활동이 지니는 중요성을 부각시키고 있다.

그리고 민주적 국가질서에 대한 위협은 공산주의 세력으로부터 가해지는 것에 국한되는 것은 아니다. 多元社會化의 가속적 진전과 문명의 복잡화는 이질적인 정치이념과 국가관을 가진 집단을 속출시키고 있다. 이러한 이질적 요소들의 위협도 결코 가벼운 것이 아니다.

정부의 규모가 방대해지고 그 활동이 방대해져 감에 따라 정부조직에 파괴분자가 잠입할 수 있는 가능성은 커지고 있다. 국가조직이 관리하는 전략적 설비는 엄청난 중요성을 가지게 되었고 파괴활동의 수단으로 될 수 있는 통신·수송의 설비는 크게 발전되었기 때문에 소수인의 破壞活動도 무서운 결과를 초래할 수 있게 되었다.

충성관리활동의 중요성을 제고시키는 위와 같은 여건은 오늘날 여러 민주주의 국가들에서 일반적으로 관찰할 수 있는 것이다. 즉 현대 민주국가에서의 공무원은 국민 전체에 대한 봉사자로서의 지위로 파악되고 있다. 그러나 공무원의 충성을 확보하기 위한 활동의 구체적인 필요와 가치는 때와 장소에 따라 달라진다. 예컨대 어떤 국가가 전쟁 중에 있거나 적정단체의 심대한 위협을 받고 있다면 그렇지 않은 때보다 충성의 기준을 엄격하게 하고 보안활동을 강화해야 할 필요가 있을 것이다.

우리나라 정부에서는 公務員의 忠誠을 매우 강력하게 요구하고 있다. 우리나라의 공무원 관계법령이나 행동강령에서 충성이라는 용어를 직접 쓰고 있는 경우는 오히려 드물지만 여러 행동규범의 규정은 충성의무를 전제로 하고 또 그것을 간접적으로 지지하고 있다. 그리고 모든 국민의 국가에 대한 충성의무를 엄격하게 규정하고 있는 법령이 공무원에게도 적용되는 것은 물론이다.

2. 公務員의 團體活動

전통적으로 公務員은 정부와 特殊한 身分的 關係로 맺어져서 국가에 충성하고 국민에 봉사할 것을 의무로 한다고 여겨져 왔다. 따라서 공무원의 이러한 의무를 저버리고 자기의 권익을 위하여 활동하는 것은 인정될 수 없다. 즉 엄격한 행동규율이 요구되었고 공익을 위해서는 기본적 권리조차 제한을 받아 왔다. 그리고 이에 대한 보상으로 공무원은 민간부문에 비해 보다 안정된 신분을 보장받았다.[27] 또한 공직에 종사하는 자부심과 함께 어느 정도의 권위도 소유하고 있었다.

27) A. Lawrence Chickering(ed.), *Public Employee Unions*(Toronto: D.C. Heath and Company, 1976), pp. 4～5.

그러나 산업의 발달로 현재는 민간부문의 근로자들이 상대적으로 높은 임금을 받게 되었고 또한 각종 연금제도의 채택, 의료보험, 휴가 등 복지혜택과 아울러 어느 정도 안정된 신분도 보장받게 되었다.[28] 이러한 경제적 요인과 함께 정부조직의 비대화는 관리자와 하층노동자 관계를 비인간화시키고 의사소통의 기회를 차단시켰다. 이러한 상황은 민간부문에서 노동운동이 발생하였을 때의 노동자와 비슷한 입장에 처하여 있는 것이다. 더구나 민간부문에서는 조합이 그들 자신의 이익을 증대시키는 것을 알고 있는 공무원들도 자연스럽게 공무원단체를 조직화하게 되었다.[29]

공무원단체란 공무원의 근로조건을 유지 · 향상시키기 위하여 조직하는 단체를 말한다. 公務員團體란 광의로 이해하면 비공식 · 자생 집단까지를 포함하는 개념이지만 일반적으로 노동조합의 형태를 갖추는 공식적 집단만을 다루고 있다. 우리나라에서는 대체로 광의의 개념과 협의의 개념으로 이분하여, 광의의 공무원단체는 "공무원들이 조직하는 모든 단체로서 비공식 · 자생 집단까지를 포함하는 조직"을 의미하는 것이고, 협의의 공무원단체는 "勞動組合의 형태를 갖춘 공식적인 단체"라고 하는데 견해가 일치되고 있다.[30]

공무원집단은 기업의 노동조합에 크게 영향을 받은 것으로 공무원은 기업의 근로자와는 본질적 역할을 달리하고 있지만 공무원의 집단이익을 표시하여 복지증진을 도모하고 사기를 앙양하며 관리층과의 협상과정에서 상호이해를 증진하여 조직 내의 민주화와 인간관계의 개선을 기하고 행정발전에 기여할 수 있다는 필요성에 의하여 단체의 인정을 주장하고 있다. 오늘날 대부분의 국가에 있어서는 公職의 特殊性에 비추어 공무원단체의 조직과 활동은 원칙적으로 인정하되 다소간 제약을 가하고 있다.

공무원단체가 형성되어 제대로 활동하고 따라서 바람직한 효용을 발휘할 수 있으려면 행정체제의 내외에 걸쳐 그것을 뒷받침해 줄 수 있는 조건이 갖추어져 있어야 한다. 필요한 여건이 갖추어져 있지 않으면 공무원단체가 형성되기도 어

28) Felix A. Ligor & Lloyd G. Nigro, *The New Public Personnel Administration*(Ithaca: F.E. Peacock Publishers, Inc., 1986), pp. 140~143.

29) Gus Tyler, "Why They Organize," *PAR*, vol. 32, no. 2(March/April 1972), pp. 97~101: 서원석, "한국공무원의 단체 활동에 관한 인지분석적 연구"(연세대학교 박사논문, 1990), pp. 12~13.

30) 서원석, 상게논문. p. 19.

려울 것이며 불비된 여건을 무시하고 공무원단체를 조직하더라도 그 적극적인 효용은 기대할 수 없을 것이다. 공무원단체가 잘못된 여건 속에서 잘못 운영될 때에는 그 효용보다 오히려 폐해가 더 클 것이다.

우리나라의 경우에는 憲法과 國家公務員法에 의하여 공무원은 노동운동 기타 공무 이외의 일을 위한 집단적 행위를 하여서는 안 된다는 규제를 가하고 있다. 다만 大統領令으로 정하는 사실상 노무에 종사하는 공무원은 예외로 노동조합을 결성할 수 있도록 하였다. 대통령령에 의한 공무원의 노동조합은 철도노동조합 · 체신노동조합 · 전매노동조합 · 중앙의료원노동조합이며 이들 노동조합에 대하여 특별한 규제가 없으므로 일반 근로자의 노동법규에 의한 제활동(團結權·團體交涉權 · 團體行動權)이 보장되는 것으로 이해된다.

한편 본 연구의 공무원을 대상으로 한 설문조사 결과 공무원에 대한 노동 3권의 제한적 실시[31]에 대한 반응을 살펴보면 총 991명의 응답자 중 553명인 55.8%가 반대하고 있고 불과 25.3%가 찬성하는 것으로 나타남(부록〈표 I - 24〉)으로써 현행 공무원의 노동 3권에 대해서는 만족하고 있지 않음을 볼 수 있는데, 이를 다시 직급별에 따라 교차분석을 해 보면(부록〈표 I - 51〉) 특히 하위직 공무원일수록 공무원의 노동 3권 제한실시에 대해 강한 반대의 입장을 보임으로써 노동 3권의 실질적인 확보를 요구하고 있는 것으로 분석할 수 있다.

3. 公務員의 政治的 中立

공무원의 정치적 중립(political neutrality)은 공무원은 시민에 대한 公僕이라는 입장에서 공직활동 및 공무수행을 공정하고 객관적으로 해야 한다는 의미로 이해되어질 수 있다.[32] 이는 政治와 行政의 分離라는 이론적인 근거에서 출발하며 대개 충원상의 비정치화, 직업윤리로서의 공정성의 확보, 정치적 활동의 최소화라는 개념을 내포하고 있다.[33]

31) 공무원의 노동기본권은 공직이 가지고 있는 특수성을 인정하여 민간근로자와 다른 제한을 받아야 한다는 법이론적 학설들이 제기되고 있는데, 특별권력관계설, 국민전체봉사설, 공공복리설, 대상조치설 등이 그것이다. 서원석, 전게논문, p. 29.

32) 金海東, "公務員의 政治的 中立," 「行政論叢」, 제26권 제 2 호(서울대학교 행정대학원, 1988. 12), p. 69.

33) 安秉萬, "公務員의 政治的 中立: 再評價," 「韓國行政學報」, 제15호(韓國行政學會, 1981), pp. 8～10.

우선 공무원의 정치적 중립은 공무원의 充員과정에서부터 정치적 관여가 배제되어야 한다는 것을 의미하는데, 이는 공무원이 어느 특정정당이나 정치인에 의해서 선발되는 경우 이들을 위한 편파적인 업무를 수행할 것이 예상되기 때문이다.

공무원의 정치적 중립에 대한 요청은 역사적으로도 이러한 인사상의 충원문제에서 비롯되었는데, 미국의 경우 엽관주의(spolis system)적 인사관행의 폐해로 말미암아 1883년의 펜들턴법(Pendleton Act)[34]의 제정을 통해 實績主義(merit System)를 확보함으로써 공무원의 정치적 중립을 확보하게 되었고,[35] 영국의 경우 정실인사의 배격과 실적주의 인사제도를 도입하는 근거로서 정치적 중립성이 대두되었다.[36] 이처럼 公務員의 政治的 中立이란 공무원의 정치적 인사의 배격이라는 뜻으로 해석되며, 실적주의 인사제도가 공무원의 정치적 중립을 보장하는 중요한 제도적 장치로서,[37] 공무원의 중립은 공무원이 정치에 개입하지 않음으로써 行政의 安定性도 유지하고 계속성도 유지하여 능률적인 행정을 행할 수 있다는 장점이 있다.[38]

또한 공무원의 정치적 중립성은 공무원의 직업윤리로서의 公平性의 확보라는 측면도 가지게 되는데, 이는 공무원은 어떤 성격의 권력체가 정권을 담당한다 할지라도 국민의 행정수요에 대응하는 국민의 봉사자의 입장에서 이를 동등하게 수용하고, 오직 부여된 업무를 충실하게 수행하여 정치에 대한 무관심과 업무에 대한 충성심을 가장 중요한 직업윤리로 삼아야 한다는 것이다.[39]

여기에서 정치적 활동의 최소화란 특히 選擧와 직결되는데 공무원들은 국가의 정책을 집행한다는 점에서 권력집단을 형성하고 있어 이들이 선거에서 어떤

---

34) 이 법의 주요 내용은 ① 충원(recruitment), 공개시험, 정치중립성 그리고 직무기간(job tenure) 등에 근거한 실적제의 확립, ② 공사 양부문간 자유로운 직업이동을 위한 인사체계의 개방성의 확립 등이다; Ralph C. Chandler & Jack C. Plano, *The Public Administration Dictionary*(New York: John wiley & Sons, Inc., 1982), p. 270.

35) George J. Gordon, *Public Administration in America*(New York: Martin's Press, 1978), p. 237.

36) Gerald E. Caiden, *The Dynamics of Public Administration: Guidlines of Current Transformations in Theory and Practice*(New York: Holt, Rinehart and Winston, Inc., 1971), p. 85.

37) 安秉萬, 전게논문, pp. 8~9.

38) 劉鐘海, 「現代行政學」, 第 2 全訂版(서울: 博英社, 1988), p. 62.

39) 安秉萬, 전게논문, pp. 9~10.

특정정당을 지원하게 되면 선거결과에 큰 영향을 미치게 되어 선거무용화의 결과를 초래할 가능성이 크므로 공무원들은 그들이 공직으로부터 얻는 이득, 즉 신분보장, 특별권력의 향유 등의 대가로 국민으로서의 권리의 일부마저도 유보해야 한다는 것이다. 이와 같은 이유로 미국의 경우는 1939년과 1940년의 1, 2차 해치법(Hatch Acts)[40]의 제정을 통하여 공직에 대한 政黨의 支配를 제한하게 되었다.[41]

우리나라의 경우 1948년 건국 당시에는 공무원의 정치적 중립에 관한 규정을 두지 않았다. 다만 제헌헌법 제27조에 "공무원은 주권을 가진 국민의 수임자이며 언제든지 국민에 대하여 책임을 진다"라고만 규정되어 있을 뿐이다. 그러나 자유당 정권하에서의 엽관인사의 폐해, 공무원의 여당에 대한 편파적 지원 및 부정선거 유도 등의 현장은 결국 공무원의 정치적 중립을 憲法과 國家公務員法에 명시하도록 만들었는바, 제 2 공화국의 기초가 된 3차 개헌에서는 "공무원의 정치적 중립성과 신분은 법률이 정하는 바에 의하여 보장된다"고 규정하게 되었고, 1962년의 5차 개헌에서도 "공무원은 국민 전체에 대한 봉사자이며 국민에 대하여 책임을 진다"고 규정하였는데, 이는 6차례에 걸친 헌법의 개정과 7차례에 걸친 국가공무원법의 개장에도 불구하고 현재까지 남아 있다. 현재의 憲法은 제 7 조 제 2 항에서 "公務員의 身分과 政治的 中立性은 법률이 정하는 바에 의하여 보장된다"라고 규정되고 있으며 국가공무원법도 직무의 공정한 수행의무, 성실의무, 정치활동의 금지규정 등을 통하여[42] 공무원의 정치적 중립을 철저히 보장하고 있다.

현재 國家公務員法에서 규정하고 있는 공무원의 정치적 중립에 관한 조항을 살펴보면 우선, 제26조에 "공무원의 임용은 시험성적, 근무성적, 기타 능력의 실증에 의한다"라고 정하고, 제28조 제 1 항에서는 "공무원의 채용은 공개경쟁시

40) 1차 Hatch Act는 연방공무원의 정치활동에 대한 제약을 다룬 것이고, 2차 Hatch Act는 이를 주 및 지방공무원에게까지 확장한 것이었다. 이 법의 주요 내용은 ① 선거입후보 금지, ② 선거운동 금지, ③ 특정정당을 위한 자금유치의 금지, ④ 특정정당의 직위보유 금지, ⑤ 특정 입후보자나 정당을 위해 혹은 그에 반박해서 성명을 발표하는 일금지, ⑥ 정치적 집회에서의 연설금지 등이다: 劉鍾海 外(編), 「行政學辭典」(서울: 考試院, 1985), p. 121.

41) Philip L. Martin, "The Hatch Act in Court: Some Recent Development," *Public Administration Review*, vol. 33(Sep./Oct. 1973), p. 442.

42) 金海東, "韓國公務員의 形式主義的 態度에 관한 硏究," 「行政論叢」, 제12권 제 1 호 (1974), p. 47.

험에 의한다"고 규정하고 다만 제28조 제 2 항에 따라 1급을 임용할 경우 특별임용을 할 수 있도록 하고 있어 고위 정무직의 경우에는 정치적 임용이 가능하게 되어 있다. 또한, 공무원의 정치활동에 대한 규제는 제65조에 구체적으로 규정되어 있는데 제 1 항에서 "공무원은 정당 기타 정치단체의 결정에 관여하거나 이에 가입할 수 없다"고 규정하고 있으며, 제 2 항에서는 공무원은 선거에 있어서 특정정당 또는 특정인의 지지나 반대를 하기 위하여 다음과 같은 행위를 하여서는 안된다고 규정하고 있다.

① 투표를 하거나 하지 않도록 권유활동을 하는 것
② 서명운동을 기도, 주재, 권유하는 것
③ 문서 또는 도서를 공공시설 등에 게시하거나 게시하게 하는 것
④ 기부금을 모집 또는 모집하게 하거나 공공자금을 이용 또는 이용하게 하는 것
⑤ 타인으로 하여금 정당 기타 정치단체에 가입하게 하거나 또는 가입하지 않도록 권유활동을 하는 것

이렇게 볼 때 우리나라의 경우 公務員들의 政治的 中立에 대해서는 법률적으로 비교적 상세한 규정을 마련하고 있으나 실제에 있어서는 아직도 공무원의 신분보장과 승진 등에 외부의 영향력이 중요한 변수가 되고 있고, 선거 때마다 공공연히 여당지원활동을 해 왔다는 현실과 법 규범 사이의 괴리는 과거 우리의 정치상황에서 끊임없이 문제시되었던 것이 주지의 사실이다.

어쨌든 정치적 중립성 개념은 행정의 倫理的 指針으로서 기여하고 있으나 실제로 진정한 중립성은 유지하기가 어려울 뿐만 아니라 그 존재 자체에 대한 심각한 도전이 한편으로 제기될 수 있다. 즉 행정가들은 그들이 소속한 조직에서 발생하는 수많은 정치활동에 끊임없이 영향을 받는 인간들이며, 국회의원들과 공익집단 그리고 고객들이 합의한 정책을 맹목적으로 집행하는 것이 충실한 공무원이라는 생각은 급속한 변화와 진보된 지식의 세계에서는 뒤떨어질 수 있다는 것이다. 또한 행정관료로서의 전문관리자들은 전통적인 중립성의 개념을 벗어나 공공의 이익에 대한 의무감을 지니기 때문이다.[43] 이에 따라 현재의 공무원들에게 요구되는 정치적 중립이 어떠한 성격을 가져야 하는지 추후 계속적

43) Jong S. Jun, *Public Administration: Design and Problem Solving*(New York: Macmillan Publishing Company, 1986).

인 논의가 필요할 것이다.

한편 공무원을 대상으로 한 본 연구의 조사결과에 따르면 공직사회의 정치적 중립성의 정도에 대한 물음에 대해 991명의 응답자 중 모두 468명인 49%가 매우 낮거나 약간 낮다고 응답한 반면, 약간 높거나 매우 높다고 응답한 사람은 불과 17.9%로써 공직사회의 정치적 중립 정도를 낮게 평가하고 있는 것으로 나타났다(부록 〈표 I-20〉).

이에 반해 83.5%의 응답자가 공무원의 정치적 중립은 어떠한 형태로든지 확보되어야 한다고 조사결과 나타났는데(부록 〈표 I-21〉), 특히 공무원의 정당가입 허용 여부에 대해 모든 공무원의 정당가입 허용을 주장한 응답자는 16.4%인 반면, 반대한 응답자는 69.5%로서 대다수의 공무원들은 이에 대해 부정적인 시각을 보이고 있음을 알 수 있다(부록 〈표 I-22〉). 이는 공무원에게 政黨加入이 허용될 경우 복잡한 정치세계의 이해관계에 크게 영향을 받음으로써 공무활동 및 조직체계의 안정성이 저해되리라고 우려하고 있기 때문이라고 분석된다.

제 10 장

行政倫理確保를 위한 制度와 바람직한 戰略

제 1 절 行政倫理確保를 위한 制度的 措置
제 2 절 制度上의 問題點과 바람직한 戰略

제10장 行政倫理確保를 위한 制度와 바람직한 戰略

인간은 본성적으로 이상가치의 실현을 추구한다. 구체적인 행동의 기획에서 인간은 의식적·무의식적으로 이상과 실제를 연관시킴으로써 구체적인 행동의 형성과 집행을 통하여 계획한 목표의 달성, 상위목적의 실현, 그리고 궁극적으로 理想價値의 구현을 지향한다.

그런데 공공정책을 형성·집행하는 공공행정가는 자신의 업무가 공익을 추구하므로 자기의 이익욕구를 억제하여야 한다. 그리고 공무원들이 형성·집행하는 정책은 개념상 행동의 지침이지만, 그것이 포함하는 행동은 결코 우연히 봉착하거나 단순히 반복되는 행동이 아니라, 어떤 주체가 바람직한 소망을 의도적으로 탐색하고 이것을 실현시키기 위하여 강구하는 행동이다. 이런 관점에서 볼 때, 정책결정은 미래의 탐색과 행동의 설계를 통합하는 지침이지만, 그 행동은 단순히 경험적 분석을 통하여 설계된 행동이 아니라 바람직한 미래를 탐색하려는 철학적 사고와 윤리적 분석을 거쳐서 모색하는 행동이다.

이런 의미에서 정책결정은 철학과 행동의 통합이고, 공공행정은 行動하는 哲學이다.[1] 즉 공공행정가(공무원)는 공익을 추구하며, 또한 국민 전체에 대한 봉사자이며, 국민 전체에 영향을 주는 정책을 결정하기 때문에 공공행정에서의 倫理性에 대한 요구는 다른 일반조직에 비해 높은 편이다. 그리고 공공행정은 公權力을 토대로 해서 價値配分의 機能까지 수행하기 때문에 윤리성을 더욱더 강조하는 것이다.

듀이(John Dewey)는 실용주의적 사고에 근거하여 다음의 문제제기를 하였다.[2]

---

1) Christopher Hodgkinison, *Towards a Philosophy of Administration*(New York: St. Martin's Press, 1978), p. 3.

2) W. A. R. Leys, *Ethics for policy Decision*(Englewood Cliffs, N. J.: Prentice-Hall, 1952), p. 154; 유영옥, 「행정학」(서울: 세경사, 1987), p. 675.

첫째, 인간을 사고하게 하는 데 있어서 무엇이 가장 큰 난관인가? 무엇이 문제의 핵심인가?

둘째, 무엇이 우리의 탐구를 최종적으로 만족시켜 주는 것인가? 우리의 사고는 문제를 해결하는 것인가?

셋째, 보다 깊은 경험과 성찰의 결과로서 우리의 목표나 목적은 변하고 있는 것인가?

이러한 문제제기는 오늘의 공공행정가에게 시사하는 바가 크다.

첫번째 질문은 문제의 해결을 위한 정책결정에서 정확한 내용의 파악 또는 문제의 핵심을 바로 보는 능력을 구비할 수 있어야 한다는 것이다. 우리는 많은 공공정책에서 시행착오(trial and error)를 보아 왔다. 여기서 우리는 방법의 자체에 오류가 있어서가 아니고 問題의 本質을 잘못 본 데서 오는 결과의 산물이었음을 사후에 발견하는 예가 비일비재하였음을 다시 깨닫는다. 다시 말해서 이것은 문제의 본질에 대한 목적가치를 의미한다고 본다.

두 번째 질문은 問題解決의 方法, 즉 수단가치의 적실성 여부에 관한 것이다. 설사 본질을 제대로 파악하였다 할지라도, 다시 말해서 문제를 정확히 판단하였다 하더라도 처방이 이에 적절히 상응하고 있느냐 하는 것이다. 공공정책의 결정에 있어서 유일한 목적가치는 公益性이며 이러한 공익성의 실현을 위해서 能率과 節約이 수반되어야 한다. 따라서 전자가 목적가치인 것임에 반하여 후자는 수단가치이다. 그러나 후자의 수단가치가 지나치게 비능률적인 것일 때는 목적가치인 공익성과 공공의 윤리성도 빛을 잃게 된다. 즉 공익성은 이러한 능률성을 수반하지 않고는 이를 실현시킬 수 없다는 것이다.

세 번째 질문은 한 나라의 정책이나 계획은 단기성을 띨 수도 있으나 장기적으로 거시적인 것이 많다는 것이다. 이러한 장기적인 정책은 시간이 흐름과 동시에 경험이 축적되고 끊임없는 행정가들의 자기성찰과 국제적인 안목의 증대로 정책이나 계획의 목표 자체에 대한 수정이 불가피한 경우가 있을 수 있다.

따라서 어느 시대 어느 사회에서건 行政倫理性의 確保는 주된 목적이었으며, 특히 현대와 같이 기능이 다양하고 복잡해지고 행정국가화 내지 福祉國家化 현상을 보이는 상황에 있어서, 이는 행정을 담당하고 있는 자들뿐만 아니라 정치를 수행하는 자들에게 있어서 정책신뢰성을 가름하는 주요한 관건이 되고 있다. 이러한 상황하에서 행정의 윤리를 확립하는 것은 행정의 가장 기본적인 문제가 되는 것이며, 이것의 확립이 전제되지 않은 상태에서 행정의 다른 문제를 논의한다는 것은 무의미한 일일 것이다. 그리고 진정한 행정국가는 행정윤리의 확립을 통해서만 가능한 것이며 개개 국가들의 행정의 수준은 행정윤리의 수준을 의미하는 것이다.

따라서 다음에서는 여러 측면에서 行政倫理 및 公職倫理를 확보하기 위한 제도적 조치와 아울러 주요 몇몇 국가들의 법규를 살펴보고, 제 2 절에서는 실증분석의 결과를 토대로 각 차원에서의 바람직한 방안들을 제시해 보겠다.

제 1 절 行政倫理確保를 위한 制度的 措置

정부는 행정목적에 부합되고 기여할 수 있는 공무원을 필요로 하고 있으며, 부과된 업무를 수행하고 공무원으로서의 품위를 유지하기 위하여 높은 수준의 윤리적 행동을 기대한다. 공직의 윤리적 기대는 공무원의 시민으로서의 자유와 권리를 제한하는 결과를 가져오므로 민주주의적 원리에 위배된다는 이론이 있으나, 공무원관계의 특별권력관계적 성격과 공직의 특수성에 의하여 현대 민주주의 국가에서는 일반적으로 공무원의 윤리적 기준을 법제화하는 현장을 보이고 있다. 그러나 공무원에게 부과되고 있는 윤리기준의 내용과 행동규범은 국가마다 다소 다르다.

공무원의 윤리적 행동을 확보하기 위한 統制手段은 복합적으로 채택할 필요가 있다. 이를 크게 법규적 수단과 자율적 수단으로 나눌 수 있다.

1. 法規的 倫理確保手段[3)]

행정윤리는 앞서 살펴본 민주성과 합리성 및 자주성의 행정이념을 기준으로 하여 이를 적극적으로 실현하고 고양하는 측면과 이를 소극적으로 위반하지 않는 측면으로 나누어서 살펴볼 수 있다.

행정윤리와 관련하여 일반적인 문제가 되는 부정 · 부패 · 부조리 및 직권남

3) 유종해, “민주사회에서 행정윤리의 기능,” 「한국민주행정론」(고시원, 1988), pp. 435～444.

용이나 무사안일 등은 소극적인 측면에서 나누어서 살펴볼 수 있다.

행정윤리와 관련하여 일반적인 문제가 되는 부정 · 부패 · 부조리 및 직권남용이나 무사안일 등은 소극적인 측면에서 행정이념을 위반한 것과 관련된다. 이러한 측면에만 관심을 집중하면 부정적인 관점을 형성하고, 공직이 기여하는 긍정적인 측면을 무시하고 또한 행정이념을 구현하는 공직윤리의 적극적인 측면을 간과하게 된다.[4)]

행정이 소극적으로 민주성과 합리성 및 자주성의 행정이념을 위반하지 않는 것도 중요하지만 적극적으로 이를 고양하고 실현하는 것은 더욱 중요하다. 특히 국가발전의 과제를 추진하는 중심역할을 하는 행정으로서는 이러한 기준의 실현정도가 곧 발전의 척도가 된다고 하는 점을 주목하여야 할 것이다. 물론 민주화 · 합리화 및 자주화의 문제는 행정뿐만 아니라 정치 · 경제 · 사회 · 문화 등의 행정환경의 문제이기도 하며, 모든 영역에서 계속 고양해 나가야 할 가치이다.

로에(J. Rohr)는 관료들이 裁量權을 통해서 사회를 통치하는 과정에 참여하는데 민주사회에서 선거권자에게 책임지는 일 없이 통치한다는 것은 심각한 윤리문제를 제기한다고 하였다.[5)] 그러나 공직윤리는 선거에 의해 선출되지 않은 공직자에게만 요청되는 것이 아니라 선거에 의해 선출된 공직자에게도 더욱 절실히 요청되며, 나아가서 공직윤리가 확립되지 않는 한 社會倫理 또한 기대할 수 없는 것이다.

이러한 차원에서 국가공무원법과 공직자윤리법 및 공무원의 취임선서나 윤리헌장 등의 법규와 시책에서 강조하고 있는 행정윤리의 구체적인 내용과 기능을 살펴보면 다음과 같다.

(1) 公務員의 法的 義務

우리 정부에서는 공무원의 행동규범을 비교적 엄격하게 법제화하고 있다.

1963년 4월 17일 법률 제1325호로 공포되어 시행되고 있는 국가공무원법은 공무원 복무규정을 두고 공직윤리에 관한 다음과 같은 규정을 두었다.[6)]

① 誠實義務　　공무원은 법령을 준수하며 성실히 직무를 수행하여야 한다.

---

4) O. Glen Stahl, *Public Personnel Administration*, 8th ed.(New York: Harper & Row, 1983), pp. 383～385.

5) John A. Rohr, *Ethics for Bureaucrats*(New York: Marcel Dekker, 1978), p. 15.

6) 국가공무원법 제56조～제66조.

직무를 민주적이고 능률적으로 수행하기 위하여 창의와 성실로서 맡은 바 책임을 완수하여야 한다. 이는 민법에서 신의성실의 원칙을 차용한 것으로서 직무충실의 가치를 규정한 것이다.

② 服從의 義務　공무원은 직무를 수행함에 있어서 소속상관의 직무상의 명령에 복종하여야 한다. 대개 공무원은 지위와 역할이 분화되어 있는 계층제하에서 근무하기 때문에 조직 내의 질서유지와 기강확립이 필요하다. 여기서 복종의 의무는 협동의 원리를 규정한 것이며 그 범위는 직무상의 것으로 한정한다. 그러나 직무상의 명령이라고 부당한 명령에 대한 복종의무는 없다. 명령의 당·부당에 대한 구체적인 판단기준은 공익 혹은 국익이다. 구체적으로 이것은 민주성과 합리성 및 자주성의 이념으로 판단되는 것이다.

③ 職務離脫禁止　공무원은 소속상관의 허가 또는 정당한 사유 없이 직장을 이탈하지 못한다. 공무원은 공무에 전념해야 하며 사적 편의를 추구할 수 없다. 이는 업무태만을 방지하고 직무충실을 확보하기 위한 규정이다. 직무를 충실히 수행하고 직장 내의 질서를 유지해야 한다는 규범을 보완하는 것으로 이해된다.

④ 親切·公正의 義務　공무원은 국민 전체의 봉사자로서 친절·공정하게 직무하여야 한다. 요컨대 이는 권위주의를 배격하려는 규정이다.

⑤ 秘密嚴修의 義務　공무원은 재직중은 물론 퇴직 후에도 직무상 알게 된 비밀을 엄수해야 한다. 공직의 중요성을 강조하는 규정이다. 그러나 비밀의 종류와 시한을 정하여 한편으로는 비밀간수를 위한 공무원의 고통을 줄이고, 다른 한편으로는 국민의 알권리와 행정통제의 요구를 충족시켜야 한다.

⑥ 清廉의 義務　공무원은 직무와 관련하여 직접적으로나 간접적으로나 사례·증여 또는 향응을 주거나 받을 수 없다. 또한 직무상의 관계유무를 떠나서도 그 소속상관에게 증여하거나 소속부하로부터 증여를 받을 수 없다. 요컨대 이는 부정부패방지 규정이다.

⑦ 榮譽 등의 受領規制　공무원이 외국정부로부터 영예 또는 증여를 받을 경우에는 대통령의 허가를 받아야 한다.

⑧ 品位維持의 義務　공무원은 내외를 불문하고 그 품위를 손상하는 행위를 하여서도 안 된다. 공무원이기 때문에 직장에서 뿐만 아니라 직장 밖의 사회생활에서도 공무원의 신분에 걸맞는 품위를 유지해야 한다. 요컨대 이는 공무원을 保守的으로 만드는 규정이다. 품위의 문제는 사회통념에 따르더라도 최근에

는 품위유지비가 공무원의 報酬와 함께 문제가 되고 있다.

⑨ 營利業務 및 兼職禁止 공무원은 공무 이외의 영리를 목적으로 하는 업무에 종사하지 못하며, 소속기관장의 허가없이 다른 직무를 겸할 수 없다. 이는 직무충실을 보장하고, '이익충돌'(conflict of interest)로 인한 공익의 침해를 방지하기 위한 규정이다. 이 조항도 공무원의 보수문제와 관련된다.

⑩ 集團行爲의 禁止 사실상 노무에 종사하는 공무원을 제외하고 공무원은 노동운동 기타 공무 이외의 일을 위한 집단행위를 할 수 없다. 이는 노동자로서 공무원의 노동 3권을 금지한 규정으로서 앞으로 민주성의 이념에 따라서 완화되어야 할 조항이다.

⑪ 政治運動禁止 공무원은 정당 기타 정치단체의 결정에 관여하거나 이에 가입할 수 없다. 그리고 공무원은 선거에 있어서 특정정당 또는 특정인의 지지나 반대를 하기 위하여 투표를 하거나 하지 않도록 권유운동을 하는 것, 서명운동을 기도·주재하거나 권유하는 것, 기부금을 모집 또는 모집하게 하거나 공공자금을 이용 또는 이용하게 하는 것, 타인으로 하여금 정당 기타 정치단체에 가입하게 하거나 또는 가입하지 않도록 권유운동을 하는 것 등의 행동을 할 수 없다. 이러한 규정은 공무원의 정치적 중립성을 확실하게 하기 위한 것이다. 구체적으로는 공무원이 집권당의 손발이 되는 것을 방지하며, 민주성의 이념을 구현하려는 것이다. 하지만 참정권의 제한이라는 문제가 따른다.

國家公務員法에서 규정하고 있는 이러한 행정규범은 예컨대 복종의 의무나 품위유지의 의무 또는 비밀엄수의 의무 등과 같이 대체로 잘 지켜지는 것도 있으나 반면에 청렴의 의무나 친절·공정의 의무와 같이 대체로 잘 지켜지지 않는 것도 있다. 그러나 이 규정은 대부분이 당위적인 규정으로서 공직에만 특이한 것은 영예 등의 수령규제와 정치운동의 금지 및 집단행위의 금지 등이고, 대부분은 모든 전문직업에 공통되는 장식적으로 당연한 행동규범이라고 할 수 있다.

(2) 社會淨化運動

제 5 공화국의 출범과 더불어 국민정신혁명이며 조국근대화를 위한 민족운동이라는 기치 아래 부패되고 비윤리적이라고 지목되는 공직자들의 대대적인 숙정과 부정축재의 국가환원조치를 단행하면서 조직화되기 시작한 사회정화운동은 "우리 사회 각 분야에 만연되어 있는 불의·부정·부패·불신·무질서 등 각종 비리와 폐습을 제거하고 서로가 신뢰할 수 있고 규범이 준수되고 질서가 유지되며 나아가서 창의성이 존중되어 발전하는 사회를 이룩하려는 범국민적인 정신혁명운동"이다.

이러한 社會淨化運動의 理念으로는 정직 · 질서 · 창조라는 가치 또는 도덕률이 채택되었다.

첫째, 正直은 믿음을 회복하여 신뢰하는 사회를 구현하기 위한 가치기준이다. 이러한 도덕률을 실현하기 위해서는 개인양심의 회복, 공정한 사회제도의 확립, 국가의 정당성 구현 등이 추구되어야 한다.

둘째, 秩序는 모든 존재의 기본법칙이며 원리라고 규명된다. 이것은 조화로운 사회의 구현에 기여하는 가치기준이다.

셋째, 創意는 진보하는 사회의 요건이다. 창조의 이념을 실현할 수 있는 추진력은 개인들의 창조적 지성과 진취적 기상이다.

이러한 이념하에서 설정한 社會淨化의 4大原則은 道德性의 원칙, 公益性의 원칙, 公正性의 원칙 및 合理性의 원칙이다. 이러한 원칙에 따라 실행된 사회정화운동은 공직윤리확보를 위해서 첫째, 공직자사회를 중심으로 물리적 척결사업을 대대적으로 실시하고 청탁배격운동을 강력하게 전개하였다. 둘째, 공무원의 윤리헌장을 제정하고 모든 공무원에게 복무선서를 실시하였다. 셋째, 공직부패의 예방책으로 공직자윤리법을 제정하였다. 넷째, 淸廉度라는 특성을 공무원의 근무성적평정요소에 포함시켰다. 다섯째, 의식개혁을 위한 교화활동을 범국민적으로 실시하기 위해 의식개혁을 위한 9個實踐要綱을 만들었다는 점에서 의의를 찾을 수 있다.

(3) 公職者倫理法

우리나라 공직자윤리법은 1981년 12월 31일에 법률 제3520호로 제정되어 1983년 1월부터 시행되었다. 공직자윤리법은 첫째, 공직자의 부정과 부패를 방지하고, 둘째, 공무원의 공정성을 확보하며, 셋째, 공직자의 신뢰를 제고시키고, 넷째, 정의와 복지사회의 건설에 선도적 역할을 하게 하며, 다섯째, 직무에의 전념 등을 실현하는 데 있다. 이러한 목적을 달성하기 위해서 공직자윤리법은 다음과 같은 규정을 두었다.[7)]

---

7) 공직자윤리법(1981년 12월 11일 법률 제3500호).

1) 공직자 재산등록제

1983년 1월 처음 실시된 財産登錄制度는 부당행위에 의한 재산증식을 방지하는 것을 목적으로 하며, 고위 공직자(1급~4급)부터 단계적으로 재산현황을 유관기관에 등록하게 하는 제도로 1985년 1월부터 2단계로 확대실시, 1988년 말 현재 재산등록의무자 총수는 4, 916명에 이르고 있다(〈표 10.1〉, 〈표 10.2〉).

또한 고위공직자 財産公開制度 채택을 통한 청렴성 확보를 위해 공직자윤리법 개정을 추진, 관계부처 및 당정협의를 거쳐 정부안을 확정하고 정기국회에 상정하였다. 그러나 이 제도는 등록재산의 비공개원칙 및 경미한 징계와 벌칙규정 등으로 실효성이 별로 없다.

표 10.1 공직자 재산등록 대상자 및 범위

(단위: %)

	재산등록 대상자	재산등록범위 및 내용
1단계 (1983년 1월 시행)	• 대통령, 국무총리, 국회의원 및 차관급 이상 공무원 • 중장 이상 장관급 장교 • 교육공무원 중 총장, 부총장 4년제 대학장 • 시도 경찰국장 및 지방국세청장 • 한국은행 총재 및 정부투자기관의 장 • 고등법원 부장판사급 이상 법관	본인, 배우자, 본인의 직계존비속, 등록의무자가 혼인으로 부 또는 처의 가에 입적한 때는 그 배우자의 재산의 부동산에 대한 소유권, 지상권, 전세권, 동산, 유가증권, 무체재산권, 채권, 채무, 소득, 광업권, 어업권 기타 부동산에 대한 규정이 준용되는 권리
2단계 (1985년 1월 시행)	1단계의 대상자를 포함하여 대상자를 확대 적용 • 정무직 공무원 • 3급 이상 공무원(상응보수를 받는 별정직공무원) • 군무원, 법관, 검사 • 장관급 장교 • 총장, 부총장, 학장(대학교 학장) • 교육감 • 총경 이상 경찰공무원 • 소방감 이상 소방공무원 • 공직유관단체의 임원	

자료: 행정백서(1984, 1989).

표 10.2 연도별 재산등록 의무자 현황

	'83	'84	'85	'86	'87	'88
계	644	648	4,243	4,417	4,628	4,916
제 1 단계	644	648	660	666	679	698
제 2 단계			3,583	3,751	3,949	4,218

자료: 행정백서(1989).

정부는 이 法에 따른 건수를 발표하고 있으나 그에 따른 징계사항을 공표하고 있지 않는데, 아마도 해당자가 없기 때문인 것 같다. 이 가운데 퇴직자를 제외한 4, 613명의 재산변동사항 신고와 승진 등으로 인한 신규 재산등록의무자 717명의 서류를 접수 · 심사하였다.

공직자윤리법이 1981년 당시 사회정화의 일환으로 제정된 이래 그 실효성과 기능에 대하여 회의적인 시각이 많았던 것은 사실이다. 그간 공직자윤리법은 대상 공직자의 등록재산이 비공개를 원칙으로 하고 등록기관장의 허가없이 이를 열람복사할 경우에는 처벌하도록 규정한 탓으로 공직을 감시하는 국민의 입장에서 볼 때는 공직자윤리법은 '공직자보호법'으로서 역기능을 하게 되었고, 이로 인하여 공직자의 재산형성과 은닉은 성역으로 치부되었기 때문이다.

그러던 것이 문민정부의 출범과 더불어 개혁의 일환으로 정치인과 고위공직자들의 자발적인 재산공개과정에서 제기되었던 부정적 측면을 제도적으로 보완하지 않으면 안되게 되었고, 이에 따라 '財産登錄 原則에서 財産公開原則'으로 입법취지가 바뀌게 됨으로써 그 대상과 공개재산의 범위, 위반자에 대한 제재 등이 세론의 중심이 되었었다.

1993년 4월 20일 국회에서 의결된 改正公職者倫理法은 그 목적에 공직자의 윤리확립을 선언함으로써 그 심의과정에서 공직자의 재산등록 · 공개에 한정하여 법률의 명칭을 개정하려 했던 일부의 주장을 일축하고 공직자윤리법으로서의 정신을 명확히 하고 있다. 즉 이 법은 공직자 및 공직후보자의 재산등록과 등록재산공개를 제도화하고, 공직을 이용한 재산취득의 규제 · 공직자의 선물신고 · 퇴직공직자의 취업제한 등을 규정함으로써 공직자의 부정한 재산증식을 방지하고 공무집행의 公正性을 확보하여 국민에 대한 봉사자로서의 공직자의 윤리를 확립

함을 목적으로 하고 있다.[8)]

한편, 1993년 새정부 출범 후 문민정부의 첫 개혁법안이기도 한 공직자윤리법의 획기적인 내용으로는 '직무상 비밀을 이용한 재산취득죄' 조항으로, 공직을 이용해 부정한 방법으로 재산을 형성하는 행위를 막자는 취지에서 마련되었으며, 재산공개를 제도화하는 틀을 마련했다는 데서 의의가 매우 크다 하겠다. 이를 중심으로 다음에서 개정된 법의 내용을 간략히 알아본다.[9)]

개정된 법에 따른 財産登錄義務者는 대통령 · 국무총리 · 국무위원 · 국회의원 등 국가의 정무직 공무원, 지방자치단체의 장과 지방의회의원, 4급 이상의 일반직인 국가 및 지방공무원과 이에 상당하는 보수를 받는 별정직 공무원, 4급 이상의 외국공무원 · 국가안전기획부의 직원, 법관 및 검사, 대령 이상의 장교 및 이에 상당하는 군무원, 교육공무원 중 총장 · 부총장 · 학장(대학교의 학장 포함) 및 전문대학장과 대학에 준하는 각종 학교의 장, 서울특별시 · 광역시 · 도의 교육감 · 교육장 및 교육위원, 총경 이상의 경찰공무원과 소방청 또는 지방소방청 이상의 소방공무원, 정부투자기관의 장 · 부기관장 및 상임감사, 한국은행의 총재 · 부총재 및 감사, 은행감독원장, 농협중앙회 · 수협중앙회 · 축협중앙회 회장 및 상임감사 기타 국회규칙 · 대법원 규칙 및 대통령이 정하는 특정직 공무원과 공직유관단체직원 등이다.

財産公開義務者는 대통령 · 국무총리 · 국무위원 · 국회의원, 국가안전기획부의 부장 및 차장 등 국가의 정무직 공무원, 지방자치단체의 장과 지방의회의원, 1급인 일반직 국가 및 지방공무원과 이에 상당하는 보수를 받는 별정직 공무원, 특 1급 · 특 2급 및 1급인 외무공무원과 국가안전기획부의 기획조정실장, 고등법원 부장판사급 이상의 법관과 검사장급 이상의 검사 및 차장검사를 두는 지청의 장인 검사, 중장 이상의 고급장교, 교육공무원 중 총장 · 부총장 · 학장(대학교의 학장 제외) 및 전문대학장과 대학에 준하는 각종 학교의 장, 서울특별시·광역시 · 도의 교육감 및 교육위원, 치안감 이상의 경찰공무원 및 서울특별시·광역시 · 도의 경찰청장, 지방국세청장 및 2급 또는 3급 공무원인 세관장, 정부투자기관의 장 · 부기관장 및 상임감사, 한국은행의 총재 · 부총재 및 감사, 은행감독원장, 농협중앙회 · 수협중앙회 · 축협중앙회의 회장 · 상임감사 및 대통령령이 정

8) 공직자윤리법 제 1 조.
9) 공직자윤리법 제 2 조～제30조 참조.

하는 공직유관단체의 임원, 기타 대통령령이 정하는 정부의 공무원, 위의 직에서 퇴직한 자 등이다.

또 登錄對象財産은 소유자별 합계액 1천만원 이상의 현금(수표포함) 및 예금 · 주식 · 국채 · 공채 · 회사채 등 유가증권, 소유자별 합계액 1천만원 이상의 채권 · 채무 · 소유자별 합계액 5백만원 이상 금 · 백금, 품목당 5백만원 이상의 회원권, 연간 1천만원 이상의 소득이 있는 무체재산권, 부동산에 관한 소유권 · 지상권 및 전세권, 광업권 · 어업권 · 기타 부동산에 관한 규정이 준용되는 권리 등이며, 비영리법인 출연재산과 외국에 있는 재산도 포함된다.

公職者의 財産登錄 · 公開와 관련한 형사처벌조항으로는 직무상 비밀을 이용한 재물취득죄, 취업제한 위반의 죄 · 등록거부의 죄 · 등록재산사항 누락죄 · 출석거부의 죄 등이 규정되고 있다.

한편, 이 법안은 공직자의 재산등록과 공개심사를 각 기관에 설치될 公職者倫理委員會가 주관하도록 하고 있다. 공직자의 재산심사라는 헌정사상 초유의 기능을 맡게 될 이 윤리위원회는 공직사회의 부정과 비리를 적발하고 응징하는 막중한 임무를 부여받고 있다. 윤리위원회는 헌법기관과 행정부처의 경우 9명의 위원으로, 지방자치단체와 지방의회는 5명의 위원으로 구성되며, 윤리위의 객관

표 10.3 미국 연방정부윤리법에 따른 재산신고대상 및 범위

신고대상	신고범위
• 부국장급 이상의 고위 공직자	• 본인, 배우자, 피부양자녀 소득 • 합중국 이외로부터 지급되는 1백달러 이상의 사례금과 근로소득 • 1백달러 이상의 이자, 배상금, 임대료 • 친족 이외로부터 받은 250달러 이상의 여비 숙박료 접대 • 친족 이외로부터 받은 1백달러 이장의 증여물 • 250달러 이상의 상환금 수령 • 1천달러 이상의 자산 • 1만달러 이상의 부채 • 1천달러 이상의 부동산, 주식, 채권

자료: 행정백서(1989).

성을 확보하기 위하여 9명으로 구성된 윤리위의 경우 위원장 포함 5명을, 5명의 윤리위는 3명을 외부인사로 구성하도록 했다. 윤리위원회가 갖는 권한으로는 해당기관 및 등록의무자에게 자료제출요구 및 사실확인조사, 등록의무자에게 해명 및 소명자료 제출기회부여, 재산은닉 또는 허위등록 · 부정축재혐의 때는 법무부장관 또는 국방부 장관에게 조사의뢰를 할 수 있으며, 해당기관장에게 조사결과 통보 및 징계를 요구할 수 있다.

그러면 〈표 10.1〉의 우리나라 공직자 재산등록대상자 및 범위와 〈표 10.3〉에서 제시한 美國聯邦政府倫理法에 따른 재산신고 대상 및 범위를 비교해 보면, 우리나라의 경우는 법규의 내용이 구체화되어 있지 못하고 포괄적으로 규정함으로써 실제법의 적용에 있어서 문제의 소지를 이미 내포하고 있다.

2) 膳物申告

공무원 또는 공직유관단체의 임직원은 외국 또는 외국인으로부터 일정한 가격 이상의 선물을 받을 때에는 지체 없이 소속기관 단체의 장에게 신고하고 당해 선물을 인도하여야 한다. 이들의 가족이 선물을 받은 때에도 같은 조치를 취하여야 한다. 이와 같이 신고된 선물은 즉시 국고에 귀속시키며, 선물신고를 게을리한 사람은 징계의 대상이 된다.

공직자 선물신고규정의 목적도 공직자의 재산등록규정과 마찬가지로 공직자의 부정행위를 방지하고 깨끗한 공직사회를 구현하여 공직자로 하여금 국민전체에 대한 봉사자로서의 책임을 다할 수 있게 하는 데 있다. 그러나 이 제도[10]는 일반공무원의 부정부패의 근절과는 별로 관계가 없다. 공무원이 받은 신고대상 선물의 증여자가 外國人인 경우로 한정되어 있기 때문이다.

그런데 앞에서도 언급했듯이 미국의 경우처럼 구체적인 액수 이상의 선물을 신고하도록 한 것이 아니라 외국인으로부터 받은 것만을 신고대상으로 한 것은 행정윤리확보를 위한 계기에서 법규화 되었다고는 볼 수 없다. 따라서 선물공여 등에 의한 부정부패를 근절하기 위해서는 선물대상이 아니라 선물 자체가 부정부패의 소지를 띠고 있는가를 보아야 하므로 선물 자체의 金錢上의 價値를 구체화시켜서 한정하는 것이 타당할 것이다.

---

10) 미국에서는 윤리법으로 1백달러 이상의 선물은 국가헌납제도가 채용되고 있다.

3) 退職公務員의 就業制限[11)]

상당한 자리를 의미하는 就業은 돈과 명예 이상의 안전책을 제공한다. 퇴직 공직자의 유관사기업체에의 취업제한은 이런 의미에서 안정취업을 박탈하여 부정부패를 근절하려는 규정이다. 이 규정은 퇴직 2년 이내에 담당하던 업무와 관련이 있는 사기업에의 취업을 퇴직일로부터 2년간 제한함[12)]으로써 부정부패의 범위를 한정시키는 상당한 효과가 있다. 그러나 이와 같은 법률적인 제도만으로는 공직윤리가 확립되기 어렵다. 지금도 문제가 되는 권력형 비리와 부조리는 제도보다는 行態에 問題가 있었던 것이다. 그리고 이는 공직윤리를 전체적으로 훼손 또는 무용지물화시켰다. 행동이 따르지 않는 제도는 불신만 더할 뿐이다. 여기서 불신을 조장시켜 온 제도를 폐지하고 신뢰를 바탕으로 한 제도를 수립해야 할 것이다.

이상의 우리나라의 법률적 측면에서의 윤리제도들의 특징은 다음과 같다.[13)]

첫째, 國家主義的 倫理가 특히 강조되고 있다는 것이다. 즉 공무원은 국가가 지향하는 가치와 이상을 내실화하고 자신의 몸과 마음을 바쳐 그것을 받들어야 한다는 것이다.

둘째, 忠誠을 강조한다는 점에서 볼 때, 전통적인 유교적 정치 및 행정과 유사한 점들을 갖는다. 물론 유교적 정치 · 행정하에서의 관료의 충성과 현대 민주주의 정치행정을 지향하는 한국공무원의 충성의 대상이 제도상으로 엄격히 다른 것이지만 우리나라의 유교적인 전통적 행정문화는 형식적인 제도운영의 저변에 사실상 많이 상존하는 것 같다.

셋째, 공무원의 엘리트적 위치 혹은 先導者的 役割이 강조된다는 것이다. 이는 근래 국가발전사업의 계획이나 관리의 대부분이 공무원들에 의해 이루어지고 있으며 그것이 정당하게 받아들여지는 현실과 일맥상통한 것이다.

---

11) 미국의 연방윤리법에서도 이와 유사한 법규가 있는데, 미국에서는 공무원 퇴직 후 일정기간(1~2년) 유관기업체에 취업하는 것을 금지하고 있다. 유관업체를 직접 담당하던 공무원은 2년, 소속과장은 1년, 국장 이상은 2년 동안 유관기업체로의 취업이 금지되어 있다. 유석영, “공무원 부패방지에 관한 연구,” 「한국행정학보」, 제15호(한국행정학회, 1981), p. 129.

12) 이에 해당되는 공직자는 재산등록대상자인 3급 이상(국세청, 관세청은 5급 이상) 공무원과 정부투자기관 등 공직유관단체의 임원이다. 「행정백서」(1989).

13) 윤재풍, “공무원의 윤리,” 「고시연구」, 1984년 2월호, p. 187.

4) 改正公職者倫理法의 내용

① 재산등록의무자, 등록재산의 범위확대

재산등록 의무자를 현행 3급 이상의 공무원에서 4급 이상의 공무원으로 군인은 장관급 장교에서 대령 이상의 장교와 군무원으로 확대하였으며, 정부투자기관의 장 · 부기관장 · 상임강사, 각 협동조합중앙회의 회장 · 상임감사, 지방의 회의원, 국회규칙 및 대법원 규칙이 정하는 특정분야의 공무원과 공직유관단체의 직원 등을 추가하는 한편, 관세청 및 국세청의 5급 공무원을 등록의무자에서 제외하였다(공직자윤리법 제 3 조).

등록재산의 범위에서는 비영리법인에의 출현재산과 외국에 있는 재산을 포함하고, 재산등록 대상 친족의 범위를 현행과 같이 본인, 배우자, 직계존비속(출가한 여 제외)으로 하되 직계존비속 중 피부양자가 아닌 자는 자신의 등록사항의 고지를 거부할 수 있도록 하였다(동법 제 4 조 제 1 항, 제12조).

한편 종전에는 시행령에 위임했던 등록대상 동산의 종류 및 재산의 종류별 가액의 산정방법을 법률에 직접 규정함으로써 등록재산의 범위와 가액의 산정방법을 명확히 하였다. 즉 등록재산의 범위는 ① 부동산에 관한 소유권 · 전세권 · 지상권, ② 광업권 · 어업권 기타 부동산에 관한 규정이 준용되는 권리, ③ 동산(소유자 및 1천만원 이상의 현금 · 예금, 5백만원 이상의 보석류와 회원권 등), 유가증권(소유자별 1천만원 이상의 것), 채권채무(소유자별 각 1천만원 이상의 것), 채무재산권(연간 1천만원 이상의 소득이 있는 것) 등으로 한정하고, 등록재산가액산정기준은 공시시가, 기준시가, 재산세과세표, 액면가액 등에 의하도록 하고 있다(동법 제 4 조 제 2 항).

② 등록재산 공개제도의 도입

개정된 공직자윤리법에서는 국가의 모든 정무직 공무원, 지방자치단체의 장과 지방의회의원, 1급인 일반직 국가 · 지방공무원과 이에 준하는 보수를 받는 별정직 공무원(지방국세청장 · 세관장의 경우에는 2·3급까지 확대), 특 1·2급 및 1급 외무공무원, 안기부기조실장, 고등법원부장판사급 이상의 법관, 검사장급 이상의 검사(차장검사를 둔 지청장 포함), 중장 이상의 장관급 장교, 치안감 이상의 경찰공무원과 지방경찰청장, 교육공무원 중 총장 · 부총장 · 학장 · 전문대학, 시도교육감과 교육위원, 정부투자기관장 · 부기관장 · 감사, 한은총재 · 부총재 · 감사, 은행감독원장, 농·수·축협 중앙회장 등의 경우에는 본인 · 배우자 · 직계존비속의 등록재산을 등록 및 변동신고기간 만료 후 1개월 이내에 관보 또는 공보에 게재하도록 함으로써 공개를 제도화하였으며, 위의 직에서 퇴직한 자도 변동신고기간 만료 후 1개월 이내에 공개하도록 규정하였다(동법 제10조).

각종 공직선거의 후보자가 되고자 하는 자는 후보자 등록을 하는 때에 등록대상재산신고서를 관할선거위원회에 제출하고 관할선거관리위원회는 후보등록공고시에 그 신고사항을 공개하도록 하였으며, 임명에 국회의 동의를 요하는 공직자의 임명동의안 또는 국회에서 선출하는 공직자의 선출안을 제출하는 때에는 해당 공직후보자의 등록대상재산에 관한 신고서를 국회에 제출하고 국회의장이 이를 공개하도록 하였다(동법 제10조 제2항).

③ 공직자윤리위원회

개정된 공직윤리법에서는 공직자의 재산등록과 공개심사를 각 기관에 설치될 공직자윤리위원회가 주관하도록 하였다. 공직자윤리위원회는 헌법기관과 행정부처의 경우 9인의 위원으로, 지방자치단체와 지방의회의 경우 5인의 위원으로 구성되며, 윤리위원회의 객관성을 확보하기 위하여 9명으로 구성된 윤리위의 경우 위원장을 포함한 5인을, 5명으로 구성된 윤리위는 3인을 외부인사로 구성하도록 하였다. 윤리위원회가 갖는 권한으로는 해당 기관 및 등록의무자에게 자료제출요구 및 사실확인조사, 등록의무자에게 해명 및 소명자료제출기회부여, 재산은닉 또는 허위등록, 부정축재혐의 때에는 법무장관(군인 또는 군무원의 경우 국방부 장관)에게 조사의뢰할 수 있으며, 해당 기관장에게 조사결과 통보 및 징계를 요구할 수 있다(동법 제8조, 제9조).

④ 형사처벌규정 조항

이 법의 실효성을 강화하기 위하여 재산등록 거부의 죄·출석거부의 죄·허위자료제출 등의 죄를 신설하였고, 등록의무자가 직무상 취득한 비밀을 이용하여 재물 또는 재산상의 이익을 취득하거나 제3자로 하여금 취득하게 한 때는 5년 이하의 징역 또는 천만원 이하의 벌금을 취하도록 하는 직무상 비밀이용 재물취득의 죄를 신설하고 있다(동법 제23조~제30조).

⑤ 개정 공직자윤리법의 평가

개정된 공직자윤리법은 깨끗한 공직사회, 특히 올바른 국가행정업무의 수행풍토조성에 많은 기여를 할 것으로 기대되며 다음과 같은 의의를 지닌다고 하겠다. 첫째, 지난 30년간의 군사정권하에서 오랫동안 막강한 정치권력을 행사하며 축재해 왔던 부정부패한 정치지도자들과 공직자를 척결할 수 있는 법적 근거를 마련하였다는 것이다. 둘째, 공직자재산의 엄격한 공개를 법적으로 의무화했다는 점이다. 즉 공개된 재산을 실사함으로써 과거의 공직자보호법이라는 오명을 벗어버리고 허위신고하거나 재산을 은닉할 경우, 불법과 비리가 있는 경우에는 징계 처벌하도록 하여 살아 있는 법으로 탈바꿈하였다.

그러나 이러한 의의에도 불구하고 이 법의 핵심을 이루는 공직자 재산등록·공개제도는 법 자체의 고유한 목적 ──공직윤리의 확립── 을 달성하는 데 있어 궁극적인 문제점을 가지고 있음을 지적하지 않을 수 없다. 즉 공직자 재산등록·공개제도는 공직사회 전체의 문제가 아닌 공직자 개개인의 문제로 시정대상과제를 한정하고 있을 뿐만 아니라, 공직자 개인에 대해서도 그의 총체적 기량을 대상으로 하는 것이 아니라 단지 그의 윤리세계만을 겨냥한다는 한계를 지닌다. 처벌조항에서도 처벌대상 발생의 원인과 결과에 대한 예방적·시정적 조치설치에 대한 고려 없이 일단 발생한 처벌대상의 구속에만 초점을 맞추고 있는 것이다. 결과적으로 공직자 재산등록·공개제도는 일종의 극단조치로서 구속적 역할을 할 수 있는 것이며 동일한 목적을 추구하는 여러 다양한 장치 등과의 상호보완의 과정을 거쳐야 그 궁극적인 목적을 달성할 수 있게 될 것이다.

재산공개제도는 깨끗하고 정의로운 공직풍토를 이룩하기 위한 제도적 장치이지만 우리의 경우 현실적으로 효율을 극대화하도록 운영하는 데는 많은 어려움 또한 있는 게 사실이다. 다음에서 몇 가지를 들어보도록 한다.[14)]

첫째, 금융실명제 등의 실시로 공직자의 재산등록 및 공개가 실효를 거둘 수 있게 되었으나, 공직자의 부양을 받지 않는 직계존비속은 재산등록을 거부할 수 있도록 함으로써 자립능력이 있는 직계존비속에서 재산을 빼돌릴 여지를 완전히 배제하지 못하고 있다.

둘째, 실사전문요원의 부족을 들 수 있다. 그나마 행정부를 제외하고는 입법부, 사법부 등 각 기관에 실사전문요원이 전무한 형편이다.

셋째, 부처간 협력문제다. 모든 자료를 갖고 있는 건설부와 국세청 등 정부측이 타기관의 각종 자료요청에 얼마만큼 성실하게 협조·지원할 것인가 하는 문제는 재산공개제도의 성패를 좌우할 만큼 중요한 문제이다.

넷째, 강화된 윤리위원회의 통제문제를 들 수 있다. 막강한 권한을 이용해

14) 박응격, "공직윤리관의 확립," 「월간고시」, 1993년 10월호.

이권 등에 개입될 소지가 있으며, 윤리위원회의 활동이 남용될 경우 공직자 전체의 사기를 떨어뜨리고 위축시킬 우려가 있다. 또한 과반수를 외부인사로 선임하여 객관적인 심사를 할 수 있도록 했으나 기관별 특성을 얼마만큼 조화시키느냐가 관건이라 할 수 있다.

끝으로 공직자윤리법의 통제론적 관점의 한계를 지적하지 않을 수 없다. 왜냐하면 행정윤리의 확립이란 공직자의 재산공개를 통하여 얻어지는 것 이상의 행정책임성의 확립이라는 과제를 우리에게 제기하고 있기 때문이다. 이러한 목표는 개인, 조직, 환경을 대상으로 하며 내부적 · 외부적, 공식적 · 비공식적 수단의 총체적 노력을 필요로 하기 때문이다.

2. 自律的 倫理確保手段

(1) 公務員倫理憲章 제정

전통적 윤리규범에 따라 정부수립 이후 최초의 공무원 윤리규범으로서 1961년 9월 제정된 전문 7개 조항의 '公務員倫理綱領'과 1969년의 개정과 더불어 제정된 전문 3개 조항의 '公務員 信條'는 그 내용이 너무 포괄적이고 추상적일 뿐만 아니라 정신적 이념과 역사관이 부족하여 공직윤리관을 정립하고 새 시대를 선도해 가야 할 공무원의 나아갈 바를 제시하여 주기에는 미흡한 점이 많았다. 따라서 정부는 1980년 12월에 모든 공무원들의 생활신조이며 정신지표가 될 '公務員倫理憲章'을 제정 시행하게 되었다.

公務員倫理憲章은 크게 전문 · 본문 · 신조로 구성되어 있으며, 〈前文〉에서는 민족적 · 국가적 차원에서 공무원에게 부하된 사명과 공무원으로서 갖추어야 할 기본적인 덕목을 밝히고 있고, 〈本文〉에서는 공무원이 겨레의 소명에 따라 준수해야 할 정신적 지표를 국가과업의 분류에 따라 항목별로 설정하고 있으며, 공무원의 〈信條〉에서는 위와 같은 철학적 · 정신적 이념을 실천하는 데 필요한 행동지침 · 실천덕목을 제시하고 있다.[15)]

《前　　文》

우리는 영광스러운 대한민국의 공무원이다. 오늘도 민족중흥의 최일선에

15) 총무처, 「공무원의 길」(1981), p. 6.

서서 겨레와 함께 일하며 산다. 이 생명은 오직 나라를 위하여 있고, 이 몸은 영원히 겨레 위해 봉사한다. 충성과 성실은 삶의 보람이요, 공명과 정대는 우리의 길이다. 이에 우리는 국민 앞에 다 하여야 할 숭고한 사명을 민족의 양심으로 다지며, 우리가 나가야 할 바 지표를 밝힌다.

《本 文》—實踐指標

1. 우리는 민족사적 정통성 앞에 온 신명을 바침으로써 통일 새 시대를 창조하는 역사의 주체가 된다.
1. 우리는 겨레의 엄숙한 소명 앞에 솔선 헌신함으로써 조국의 번영을 이룩하는 민족의 선봉이 된다.
1. 우리는 창의적인 노력으로 최대의 능력을 발휘함으로써 민주한국을 건설하는 국가의 역군이 된다.
1. 우리는 공익우선의 정신으로 국리민복을 추구함으로써 복지국가를 실현하는 겨레의 기수가 된다.

《信 條》

1. 국가에는 헌신과 충성을
1. 국민에겐 정직과 봉사를
1. 직무에는 창의와 책임을
1. 직장에선 경애와 신의를
1. 생활에는 청렴과 질서를[16)]

공무원의 윤리헌장과 신조는 올바른 공직자상을 정립하기 위하여 먼저 공직에 대한 긍지와 사명을 갖고 국가와 국민에게 충성하고 봉사하는 자세를 다섯 가지의 指標로써 선언하고, 다음으로 이에 대응하는 구체적인 行動指針을 다섯 가지로 요약하여 구호처럼 제시하였다. 그러나 그 구체적인 내용은 앞서 본 就任宣誓나 服務宣誓와 크게 다를 바 없다.

이와 같은 행정윤리의 내용은 법규와 선서 및 윤리헌장 등에서 반복하여 강조하고 있으나 거의 모든 내용이 추상적이거나 형식적인 차원을 벗어나지 못하고 있다. 그에 따라서 행정윤리를 확립하기는커녕 오히려 행정윤리와 이념만 모호하게 만들었을 뿐만 아니라 나아가서는 행정윤리와 이념에 대한 불신을 조성하는 결과를 초래하였을 뿐이다.

16) 총무처, 「총무처연보」(1988).

이와 같은 문제에 대하여 우리는 앞서 논의한 民主主義·合理主義·民族主義를 중심으로 하는 행정학의 이념과 윤리를 연구하고 정립함으로써 해결책을 모색하여야 할 것이다. 그리하여 소극적으로는 1948년 정부수립 이후로부터 지금까지 문제가 되고 있는 부정부패·비리·부조리 등의 공직과 관련된 비윤리적인 행태를 근절할 수 있을 것이며, 적극적으로는 보편적인 행정이론에 따라서 행정이 민주성과 합리성 및 자주성의 이념을 실천함으로써 그 사명을 다하도록 해야 할 것이다. 특히 민주화 시대를 맞이하여서 우리는 종래 강조되었던 합리성의 이념에 따른 합법성·경제성·능률성 및 효과성 등의 가치보다는 민주성의 이념에 따른 代表性·責任性·中立性·衡平性 등의 가치를 더욱 강조하고, 이를 自主性의 바탕 위에서 추구해야 하는 것이 변화하고 있는 행정환경에 효과적으로 대처하는 길이 될 것이다.

다음으로 공무원의 〈就任宣誓〉와 〈服務宣誓〉를 보면 다음과 같다.

공무원 취임선서는 "본인은 국민 전체에 대한 봉사자로서의 책임과 조국의 번영을 이룩하는 영광스러운 길잡이임을 깊이 자각하고 법령 및 직무상의 명령을 준수 복종하여 창의와 성실로써 맡은 바 책임을 다할 것을 엄숙히 선서합니다"[17]라고 국가공무원에 규정되어 있다.

또한 1981년 11월부터 전체공무원을 대상으로 실시한 공무원의 복무선서는 다음과 같다.

"본인은 공직자로서 긍지와 보람을 갖고 국가와 국민을 위하여 신명을 바칠 것을 다짐하면서 다음과 같이 선서합니다.

1. 본인은 법령을 준수하고 상사의 명령에 복종한다.
1. 본인은 창의적인 노력과 능동적인 자세로 소임을 완수한다.
1. 본인은 재직 중은 물론 퇴직 후라도 업무상 취득한 기밀을 절대로 누설하지 아니한다.
1. 본인은 정의의 실천자로서 부정의 발본에 앞장선다. 위에서 선서한 사항에 대하여는 끝까지 국가와 국민에게 책임을 질 것을 서약합니다."

이상의 취임선서와 복무선서는 대체로 앞서 살펴본 國家公務員法에 있는 공무원의 복무규정을 열거하고 이의 준수를 다짐하는 것이다.

---

17) 국가공무원법 第55조.

(2) 公務員 淸白吏賞 제정[18]

1981년 4월 20일 '國家公務員法'에 淸白吏賞에 관한 관계규정을 신설하여 5월 8일에 실시하였다. 청백리는 충성 · 청렴 · 정직 및 봉사의 자세로 전체공무원의 귀감이 될 뿐만 아니라, 공무원의 사표로서 공직을 후세까지도 물려줄 수 있는 인물에 한하여 추천대상이 되도록 하였다. 그러므로 청백리제도를 신설한 것은 청렴결백한 공직자를 발굴하여 포상하고 국민을 위한 행정을 시행하는 새로운 公職者像을 정립하려는 데 그 제도의 목적이 있다. 그러나 이는 표면적인 동기일 뿐 실제적인 동기는 보다 차원이 다른 입장에서 찾아야 할 것이다. 그 동기를 사실적인 차원에서 살펴보면 다음과 같다.

첫째, 한국의 정치현상은 정권의 교체과정이 어떤 형태로 전개되었든 간에 관계없이 새로운 정권이 수립되면 곧 전개되는 것이 구정권에 대한 報復措置의 시행이었다. 그러므로 제 5 공화국은 출범 초기부터 제 4 공화국 때까지의 권력형 부정축재자에 대한 재산환수 및 고위공직자 숙정을 단행하였다. 특히 1981년도에는 각급 사정기관의 자체적 감사에 따라 6,596명을 문책조치했다.[19] 물론 새 정권의 참신함을 국민들에게 알리기 위한 표본적 정책이며 지금까지 누적된 공직자들의 부정부패행위를 근본적으로 제거하였다는 의미에서 역사적 공헌이라고 생각할 수 있을 것이다. 그러나 재산을 환수당하고 고위직에서 숙청 · 문책당한 공직자 중에는 억울한 누명을 쓰고 오랫동안 봉직한 공직에서 해직된 사람들도 있었다. 그러므로 제 5 공화국에서 청백리제도를 제정한 것은 구정권의 잔재세력과 구습을 제거하기 위한 수단이라고 평가할 수 있다. 특히 1980년도 이후 淸白吏로 선임된 자료를 보면, 고위공직자는 거의 찾아볼 수 없고 하위공직자에만 치우치고 있어 순수한 청백리제도상의 왜곡의 소지가 없지 않다.

둘째, 공무원의 不正腐敗行爲 중에서 대표적인 것은 賂物收受行爲와 불합리한 人事制度이다. 물론 공무원에 대한 보수의 비현실적 요인이 가장 중요한 동기라고 할 수 있겠으나, 그와 같은 행위가 하위직보다는 고위직공무원에서 나타난다는 점을 감안할 때 공무원의 보수문제와 관련되는 것이 아니라 오히려 공무원 자체의 기강이 확립되지 못하였기 때문일 것이다. 예컨대, 공무원의 근무평

18) 이서행, 「청백리정신과 공직윤리」(서울: 도서출판 인간사랑, 1990), pp. 206~209.

19) 총무처, 「행정백서」(1982), p. 509.

가제도, 승진제도, 전직·전보제도 등에서 나타나며, 또한 혈연·지연·금연 및 권력을 배경으로 공무원의 부정부패행위가 나타난다.[20] 그와 같은 공무원의 부정부패행위를 제거하기 위해 공무원의 기강확립과 庶政刷新이 불가피하다. 그러나 이와 같은 공무원 기강확립과 서정쇄신을 위해 처벌·해직 및 파면 등의 강제적 수단만으로는 불가능하다고 판단되었기 때문에 순기능적으로 공무원의 사표가 되고 국민을 위한 진실한 봉사자로 인정될 때 사회적 공인을 받을 수 있는 포상제도를 실시하는 합리적인 평가를 하게 되었으며, 이것이 淸白吏制度를 제정한 동기이다.

셋째, 현대 국가는 국민을 위한 복지사회건설을 중요한 정책대상으로 하고 있다. 그러므로 국민의 최저생활을 보장하고, 인간다운 문화적 생활을 유지할 수 있도록 국민의 생존권보장을 최대한 유지하려고 한다.[21] 이는 공무원들의 국민을 위한 奉仕精神을 향상시키고 자신의 권익도 중요하지만, 국민의 공익을 최우선적으로 취급한다는 봉사정신이 발휘될 때 가능하다. 이러한 행정기능의 변화와 사회현상의 동기에 따라 공무원의 솔선수범적 봉사정신을 더욱 필요로 하게 된다. 따라서 정부는 사회변동에 따라 공직자의 권위의식을 최대한 억제하고, 봉사정신을 향상시키기 위해 이 제도를 제정한 것이다.

넷째, 현대 행정은 능률성을 높이기 위하여 공직자들의 높은 실적을 바란다. 또한 現代社會의 價値觀은 모든 경쟁에서 어떠한 방법으로라도 우선순위를 차지하려는 의식이 강하게 작용한다. 그러므로 인간적인 윤리성과 도덕성이 퇴화되고 단순한 경쟁적 수단에 따라 타인을 제압하려고 한다. 그와 같은 사회의식과 사회문화로 인하여 공직자들은 행정에 있어서 무엇보다 중요한 윤리관의 결핍상태를 면치 못하고 있다. 현대 국가도 그와 같은 불합리하고 비이성적인 행위의 결과에 따라 나타나는 사회적 부조리와 국민의 불평불만을 해소할 수 없기 때문에 행정윤리의 확립을 강조하였다. 제5공화국은 제3, 4공화국 시대의 경제우위의 불균형적인 발전정책의 결과로 나타난 부조리를 보완하기 위해 행정윤리의 확립을 적극 추진하였다. 그 결과 윤리성과 도덕성이 뛰어난 공직자를 우대하기 위한 방법으로 청백리제도를 제정했던 것이다. 사실 청백리로 선임된 대상자들은 국민을 위한 봉사정신만이 아니라 修己治人할 수 있는 윤리성과 도

20) 오석홍, 「인사행정론」(서울: 박영사, 1983), pp. 626~628.

21) 전게서, p. 23.

덕성이 강하였다고 보기 때문에 행정윤리의 확립이 하나의 동기가 된다고 할 수 있다.

(3) 人事行政的 措置

행정윤리는 공직을 구성하고 있는 공무원들의 가치규범으로 행정의 분과 중에서도 특히 인사행정적 측면과 밀접한 관계를 맺고 있다.

1) 공무원의 신분보장

공무원에게 있어서 신분보장이란 공무원이 그의 의사에 반하여 자의적으로 퇴직을 당하거나 불이익한 처분을 받지 않는 것을 의미한다. 따라서 신분보장이란 공무원의 직업적 안정을 확보하여 근무의욕과 사기를 제고하고[22] 행정의 일관성과 전문성 및 능률성을 유지하고 향상시키며 공무원이 그에게 맡겨진 임무를 다하게 하고 창의적이고 능동적으로 일하게 하는 조건이 구비되었을 때 공직윤리는 확립할 수 있는 것이다. 그러나 신분보장이 너무 강하면 통제하기가 어렵고 신분보장이 미약하면 공무원은 자율성을 잃고 행정은 형식주의화할 뿐더러 창의적이고 능동적인 역할을 기대하기가 어렵다.

우리나라의 國家公務員法에 "공무원은 형의 선고, 징계처분 또는 법이 정하는 사유에 의하지 아니하고는 그 의사에 반하여 휴직, 감원 등 또는 면직을 당하지 아니한다"고 규정하고 있는데,[23] 이는 공무원의 신분보장의 원칙을 선언한 동시에 그 한계를 제시한 것이다.

일반적으로 말하는 공무원의 신분보장을 제한하는 제도는 징계제도, 정년제도 및 감원제도가 있다.

① 懲戒制度 징계제도는 가장 강력한 부정적 제재수단으로서 공무원신분과 중대한 관계가 있으므로 민주적 입장에서 행정능률, 사기의 향상에 기여하도록 법규를 정비하여 불필요한 조항은 폐지 또는 수정하여야 한다.

② 停年制度 정년퇴직제도에는 연령정년제도, 근속정년제도, 계급정년제도, 선택적 정년퇴직제라 할 수 있는 명예퇴직제가 있다. 정부는 정년퇴직자에 대하여 최대한의 인도적 배려를 하여야 한다. 그럼으로써 공무원이 현직에 근무하는 동안 안심하고 직무에 전념할 수 있으며 결과적으로 공직윤리도 제고

22) 안해균, 「현대행정학」(서울: 다산출판사, 1987), p. 606.
23) 국가공무원법, 제73조의 2항.

되는 것이다.

③ 減員制度 감원이란 정부조직의 사정변동이나 예산감축 등으로 일부 공무원이 필요 없게 되어 퇴직시키는 것을 말한다. 감원은 공무원의 자발적 퇴직이나 비위에 의한 면직과는 구별되며 전적으로 정부의 사정에 의한 일방적이고 강제적인 퇴직이므로 정부가 책임을 져야 한다.

2) 보수수준의 현실화

보수는 공무원의 근무에 대한 대가이며 또한 공무원의 생활수준을 결정하게 되는 보수가 생계를 유지하는 데 불충분하고 비합리적·불공평하거나 공무원 근로의 재생산비용을 보장하지 않는 경우, 사기와 능률이 저하되고 인간관계가 악화되며 부정부패를 초래할 가능성이 높아진다. 특히 공무원의 윤리의식 실증조사에서 하급공무원의 부정부패의 가장 큰 원인으로 基本生計費의 不足을 들고 있음을 통해서도 알 수 있듯이 경제적 생활수단으로서의 보수가 극히 중요한 의미를 가진다.[24)]

즉 인간의 기본적 욕구인 생리적 욕구가 충족되지 않은 상태에서 공무원의 근무의욕과 사기는 저하될 수밖에 없고 부정과 부조리의 유혹에서 공무원이 벗어나기는 힘드므로 부정부패는 당연한 산물이 되는 것이다.

3. 主要外國의 不正腐敗防止를 위한 法規

어느 국가를 막론하고 공직 내의 부정부패현상은 정도의 차이는 있지만 거의 공통된 속성처럼 되어 있다. 그러나 특정국가의 특정한 시점에서 행정 내 부정부패의 현상은 독특한 것으로 나타난다. 이는 당해 국가의 정치·행정제도, 국민의 가치관 및 사회문화적 특성을 반영해 주고 있기 때문이다. 그리고 국가마다 사회문화적 배경과 역사적 전통이 다르기 때문에 부정부패를 보는 관점도 달라서 그 범위와 처벌의 강도에는 다소 차이가 있다.

따라서 다음은 주로 法規的인 側面에서 여러 나라들이 부정부패방지를 위해 채택하고 있는 조치들을 살펴보겠다.

---

24) 김규정, 「행정학원론」(서울: 법문사, 1988), p. 601.

(1) 미국의 公職倫理[25)]

미국에서 공공관료가 공익에 봉사하기 위하여 윤리적 감각을 갖기 시작한 것은 최근의 일로 1924년 공무원의 윤리강령이 국제도시관리협회(ICMA)에서 처음으로 채택되었다. 그러나 이는 직업윤리로서라기보다는 그 당시 道德改革運動의 反腐敗와 反政治的 가치를 반영한 강령이었다.

그리고 공무원의 윤리문제는 비교적 늦게 문제화되기 시작하여 1958년 연방공무원의 윤리강령이 제정되었는데, 그 내용은 다음과 같다.

1. 최고의 도의원칙에 충실하여야 하며 개인이나 정당 또는 정부관계에 대한 충성에 앞서 국가에 충성하여야 한다.
1. 연방정부나 모든 지방정부의 헌법, 법률 및 법규를 준수하여야 하고 그를 회피하는 데 결코 가담하여서는 안 된다.
1. 公務遂行에 진지한 노력과 최선의 사고를 경주하여 전일 보수에 상당하는 전일 근무를 하여야 한다.
1. 더욱 능률적이고 경제적으로 과업에 성취될 수 있는 방법을 모색하여 이를 적용하도록 노력하여야 한다.
1. 대가 유무를 불문하고 어떤 특정인에게 특별한 호의나 특전을 베푸는 불공평한 차별대우를 하여서는 안 되며, 정상인이 공무수행에 영향을 미칠 우려가 있다고 해석할 만한 사정하에서는 자신이나 가족을 위한 타의의 호의나 이익을 받아서는 안 된다.
1. 공무원은 누구나 공적 임무를 제약하는 사적 발언을 할 수 없으므로 여하한 종류의 사적 약속도 하여서는 안 된다.
1. 직접적이든 간접적이든 정부를 상대로 하여 공무원의 양심적인 수행과 양립할 수 없는 사업에 종사하여서는 안 된다.
1. 공무수행중 얻은 어떠한 비밀도 사적 이익의 수단으로 사용되어서는 안 된다.
1. 腐敗는 발견되는 대로 이를 폭로하여야 한다.
1. 공직이란 公共의 信任에 의한 것임을 항시 명심하여 위의 모든 원칙을 준수하여야 한다.

이상에서와 같이 미국은 우리의 윤리헌장과는 달리 실질적으로 지킬 수 있

25) 총무처, 「공무원의 길」(1981), p. 3~6.

는 규정을 두고 있음을 알 수 있다. 즉 이는 실용주의적 사고의 영향과 개인을 존중하는 민주주의사상을 바탕으로 하였다고 보여진다.

그리고 1978년에 政府倫理局(Office of Government Ethics)이 설치되어 연방공무원의 윤리문제를 심사하였으며 공무원에게 적용한 것은 1984년에 와서이다. 1980년 이후 윤리문제가 고려된 데에는 몇 가지의 사건들이 계기가 되었으며 많은 행정가들 스스로도 행정윤리의 중요성을 인식하는 것으로 설문에 의해서도 나타났다.[26)]

미국의 공직자 재산공개절차는 앞서 언급한 OGE의 설치와 함께 제정된 정부윤리법(Ethics in Government Act, 1978)에 아주 까다롭게 규정되어 있다. 이 법은 '워터게이트 사건'으로 마련된 '워터게이트 개혁법안'에서 그 원형을 찾아볼 수 있으며, 1982년과 1987년 그리고 1989년의 3차례에 걸친 개정이 있었다.

미국정부윤리법의 핵심적인 규정은 財産報告書의 提出義務이다. 이 법에서 규정하고 있는 신고대상자는 대통령 · 부통령과 연방상·하양원의원, 연방대법원 판사 및 연방의 판사직에 있는 자, 입법 · 행정 · 사법부의 고급공무원 및 고급무관, 대통령이 지명한 임용후보자들이다.

이들의 신고기한은 현직자의 경우 매년 5월 15일까지, 새로이 취임한 자는 취임 후 30일 이내에, 대통령 · 부통령 선거나 또는 상·하양원의원 선거 입후보자는 선거 전 30일 이내에 그리고 상원의 승인을 거쳐 임명되는 관직에 지명된 자는 대통령이 지명의견을 상원에 송부한 날로부터 5일 이내에, 퇴직한 공직자는 퇴직 후 30일 이내에 재산보고서를 제출하여야 한다.

제출처는 대통령과 부통령은 정부윤리국에, 대통령선거나 의원선거의 입후보자는 연방선거위원회에, 입법부의 보고의무자는 상원 또는 하원의 사무총장에게, 사법부의 보고의무자는 사법윤리위원회에 각각 제출한다.

신고사항은 급여 이외에 전년 중에 수령한 근로소득이 모두 1백달러 이상인 경우, 강연 등에 대한 사례금으로 받은 1백달러 이상을 수령한 경우, 친척 이상의 자로부터 제공된 2백 50달러 이상인 경우, 그리고 1개소에서 받은 선물이 합계 1백달러 이상인 경우도 포함된다. 사업경영, 투자, 이식을 위해 보유하고 있는 자산으로 1천달러 이상의 가치가 있는 것, 전년 중에 친척 이외의

---

26) James S. Bowman, "Ethics in Government: A National Survey of Public Administration," *PAR*(May/June 1990).

자에 대한 부채가 1만달러를 초과하는 경우와 전년 중 1년에 1천달러를 초과하는 부동산, 주식, 채권, 상품, 기타의 매매교환을 한 경우에도 상세히 기록해야 한다.

그러나 이러한 상태에서 중요하게 살펴보아야 할 문제는 정부윤리법에서 규정한 資産公開라는 용어는 재원 · 재지 · 자산의 조달상태의 공개를 의미한다. 즉 공직자의 재산규모에 대한 조사라기보다는 공직자가 공직에 있으면서 그 지위와 관련하여 재산을 취득하지 않았는가 하는 것을 공개하도록 하는 것이다.

보고서가 제출된 후 6년간 일반국민에게 공개하며, 공직자의 재산현황은 대외적으로 공표되지는 않으나 언론기관이나 일반국민들이 열람이나 복사를 신청하연 접수 15일 이내에 열람을 허용하거나 사본을 제출한다.

보고의무자가 보고서 작성상 고의적 조작을 가하는 경우 법무부 장관은 연방법원에 소송을 제기할 수 있으며, 허위작성 또는 고의적인 제추기피시에는 聯邦法則에 의거 인사조치하거나 또는 그 밖의 필요한 조치를 할 수 있다.

(2) 독일의 公職倫理

우리의 공직자윤리법에 해당하는 독일의 법규는 의원법 및 연방의회 윤리규칙이다. 직업 · 기업의 임원으로서의 활동(의원 재직 전의 활동 포함), 공법인의 임원으로서의 활동, 사단 또는 재단의 임원으로서 활동, 연맹 등 조직에서의 지위 또는 평가액을 기재해야 한다. 그리고 대리계약, 감정, 저술, 강연으로 인한 부수입, 회사경영의 참여, 미술품 또는 보석 등도 신고대상에 포함되지만, 월액 5백마르크 또는 연액 3천마르크의 한도액을 초과한 경우에는 수입액도 신고해야 한다.

연방의회의원 전원은 취임시 의장에게 신고함으로써 財産公開를 하도록 되어 있고, 이들 신고사항은 '의원요람'에 게재하여 공포한다. 만일 행위규범에 벗어나는 의심스러운 행동을 하게 되는 경우에는 의장이 조사를 행하고, 위반 여부를 인정하며, 위반 여부는 인쇄물로써 공표하게 된다.

(3) 영국의 公職倫理

영국의 경우에는 따로 특별법을 정하고 있지는 않으며 1974년과 1975년 두 차례 하원에서 '利害關係 登錄制度'를 결의한 바 있다.

회사유급의 역직원, 수입이 있는 상업 · 매매업, 전문직 또는 전문업 등에 이해관계가 있는 의원으로서 지위에 관련되는 개인적 서비스, 유급의 피고용관계 또는 직위, 의원으로서 재정적 지원을 받는 경우, 해외여행중 의원 자신이나 공적자금 이외의 사유로 지출되는 금액 등을 신고해야 한다. 또한 외국의 정부단체 또는 개인에게서 받은 금전 또는 물질적 편의의 공여, 상당한 가치가 있거나 상당한 액수의 수입을 얻게 되는 토지 및 자산, 그리고 발행주식의 1/100 이상을 보유하는 회사명도 해당된다.

이러한 신고사항들을 하원에 있는 이해관계 등록관에게 등록을 해야 하고, 이렇게 작정된 이해관계 등록부는 국민들에게 열람되며 하원자료로서 인쇄 · 공표된다. 그러나 벌칙규정은 따로 제정하고 있지는 않다.

(4) 기타 여러 나라의 公職倫理

우리나라와 비슷한 경제수준을 가진 다른 나라들의 공직윤리제도 또한 우리의 관심의 대상이다. 각 나라들은 그들 나라의 실상에 맞는 公職倫理制度를 가지고 있으며 체계적으로 입법화되어 구체적 실천단계에 들어가 있다. 다음에서 자유중국, 싱가포르, 필리핀, 인도의 공직윤리제도를 간략하게 알아본다.

자유중국의 공직윤리관계법은 '전난시기탐오치 조례'이다. 1973년도에 제정되었으며 공공재물절취, 권력남용, 이권개입, 중수회죄 등의 처벌대상을 규정하고 있다. 이 법의 특징으로는 사법공무원의 가중처벌, 6개월 이내 자수범죄의 감경조치 등이 있다.

싱가포르의 공직윤리관계법은 '腐敗防止法'이다. 1960년도에 제정되었으며 뇌물, 중회 등의 처벌대상을 규정하고 있다. 이 법의 특징으로는 대통령이 부패사건 수사과정의 책임자를 임명하며, 수사과정에서 영장 없이 구속도 가능하다는 점 등이 있다.

필리핀의 공직윤리관계법은 '반중회 및 부패사건 방지법'이다. 1960년도에 제정되었으며 직간접 인척간의 개입, 뇌물수수 등의 처벌대상을 규정하고 있다. 이 법의 특징으로는 모든 공직자의 임명 후 30일 이내, 매년 4월 15일 이전 財産登錄과 申告를 의무화하고 있는 점을 들 수 있다.

표 10.4 각국의 부정부패방지법과 주요내용

주 요 국	대 만	싱가포르	필 리 핀	인 도
명 칭	전난시기탐오치조례	부패방지법	반중회 및 부패사건 방지법	부패방지법
제정연도	1973	1960	1960	1947
주요부패사항	공공재물절취, 권력남용, 이권개입, 중수회죄	뇌물, 중회 등	직간접 인척간의 개입, 뇌물	횡령 등의 이권개입
처벌사항	사형, 무기, 10년 이상 유기징역	1,000 $ 벌금 혹은 7년까지의 징역	1~10년 징역이나 자격정지	1~7년 유기징역
특 징	사법공무원, 가중처벌, 6개월 이내 자수범죄는 감경조치가능	대통령이 부패사건 수사책임자 임명, 수사과정에서 영장없이 구속가능	모든 공직자는 임명 후 30일 이내, 매년 4.15 이전 재산등록과 신고의무화	중앙과 각 주의 경계위원 구성, 부패사건 수사를 의회에 보고

자료: 김영종, "민주사회 발전을 향한 행정부패의 방지전략," 「민주사회의 성숙을 위한 공공행정」(한국행정학회 제 1 차국제학술대회, 1988), p. 409; 유석영, "공무원 부패방지에 관한 연구," 「한국행정학보」, 제15호(1981), p. 123~129 참조.

인도의 공직윤리관계법은 '부패방지법'이다. 일찍이 1947년도에 제정되었으며 횡령 등의 이권개입을 처벌대상으로 규정하고 있다. 이 법의 특징으로는 중앙과 각 주의 경계위원 구성, 부패사건 수사를 의회에 보고하도록 한 점 등을 들 수 있다.

기타 외국 여러 나라들은 그들 나라의 실정에 맞게 부패방지법을 체계적으로 立法化하였으며 具體化시키고 있는 실정이다. 〈표 10.4〉는 우리나라와 인접한 국가들의 부정부패방지의 법규에 대해 정리한 것이다.

제 2 절 制度上의 問題點과 바람직한 戰略

1. 行政倫理確立의 制度上의 問題點

행정윤리가 추상화되고 형식화되어서 행정윤리를 확립하기보다는 오히려 행정윤리의 내용을 흐리게 하거나 행정윤리에 대한 불신을 조성하는 결과를 초래한 것이 행정윤리의 근본적인 문제이다.

행정이 양적으로 성장하고 질적으로 고도화된 오늘날의 행정국가 혹은 복지국가에 있어서 정치 · 경제 · 사회 · 문화의 모든 영역에 걸쳐서 행정의 역할과 책임이 강화될수록 행정윤리를 확립하기 위한 지속적인 노력이 다각적으로 이루어져 온 것이다. 그럼에도 불구하고 적극적으로 행정윤리를 확립하는 것은 말할 것도 없고 소극적으로 행정의 비윤리를 제거하지도 못한 이유는 무엇인가? 근본적인 이유는 앞서 지적했거니와 여기서는 우선 행정과 환경의 두 가지 차원을 염두에 두면서 그 주요한 이유를 살펴보면 다음과 같다.

첫째, 公職充員의 非倫理性과 無原則性을 들 수 있다. 건국 초기에 반민족적 친일협력자를 대거 공직에 등용한 것으로부터, 최근까지 존속해 왔던 소위 '維新事務官' 제도와 행정고시 선발인원이 사법고시의 선발인원보다도 훨씬 적은 것은 이를 단적으로 말해 주는 것이다.

둘째, 이러한 행정에 대한 의회나 언론 등의 外部統制機能의 弱化를 들 수 있다. 최근까지의 사정은 행정이 의회나 언론의 통제를 받는 것이 아니라 오히려 의회나 언론을 통제하는 상황이었다.

셋째, 전통문화의 해체와 새로운 價値觀의 未定立 및 混在를 들 수 있다. 전통문화 속에 서구문화가 밀려오면서 일어나고 있는 가치관의 혼돈 중에서 이중적인 가치구조와 행동양식이 보편화되고 이것이 행정윤리에도 그대로 반영되어 민주적인 형식에 권위주의적인 내용을 담고 있는가 하면 권위주의적인 가치가 합리적인 행동으로 위장되기도 한다.

넷째, 공무원의 낮은 報酬水準이 행정윤리확립의 저해요인으로 흔히 지적되고 있다. 부정부패추방 또는 서정쇄신 등의 노력은 늘 공무원의 처우개선과 함께 논의되어 왔다. 그러나 낮은 보수가 비윤리를 정당화하는 근거가 될 수는 없다.

다섯째, 政府 및 社會全體의 도덕적인 분위기의 타락을 들 수 있다. 정치분야에서 근본적인 정권의 정당성과 도덕성이 의심되는 상황하에서는 행정도, 경제도 그리고 기타 사회문화의 문제도 타락의 연장선상에서만 존속할 수 있을 뿐이기 때문이다. 그리하여 급기야는 도덕의 최후의 보루인 종교집단에서도 비도덕적인 현상을 나타내게 되었던 것이다.

오늘날 우리는 정치 · 경제 · 사회 · 문화 등 모든 영역에서 대규모조직의 지도자들이 비윤리적인 행위를 하는 것을 너무 많이 목격하고 있다. 전직 대통령의 비리, 전직 시장의 비리, 전직 회장의 비리, 전직 총장의 비리, 전직 교주의 비리, 종교지도자의 비리, 사회복지원장의 비리, 병원장의 비리 등 …. 이러한 비윤리의 세계에서 오직 행정에만 윤리를 강조하는 것은 二重的인 基準을 적용하는 것과 같은 것이다.

행정의 차원에서 윤리를 확립하는 방안을 살펴보면, 이는 근본적으로 바람직한 행동을 유도하기 위한 制度와 教育의 문제가 된다. 그런데 制度에 관해서는 앞에서 살펴본 바대로 불비가 문제가 아니라 形式化가 더욱 문제가 되고 있다. 따라서 새로운 제도의 도입이나 개선보다는 제도의 축소 조정을 통하여 형식과 실제를 일치해 나가는 방향이 강구되어야 할 것이다. 倫理教育도 부족한 것이 문제가 아니라, 문제는 오히려 형식적인 정신교육이나 윤리교육이 많은 데 있다. 따라서 기존의 형식적인 교육을 폐지하고 행동에 일치하는 실질적인 교육을 강화시켜 나아가야 할 것이다.

이와 같은 행정윤리의 문제들은 이미 그 자체가 해결책을 암시하고 있거니와 이를 다음에서 살펴보겠다.

2. 行政倫理確立을 위한 바람직한 戰略

자유민주주의 실천의 전제가 되는 행정부의 민주성 확립은 행정환경, 조직구조, 관리기법 등의 개혁을 필요로 한다. 그러나 이에 못지않게 행정부를 구성하고 이를 움직이는 공무원의 태도변화가 중요한데, 이는 行政國家化現象으로 더욱 강화되었다.[27)]

27) 표시열, “공무원의 윤리적 의무와 법적 의무 – 헌법정신의 준수를 중심으로,” 「작은 정부를 위한 관료제 – 소정 이문영 교수 정년기념논문집」(서울: 법문사, 1990), 409

(1) 組織的 次元

1) 행정문화의 쇄신

한 국가의 일반문화는 민족성이나 국민성으로 그 유형을 설명하게 되는데 구체적 관점에서 보면 한 국가의 고유한 민족성이나 국민성은 상위체제인 전체 사회의 문화이고, 사회구성원 개개인에 의해서 소속되어 있는 하위체제 속으로 침투되어 그 체제의 활동과 현상 속에서 표출되어 존재하게 된다. 따라서 일반문화가 행정체제 또는 행정조직에 투영되어 행정현장과 행정행태에 내재 되어 있는 문화가 독자적인 행정문화인 것이다. 또 반대로 행정조직 자체가 문화의 개체로서 일반문화의 일부로서 존재하게 된다.

이러한 행정문화에 대해서 행정인들이 지니고 있는 지배적이고 보편화된 가치관 또는 행정관료들의 의식구조, 사고방식, 가치관, 태도와 일반국민의 행정에 대한 가치의식의 총합으로 규정하거나[28] 행정체제 속에서 활동하고 있는 모든 사람들 사이에 바람직스럽고 적절하며 요구되고 허용되거나 금지된 행위로[29] 정의하기도 한다.

위의 정의 모두를 포괄하여 행정문화를 정의했을 때, 행정윤리의 확립을 위해서는 民主的이고 合理的인 行政文化로의 변화에 힘써야 한다.

2) 인사행정의 합리화와 실질적인 신분보장

인사행정은 환경적 여건의 변화에 대응하여 개선되어야 한다. 현재 우리 사회는 정치적 · 경제적 · 사회적 제 측면에 있어서 변화를 하고 있다. 따라서 이에 적절한 인사관리가 마련되어야 할 것이다. 따라서 적절한 인사관리가 이루어지고 신분보장을 확립시킴으로써 공무원의 소신 있는 행정을 기대할 수 있을 것이다.

면; 행정국가에서 개인의 지위는 자아가 침해받는 사회 속의 개인, 정책결정에 속수무책인 정치체제 속의 개인, 경제생활이 더욱 정부에 의존하는 경제 속의 개인으로 특징지어진다.

28) 조석준, 「한국행정학」(서울: 박영사, 1980), p. 130.

29) Jose V. Abueva, "Administrative Culture and Behavior and Middle Civil Servants in the Philippines," in Edward W. Weidner(ed.), *Development Adminstration in Asia*(Durham, North Carolina: Duke University Press, 1970), p. 135.

3) 보수의 현실화

우리나라 공무원의 보수는 민간기업체는 물론 국영기업체에 비하여도 현저히 낮은 수준이다. 그리고 이는 공무원들을 대상으로 설문조사한 바에 의해서도 여실히 드러나고 있다. 그리고 하급 공무원의 부정부패의 원인을 묻는 응답으로 가장 많은 비율을 차지한 것이 基本生計費의 不足 때문이라는 것이다. 따라서 보수의 현실화 없이는 건전한 공직윤리의 확립은 불가능하다. 따라서 정부는 과감하게 인식을 전환하여 공무원의 보수수준을 민간수준에 의거하여 결정하여야 하며, 정치적 고려에 의한 흥정대상으로 삼아서는 안 될 것이다.

4) 행정절차의 간소화

관료제의 병리중의 하나가 번문욕례(red tape)를 들고 있듯이 행정절차의 복잡화로 인한 불만은 누구에 의해서도 지적되고 있는 문제이다. 따라서 행정절차를 전산화 및 편리화함으로써 시민들의 불편을 없애 주고 공무원들은 보다 건전한 행정기능수행에 좀더 할애되었으면 한다. 그리고 이를 통해 업무의 신속한 처리를 '급행료', '기름치기' 등에 의한 뇌물수수 및 부정부패행위를 근절시킬 소지를 줄여 나가는 조직관리의 개혁이 요구된다.

5) 공무원단체의 인정

공무원이 자신들의 이익을 옹호하기 위하여 단체를 결정하는 것이 부분적으로 위법으로 인정되고 있는 상황에서 이들에 대한 객관적인 보건마저 제대로 되어 있지 않고 그 이상의 산출을 기대하고 있는 것이 현재의 우리나라의 공직현실이다. 공무원의 전문직업인으로서의 윤리의식을 답조하기 위해서는 공무원단체를 인정하여 자율적인 통제를 도모하는 방안이 긍정적으로 고려되어야 할 것이다.

6) 규제영향분석

행정업무상의 認·許可 등 행정규제의 수준과 행정의 부패·부조리는 높은 상관관계를 지니고 있는 것으로 연구·발표되어지고 있다.[30] 즉 국민의 사회경제생활에 대한 행정규제의 영향 및 파급효과에 대한 분석은 間接誘導型體制[31]로

30) 김번웅, "행정부조리, 조직의 민주화 및 간접유도형행정," 「조직과 복지사회－유종해 교수 화갑기념논문집」(서울: 박영사, 1991), p. 70.

31) 간접유도형이란 행정이 만능적 규제자도 아니고 독점적 가치창조자도 아닌 봉사자

의 전환뿐만 아니라, 하위직공무원의 생계형부조리 척결 및 감소를 위해서도 절실히 요청된다. 그리고 우리나라도 이러한 역할을 담당할 임시위원회를 운영할 필요가 있다.[32)]

(2) 環境的 次元

행정윤리를 확보하는 데는 행정 못지않게 行政環境도 중요하다. 즉 행정은 진공상태에서는 존재하지 않으며 개방체계로서 환경과 밀접한 관련성을 지니고 있으므로 행정을 둘러싸고 있는 환경의 특성은 행정윤리의 제고에 중요한 역할을 할 것이다.

1) 정치의 민주화

정치가 부패하면 행정은 정치의 시녀로 전락하고 공무원의 신분불안과 정치적 중립을 저해한다. 따라서 정치의 민주화는 행정풍토의 쇄신과 공직윤리확립의 전제조건이 된다.

2) 국민의식수준과 사회 전체의 민주화

사회 전체의 도덕적 분위기의 타락이나 가치관의 혼란은 각계의 협력으로 극복되어야 할 우리 전체사회의 과제이다. 즉 공무원의 궤도이탈에 대한 최후보루는 국민의 눈밝은 감시기능이다. 따라서 국민들과 사회 전체의 倫理意識이 제고되어야 한다.

이에 행정은 교육 · 언론 · 문화 · 종교 등의 자율적인 국민윤리의 향상을 위해 노력을 해야 할 것이며, 종래와 같이 행정이 국민윤리를 일방적으로 주도하는 방법을 지양해야 할 것이다. 그리고 정치 · 경제 등 각 분야의 발전이 자율적으로 이루어지도록 종래와 같은 간섭을 배재하여 이들 사회 각 분야가 책임 있게 자율성 확보를 기하도록 하여야 한다.

또는 유도자의 기능 · 역할을 수행하는 입장을 말한다. 따라서 김번웅 교수는 공무원의 대민부조리감소 및 적결문제와 관련하여 정부의 사회경제적 개입은 직접규제방식에서 탈피하여 간접유도형방식으로의 과감한 전환이 절실히 요청된다고 주장한다. 상게서, p. 70.

32) 상게서, p. 72.

3) 외부통제의 강화

헌법을 비롯한 기타 법규를 통한 공식적 통제도 중요하지만 추상적이고 형식적일 우려가 있으므로, 행정기관에 예속되지 않은 利益集團과 市民의 參與를 확보할 제도적 경로를 갖추어야 한다. 따라서 행정이 항시 유리병 안의 행태들로 외부에서 항시 감시가능하게 하는 장치가 고려되어야 할 것이다.

4) 부정고발 핫라인제도(Fraud Hotline System)

민원인을 포함한 시민들로 하여금 공무원의 부정부패의 사례를 전화, 팩시밀리를 비롯한 빠른 통신수단을 이용하여 고발하도록 하는 시스템이다. 한 예로 미국의 회계감사원(GAO)이 1979년 부정조사특명반을 설치하고 운영한 부정고발 핫라인제도는 성공적인 모형으로 평가되고 있다.

이 핫라인은 첫째, 공무원의 권한남용 및 오용, 부정에 대한 전신전화신고를 접수하고, 둘째, 이를 관계기관의 자체감사관이나 연방수사국 등에 조사를 의뢰하며, 셋째, 의회는 물론 중앙정부와 지방정부가 의뢰해 온 공무원의 부정과 예산낭비 등에 관하여 의견을 제시하고 자문하며, 넷째, 신고내용에 관한 관계기관의 조사결과를 확인 또는 분석하는 기능을 지닌다. 이 고발시스템은 상당히 효과적으로 운영되었으며 예산을 낭비한 사실이 밝혀지고 당해 공무원들에게 징계 등의 인사조치가 가해지고 범죄사실이 들어난 관계자들에게 벌금형의 사법적인 조치가 내려진 바 있다.

우리나라 市民의 告發精神은 미국 등의 서구제국에 비해 상대적으로 취약하고 공무원의 생계형 부조리행태에 관하여는 비교적 관대한 것이 사실이나 정부의 감사기관이 아닌 半官半民形態의 위원회에서 이 제도는 상당히 효과적일 가능성이 크다. 그리고 행정의 부정부패 · 부조리에 연관된 민원사항, 즉 공무원의 행태 · 관행, 민원인의 의식 · 행태, 그리고 시민의 요구에 관한 정보의 수렴 · 분석 등 모니터링기능을 이 시스템에서 수행한다.

(3) 個人的 節次

개인적 차원에서의 윤리성 확보는 다양한 각도에서 접근될 수 있지만 무엇보다도 중요한 것은 개인이 갖추어야 할 倫理的 德目을 찾아내고 이들의 정당성 · 타당성을 논리적으로 부여하는 일이며, 이를 공무원 개개인에게 내재화시키는 일이다. 그러나 이러한 윤리적 덕목은 個人의 欲求體系를 고려하지 않는다면 비현실적인 것이 되며 불만과 좌절을 경험하게 되어 결과적으로 윤리적 가치관을 손상시키게 된다. 그리고 욕구를 논리적으로 충족시킬 수 없을 때 윤리성을 훼손하게 된다. 즉 아무리 합리적인 정책결정과 계획이 수립되고 능률적인 조직이 존재하고 있다 하더라도 조직 속에서 정책과 계획을 집행하는 관료들의 가치관, 태도, 즉 의식구조가 公益性과 倫理性을 외면한다면 행정은 소기의 목적을 성취할 수 없다. 이러한 윤리성은 우리의 의식구조에 내재되어 있어 필요한 결정 또는 행동에 영향을 미치게 된다. 따라서 윤리성의 확립은 의식구조의 개혁을 통해서만 가능해진다.[33] 누구나 윤리성의 확립을 위해서는 새로운 가치관이 확립되어야 한다고 말한다. 그리고 소극적으로 不正腐敗解消라는 차원에서 보다 적극적으로 행정윤리를 확립하고자 하는 가치지향으로 개조하려는 노력이 行政人 個人뿐만 아니라 組織, 環境側面에도 요청된다.

(4) 構造的 次元

관료제의 대표적 병리 중의 하나로 번문욕례(red tape)가 지적되듯이 행정절차의 복잡화로 인한 불만은 누구에게서나 지적되는 문제이다. 이에 행정절차의 간소화는 건전한 행정윤리확보를 위해 필수적인 문제이다. 행정절차의 전산화 및 간소화를 통하여 시민편의 확보와 이른바 '급행료'나 '기름치기'가 없는 건전한 행정기능수행이 이루어질 수 있을 것이다. 이외에도 각종 관료제의 병폐들 ── 선례의 맹목적 답습, 구태의연, 법규만능, 창의력 결여, 비밀주의, 무사안일, 태만, 책임전가, 아첨, 획일주의 ── 도 행정절차의 간소화를 통해 어느 정도 해결될 수 있을 것으로 생각된다.

바람직하지 못한 행정윤리의 원천인 관료제의 병패를 해결하는 또 다른 방법으로 규제중심의 행정탈피를 들 수 있다. 행정기능의 하부기관 또는 지역간 서로의 과감한 이양, 행정업무의 처리방식은 대면접촉방식에서 벗어난 우편 등의 간접접촉방식의 사용 등이 세부사항이 될 수 있는데, 사실 행정업무상 인허가 등 행정규제의 수준과 행정의 부패부조리는 높은 상관관계를 지니고 있음으로, 이에 대한 보다 적극적인 태도(특별 임시위원회 설치 등)가 검토되어야 할 것이다.

---

33) 박응격, "공무원 윤리관 확립과 의식개혁," 「행정문제논집」, 제 3 집(한양대학교 행정문제연구소, 1982. 12), p. 141.

제 11 장

公職倫理 확보를 위한 法制度 改正內容

제 1 절　公務員 行動綱領
제 2 절　각국의 公務員 行動綱領
제 3 절　白紙信託制度

제11장 公職倫理 확보를 위한 法制度 改正內容

제 1 절 公務員 行動綱領

부패방지법 제 8 조에 근거하여 지난 2003년 2월 18일 대통령령 제17906호로 공포된 「공무원의청렴유지등을위한행동강령」(약칭:공무원행동강령)은 공무원 윤리의식을 제고하는 데 유용한 제도적 장치라고 본다.

공무원행동강령은 국무총리지시사항인 「공직자10대준수사항」 등 기존 윤리규정과는 달리 부패방지법에 근거하여 대통령령으로 제정되어 최초로 법적 구속력을 갖춘 종합적 · 구체적 공무원 윤리규범으로서 "직무관련자의 범위," "직무관련 정보를 이용한 거래 등의 제한," "경조금품 수수기준" 등을 각급 기관에 위임, 독자적이면서 자율적으로 「기관별 행동강령」을 운영할 수 있도록 하였다.

공무원행동강령은 부패방지법에 근거하여 국가공무원법이나 복무규정 등 여러 법령에 산발적으로 규정된 부패관련 규정을 공무원행동강령에 종합하여 단일화 하였으며 행동강령 위반에 대한 신고 및 처리절차, 징계관련 규정을 마련하여 행동강령의 이행 실효성을 확보한 것에 의미와 특색을 부여할 수 있다.

공무원행동강령의 주요 내용은 다음과 같다.

먼저 공정한 직무수행을 저해하는 상급자의 부당한 지시에 대한 처리절차, 이해관계직무의 회피절차, 정치인 등의 부당한 요구에 대한 처리절차 등 공정한 직무수행을 강화하도록 하였다. 또한 부당한 인사청탁과 직위를 이용한 인사개입 금지, 부당한 이익을 얻기 위한 이권개입 금지 등 알선청탁 등의 금지를 요구하였으며 직무관련 정보를 이용한 재산상 거래나 투자행위 등의 제한과 직무관련자로부터 금품 등을 받는 행위제한 등 부당이득의 수수를 금지하고 있다. 뿐만 아니라 3개월 이상 월 4회(또는 월 8시간)를 초과하는 외부강의 등의 신고와 직무관련자에게 경조사의 통지금지와 5만원 초과 경조금품 수수의 제한 등의 내

표 11.1 기존의 「공직자 10대 준수사항」과의 비교

구 분	공직자 10대 준수사항	공무원행동강령
선물 · 향응 수수	① 직무관련자로부터 향응 · 골프접대 받는 행위 금지 ② 직무관련 선물수수 금지 및 5만원 초과 직무관련 없는 선물수수 금지	• 직무관련자로부터 금전 · 선물 · 향응을 받는 행위 금지(영 14조 1항) * 직무관련 없는 자로부터는 제한 없음
경조사통지 · 경조금품 접수	③ 직위를 이용한 경조사 고지 · 축조의금 접수금지 - 직무관련자에게는 일체 통지 금지 - 직무관련자로부터 경조금품 접수 금지 * 공무원간에는 3만원 초과 授受 금지	• 직무관련자에게 경조사 통지를 금지, 직무관련성 유무 및 직급에 관계없이 - 중앙행정기관장이 정하는 기준을 초과한 경조금품 授受금지(영 17조) • 경조금수수 금지 기준: 5만원(운영지침)
화환 · 화분 수수	④ 경조사 · 이취임시 화환 · 화분 授受 금지	• 별도의 규정이 없이 금품수수 제한 규정 또는 경조금품수수 제한 규정을 적용
전별금 · 촌지 수수	⑤ 퇴직 · 전근시 전별금 · 촌지 접수 금지	• 직무관련 공무원으로부터 금품 등 접수 금지(영 14조 2항)
공용물사용	⑥ 본인의 가족 등의 관용차 사용 금지	• 관용차량 · 선박 · 항공기 등 공용물의 사적사용 금지(영 13조)
품위 유지	⑦ 호화시설이용 결혼 금지 ⑧ 호화유흥업소 출입 금지 ⑨ 공직자 부인모임 해체 ⑩ 정당 등에 후원금 기부 금지	• 별도규정 없음 • 정치관련법 적용

용을 지녔다.

아울러 행동강령의 이행관리를 위하여 기관장이 4급 이상 공무원인 모든 행정기관에 행동강령책임관을 지정하여 소속 공무원에 대한 교육과 직무수행에 있어서 강령위반 여부가 분명하지 아니한 사항의 상담, 위반사례의 신고접수 · 처리 등을 맡게 된다.

또한 행동강령을 위반하였을 경우 소속기관의 장과 차관급 이상 공무원의

경우에는 부패방지위원회에 신고할 수 있으며, 부방위는 사실확인 후 언론공개, 인사자료 등으로 활용하였고 그 밖의 공무원의 경우 소속기관의 장 또는 행동강령 책임관에게 신고하고 소속기관의 장은 사실확인 후 징계조치 등을 할 수 있도록 하였다. 이와 함께 수수가 금지된 금품은 즉시반환, 폐기, 기증, 국고귀속된다.

제 2 절 각국의 公務員 行動綱領

1. 美 國

미국연방공무원의 행동강령을 살펴보면 다음과 같다.

(1) 外部로부터의 膳物收受(Gifts from Outside Sources)

1) 금지된 출처로부터 선물 수수의 금지

연방정부 공무원은 다음과 같은 행위를 할 수 없다.

- 공무원의 직위를 이용한 청탁, 수락되는 선물
- 불법적 사례와 관련된 선물수락
- 공적 임무수행에 영향을 미칠 수 있는 선물수락
- 선물제공을 청탁하거나 요구하는 행위
- 공직자가 사적인 이득을 위해 그의 공직을 이용한다고 판단되는 출처로부터의 선물수락
- 공무원신분에 위배되는 선물수락
- 공무원으로서의 급여 이외의 보상수령금의 수락
- 연방기관 내의 어떠한 공직자로부터 돈, 사례나 그 외의 가치수락

2) 선물수수 금지 예외의 경우

① 기본적인 예외사안

다음의 경우에는 선물수수 금지 대상에서 제외한다.

- 20달러 이하의 혹은 그 가치에 해당하는 선물(단, 동일출처로부터 연간 50달러를 초과할 수 없으며, 이 예외조항은 현금 혹은 주식, 채권 등의 투자자산

의 선물에는 적용되지 않음)

- 공적 지위에 근거한 것이 아니라 개인적 친분관계에 근거한 선물
- 공무원과 관련없는 구성원들로 이루어진 그룹의 일원으로부터 제공되는 혜택
- 공무원연합이나 정부신용조합과 같은 조직의 일원에게 제공되는 혜택
- 임금의 차등 등에 기반하거나 공적 의무 등에 기인하여 공무원간에 차별화되는 방식으로 정의되어지지 않는 어떤 그룹에 금지된 출처가 아닌 사람에 의한 기회나 혜택의 제공
- 그러나 정부자금의 유용의 결과로서 생기는 어떠한 혜택도 공무원 개인적 이유로 수락하여서는 절대 안 된다.

② 외부업무나 외부취업에 관련한 선물

공직자는 다음에 해당하는 경우에는 식사대접, 이동수단 및 숙박장소 제공 등의 혜택을 수수하는 것이 가능하다.

- 공무원의 공무와 관련되어서 제공되는 것이 아닌 성격의 혜택으로서 공무원 배우자의 일 또는 배우자의 취업활동으로부터 기인되는 혜택
- 공무원에게 제공되는 혜택이 그 공무원의 신분 및 지위에 기인해서 초래되는 경우가 아닌 성격일 경우에 공무원 자신의 외부업무 및 외부취업행동으로부터 기인되는 혜택

③ Hatch Act Reform Amendments(1993)에서 허락하고 있는 정치적 행위와 관련한 선물

위의 법에 따라서 공무원들은 정치캠페인이나 행사 등에 가담할 수 있고, 식사대접, 숙박, 이동수단의 제공 등의 혜택수락이 가능하다. 예를 들어 공무상 정치적 행사에 참가하는 것이 필요한 security officer와 같은 공무원은 그러한 정치적 조직으로부터 제공되는 식사 및 향응을 제공받는 것 등이 이에 속한다.

④ 대규모 회합 및 행사의 참가

공무원이 위와 같은 행사에 기관을 대신하여 공적인 정보를 제공하기 위해 서라거나 연사 및 패널 참가자 등으로 참가하는 것은 가능하며, 그것은 관례상 혹은 필요상, 업무수행의 일부로 간주되며 공무원이나 소속기관에게 제공되는

선물로 간주되지 않는다.

- 위와 같은 성격의 자리에 참가하는 것은 기관운영 및 프로그램을 강화하기 위함이어야 하며, 그러한 자리에 참가자가 100명 이상일 경우 후원으로부터 250달러 이상의 선물을 받을 수 없다.
- 기본적으로 여행경비, 숙박, 향응 등 행사에 따르는 부수적인 항목 혹은 음식을 제공받아서는 안되며, 행사가 공무원뿐만 아니라 그의 배우자와 다른 손님들이 초대되는 자리라면 이때의 해당 선물가치는 공무원 자신의 참석에 대한 가치뿐만 아니라 그의 배우자와 다른 손님의 참석에 대한 가치를 포함한다.
- 행사 후원측으로부터 제공되는 비용을 받아서는 안 된다.
- 공무원의 배우자나 기타 손님을 동반하는 경우, 허가된 참석에서 그 행사가 동반 참석행사일 때에는 공무원도 그 형식에 응할 수 있다.
- 금지된 출처나 사람으로부터의 초대: 공무원은 다음에 해당하는 행사에서(여행 혹은 숙박제공을 포함하지 않는) 제공한 음식, 향응 등의 것을 수락할 수 있다.
  • 금지된 출처가 아닌 사람으로부터의 초대
  • 참석한 사람들에게 모두 무료인 행사 초대

3) 금지된 선물에 대한 적절한 처리

공직자가 부득이하게 위의 규정들에 위배되는 선물을 수수한 경우에는 다음의 절차에 따라 이를 적절하게 처리하여야 한다.

- 유형선물은 반환하거나 시장가치에 합당하게 그 증여를 갚아야 함
- 유형선물을 반환하는 것이 불가능할 때에는(예를 들어 변질된 경우 등) 감독자 및 기관윤리공무원의 재량에 의해 적절한 자선사업에 기부함

(2) 公務員 상호간 膳物收受(Gift Between Employees)

1) 선물제공금지

공무원 상호간이라 하더라도 다음의 경우에는 선물수수를 금지한다.

- 직간접적으로 상관에게 선물이나 기부를 하는 행위
- 상관에게 선물을 주기 위해 또 다른 공무원으로부터 도움을 청하는 행위

2) 예외조항

- 두 공무원의 관계가 공식적으로 부하와 상관의 관계가 아닌 경우
- 두 공무원 사이가 선물교환을 위한 정당한 사유가 있는 개인적인 관계일 경우
- 관례 혹은 전통적인 선물교환의 경우를 포함하여
  - 선물거래 1회시 10달러 이하의 가치에 해당하는 항목의 선물
  - 여러 공무원 사이에 공유될 수 있는 음식이나 다과와 같은 항목의 제공
  - 관습적으로 그리고 친구에게 공무원이 자신의 거주지에서 제공하는 개인적 접대
  - 위의 경우에서 교환되는 선물
  - 크리스마스, 생일 또는 결혼, 질병 등의 경조사의 경우에 10달러 미만의 선물을 상급자에게 할 수 있음
  - 사표, 퇴직, 이직 등의 이유로 공식적인 상하관계가 끝난 뒤의 선물 제공

그러나 위와 같은 예외조항에도 불구하고 상급자는 하급공무원에게 선물제공을 강제해서는 절대 안 되며 상급자의 선물마련을 하급직원간에 돈을 갹출하는 것도 안 된다.

(3) 金錢的 利害의 衝突(Conflicting Financial Interests)

모든 공무원은 직무수행과 관련하여 본인 및 그 가족이 금전적 이해관계를 갖거나 취업에 영향을 미치는 어떠한 행위도 할 수 없으며, 공적인 업무수행과 관련하여서는 어느 누구와도 금전적 이해관계를 형성할 수 없다.

- 연관된 이해관계(배우자, 미성년의 자녀, 조직 내에서 감독자, 신탁자, 일반적인 파트너의 자격을 지니는 이해관계)가 있는 사람 사이에서 직접적 그리고 예측가능한 효과를 나타낼 수 있는 금전적 이해가 공무에 연루되는 경우에는 공무원의 자격을 박탈당할 수 있다.
- 공무원이 처리하는 특수한 공무는 특별한 사람과의 이해관계 등에 초점이 맞춰진 결정이나 행동을 포함하는 문제로서 체포 및 기소, 논쟁, 소송 계약 및 다른 결정이나 통치에 요구되는 사법적 과정을 포함하는데, 이러한 특수한 공무에 참가하는 데 있어서 부적격하다고 생각되는 공무

원은 그 공무에 가담할 수 없다.

(4) 公務遂行에 있어 公正性(Impartiality in Performing Official Duties)

업무수행의 공정성을 확보하기 위해서 공무원은 그가 공무원이 되기 전에 고용되었던 기관이 특정당에 관련되었다거나 합리적인 사람의 판단에서 볼 때 공무수행에 대해 공무원의 공정성에 의문을 제기할 수 있다고 생각된다면 공무원은 그 임무에 가담해서는 안 된다.

기관위임자는 공무원 업무수행과 관련하여 공정성에 문제가 있을 경우 독립적인 결정을 통하여 업무로부터 담당공무원을 배제시킬 수 있으며 이 경우 다음을 고려해야 한다.

- 업무와 연관하여 담당공무원이 가지는 개인적 관계의 성질
- 연관된 관계에 있는 사람의 금전적 이해관계로 문제해결에 영향을 미치는 정도
- 업무에 공무원이 재량을 행사하는 데 있어서 그 담당공무원 역할의 중요성과 역할의 성질
- 업무의 민감성
- 다른 공무원에게 그 업무를 맡겼을 경우의 난이도

공무원이 되기 이전에 고용된 곳으로부터 특수한 보상을 받았다면 그에 직·간접적으로 관련된 업무에 2년 동안 그 공무원은 담당자가 될 수 없다(여기서의 특수한 보상이란 10,000달러 이상의 가치에 해당하는 투자이익이나 현금을 포함하는 어떠한 항목을 모두 포함함).

만약 공무와 관련된 활동이라면 외부활동 중에 교직, 연설 그리고 작품에 대한 돈을 받아서는 안 된다. 또한, 공무원은 그들의 공공직함이나 지위를(자서전의 부분이나 전유되는 것을 기권하는 저술의 작가로서의 신원확인은 제외된다) 출판, 세미나, 정규과정, 프로그램 또는 유사한 사업을 증진하기 위해 사용해서는 안된다.

공무원들은 여러 제한규정하에서 개인적인 자격으로 모금활동에 종사해도 되나 하부로부터 기금을 갹출해서는 안 된다. 또한, 소속기관에 영향을 줄지도 모르는 이해관계를 가진 사람들로부터 기금을 받아서는 안 된다.

(5) 外部就業追求 禁止(Seeking other employment)

공무원은 그의 공무에 영향을 미칠 수 있는 사람과의 고용관계를 추구할 수 없으며, 만일 외부취업을 추구하고자 하는 사실이 발견되면 공무수행 자격을 박탈당할 수 있다.

다음과 같은 경우 더 이상 고용추구의 의사가 없는 것으로 간주된다.

- 고용대상자나 고용예상자 중 어느 일방이 고용가능성을 부정하고 고용에 관한 모든 논의를 종결하였을 때
- 또는 고용예상자로부터 어떠한 관심 표명도 받지 못한 지 2개월이 경과했을 때

(6) 公職의 濫用 禁止(Misuse of Position)

행정분야의 공무원들은 그들 자신 또는 다른 개인적인 이익을 위해 공공업무를 사용해서는 안 된다. 공무원들은 지위나 직함 또는 그들의 업무를 강요하고 그들 스스로 또는 다른 이해관계를 야기시킬 수 있는 곳에 어떠한 권위를 사용해서도 안 된다. 또한, 개인적인 이익, 그들 자신 혹은 다른 것에 대해 비공식적인 정보의 부적당한 허락을 해서는 안 된다.

공무원들은 규정된 목적과는 다른 목적을 위해 정부재산을 사용해서는 안 되며, 정부재산은 사무지급품, 전화들, 컴퓨터들, 복사기 그리고 정부자금으로 구입한 다른 재산을 포함한다. 또한, 공무시간을 남용해서도 안 되며, 여기서의 시간은 공무원 자신 및 하급자에게 주어진 시간을 포함한다.

2. 싱가포르

싱가포르는 부패방지법과 함께 공무원의 윤리적 행위를 제고시키기 위한 규정으로 「공무원복무지침」을 두고 있다. 그 주요 내용을 요약정리해 보면 다음과 같다.

1) 공무원의 근무시간

제10조 모든 공무원은 … 출근시간과 퇴근시간을 준수해야 한다.

제13조 외출부에는 출발시간과 도착시간을 기재하여야 한다.

2) 공문서와 업무내용에 대한 보안

제40조 공무원은 모든 공문서, 서류, 업무내용에 대하여 보안을 유지하여 하며, 복무 중이거나 퇴직 후라도 공문서 등을 사적으로 사용하기 위하여 복사, 인용 또는 번역하여서는 안 된다.

제41조 공무원에 처음으로 임용된 경우에는 행정업무의 보안을 유지하도록 서약하여야 하고, 그 후에라도 언제라도 다시 서약하도록 할 수도 있으며, 작성된 서약서는 공무원 인사기록철에 편철-보관된다.

3) 방송출연

제50조 공무원이 라디오나 텔레비전 방송에 출연하도록 초대받거나 방송자료의 제공을 요청받으면 이를 이행하기 전에 소속기관 차관의 승인을 얻어야 한다.

4) 출 판 물

제70조 공무원은 다음 사항들을 수행하기 위하여는 사전에 소속기관 차관의 승인을 얻어야 한다.

① 신문, 잡지, 정기간행물 등의 편집업무를 담당하는 경우(등록된 무역협회, 협동조합, 사회복지단체, 스포츠 클럽, 공공위원회 또는 공무원 단체의 출판물 편집시에는 예외)

② 정치적, 행정적 자료를 발간하거나 익명으로 제공하는 경우(일상적인 문제에 대하여 자신의 이름으로 발간하거나 자신의 직무범위 내에서 언론기관에 공식적 견해를 표명하는 경우는 예외)

③ 공적인 기록이나 공직 경험에 의하여 축적된 자료를 출판하는 경우

5) 소송절차

제80조 공무원은 공적인 업무가 아닌 개인적인 이해관계에서 제기된 소송을 시작할 때에는 먼저 소속기관의 차관으로부터 문서에 의한 승인을 받아야 한다.

제81조 공적인 지위에 있는 공무원에 대하여 제기된 소송이 개시된다는 통보를 받은 공무원은 즉시 소속기관의 차관에게 그 사안을 보고하여야 하며, 차관은 검찰총장에게 자문을 구할 수 있다.

제82조 정부는 공무원이 공적인 직위에서 소송을 제기하거나, 제기되어졌을 때 당해 공무원에게 법률적인 지원을 할 수 있다. 법률적인 도움이 필요한 공무원은 소속기관의 차관에게 신청할 수 있으며, 차관은 검찰총장에게 자문을 구할 수 있다.

6) 도박, 복권 및 추첨

제90조 공무원은 근무시간 중 또는 공적인 장소에서 복권, 추첨을 포함한 어떠한 형태이든지 도박에 참가하거나 조직할 수 없다.

7) 금전의 대여 및 차용

제100조 공무원은 이자를 받고 돈을 빌려 주어서는 안 된다. 그러나 은행, 금융기관, 협동조합 등에 요구불 또는 저축예금 등에는 예치할 수 있다.

제101조 공무원은 어떤 식으로든 자신의 공적인 관할하에 있는 사람 또는 공적으로 거래를 하는 사람으로부터 돈을 빌릴 수 없다.

제102조 공무원은 채무자 또는 보증인으로서 약속어음 또는 차용증서 등 어떠한 형태의 서식이든지 서명하여서는 안 된다. 그러나 이것이 적용되지 않는 경우는 다음과 같다.

① 토지, 주택 등 충분한 담보를 제공하고 빌리는 돈

② 은행의 당좌대월

③ 보험증권을 담보로 한 보험회사로부터의 대출금

④ 정부, 협동조합 또는 빌딩협회로부터의 대출금

⑤ 전당포에 개인적인 저당물을 잡히고 빌리는 돈

⑥ 할부계약하의 미결제금액

⑦ 인정된 고등교육기관에서 학생에게 제공된 학자대출금

8) 재정적 장애

제110조 재정적으로 장애가 있거나, 채무 무신고를 하지 못하는 공무원은 공직에서의 해임을 포함한 징계절차에 직면할 수 있다.

제111조 다음에 해당하는 경우 재정적 장애가 있는 공무원으로 간주된다.

① 채무를 갚지 못하는 파산자의 경우

② 제102조의 규정을 위반하는 약속어음 또는 차용증서에 서명하는 경우

③ 미결제의 채무가 항상 3개월 보수 이상인 경우

④ 제115조에 의한 판결채무자로 보고된 경우

제112조 차관은 소속공무원이 아래의 경우에 해당할 때 서식 G23에 의하여 재정적 장애가 있는지 없는지를 신고하는 것을 확인하여야 한다.

① 공직에 처음 임용되었을 때

② 연금 수급권자가 되기 직전

③ 전년도 1년 동안에 대하여 매년 7월 1일(이 신고는 매년 7월의 셋째주까지 완료)

이 신고서는 당해 공무원의 인사기록철에 철해진다.

제113조 공무원이 신고할 때마다 또는 공직에 처음 임용되었을 때 공무원에게 재정적 장애가 있다면, 당해 공무원은 별도의 용지에 자산의 채무에 대하여 진술하여야 한다. 또한 당해 공무원은 채무를 청산하는 데 있어서 성실히 노력해야 한다.

제114조 공무원은 다음의 경우에 소속기관 차관에게 보고하여야 한다.

① 미결제의 채무가 항상 3개월 보수 이상인 경우

② 파산소송에 직면한 경우

제115조 최고법원과 하급법원의 집달관 또는 등기인은 공무원이 아래에 열거된 경우에 해당하는 경우 당해 공무원의 소속기관 차관에게 보고해야 한다.

① 판결채무자가 되었을 경우(만일 당해 공무원이 판결 후 7일 이내에 채무를 전부 청산하였다면 보고할 필요가 없다)

② 파산소송에 직면한 경우

9) 공무와 사적 이해의 충돌

제125조 ① 공무원은 직·간접적으로 자신의 사적인 이해관계를 위하여 공무상의 정보 또는 공적인 지위를 이용해서는 안 된다.

② 공무원은 정부에 대하여 악평 또는 비난을 초래하는 방식으로 업무를 수행해서는 안된다.

③ 공무원은 직·간접적으로 자신의 복지 또는 직원협회, 레크레이션 클럽, 조합 및 기타 사적인 단체의 복지향상을 지원하기 위하여 소속기관의 명칭 또는 자신의 공적인 직위를 이용하거나, 다른 사람으로 하여금 이용하도록 허락할 수

없다.

④ 공무원은 개인적인 자격에서 또는 직원협회, 레크레이션 클럽, 조합 및 기타 사적인 단체의 재직자로서 그들의 출판물이 유료광고를 포함하고 있다면, 출판물의 제작에 관여하여서는 안 된다. 다만, 다음의 사람으로부터 사전에 허가를 받은 경우에는 예외로 한다.

10) 사적인 투자와 토지 · 주택의 소유권

제135조 공무원은 직 · 간접적으로 싱가포르에서 사업을 수행하는 기업체의 주식, 지분 등을 취득하거나 보유하거나 이해관계를 가져서는 안 된다. 다만, 아래에 열거된 경우는 예외로 한다.

① 제136조의 규정에 따라 허용된 경우

② 사전에 수상실 공무원부 차관의 허가를 받은 경우

제136조 ① 공무원은 공개상장된 기업의 주식 또는 지분에 투자할 수 있으나, 사적인 위치에 기반을 두고 당해 공무원에게 제의된 신규 출자는 수락할 수 없다.

② 공무원은 토지 또는 주택에 투자할 수 있다

③ 공무원은 오직 가족의 재산을 유지하기 위하여, 또는 개인적인 납세계획을 위하여 설립한 사기업체에는 출자할 수 있다. 공무원은 이러한 기업체의 임원이 되거나, 어떤 직위를 보유할 수 있다. 그러나 이러한 기업체의 어떠한 거래의 수행에 참여하여서는 안 된다.

①~③에 규정된 투자에 있어서 공무원의 사적인 이해관계가 자신이 수행하는 공무와 실질적 또는 명백한 충돌을 초래해서는 안 되며, 어떤 방식으로든 자신이 직무를 수행하는 데에 영향을 미쳐서는 안 된다. 만일 공무원의 어떤 투자가 자신이 수행하는 직무에 영향을 미칠지 여부에 대해 확신할 수 없다면, 당해 공무원은 스스로 소속기관의 차관에게 조언을 요청하여야 한다. 소속기관의 차관이 당해 공무원의 투자가 수행하는 직무와 충돌한다고 결정하거나, 직무수행에 영향을 미칠 수 있다고 결정한 때에는 당해 공무원은 이들 투자를 제거하여야 한다.

제137조 모든 공무원은 공직에 처음 임용되었을 때와 매년 1월 2일 본인과 배우자의 사적 또는 공개입의 지분에 대해 이해관계 또는 투자내용과 토지 · 주

택(본인 거주주택 제외) 및 기타 재산을 신고하여야 한다.

제139조 제135조 또는 제136조의 규정에 의하여 사적인 투자를 취득하거나 보유하도록 허가를 받은 공무원은 다음의 경우 다시 승인을 받아야 한다.

① 당해 공무원이 맡은 업무가 실질적으로 변경되었을 때

② 다른 기관으로 전보되었을 때

11) 외부취업의 제한

제145조 공무원의 全 시간은 정부의 재량에 맡겨져 있다. 모든 공무원은 아래에 해당하는 경우 사전에 수상실 공무원부 차관의 문서에 의한 승인을 받아야 한다.

① 어떤 거래 또는 사업에 착수할 때

② 어떤 상업적·농업적 영리행위 등에 가담할 때

③ 정부 이외의 고용주를 위하여 보수를 받고 어떤 일을 직접적·간접적으로 착수하는 경우

④ 보수를 받거나 무료이거나 전문가 입장에서 보고서를 제공하거나 감정인으로서 증언을 하는 경우

⑤ 유언집행자, 관재인, 관리인으로서 업무를 수행하는 경우

제146조 (1) 소속기관의 차관은 공무원이 정상 근무시간에 시간제로 외부에서 강의를 하거나, 교수를 하고 보수를 받는 것에 대하여 다음의 경우 한 번에 1년간 허가할 수 있다.

① 1주일에 6시간을 초과하지 않고

② 시간제의 그 업무가 당해 공무원의 공적인 업무에 나쁜 영향을 미치지 않아야 한다

③ 시간제 강의를 위한 노트 등을 정상 근무시간 중에 준비하여서는 안 된다. 당해 공무원의 시간제 업무가 그가 수행하는 업무에 나쁜 영향을 미친다고 믿을 만한 사유가 있을 때는 승인을 즉시 철회한다.

제147조 제146조의 규정에 의하여 시간제 강의나 교수를 하도록 허가되어진 공무원은 다음의 경우 승인을 다시 요청하여야 한다.

① 당해 공무원이 맡은 업무가 실질적으로 변경되었을 때

② 다른 기관으로 전보되었을 때

12) 선물 및 접대수수의 제한

제155조 공무원은 퇴직을 할 때를 제외하고는

① 하급자로부터 금전, 상품, 자유이용권 등 어떤 형태든지 선물을 받아서는 안 되며(개인적인 친구의 일상적인 선물은 제외)

② 당해 공무원의 공적인 직위 때문에 하급자들 또는 하급자로 구성된 협회에서 접대를 위한 초대에도 응해서는 안 된다.

제156조 한 공무원의 하급자들이 그 공무원이 퇴직할 때, 그에게 선물을 주거나 접대를 하기를 원한다면, 사전에 그 행사를 주관하는 자는 소속기관 차관의 허가를 얻어야 한다. 허가를 신청하는 자는 차관에게 아래의 정보를 제공하여야 한다.

① 선　　물

- 당해 공무원에게 줄 선물의 가액
- 선물을 준비하기 위하여 기여한 사람의 수
- 선물에 대한 각자의 부담액

② 접　　대

- 접대형식
- 접대 장소 및 일시
- 접대에 참가하는 사람의 수
- 접대에 대하여 각자의 부담액

제157조 차관은 다음의 경우에 해당된다면, 공무원의 퇴직시 선물을 주거나, 접대를 준비하는 것을 승인하여야 한다.

① 각 퇴직자를 위하여 너무 많은 행사를 준비하지 않는다.

② 선물의 가액이 100달러를 초과하지 않는다.

③ 접대가 지나치게 비싸지 않고 적절하다.

④ 모든 참가자가 전적으로 자발적이다.

⑤ 선물과 접대에 대한 각자의 부담액이 각자의 월보수 총액의 2%를 초과하지 않는다.

제158조 공무원은 시민으로부터 금전, 상품, 자유이용권 등 어떤 형태든지 선물(개인적인 친구의 일상적인 선물은 제외)을 받을 수 없다. 공무원은 어느 곳에서든지 시민으로부터 선물이 제공되어졌을 때 강력히 거부하여야 하며, 돌려주

어야 한다. 그러나 때때로 이러한 선물을 거부하기가 불가능한 상황(공무원이 선물이 주어진 것을 모르는 경우 등)이 있을 수 있으며, 또한 선물을 돌려주는 것이 무례한 경우가 있을 수 있다. 이 경우 당해 공무원은 즉시 그 상황을 서식 G185에 기재하여 소속기관의 차관에게 보고하여야 한다. 당해 공무원은 또한 그 선물을 평가받기 위하여 작성한 서식과 함께 선물을 경리국장에게 인도하여야 한다. 차관은 만약 당해 공무원이 그 선물의 가액을 지불한다면, 그 선물을 보유하게 허용할 수 있다.

제159조 공무원은 싱가포르 정부가 승인하면 다른 정부 또는 외국기관으로부터 자신이 한 일에 대한 선물을 받을 수 있다. 당해 공무원은 선물을 받는 즉시 서식 G185에 기재하여 소속기관의 차관에게 그 상황을 보고하여야 한다. 당해 공무원은 또한 그 선물을 평가받기 위하여 작성한 서식과 함께 선물을 경리국장에게 인도하여야 한다. 차관은 만약 당해 공무원이 그 선물의 가액을 지불한다면, 그 선물을 보유하도록 허용할 수 있다(가액은 경리국장이 결정). 차관은 또한 경리국장에게 통보하여야 한다. 때때로 다른 정부 또는 외국기관에 답례로 선물을 주는 것이 적절하다. 이 경우 당해 공무원은 수상실 공무원부 차관에게 정부예산으로 선물을 구입하는 것에 대한 승인을 요청하여야 한다.

제160조 공무원은 자신의 실질적인 또는 명백한 관할하에 있는 시민으로부터의 초대 또는 접대를 수락해서는 안 된다. 그러나 개인적인 친구로부터의 초대 또는 접대는 응할 수 있다.

제161조 공무원은 자신의 공식적인 직위로 인하여 소속기관을 대표하여 행사에 참석하도록 시민으로부터 초대를 받았을 때에는 차관에게 자문을 구해야 하며, 차관은 당해 공무원이 그 행사에 참석하도록 허용할 수 있다. 그러나 이러한 요청이 그 기관의 한 사람 이상에게 접수되었을 때에는 차관은 그 행사에 어떤 공무원 또는 공무원들이 참석할 것인지를 결정하여야 한다.

제164조 제158조~제163조의 규정은 공무원 본인뿐만 아니라 당해 공무원과 같이 거주하고 있는 배우자, 자녀 및 기타 피부양자에게도 적용된다. 공무원은 그들이 규칙을 지키는 것을 확인할 책임이 있다.

3. 日本의 國家公務員倫理法(안)

일본에서도 공직윤리법의 제정에 관한 논의가 1998년부터 본격화되고 있다. 다음은 사회민주당의 「국가공무원윤리법」의 대강이다(1998년 1월 28일 제안). (http://omnicsgw.omnics.co.jp/politics/SDP/timebeing/timebei.../koumuinrinri0128.htm)(1999년 3월 20일 다운로드)

1) 목적: 공무원의 공정한 직무의 집행과 국민에 대한 공무의 신뢰성을 확보하기 위해

① 증여 · 급여 외의 수입, 자산 등을 보고하고 공표할 것

② 직무 또는 지위를 사적 이익을 위해 이용하지 않을 것

③ 불상사의 재발을 방지할 것

2) 보고와 국민에의 공개

① 기업 · 단체관계의 증여 · 사례

② 급여, 급여 외의 수입(배당금, 임대료 등), 자산(토지, 건물, 지상권 및 임차권, 예금 및 저금, 유가증권, 금전신탁, 일정액 이상의 자동차, 선박, 항공기, 미술품, 골프장 회원권, 대부금, 차입금)

③ 매년 소속기관장에 보고

④ (위반시의) 과료(過料)

3) 금지행위

① 관계업자와의 접촉에 관한 사항

- 접대를 받는 행위
- 회식(파티 포함)을 하는 행위
- 遊技(스포츠 포함), 여행을 하는 행위
- 전임, 해외출장시 전별금을 받는 행위
- 여름, 연말에 선물(널리 배포하는 선전광고용 물품 제외)을 받는 행위
- 강연, 출판물에의 기고에 대한 보수를 받는 행위
- 금전(축의금 등 포함), 수표, 상품권 등을 받는 행위
- 본인 부담의 채무를 부담시키는 행위

- 대가를 지불하지 않고 서비스를 제공받는 행위
- 대가를 지불하지 않고 부동산, 물품 등을 대여받는 행위
- 미공개주식을 양도받는 행위
- 위에 열거한 것 외에 일체의 이익이나 편의의 제공(사회일반의 접대로서 용인되는 차의 제공 등은 제외)을 받는 행위

② 행위(단, 적용의 예외를 둠)

③ 관계 공익법인과의 접촉에 관한 준용

④ 관공청과의 접촉에 관한 준용

4) 조사 · 감사기관의 설치

공무원윤리심사회 및 부외감사기관(국회에 의한 행정감시 또는 옴부즈만제도 등)의 창설

5) 위반에 대한 처벌

공무원에의 징계처분과의 정합성

6) 재발방지 조치

7) 회계검사원(會計檢査院)에 의해 지적된 위반사항에 대한 책임

4. 홍콩의 倫理規範

(1) 倫理綱領

① 공직자는 당국(Bureau)에 충성하고 그 평판을 고양시켜야 한다.

② 공직자는 스스로 절대적인 성실성, 공정성, 교양을 갖고 행동해야 한다.

③ 공직자는 자신의 직무를 공포나 정실에 구애되지 않고 이행해야 한다.

④ 공직자는 사건(문제)을 세심하고 신속하게 조사해야 한다.

⑤ 공직자는 자신의 공정성에 의혹을 일으킬지도 모르는 사건을 조사해서는 안 된다.

⑥ 공직자는 필요한 경우를 제외하고 어떤 사람과도 공적인 문제를 가지고 논의해서는 안 된다.

⑦ 공직자는 어떠한 제보자의 정체(신분)도 노출시켜서는 안 된다.

⑧ 공직자는 개인의 편의를 위해 자신의 지위를 이용해서는 안 된다.

(2) 公務員의 良好行爲 指針

1) 공무원의 핵심(주요) 가치들

홍콩공무원은 홍콩 특별행정구역 정부를 책임진다. 공무원은 여섯 가지 주요원리로 정리될 수 있는 공유된 가치체계를 견지하여야 한다.

① 법률의 준수

② 개인적 이익에 우선하는 정직과 성실

③ 의사결정 및 집행의 책무성과 개방성

④ 공무수행의 정치적 중립성

⑤ 공무수행의 공평성

⑥ 성실과 근면으로 지역사회에 봉사

이러한 가치들은 우리가 일하는 방식의 중요한 성격을 나타내며, 공무원의 윤리기준을 위한 기초를 제공한다.

2) 업무참여와 근면

모든 공무원은

① 해당 법규를 성실히 이행해야 한다.

② 상관의 합법적 지시를 수행해야 하며 정부 규칙과 조치를 따라야 한다.

③ 효과적이고 효율적인 업무수행을 위해 동료와 협동정신으로 일해야 한다.

④ 정시에 출근해야 한다.

⑤ 주의깊고 근면하게 일해야 한다.

⑥ 정해진 수행목표를 성취하려고 노력해야 한다.

⑦ 언제나 품위를 유지해야 한다.

3) 감독책임

감독자(상관)로서 우리는

① 직원의 책임한계를 명확하고 적절하게 묘사하고 전달해야 한다.

② 직원을 위한 지도, 조언, 상담 및 훈련을 충분히 제공해야 한다.

③ 직원들의 품행과 업무수행을 감독하여 그들에게 요구되는 기준을 충족시킬 수 있도록 해야 한다.

④ 직원간의 도박 혹은 빈번한 현금거래 및 채무와 같은 사무실 내 비행을 암시하거나 초래할 수 있는 징후를 경계해야 한다.

⑤ 失行과 빈약한 업무수행을 처리하기 위해 즉각적이고 단호한 조치를 취해야 한다.

⑥ 하급자로부터 어떠한 개인적 편의를 요청하지도 받지도 말아야 하며, 하급자에게 개인적 심부름을 시켜서도 안 된다.

⑦ 하급자에게 돈을 빌리지 말아야 하며 하급자를 貸付 보증인으로 세워서도 안 된다.

4) 성 실 성

우리는 높은 수준의 성실성을 지켜나가고 그리고

① 公衆 및 다른 공무원을 포함한 모든 관계에서 정직하고 공평해야 한다.

② 책임 있고 공정한 태도로 공무를 수행해야 한다.

③ 공적인 정보에 대한 접근을 제한해야 한다.

④ 개인적 목적을 위해 공적인 정보를 이용하지 말아야 한다.

⑤ 모든 정부재산을 잘 관리해야 한다.

⑥ 정부물자를 사용하거나 공무를 수행하는 데 경제적이어야 한다.

⑦ 신세를 감당할 수 없게 될 자리에 들어가지 말아야 한다.

⑧ 차별 혹은 성희롱으로 해석될 소지가 있는 행동은 삼가야 한다.

5) 이해충돌

공무원이 성실성을 유지하기 위한 한 가지 근본적인 방식은 이해충돌 상황을 피하는 것이다. 다음의 지침이 적절하다.

① 당신 자신 또는 당신 가족, 친척 또는 친구, 당신이 개인적 혹은 사회적으로 관계를 맺고 있는 사람들의 이익을 위해 당신의 공적인 지위를 결코 이용해서는 안 된다.

② 무료 서비스와 같은 과도한 대접이나 호의를 받음으로써 누군가에게 신세지는 것을 피하고, 당신이 공적인 관계에 있는 하급자나 다른 사람들과 사행성 게임에 탐닉하지 마라.

③ 불신의 혐의를 받을 수도 있는 상황에 들어가지 말고, 당신 자신, 당신의 가족, 친척 또는 친구를 이롭게 하기 위해 당신의 공적인 지위를 이용하지

마라.

6) 투 자

공무원의 공정성과 책무성을 고양시키기 위한 한 방법으로서 공무원들은 공직에 있을 때 홍콩 내외에 투자한 것은 신고해야 한다. 그리고 자신의 공적 임무와 현실적으로 혹은 명백하게 갈등을 일으킬지도 모르는 투자는 하지 말도록 한다. 다음의 규정이 유용하다.

① 당신이 홍콩 내외에서 공적으로 접촉하는 어떠한 사업에도 투자하거나 관계하지 마라.

② 공무원의 평판을 떨어뜨릴 수도 있는 어떠한 사업에도 투자하거나 연루되지 마라.

③ 당신 자신, 당신의 가족 혹은 친구를 재정적으로 이롭게 하기 위해 당신이 공적인 자격으로 획득한 정보를 이용하지 마라.

④ 통용되고 있는 조례(regulation)와 부서의 규칙(departmental instuctions)에 따라 당신이 개인적인 투자한 것을 보고하라.

⑤ 이러한 투자와 당신의 공적 임무 사이에 이해갈등 상황이 일어날 수 있는 지위나 지역에서 일하도록 요청받았다면 당신의 상관(감독자)에게 입장을 밝히고 조언을 구하라.

7) 외부직업

정부는 모든 직원의 업무에 관해 항상 우선권을 갖고 있다. 당신이 외부직업를 맡고 싶은 상황이라면,

① 보수가 있든 없든 공무수행에 영향을 미치게 될 외부직업은 피하라.

② 근무시간과 관계없이 보수가 있는 모든 외부직업이나나 무보수라도 근무시간중에 하게 될 외부직업을 맡기 전에 승인을 요청하라.

③ 개인자격으로 연설을 하고, 편지를 쓰고, 논문을 발표하거나 라디오와 TV 프로그램에서 대담 및 토론을 하고 싶거나 그러한 제안을 받았을 때, 당신의 공적인 자격과 충돌이 없도록 하라.

8) 공무원의 성실성 고양

정부는 공무원의 성실성과 높은 수준의 윤리를 고양시키기 위해 진지한 견

해를 갖고 있다. 부정행위의 경우 징계조치(훈계조치)가 엄격하게 집행된다. 失行의 정도에 따라 경고, 징계(견책), 강등(좌천), 감봉, 권고사직, 해고(면직) 형태의 처벌이 부과될 것이다.

(3) 利益 및 饗應收益에 관한 總督令

첫째, 선물에 관한 규정을 보면, 홍콩의 공무원들은 아주 가까운, 예를 들면 배우자나 약혼자, 부모 및 처의 부모, 형제자매, 자녀 등으로부터 제공되는 선물만을 수취할 수 있다(제 3 조). 물론 예외적으로 이 범주 밖에 있는 사람으로부터도 선물을 받을 수 있는 규정이 있는데, 이는 자신이나 친척들이 고용되어 있는 직장이나 모임, 이들과 정상적인 거래관계에 있는 조직으로부터 선물을 받을 수 있다는 것이다. 이 경우도 자신의 직무와는 무관해야 하며, 선물 또한 통상적인 수준의 것이어야 한다(제 4 조).

공무원이 선물을 주는 경우, 특별한 행사, 즉 결혼식이나 약혼식, 세례 또는 전통적인 절기라도 일인당 HK$ 2,000을 않아야 하며, 이외의 일반적인 경우에는 일인당 HK$ 400을 넘어서는 안 된다(제 5 조 ③, ④).

둘째, 금전거래에 관련된 규정을 보면, 가까운 친구로부터 금전의 차용은 허가되나 그 액수는 HK$ 2,000을 넘지 않아야 하며, 빌린 지 14일 이내에 반드시 상환하여야 한다(제 5 조 ①). 일반적인 관계에서는 HK$ 1,000 한도 내에서 금전을 차용할 수 있으나, 이 또한 빌린 지 14일 이내에 반드시 상환하여야 한다(제 6 조 ①).

셋째, 기타 규정으로 승인되지 아니한 선물(항공권, 승선권, 승차권 제외), 할인, 대부 등을 수취하고자 하는 경우, 당해 공무원은 선물 등 수취 전에 승인권자(각 처의 처장 및 부처장은 수석행정장관 또는 공무원사무처장, 일반 공무원은 소속 기관장을 말함)의 승인을 받아야 한다. 물론 수취의 승인을 거부할 수 있으며, 이미 수취된 경우 이의 반환을 요구할 수도 있다(제 7 조, 8 조).

제 3 절 白紙信託制度

(1) 內 容

지난 2월 정부는 고위공직자가 직위 또는 직무상 알게 된 정보를 이용하여 주식거래를 하거나 주가에 영향을 미쳐 부정하게 재산을 증식하는 것을 방지하고 국민의 수임자로서 직무전념의무를 다하도록 하기 위하여 일정금액을 초과하는 주식을 보유하고 있는 경우에는 주식백지신탁심사위원회가 직무관련성이 없다고 결정한 때를 제외하고는 그 주식을 매각하거나 백지신탁하도록 공직자윤리법개정안을 마련하였는데 그 내용은 다음과 같다.

첫째, 국가 또는 지방자치단체는 공직자가 수행하는 직무가 공직자의 재산상 이해와 관련되어 공정한 직무수행이 어려운 상황이 야기되지 아니하도록 이해충돌의 방지에 초점을 맞추었다(안 제 2 조의 2 신설).

둘째, 공개대상자 및 재정경제부와 금융감독위원회 소속 공무원 중 대통령령으로 정하는 자(이하 “공개대상자 등”이라 한다) 본인과 그 배우자 · 직계존비속 등 이해관계자가 1천만원 이상 5천만원 이하의 범위 안에서 대통령령이 정하는 금액을 초과하는 주식을 보유한 경우에는 주식백지신탁심사위원회가 직무관련성이 없다고 결정한 때를 제외하고는 이를 매각하거나 신탁재산의 관리 · 운용 · 처분에 관한 권한을 수탁기관에 위임하는 주식백지신탁계약을 체결하도록 하고, 주식백지신탁계약을 체결한 경우 수탁기관은 60일 이내에 신탁된 주식을 처분하도록 하였다(안 제14조의 4 신설).

셋째, 공개대상자 등 본인과 그 이해관계자가 보유한 주식의 직무관련성 여부를 심사하기 위하여 행정자치부에 9인의 위원으로 구성되는 주식백지신탁심사위원회를 설치하고, 위원은 대통령이 임명 또는 위촉하되, 3인은 국회가, 3인은 대법원장이 추천하도록 하였다(안 제14조의 5 제 1 항 내지 제 3 항 신설).

넷째, 공개대상자 등은 본인 및 그 이해관계자가 보유한 주식이 직무관련성이 없음을 이유로 주식의 매각 또는 주식백지신탁의 의무를 면하고자 하는 때에는 주식의 매각 또는 백지신탁대상자가 된 날부터 1월 이내에 주식백지신탁심사위원회에 심사를 청구하여야 하며, 주식백지신탁심사위원회는 심사청구를 받은 날부터 1월 이내에 그 결과를 통지하도록 하였다(안 제14조의 5 제 5 항 및 제 6 항 신설).

다섯째, 주식백지신탁계약이 체결된 경우 공개대상자 등 및 그 이해관계자는 신탁계약이 해지될 때까지는 새로이 주식을 취득할 수 없도록 하였다(안 제14조의6 신설).

여섯째, 주식백지신탁계약을 체결한 경우 공개대상자 등 및 그 이해관계자와 수탁기관은 신탁재산의 관리 · 운용 · 처분에 관한 정보의 제공을 요구하거나 제공할 수 없도록 하고, 이를 위반한 경우에는 1년 이하의 징역 또는 1천만원 이하의 벌금에 처하도록 하였다(안 제14조의7 및 제28조의2 신설).

또한 신탁재산의 가액이 일정금액 이하로 된 경우, 신탁자의 요구에 의하여 수탁기관이 신탁재산을 모두 매각한 경우, 퇴직 · 전보 등의 사유로 공개대상자 등에서 제외된 경우에는 주식백지신탁계약을 해지할 수 있도록 하였고(안 제14조의 10 신설), 공직자윤리위원회는 공개대상자 등이 주식의 매각 또는 백지신탁에 관한 사항을 이행하지 아니하는 경우에는 해임 또는 징계의결을 요구할 수 있도록 법안을 강화하였다(안 제22조 제 7 호의 2 내지 제 7 호의 6 신설).

(2) 公職者 膳物申告

공직자윤리법 제15조, 제16조, 시행령 제28조~제30조에 의거 공무원 또는 공직유관단체의 임직원(가족포함)은 직무와 관련하여 외국 또는 외국인(단체포함)으로부터 받은 선물을 신고하도록 하였는데 선물수령당시 증정국가 또는 외국인이 속한 국가의 시가로 미화 100달러 이상이거나 국내 시가로 10만원 이상은 반드시 신고하도록 하였다.

그리고 선물신고 위반자는 공직자윤리법의 관련규정에 의하여 그에 상응한 불이익 처분 조치-공직자윤리위원회의 결정에 의하여 해임 및 징계의결 요구를 할 수 있도록 하였다.

제 12 장

맺음말

제12장 맺음말

우리 社會는 급속한 경제성장 과정에서 발생한 사회적 모순의 심화, 민주화 욕구의 분출, 정보화 사회로의 진입, 그리고 지방화, 국제화 등 행정을 둘러싼 국내외적 환경이 급속하게 변화함에 따라 보다 능률적이고 민주적인 행정체제의 역할정립과 급변하는 환경에 적응할 수 있는 새로운 行政力量이 요구되고 있다. 이는 개방체계인 사회에서 환경의 변화에 따른 하위체계의 당연한 대응전략으로 볼 수 있다.

그런데 이러한 환경변화에 대처하기 위한 주도적인 역할이 공공행정에 주어져 있기 때문에 現代行政은 불가불 사회체계의 여타 하위부문에 영향을 끼치게 되었고, 이는 행정업무의 다양화와 복잡화를 초래하였다. 이제 공직도 하나의 전문직업으로서 성립된 것이다. 그러나 여타의 전문직업과는 달리 公職은 국가와 국민을 그 대상으로 한다는 특수성으로 인하여 특유한 윤리가 요청된다. 이에 따라 공무원에게는 국민 전체에 대한 봉사자로서 '責任', '倫理' 등의 요구가 고려되지 않으면 안 되게 되었다.

따라서 이들이 일정한 행동규범이나 행동윤리에 따라 행동하도록 하고, 또한 이와 같은 직업윤리나 기준이 준수될 때 민주시민의 기대에 부합되는 것이다. 그리고 국민의 복지를 추구하고 공익을 달성하고자 하는 행정국가는 행정윤리의 확립을 필요로 하며 개개국가의 행정수준은 행정윤리의 수준을 의미하는 것이다. 즉 行政과 倫理의 문제는 행정의 모든 행위에 관련되는 것으로서 사명과 목표, 지향해야 할 가치와 당위 등이 모두 여기에 포함되는 것이기 때문에 그것은 행정에 부수되는 것이 아니라 행정에 필연적으로 내재하는 문제이자 행정의 기본문제이다. 이러한 맥락에서 行政倫理의 연구는 行政硏究의 中心課題가 되었다고 해도 과언이 아니다.

이 책에서는 행정윤리를 公職이라는 특수한 직업분야에서 요구되는 특수한 윤리로서, 전체사회 속에서 행정이 담당하는 모든 역할들을 보다 바람직하고 공평한 방향으로 수행되도록 인도하는 규범적인 행동기준으로 정의하였다. 그러므로 행정윤리는 이론과 이념의 차원뿐만 아니라 실천적 차원과의 밀접한 상호연관성하에서 검토되어야 할 문제로서 파악하고자 하였다.

따라서 積極的으로 행정책임성의 확보와 消極的으로 부정부패 및 부조리의 제거를 통해 실제적으로 건전한 행정윤리확립을 위한 기본토대로서 윤리와 행정윤리의 이론적 · 철학적 논의들을 살펴보았으며, 또한 행정윤리가 행정학에서 대두되고 관심을 끌게 되는 사회적 · 역사적 배경과 학문적인 문헌들을 통해 행정윤리에 대한 전개를 검토하였다. 그리고 행정윤리가 이론과 실천의 양면을 띠므로, 실천적인 논의로서 행정윤리확보의 두 가지 측면인 행정책임 확보와 부정부패의 해소에 대해 논의하고 이에 대해서 실증조사를 통해 우리나라 공무원들의 윤리의식을 조사하였다. 이에 의거하여 행정윤리확립을 위한 바람직한 전략을 제시하고자 하였다.

행정윤리확립을 위한 바람직한 戰略으로, 주로 세 가지 ―환경적 · 조직적 · 개인적― 측면으로 나누어 행정윤리확립을 위한 전략을 살펴보았다. 이는 공직 및 공무원은 사회적 환경이라는 틀 내에 위치하여 환경에 의해 영향을 받는 동시에 환경에 영향을 미치는 상호의존적인 관계에 있으며, 또한 이들 체계 내에서 유기적으로 작용하기 때문이다.

첫째, 環境的 側面에서 볼 때 행정은 진공상태에서 존재하지 않으며, 개방체계로서 環境과 밀접한 관련성을 지니고 있으므로 행정을 둘러싸고 있는 환경의 특성은 행정윤리의 제고에 중요한 역할을 할 것이다. 여기서 환경이란 사회적 · 정치적 · 문화적 · 역사적 환경을 포괄한다. 따라서 행정윤리의 확립을 위한 전략으로 행정을 둘러싼 정치환경의 민주화와 국민의식수준 및 사회 전체의 민주화, 이들을 행정에 투입하기 위한 노력들이 체계적으로 고려되어야 할 것이다.

둘째, 組織的 側面에서 한 국가의 일반문화는 민족성이나 국민성으로 그 유형을 설명할 수 있는데, 구체적으로 보면 한 국가의 고유한 민족성이나 국민성은 상위체제인 전체사회의 문화이며, 사회구성원 개개인이 소속되어 있는 하위체제 속으로 침투되어 그 체제의 활동과 현상 속에서 표출되어 존재하게 된다. 이러한 行政文化는 행정인들이 지니고 있는 지배적이고 보편화된 가치관 또는 공무원들의 의식구조, 가치관 및 태도와 일반국민의 행정에 대한 가치의식의 總

슴으로 규정될 수 있으므로 행정체제 속에서 활동하고 있는 사람들 사이의 바람직스럽고 적절하며 요구되거나 금지되는 행위라 정의할 수 있다. 따라서 바람직하고 건전한 사회를 위해서는 변화의 능동적인 역할을 담당하는 행정문화 자체가 민주적이고 합리적으로 조성되어야 할 것이다. 이러한 行政文化가 구성하기 위한 전제조건은 조직적인 측면에서 조직구조 자체와 제도가 초래할 문제소지를 개혁하거나 개선하는 것이다. 행정조직과 구조의 측면에서 공무원들에 대한 실증조사에 의하여 행정윤리의 확립을 저해하는 요인은 법규의 현실과의 괴리와 형식화, 그리고 행정조직, 즉 관료제 자체의 경직성과 번문욕례(red tape)에 의한 절차의 복잡화, 인사행정상의 비합리성과 확실한 신분보장이 결여되어 있다는 점, 특히 가장 많이 지적되는 문제는 보수의 비현실성으로 이는 오히려 부정부패 및 행정의 비윤리성을 방지하는 데 큰 역할을 하는 것으로 본 조사에 의해서도 지적되었다. 따라서 조직적인 측면에서 조직구조와 제도의 현실성을 꾀하도록 하는 것이 우선의 과제일 것이다.

셋째, 個人的 側面에서 행정윤리확립을 위한 바람직한 전략으로는 다음을 들 수 있다. 행정의 민주성확립은 행정환경, 공직구조의 개혁을 필요로 한다. 그러나 이에 못지않게 행정을 수행하는 공무원의 가치관과 태도변화가 기본적이고 중요한데 이는 행정국가화 현상으로 더욱 강화되었으며 이러한 현상은 앞으로도 지속될 전망이다.

公職의 구성원인 공무원들은 조직을 통하여 자기 자신의 목표를 실현하고, 동시에 조직은 이들을 통하여 그 목표를 실현하는 관계에 있다. 즉 조직은 많은 인간의 협동행위 위에 형성되며, 그것을 통하여 목표를 달성해 가는 것이다. 이와 같이 볼 때 조직으로서 공직과 공무원들은 상호 공존관계에 있다. 따라서 공직의 원활한 관리와 윤리적인 공직이 이루어지도록 하기 위해서는 조직구성원인 公務員들의 의식 · 가치관에서의 개혁이 선행되어야 하리라고 본다. 그리고 공직에 대한 투철한 사명감과 직업의식을 지니도록 環境的 · 組織的 · 個人的 세 측면에서의 종합적인 분석이 요구된다.

끝으로 실제적인 연구 · 평가를 통하여 이념과 실제가 부합될 수 있는 바람직하고 건전한 行政倫理가 정착되도록 노력해야 할 것이다.

부 록

공직자 윤리법

소관부처: 행정안전부

시행 2010. 3. 22 법률 제10148호, 2010. 3. 22, 타법개정
조문
부칙

제 1 장 총 칙

〈개정 2009.2.3〉

제 1 조(목적) 이 법은 공직자 및 공직 후보자의 재산등록, 등록재산 공개 및 재산형성과정 소명과 공직을 이용한 재산취득의 규제, 공직자의 선물신고 및 주식백지신탁, 퇴직공직자의 취업 제한 등을 규정함으로써 공직자의 부정한 재산 증식을 방지하고, 공무집행의 공정성을 확보하여 국민에 대한 봉사자로서 가져야 할 공직자의 윤리를 확립함을 목적으로 한다.

[전문개정 2009.2.3]

제 2 조(생활보장 등) 국가는 공직자가 공직에 헌신할 수 있도록 공직자의 생활을 보장하고, 공직윤리의 확립에 노력하여야 한다.

[전문개정 2009.2.3]

제 2 조의2(이해충돌 방지 의무) ① 국가 또는 지방자치단체는 공직자가 수행하는 직무가 공직자의 재산상 이해와 관련되어 공정한 직무수행이 어려운 상황이 일어나지 아니하도록 노력하여야 한다.

② 공직자는 자신이 수행하는 직무가 자신의 재산상 이해와 관련되어 공정한 직무수행이 어려운 상황이 일어나지 아니하도록 직무수행의 적정성을 확보하여 공익을 우선으로 성실하게 직무를 수행하여야 한다.

[전문개정 2009.2.3]

제 2 장 재산등록 및 공개

〈개정 2009.2.3〉

제 3 조(등록의무자) 다음 각 호의 어느 하나에 해당하는 공직자(이하 "등록의무자"라 한다)는 이 법에서 정하는 바에 따라 재산을 등록하여야 한다.〈개정 2009.2.3〉

1. 대통령 · 국무총리 · 국무위원 · 국회의원 등 국가의 정무직공무원
2. 지방자치단체의 장, 지방의회의원 등 지방자치단체의 정무직공무원
3. 4급 이상의 일반직 국가공무원(고위공무원단에 속하는 일반직공무원을 포함한다) 및 지방공무원과 이에 상당하는 보수를 받는 별정직공무원(고위공무원단에 속하는 별정직공무원을 포함한다)
4. 대통령령으로 정하는 외무공무원과 4급 이상의 국가정보원 직원 및 대통령실 경호공무원
5. 법관 및 검사
6. 헌법재판소 헌법연구관
7. 대령 이상의 장교 및 이에 상당하는 군무원
8. 교육공무원 중 총장 · 부총장 · 대학원장 · 학장(대학교의 학장을 포함한다) 및 전문대학의 장과 대학에 준하는 각종 학교의 장, 특별시 · 광역시 · 도 · 특별자치도의 교육감 · 교육장 및 교육위원
9. 총경(자치총경을 포함한다) 이상의 경찰공무원과 소방정 및 지방소방정 이상의 소방공무원
10. 제 3 호부터 제 7 호까지 및 제 9 호의 공무원으로 임명할 수 있는 직위 또는 이에 상당하는 직위에 채용된 계약직공무원
11. 「공공기관의 운영에 관한 법률」에 따른 공기업(이하 "공기업"이라 한다)의 장 · 부기관장 및 상임감사, 한국은행의 총재 · 부총재 · 감사 및 금융통화위원회의 추천직 위원, 금융감독원의 원장 · 부원장 및 감사, 농업협동조합중앙회 · 수산업협동조합중앙회의 회장 및 상임감사
12. 제 3 조의2에 따른 공직유관단체(이하 "공직유관단체"라 한다)의 임원
13. 그 밖에 국회규칙, 대법원규칙 및 대통령령으로 정하는 특정 분야의 공무원과 공직유관단체의 직원

② 삭제 〈1993.6.11〉

제 3 조의2(공직유관단체) ① 제 9 조 제 2 항제 8 호에 따른 정부 공직자윤리위원회는 정부 또는 지방자치단체의 재정지원 규모, 임원선임 방법 등을 고려하여 다음 각 호에 해당하는 기관 · 단체를 공직유관단체로 지정할 수 있다.

1. 한국은행
2. 공기업
3. 정부의 출자 · 출연 · 보조를 받는 기관 · 단체(재출자 · 재출연을 포함한다), 그 밖에 정부 업무를 위탁받아 수행하는 기관 · 단체
4. 「지방공기업법」에 따른 지방공사 ·

지방공단 및 지방자치단체의 출자·출연·보조를 받는 기관·단체(재출자·재출연을 포함한다), 그 밖에 지방자치단체의 업무를 위탁받아 수행하는 기관·단체

② 제1항에 따른 공직유관단체의 지정기준 및 절차, 그 밖에 필요한 사항은 대통령령으로 정한다.

[본조신설 2009.2.3]

제4조(등록대상재산) ① 등록의무자가 등록할 재산은 다음 각 호의 어느 하나에 해당하는 사람의 재산(소유 명의와 관계없이 사실상 소유하는 재산, 비영리법인에 출연한 재산과 외국에 있는 재산을 포함한다. 이하 같다)으로 한다.

1. 본인
2. 배우자(사실상의 혼인관계에 있는 사람을 포함한다. 이하 같다)
3. 본인의 직계존속·직계비속. 다만, 혼인한 직계비속인 여자와 외증조부모, 외조부모, 외손자녀 및 외증손자녀는 제외한다.

② 등록의무자가 등록할 재산은 다음 각 호와 같다.

1. 부동산에 관한 소유권·지상권 및 전세권
2. 광업권·어업권, 그 밖에 부동산에 관한 규정이 준용되는 권리
3. 다음 각 목의 동산·증권·채권·채무 및 지식재산권(知識財産權)
   가. 소유자별 합계액 1천만원 이상의 현금(수표를 포함한다)
   나. 소유자별 합계액 1천만원 이상의 예금
   다. 소유자별 합계액 1천만원 이상의 주식·국채·공채·회사채 등 증권
   라. 소유자별 합계액 1천만원 이상의 채권
   마. 소유자별 합계액 1천만원 이상의 채무
   바. 소유자별 합계액 500만원 이상의 금 및 백금(금제품 및 백금제품을 포함한다)
   사. 품목당 500만원 이상의 보석류
   아. 품목당 500만원 이상의 골동품 및 예술품
   자. 권당 500만원 이상의 회원권
   차. 소유자별 연간 1천만원 이상의 소득이 있는 지식재산권
   카. 자동차·건설기계·선박 및 항공기
4. 합명회사·합자회사 및 유한회사의 출자지분
5. 주식매수선택권

③ 제1항에 따라 등록할 재산의 종류별 가액(價額)의 산정방법 또는 표시방법은 다음과 같다.

1. 토지는 「부동산 가격공시 및 감정평가에 관한 법률」에 따른 개별공시지가(해당 토지의 개별공시지가가 없는 경우에는 같은 법 제9조에 따라 공시지가를 기준으로 산정한 금액을 말한다) 또는 실거래가격
2. 주택은 「부동산 가격공시 및 감정평가에 관한 법률」 제16조 및 제17조에 따른 공시가격 또는 실

거래가격
3. 상가 · 빌딩 · 오피스텔, 그 밖의 부동산은 대지를 「부동산 가격공시 및 감정평가에 관한 법률」에 따른 개별공시지가(해당 토지의 개별공시지가가 없는 경우에는 같은 법 제 9 조에 따라 공시지가를 기준으로 산정한 금액을 말한다)로 산정한 가액과 건물을 국가 또는 지방자치단체가 고시하는 공정가액 중 최고가액(취득가액이 있는 경우에는 취득가액을 함께 쓴다)으로 산정한 가액의 합계액 또는 실거래가격
4. 부동산에 관한 규정이 준용되는 권리는 실거래가격이나 전문가 등의 평가액 그리고 종류 · 수량 · 내용 등 명세
5. 현금 · 예금 · 채권 및 채무는 해당 금액
6. 국채 · 공채 · 회사채 등 유가증권은 액면가
7. 주식 중 한국거래소에 상장된 주권과 「자본시장과 금융투자업에 관한 법률」 제 166 조에 따라 장외거래되는 주식 중 증권시장과 유사한 방법으로 거래되는 주식은 재산등록 기준일의 최종거래가격(거래가 재산등록 기준일 전에 마감된 경우에는 마감일의 최종거래가격. 다만, 「자본시장과 금융투자업에 관한 법률」 제 166 조에 따라 장외거래되는 주식 중 증권시장과 유사한 방법으로 거래되는 주식의 경우에는 대통령령으로 정하는 거래가격을 말한다), 그 외의 주식은 액면가
8. 합명회사 · 합자회사 및 유한회사의 출자지분은 출자가액과 지분비율 및 최근 사업연도의 회사 연간매출액
9. 금 및 백금(금제품 및 백금제품을 포함한다)은 실거래가격이나 신고일 현재의 시장가격 그리고 종류 · 함량과 중량
10. 보석류는 실거래가격이나 전문가 등의 평가액 그리고 종류 · 크기 · 색상 등 명세
11. 골동품 및 예술품은 실거래가격이나 작가 · 크기를 고려한 전문가 등의 평가액 그리고 종류 · 크기 · 작가 및 제작연대 등 작품의 명세
12. 회원권은 취득가액. 다만, 골프회원권은 「소득세법」에 따른 기준시가 또는 실거래가격
13. 자동차 · 건설기계 · 선박 및 항공기는 실거래가격이나 감가상각 등을 고려한 전문가 등의 평가액 그리고 종류 · 제작연도 · 제작회사 · 등록번호 등 명세
14. 주식매수선택권은 받을 주식의 종류 및 수량, 행사가격 · 행사기간 등 행사조건, 받을 주식의 현재시가 등 명세

④ 제 3 항에서 규정한 것 외에 등록할 재산의 가액 산정방법과 표시방법, 그 밖에 등록에 필요한 사항은 대통령령으로 정한다.

⑤ 제 2 항에 따른 재산에 대하여 소유자별로 재산의 취득일자 · 취득경위 ·

소득원 등을 기재하거나 소명자료를 첨부할 수 있다.

⑤ 제 1 항에 따른 등록대상재산 중 비영리법인에 출연한 재산은 다른 등록대상재산과 구분하여 표시하고 그 법인에서의 등록의무자의 직위를 밝혀야 한다.

[전문개정 2009.2.3]

제 5 조(재산의 등록기관과 등록시기 등) ① 공직자는 등록의무자가 된 날부터 1개월 이내에 등록의무자가 된 날 현재의 재산을 다음 각 호의 구분에 따른 기관(이하 "등록기관"이라 한다)에 등록하여야 한다. 다만, 등록의무자가 된 날부터 1개월 이내에 등록의무를 면제받은 경우에는 그러하지 아니하며, 전보(轉補)·강임(降任)·강등(降等) 또는 퇴직 등으로 인하여 등록의무를 면제받은 사람이 3년(퇴직한 경우에는 1년) 이내에 다시 등록의무자가 된 경우에는 전보·강임·강등 또는 퇴직 등을 한 날 이후 또는 제 11 조제 1 항에 따른 재산변동사항 신고 이후의 변동사항을 신고함으로써 등록을 갈음할 수 있다.

1. 국회의원과 그 밖의 국회 소속 공무원: 국회사무처
2. 법관과 그 밖의 법원 소속 공무원: 법원행정처
3. 헌법재판소장, 헌법재판소재판관 및 헌법재판소 소속 공무원: 헌법재판소사무처
4. 중앙선거관리위원회 및 각급 선거관리위원회 소속 공무원: 중앙선거관리위원회사무처
5. 정부의 부·처·청(대통령령으로 정하는 위원회 등의 행정기관을 포함한다. 이하 같다) 소속 공무원: 그 부·처·청
6. 감사원 소속 공무원: 감사원사무처
7. 국가정보원 소속 공무원: 국가정보원
8. 지방자치단체 소속 공무원: 그 지방자치단체
9. 지방의회의원과 지방의회 소속 공무원: 그 지방의회
10. 특별시·광역시·도·특별자치도 교육청 소속 공무원: 그 특별시·광역시·도·특별자치도교육청
11. 특별시·광역시·도·특별자치도 교육위원회의 교육위원과 그 소속 공무원: 그 교육위원회
12. 공직유관단체의 임직원: 그 공직유관단체를 감독하는 부·처·청. 다만, 특별시·광역시·도·특별자치도 및 시·군·구(자치구를 말한다. 이하 같다)의 감독을 받는 공직유관단체의 임직원은 특별시·광역시·도·특별자치도 및 시·군·구에 등록한다.
13. 그 밖의 등록의무자, 제 5 호부터 제 7 호까지 및 제 12 호 본문에도 불구하고 정부의 부·처·청 소속 공무원과 감사원·국가정보원 소속 공무원 및 공직유관단체의 임원으로서 제 10 조제 1 항에 따라 재산등록사항을 공개하는 공직자: 행정안전부

② 제1항 단서의 경우에 등록기관이 종전의 등록기관과 다를 때에는 종전의 등록기관의 장은 전보 등으로 인하여 등록의무를 면제받은 사람이 다시 등록의무자가 된 날부터 1개월 이내에 그 사람의 재산등록에 관한 서류를 새로운 등록기관의 장에게 이관(移管)하여야 한다. 등록의무자가 전보 등으로 인하여 등록의무를 면제받지 아니하고 등록기관이 변경된 경우에도 또한 같다.

③ 제1항제5호에 따른 등록기관 중 재산을 등록하여야 할 등록의무자의 수가 많아 등록업무를 수행하기가 곤란한 등록기관에 대하여는 대통령령으로 정하는 바에 따라 그 소속 기관 중 일부를 등록기관으로 할 수 있다.

[전문개정 2009.2.3]

제6조(변동사항 신고) ① 등록의무자는 매년 1월 1일부터 12월 31일까지의 재산 변동사항을 다음 해 2월 말일까지 등록기관에 신고하여야 한다. 다만, 최초의 등록 후 또는 제5조제1항 단서에 따른 신고 후 최초의 변동사항 신고의 경우에는 등록의무자가 된 날부터 그 해 12월 31일까지의 재산 변동사항을 등록기관에 신고하여야 한다.

② 퇴직한 등록의무자는 퇴직 후 1개월 이내에 그 해 1월 1일(1월 1일 이후에 등록의무자가 된 경우에는 등록의무자가 된 날)부터 퇴직일까지의 재산 변동사항을 퇴직 당시의 등록기관에 신고하여야 한다. 다만, 퇴직 후 1개월 이내에 다시 등록의무자가 된 경우에는 제1항에 따른 변동사항 신고만으로 신고를 갈음할 수 있다.

③ 12월 중에 등록의무자가 된 경우에는 등록의무자가 된 날부터 그 해 12월 31일까지의 재산 변동사항은 다음 해의 변동사항 또는 제2항에 따른 퇴직자 변동사항에 포함하여 신고할 수 있으며, 등록의무자가 1월 또는 2월 중에 퇴직한 경우에는 제1항에 따른 변동사항은 제2항에 따른 퇴직자 변동사항에 포함하여 신고할 수 있다.

④ 제2항은 제3조제1항제11호부터 제13호까지의 등록의무자 중 소속 기관·단체가 공직유관단체에서 제외되어 등록의무를 면제받은 경우에 준용한다.

⑤ 제9조제1항에 따른 공직자윤리위원회(이하 "공직자윤리위원회"라 한다)는 제1항에 따른 신고를 위하여 필요한 경우에는 「금융실명거래 및 비밀보장에 관한 법률」 제4조 및 「신용정보의 이용 및 보호에 관한 법률」 제33조에도 불구하고 명의인의 요청에 따라 「정보통신망 이용촉진 및 정보보호 등에 관한 법률」 제2조제1항 제1호에 따른 정보통신망(이하 "정보통신망"이라 한다)을 이용하여 금융기관의 장에게 금융거래 중 잔액에 관한 자료(신용정보 중 대출 잔액에 관한 자료를 포함한다. 이하 이 조에서 같다) 제출을 요구할 수 있으며, 해당 금융기관의 장은 정보통신망을 이용하여 자료를 제출하여야 한다. 이 경우

해당 금융기관의 장은 「금융실명거래 및 비밀보장에 관한 법률」 제4조의2에도 불구하고 명의인이 동의할 때에는 금융거래 중 잔액에 관한 자료를 제공한 사실을 명의인에게 통보하지 아니할 수 있다〈개정 2009.4.1〉.

⑥ 공직자윤리위원회는 등록의무자로부터 제1항에 따른 신고를 위하여 명의인의 동의를 받아 부동산 보유·등기 및 과세정보(지적, 건축, 주택에 관한 자료를 포함한다. 이하 같다)의 제공을 요청 받으면 「공공기관의 개인정보보호에 관한 법률」 제10조에도 불구하고 정보통신망을 이용하여 중앙행정기관, 지방자치단체, 공직유관단체, 그 밖의 공공기관의 장에게 관련 자료의 제출을 요구할 수 있다. 이 경우 요청을 받은 기관의 장은 정보통신망을 이용하여 그 요청에 응하여야 한다.

⑦ 공직자윤리위원회는 제1항에 따른 변동사항 신고기간 만료일 15일 전까지 제5항 전단에 따른 금융거래 중 잔액에 관한 자료를 명의인에게 제공하여야 한다.

⑧ 제1항과 제2항에 따른 신고를 하는 경우에는 매매계약서·영수증 등(사본을 포함한다) 재산의 증감원인(增減原因) 등을 소명할 수 있는 자료를 첨부하거나 그 사유를 구체적으로 밝혀야 한다.

⑨ 공직자윤리위원회는 제5항에 따른 금융거래 중 잔액에 관한 자료와 제6항에 따른 부동산 보유·등기 및 과세정보에 관한 자료를 「금융실명거래 및 비밀보장에 관한 법률」 제4조, 「신용정보의 이용 및 보호에 관한 법률」 제33조 및 「공공기관의 개인정보보호에 관한 법률」 제10조에도 불구하고 등록사항의 심사에 활용할 수 있다〈개정 2009.4.1〉.

[전문개정 2009.2.3]

제6조의2(주식거래내역의 신고) ① 제10조제1항 각 호의 공개대상자에 해당하는 등록의무자는 제6조 또는 제11조제1항에 따른 재산 변동사항 신고 시에 제4조제1항 각 호의 어느 하나에 해당하는 사람의 주식의 취득 또는 양도에 관한 주식거래 내용을 등록기관에 신고하여야 한다.

② 제1항에 따른 주식거래내역 신고 시 신고대상 주식거래의 범위, 신고의 방법 등에 관하여 필요한 사항은 대통령령으로 정한다.

③ 제1항에 따른 주식거래의 신고내용은 공개하지 아니한다.

④ 제1항에 따른 신고와 신고사항의 심사 및 관리에 관하여는 제8조, 제8조의2, 제12조부터 제14조까지 및 제14조의3을 준용한다.

[전문개정 2009.2.3]

제6조의3(변동사항 신고의 유예 등) ① 등록기관의 장은 등록의무자가 다음 각 호의 어느 하나에 해당하여 변동사항 신고의 유예신청을 하는 경우에는 3년의 범위에서 제6조제1항 또는 제11조제1항에 따른 변동사항 신고를 유예할 수 있다.

1. 법령의 규정에 따라 외국에 파견근무하게 된 경우
2. 법령의 규정에 따라 휴직하게 된 경우
3. 재외공관 또는 해외 주재 사무소에서 근무하게 된 경우
4. 그 밖에 대통령령으로 정하는 사유에 해당하는 경우

② 등록기관의 장은 등록의무자가 다음 각 호의 어느 하나에 해당하는 경우에는 관할 공직자윤리위원회의 의결로 제6조 또는 제11조에 따른 변동사항 신고를 유예하거나 면제할 수 있다. 이 경우 등록기관의 장은 그 명단 및 사유 등을 관리하여야 한다.

1. 구금 등으로 신고가 곤란하다고 인정된 경우
2. 실종 등으로 행방이 불분명한 경우
3. 제1호 및 제2호에 상당하는 사유로 사실상 신고가 곤란하다고 인정된 경우

③ 제1항 또는 제2항에 따라 변동사항 신고를 유예받은 등록의무자는 그 유예사유가 소멸된 후 1개월 이내에 최종 재산등록 또는 변동사항 신고 이후의 재산 변동사항을 신고하여야 한다.

[전문개정 2009.2.3]

제6조의4(변동사항 신고의 범위와 내용) 제6조제1항 및 제2항에 따라 신고하여야 할 재산상의 변동사항의 범위와 내용은 다음과 같다.

1. 제4조제2항제1호 및 제2호에 해당하는 재산과 제4조제3항제12호 중 골프회원권의 매매·증여 또는 공시가격 고시 등으로 인한 변동사항. 다만, 매매 등의 거래를 한 경우 실거래가를 신고하고 증여와 같이 실거래가격을 알 수 없거나 해당 연도에 거래를 하지 아니한 경우에는 공시가격 변동액을 신고하되, 공시가격 변동액이 이미 신고된 실거래가보다 낮은 경우에는 신고하지 아니한다.
2. 제4조제2항제3호에 해당하는 재산의 품목·수량·금액 등 증감한 변동사항. 다만, 제4조제2항제3호사목 및 아목의 재산은 제6조제1항 및 제2항의 등록대상기간 동안 거래가 없는 경우 금액의 변동이 있더라도 변동액을 신고하지 아니한다.
3. 제4조제1항 및 제6항에 따른 비영리법인에 출연한 재산은 출연재산의 구체적인 내용, 비영리법인의 명칭, 주된 사무소의 소재지, 대표자, 목적사업, 그 밖에 비영리법인의 세부적인 사항과 그 법인에서의 등록의무자의 직위의 변동사항

[전문개정 2009.2.3]

제7조(등록기간의 연장) 등록기관의 장은 등록의무자(제6조제2항의 퇴직공직자를 포함한다. 이하 제8조·제10조·제12조·제13조 및 제24조에서 같다)가 부득이한 사유로 재산등록(신고를 포함한다. 이하 같다)의 기간 연장을 신청한 경우에 그 사유가 타당하다고 인정할 때에는 재산의 전부 또는 일부에 대한 등록기간

을 연장할 수 있다. 이 경우 등록의무자는 연장된 기간 내에 등록을 하여야 한다.

[전문개정 2009.2.3]

제 8 조(등록사항의 심사) ① 공직자윤리위원회는 등록된 사항을 심사하여야 한다.

② 공직자윤리위원회는 등록의무자가 등록재산의 일부를 과실로 빠트리거나 가액합산 등을 잘못 기재한 부분이 있다고 인정될 때에는 등록의무자에게 기간을 정하여 재산등록서류의 보완을 명할 수 있다.

③ 공직자윤리위원회는 제 1 항에 따른 심사를 위하여 필요하면 등록의무자에게 자료의 제출요구 또는 서면질의를 하거나 사실 확인을 위한 조사를 할 수 있다. 이 경우 공직자윤리위원회는 등록의무자에게 해명 및 소명자료를 제출할 기회를 주어야 한다.

④ 공직자윤리위원회는 국가기관, 지방자치단체, 공직유관단체, 그 밖의 공공기관의 장에게 제 1 항에 따른 심사를 위하여 필요한 보고나 자료 제출 등을 요구할 수 있으며, 이 경우 그 기관·단체의 장은 다른 법률에도 불구하고 보고나 자료 제출 등을 거부할 수 없다.

⑤ 공직자윤리위원회는 제 1 항에 따른 심사를 위하여 금융거래의 내용(신용정보를 포함한다. 이하 같다)에 관한 확인이 필요하다고 인정될 때에는 「금융실명거래 및 비밀보장에 관한 법률」 제 4 조 및 「신용정보의 이용 및 보호에 관한 법률」 제 33 조에도 불구하고 국회규칙, 대법원규칙, 헌법재판소규칙, 중앙선거관리위원회규칙 또는 대통령령으로 정하는 기준에 따라 인적사항을 기재한 문서 또는 정보통신망에 의하여 금융기관의 장에게 금융거래의 내용에 관한 자료 제출을 요구할 수 있으며 그 금융기관에 종사하는 사람은 이를 거부하지 못한다.〈개정 2009.4.1〉.

⑥ 공직자윤리위원회는 등록의무자와 그 배우자, 등록의무자의 직계존속·직계비속, 그 밖의 재산등록사항 관계인에게 출석을 요구하고 진술을 받을 수 있다.

⑦ 공직자윤리위원회는 제 1 항에 따른 심사 결과 거짓으로 등록하였거나 직무상 알게 된 비밀을 이용하여 재물 또는 재산상 이익을 취득한 상당한 혐의가 있다고 의심되는 등록의무자에 대하여는 그 증명서류를 첨부하고 기간을 정하여 법무부장관(군인 또는 군무원의 경우에는 국방부장관)에게 조사를 의뢰하여야 한다.

⑧ 법무부장관 또는 국방부장관은 제 7 항에 따라 조사의뢰를 받으면 지체 없이 검사(檢事) 또는 검찰관에게 조사를 하게 하고 그 조사 결과를 공직자윤리위원회에 통보하여야 한다.

⑨ 제 8 항에 따른 검사나 검찰관의 조사에 관하여는 형사소송에 관한 법령(「군사법원법」을 포함한다) 중 수사에 관한 규정을 준용한다. 다만, 인신구속에 관한 규정은 그러지 아니한다.

⑩ 공직자윤리위원회는 제5조제1항에 따른 등록사항 또는 제6조에 따른 변동신고사항을 제10조제1항에 따라 공개한 후 3개월 이내에 재산공개대상 공직자 전원에 대한 심사를 완료하여야 한다. 다만, 공직자윤리위원회는 필요하다고 인정되면 그 의결로써 심사기간을 3개월의 범위에서 연장할 수 있다.

⑪ 공직자윤리위원회는 필요한 경우 재산공개대상자가 아닌 등록의무자의 등록사항에 대한 심사를 등록기관의 장이나 그 밖의 관계 기관의 장에게 위임할 수 있으며, 위임을 받은 기관의 장은 심사결과를 관할 공직자윤리위원회에 보고하여야 한다.

⑫ 제11항에 따라 위임하는 경우에는 제2항부터 제9항까지의 규정을 준용한다. 이 경우 제5항에 따른 금융거래의 내용에 관한 자료 제출을 요구하거나 제7항에 따른 조사의뢰를 하려면 관할 공직자윤리위원회의 승인을 받아야 한다.

⑬ 공직자윤리위원회는 제10조제1항 각 호에 해당하는 공개대상자 및 제10조의2에 해당하는 공직선거후보자 등의 재산등록사항을 심사할 때 필요한 경우 제4조에 따라 등록한 재산의 소유자별 취득일자, 취득경위 및 소득원 등(이하 이 조에서 "재산형성과정"이라 한다)을 소명하게 할 수 있다. 이때 재산형성과정의 소명을 요구받은 사람은 소명내용에 대한 재산등록 기준일부터 과거 3년간의 증빙자료를 제출하여야 한다.

⑭ 제13항에 따라 재산형성과정의 소명을 요구받은 사람은 정당한 사유가 없으면 소명 및 자료 제출을 거부할 수 없다.

⑮ 제13항 및 제14항에 따른 재산형성과정의 소명 및 자료 제출에 필요한 사항은 대통령령으로 정한다.

[전문개정 2009.2.3]

제8조의2(심사결과의 처리) ① 공직자윤리위원회는 제8조에 따른 등록사항의 심사 결과 등록대상재산을 거짓으로 기재하거나 중대한 과실로 빠트리거나 잘못 기재하거나 직무상 알게 된 비밀을 이용하여 재물 또는 재산상 이익을 취득한 사실이 인정되면 다음 각 호의 어느 하나의 조치를 하여야 한다.

1. 경고 및 시정조치
2. 제30조에 따른 과태료 부과
3. 일간신문 광고란을 통한 허위등록 사실의 공표
4. 해임 또는 징계(파면을 포함한다) 의결요청

② 제1항의 중대한 과실이 있는지를 인정하려면 등록된 재산과 등록에서 빠진 재산의 규모·종류 및 가액과 빠트리거나 잘못 기재한 경위 등을 종합적으로 고려하여야 한다.

③ 공직자윤리위원회는 제1항 각 호의 조치 중 제3호의 조치는 다른 조치에 부수하여 함께 할 수 있다.

④ 공직자윤리위원회는 제1항에 따른 조치를 하였을 때에는 등록기관의 장

이나 그 밖의 관계 기관의 장에게 통보하여야 한다.

⑤ 공직자윤리위원회는 제1항에 따른 조치를 하는 경우에 제4조제1항 각 호의 어느 하나에 해당하는 사람이 다른 법령을 위반하여 부정한 방법으로 재물 또는 재산상 이익을 취득한 혐의가 있다고 인정되면 이를 법무부장관(군인 또는 군무원의 경우에는 국방부장관을 말한다)에게 통보할 수 있다. 다만, 조세 관련 법령의 경우에는 국세는 국세청장 또는 관세청장에게, 지방세는 해당 지방자치단체의 장에게 각각 통보할 수 있다.

[전문개정 2009.2.3]

제9조(공직자윤리위원회) 다음 각 호의 사항을 심사·결정하기 위하여 국회·대법원·헌법재판소·중앙선거관리위원회·정부·지방자치단체 및 특별시·광역시·도·특별자치도교육청에 각각 공직자윤리위원회를 둔다.

1. 재산등록사항의 심사와 그 결과의 처리
2. 제8조제12항 후단에 따른 승인
3. 제17조제1항 단서에 따른 취업승인
4. 그 밖에 이 법 또는 다른 법령에 따라 공직자윤리위원회의 권한으로 정한 사항

② 각 공직자윤리위원회의 관할 사항은 다음과 같다.

1. 국회 공직자윤리위원회: 국회의원, 국회 소속 공무원과 그 퇴직공직자에 관한 사항
2. 대법원 공직자윤리위원회: 법관, 법원 소속 공무원과 그 퇴직공직자에 관한 사항
3. 헌법재판소 공직자윤리위원회: 헌법재판소재판관, 헌법재판소 소속 공무원과 그 퇴직공직자에 관한 사항
4. 중앙선거관리위원회 공직자윤리위원회: 중앙선거관리위원회 및 각급 선거관리위원회 소속 공무원과 그 퇴직공직자에 관한 사항
5. 특별시·광역시·도·특별자치도 공직자윤리위원회: 특별시·광역시·도·특별자치도 소속 4급 이하 공무원, 관할 공직유관단체의 임직원, 특별시·광역시·도·특별자치도의회 소속 4급 이하 공무원, 시·군·구의회의원, 시·군·구의 4급 공무원과 그 퇴직자에 관한 사항
6. 시·군·구 공직자윤리위원회: 시·군·구 소속 5급 이하 공무원, 관할 공직유관단체의 임직원, 시·군·구의회 소속 5급 이하 공무원과 그 퇴직공직자에 관한 사항
7. 특별시·광역시·도·특별자치도교육청공직자윤리위원회: 특별시·광역시·도·특별자치도교육청 소속 4급 이하 공무원, 교육위원회 소속 4급 이하 공무원과 그 퇴직공직자에 관한 사항
8. 정부 공직자윤리위원회: 제1호부터 제7호까지의 공직자 외의 공직자와 그 퇴직공직자에 관한 사항

③ 공직자윤리위원회는 위원장과 부위원장 각 1명을 포함한 9명으로 구성하되, 위원장을 포함한 5명은 법관, 교육자, 학식과 덕망이 있는 사람 또는 시민단체(「비영리민간단체 지원법」 제2조에 따른 비영리민간단체를 말한다. 이하 같다)에서 추천한 사람 중에서 선임하여야 한다. 다만, 시·군·구 공직자윤리위원회는 위원장과 부위원장 각 1명을 포함한 5명으로 구성하되, 위원장을 포함한 3명은 법관, 교육자, 학식과 덕망이 있는 사람 또는 시민단체에서 추천한 사람 중에서 선임하여야 한다.

④ 공직자윤리위원회위원의 임기, 선임 및 심사절차, 그 밖에 필요한 사항은 다음 각 호의 구분에 따라 정한다.

1. 국회 공직자윤리위원회: 국회규칙
2. 대법원 공직자윤리위원회: 대법원규칙
3. 헌법재판소 공직자윤리위원회: 헌법재판소규칙
4. 중앙선거관리위원회 공직자윤리위원회: 중앙선거관리위원회규칙
5. 정부 공직자윤리위원회: 대통령령
6. 특별시·광역시·도·특별자치도 공직자윤리위원회 및 시·군·구 공직자윤리위원회와 특별시·광역시·도·특별자치도교육청 공직자윤리위원회: 해당 지방자치단체의 조례

⑤ 공직자윤리위원회는 이 법과 제4항 각 호에 규정된 규칙, 대통령령 또는 조례의 범위에서 그 운영에 관한 규정을 제정할 수 있다.

[전문개정 2009.2.3]

제10조(등록재산의 공개) ① 국공직자윤리위원회는 관할 등록의무자 중 다음 각 호의 어느 하나에 해당하는 공직자 본인과 배우자 및 본인의 직계존속·직계비속의 재산에 관한 등록사항과 제6조에 따른 변동사항 신고내용을 등록기간 또는 신고기간 만료 후 1개월 이내에 관보 또는 공보에 게재하여 공개하여야 한다〈개정 2010.3.22〉.

1. 대통령, 국무총리, 국무위원, 국회의원, 국가정보원의 원장 및 차장 등 국가의 정무직공무원
2. 지방자치단체의 장, 지방의회의원 등 지방자치단체의 정무직공무원
3. 일반직 1급 국가공무원(「국가공무원법」 제23조에 따라 배정된 직무등급이 가장 높은 등급의 직위에 임용된 고위공무원단에 속하는 일반직공무원을 포함한다) 및 지방공무원과 이에 상응하는 보수를 받는 별정직공무원(고위공무원단에 속하는 별정직공무원을 포함한다)
4. 대통령령으로 정하는 외무공무원과 국가정보원의 기획조정실장
5. 고등법원 부장판사급 이상의 법관과 대검찰청 검사급 이상의 검사
6. 중장 이상의 장관급 장교
7. 교육공무원 중 총장·부총장·학장(대학교의 학장은 제외한다) 및 전문대학의 장과 대학에 준하는 각종 학교의 장, 특별시·광역시·도·특별자치도의 교육감 및 교육위원

8. 치안감 이상의 경찰공무원 및 특별시 · 광역시 · 도 · 특별자치도의 지방경찰청장
9. 지방 국세청장 및 3급 공무원 또는 고위공무원단에 속하는 공무원인 세관장
10. 제3호부터 제6호까지, 제8호 및 제9호의 공무원으로 임명할 수 있는 직위 또는 이에 상당하는 직위에 채용된 계약직공무원. 다만, 제4호 · 제5호 · 제8호 및 제9호 중 직위가 지정된 경우에는 그 직위에 채용된 계약직공무원만 해당된다.
11. 공기업의 장 · 부기관장 및 상임감사, 한국은행의 총재 · 부총재 · 감사 및 금융통화위원회의 추천직 위원, 금융감독원의 원장 · 부원장 및 감사, 농업협동조합중앙회 · 수산업협동조합중앙회의 회장 및 상임감사
12. 그 밖에 대통령령으로 정하는 정부의 공무원 및 공직유관단체의 임원
13. 제1호부터 제12호까지의 직(職)에서 퇴직한 사람(제6조 제2항의 경우에만 공개한다)

② 등록의무자가 재산등록 후 승진 · 전보 등으로 인하여 제1항에 따른 공개대상자가 된 경우에는 공개대상자가 된 날부터 1개월 이내에 공개대상자가 된 날 현재의 재산을 제5조 제1항 본문에 따라 다시 등록기관에 등록하여야 하며, 공직자윤리위원회는 제1항에 따라 이를 공개하여야 한다. 다만, 공개대상자가 공개대상이 아닌 직위로 전보되었다가 3년 이내에 다시 공개대상자가 된 경우에는 최종 공개 이후에 변동된 사항만을 공개한다.

③ 제1항과 제2항에 해당하는 경우가 아니면 누구든지 공직자윤리위원회 또는 등록기관의 장의 허가를 받지 아니하고는 등록의무자의 재산에 관한 등록사항을 열람 · 복사하거나 이를 하게 하여서는 아니 된다.

④ 공직자윤리위원회 또는 등록기관의 장은 다음 각 호의 어느 하나에 해당하는 경우가 아니면 제3항에 따른 허가를 할 수 없다.

1. 등록의무자 또는 등록의무자였던 사람에 대한 범죄수사 또는 비위(非違) 조사나 이에 관련된 재판상 필요가 있는 경우
2. 국회의원이 「국회법」 제128조 제1항, 「국정감사 및 조사에 관한 법률」 제10조제1항, 「국회에서의 증언 · 감정 등에 관한 법률」 제4조에 따라 국정감사 · 조사 등의 자료를 요구하는 경우 또는 의정활동으로서 특정 공직자가 구체적 비위사건에 관련되었는지를 규명하기 위하여 필요한 경우. 이 경우 재산등록사항의 전체 세부목록을 외부에 공개할 수 없다.
3. 국가기관 · 지방자치단체 또는 공직유관단체의 장이 소속 공직자의 비위사건 관련 여부를 판단할 필요가 있는 경우

4. 등록의무자 또는 등록의무자였던 사람이 본인의 등록사항에 대하여 열람 또는 복사를 요구하는 경우

[전문개정 2009.2.3]

제10조의2(공직선거후보자 등의 재산공개) ① 대통령, 국회의원, 지방자치단체의 장, 지방의회의원 선거의 후보자가 되려는 사람이 후보자등록을 할 때에는 전년도 12월 31일 현재의 제4조에 따른 등록대상재산에 관한 신고서를 관할 선거관리위원회에 제출하고, 관할 선거관리위원회는 후보자등록 공고 시에 후보자의 재산신고사항을 공개하여야 한다.

② 대법원장 · 헌법재판소장 · 국무총리 · 감사원장 · 대법관 · 국회사무총장 등 임명에 국회의 동의가 필요한 공직자의 임명동의안 또는 헌법재판소재판관 · 중앙선거관리위원회위원 등 국회에서 선출하는 공직자의 선출안을 제출할 때에는 그 공직후보자에 대하여 제4조에 따른 등록대상재산에 관한 신고서를 국회에 제출하고, 국회의장은 지체 없이 그 공직후보자의 재산신고사항을 공개하여야 한다. 다만, 그 공직후보자가 전년도 12월 31일 현재 또는 그 이후의 등록대상재산에 관하여 해당 임명동의안 또는 선출안 제출 전까지 제10조제1항에 따라 등록대상재산을 공개한 경우에는 그러하지 아니하되, 등록대상재산을 공개하였음을 확인할 수 있는 서류를 국회에 제출하여야 한다.

③ 중앙선거관리위원회 공직자윤리위원회와 국회 공직자윤리위원회는 제1항 또는 제2항의 재산신고사항을 심사하여 심사결과를 공개할 수 있다.

④ 제3항의 심사에는 제8조제2항부터 제6항까지 · 제13항 및 제14항을 준용한다.

⑤ 제1항 및 제2항의 신고서 서식, 공개방법, 그 밖에 필요한 사항은 국회규칙 또는 중앙선거관리위원회규칙으로 정한다.

[전문개정 2009.2.3]

제11조(전보된 사람 등의 재산신고) ① 등록의무자가 공무원 또는 공직유관단체 임직원의 신분을 보유하면서(퇴직 후 1개월 이내에 다시 공무원 또는 공직유관단체 임직원이 되는 경우를 포함한다) 전보 등으로 인하여 등록의무를 면제받았을 때에는 전보 등이 된 날부터 1개월 이내에 그 해 1월 1일(1월 1일 이후에 등록의무자가 된 경우에는 등록의무자가 된 날) 이후 전보 등이 된 날까지의 재산변동사항을 종전의 등록기관에 신고하여야 하며, 그 다음 해 전보 등의 사유가 생긴 달에 그 전 1년간의 재산변동사항을 신고하여야 한다. 다만, 재산변동사항 신고의무기간에 퇴직한 경우에는 제6조제2항을 준용한다.

② 제1항에 따른 신고와 그 신고사항의 관리에 관하여는 제6조부터 제8조까지, 제8조의2, 제10조, 제12조부터 제14조까지 및 제14조의3을 준용한다.

[전문개정 2009.2.3]

제12조(성실등록의무 등) ① 등록의무자는 제4조에서 규정하는 등록대상재산과 그 가액, 취득일자, 취득경위, 소득원 등을 재산등록 서류에 거짓으로 기재하여서는 아니 된다.

② 등록의무자는 공직자윤리위원회 등의 등록사항에 대한 심사에 성실하게 응하여야 한다.

③ 제4조제1항제2호 또는 제3호의 사람은 등록의무자의 재산등록이나 공직자윤리위원회 등의 등록사항의 심사에 성실하게 응하여야 한다.

④ 제3항에도 불구하고 제4조제1항제3호의 사람 중 피부양자가 아닌 사람은 관할 공직자윤리위원회의 허가를 받아 자신의 재산신고사항의 고지를 거부할 수 있으며 3년마다 재심사를 받아야 한다. 이 경우 등록의무자는 고지거부 사유를 밝혀 허가를 신청하여야 한다.

⑤ 제4항에 따른 고지거부에 관한 허가신청 및 심사에 필요한 사항은 대통령령으로 정한다.

[전문개정 2009.2.3]

제13조(재산등록사항의 목적 외 이용금지 등) ① 등록의무자는 허위등록이나 그 밖에 이 법에서 정한 사유 외에 등록된 사항을 이유로 불리한 처우나 처분을 받지 아니하며, 누구든지 재산등록사항을 이 법에서 정한 목적 외의 용도로 이용하여서는 아니 된다.

[전문개정 2009.2.3]

제14조(비밀엄수) 재산등록업무에 종사하거나 종사하였던 사람 또는 직무상 재산등록사항을 알게 된 사람은 다른 사람에게 이를 누설하여서는 아니 된다.

[전문개정 2009.2.3]

제14조의2(직무상 비밀을 이용한 재물취득의 금지) 등록의무자는 직무상 알게 된 비밀을 이용하여 재물이나 재산상 이익을 취득하여서는 아니 된다.

[전문개정 2009.2.3]

제14조의3(금융거래의 제공·누설 등 금지) 제8조 제5항에 따라 금융거래의 내용에 관한 자료를 제공받은 사람은 그 자료를 타인에게 제공 또는 누설하거나 그 목적 외의 용도로 이용하여서는 아니 된다.

[전문개정 2009.2.3]

제 2 장의2 주식의 매각 또는 신탁

〈개정 2009.2.3〉

제14조의4(주식의 매각 또는 신탁) ① 등록의무자 중 제10조제1항에 따른 공개대상자와 기획재정부 및 금융위원회 소속 공무원 중 대통령령으로 정하는 사람(이하 "공개대상자등"이라 한다)은 본인 및 그 이해관계자(제4조제1항제2호 또는 제3호에 해당하는 사람을 말하되, 제4조제1항제3호의 사람 중 제12조제4항에 따라 재산등록사항의 고지를 거부한 사람은 제외한다. 이하 같다) 모두가 보유한 주식의 총 가액이 1천만원 이

상 5천만원 이하의 범위에서 대통령령으로 정하는 금액을 초과할 때에는 초과하게 된 날(공개대상자등이 된 날 또는 제 6 조의3제 1 항 · 제 2 항에 따른 유예사유가 소멸된 날 현재 주식의 총 가액이 1천만원 이상 5천만원 이하의 범위에서 대통령령으로 정하는 금액을 초과할 때에는 공개대상자등이 된 날 또는 유예사유가 소멸된 날을, 제 14 조의5제 6 항에 따라 주식백지신탁 심사위원회에 직무관련성 유무에 관한 심사를 청구할 때에는 직무관련성이 있다는 결정을 통지받은 날을 말한다)부터 1개월 이내에 다음 각 호의 어느 하나에 해당하는 행위를 직접 하거나 이해관계자로 하여금 하도록 하고 그 행위를 한 사실을 등록기관에 신고하여야 한다. 다만, 제 14 조의5제 7 항에 따라 주식백지신탁 심사위원회로부터 직무관련성이 없다는 결정을 통지받은 경우에는 그러하지 아니하다.

1. 해당 주식의 매각
2. 다음 각 목의 요건을 갖춘 신탁 또는 투자신탁(이하 “주식백지신탁”이라 한다)에 관한 계약의 체결
   가. 수탁기관은 신탁계약이 체결된 날부터 60일 이내에 처음 신탁된 주식을 처분할 것. 다만, 60일 이내에 주식을 처분하기 어려운 사정이 있는 경우로서 수탁기관이 공직자윤리위원회의 승인을 받은 때에는 주식의 처분시한을 연장할 수 있으며, 이 경우 1회의 연장기간은 30일 이내로 하여야 한다.
   나. 공개대상자등 또는 그 이해관계자는 신탁재산의 관리 · 운용 · 처분에 관여하지 아니할 것
   다. 공개대상자등 또는 그 이해관계자는 신탁재산의 관리 · 운용 · 처분에 관한 정보의 제공을 요구하지 아니하며, 수탁기관은 정보를 제공하지 아니할 것. 다만, 수탁기관은 신탁계약을 체결할 때에 대통령령으로 정하는 범위에서 미리 신탁재산의 기본적인 운용방법을 제시할 수 있다.
   라. 제 14 조의10제 2 항 각 호의 어느 하나에 해당하는 사유가 발생하는 경우에는 신탁자가 신탁계약을 해지할 수 있을 것
   마. 수탁기관이 선량한 관리자의 주의의무로써 신탁업무를 수행한 경우에는 이로 인한 일체의 손해에 대하여 책임을 지지 아니할 것
   바. 수탁기관은 신탁업무를 수행하는 기관으로서 「자본시장과 금융투자업에 관한 법률」에 따른 신탁업자 또는 집합투자업자일 것. 다만, 공개대상자등 또는 그 이해관계자가 최근 3년 이내에 임직원으로 재직한 회사는 제외한다.

② 제 1 항에 따른 신고와 제 5 조에 따른 등록을 함께 하는 경우 등록하여야 하는 주식의 종류와 가액은 제 1 항에 따라 주식을 매각한 날 또는 주식백지신탁계약을 체결한 날을 기준으로 한다.

③ 공개대상자등은 주식백지신탁계약의 체결 또는 해지로 인한 재산변동사항을 제6조 및 제11조에 따른 신고에 포함하여 함께 신고하여야 한다.

④ 제1항에 따라 주식백지신탁계약의 체결을 신고한 경우에는 그 신탁계약을 해지할 때까지 그 신탁재산은 제6조 및 제6조의2제1항에 따른 신고대상에서 제외한다.

⑤ 제1항에 따라 주식을 매각하거나 백지신탁을 한 사실의 신고 및 공개방법은 대통령령으로 정한다.

⑥ 제1항에 따른 신고와 신고사항의 심사 및 관리에 관하여는 제6조의2제3항, 제7조, 제8조, 제8조의2, 제12조부터 제14조까지 및 제14조의3을 준용한다.

[전문개정 2009.2.3]

제14조의5(주식백지신탁 심사위원회의 직무관련성 심사) ① 공개대상자등 및 그 이해관계인이 보유하고 있는 주식의 직무관련성을 심사·결정하기 위하여 행정안전부에 주식백지신탁 심사위원회를 둔다.

② 주식백지신탁 심사위원회는 위원장 1명을 포함한 9명의 위원으로 구성한다.

③ 주식백지신탁 심사위원회의 위원장 및 위원은 대통령이 임명하거나 위촉한다. 이 경우 위원 중 3명은 국회가, 3명은 대법원장이 추천하는 자를 각각 임명하거나 위촉한다.

④ 주식백지신탁 심사위원회의 위원은 공직자윤리위원회의 위원, 법관, 교육자, 주식 관련 금융전문가나 그 밖에 백지신탁에 관한 학식과 덕망이 있는 사람이어야 한다.

⑤ 위원장 및 위원의 임기는 2년으로 하되, 1차례만 연임할 수 있다.

⑥ 공개대상자등은 본인 및 그 이해관계자가 보유한 주식이 직무관련성이 없다는 이유로 제14조의4제1항에 따른 주식 매각의무 또는 주식백지신탁 의무를 면제받으려면 본인 및 그 이해관계자 모두가 보유한 주식의 총가액이 1천만원 이상 5천만원 이하의 범위에서 대통령령으로 정하는 금액을 초과하게 된 날(공개대상자등이 된 날 또는 제6조의3제1항·제2항에 따른 신고유예 사유가 소멸된 날 현재 주식의 총가액이 1천만원 이상 5천만원 이하의 범위에서 대통령령으로 정하는 금액을 초과할 때에는 공개대상자등이 된 날 또는 신고유예 사유가 소멸된 날을 말한다)부터 1개월 이내에 주식백지신탁 심사위원회에 보유주식의 직무관련성 유무에 관한 심사를 청구하여야 한다.

⑦ 주식백지신탁 심사위원회는 제6항에 따른 심사청구일부터 1개월 이내에 해당 주식의 직무관련성 유무를 심사·결정하고 그 결과를 청구인에게 통지하여야 한다. 다만, 주식백지신탁 심사위원회는 필요하다고 인정될 때에는 그 의결로써 심사기간을 1개월의 범위에서 연장할 수 있다.

⑧ 주식의 직무관련성은 주식 관련 정보에 관한 직접적·간접적인 접근 가

능성과 영향력 행사 가능성을 기준으로 판단하여야 한다.

⑨ 주식백지신탁 심사위원회는 주식의 직무관련성 유무를 심사하기 위하여 필요하면 공개대상자등에게 자료 제출을 요구하거나 서면질의를 할 수 있다.

⑩ 주식백지신탁 심사위원회는 주식의 직무관련성 유무를 심사하기 위하여 필요하면 관련 기관·단체 및 업체에 자료 제출을 요구할 수 있으며, 해당 기관·단체 및 업체는 정당한 사유가 없으면 요구에 응하여야 한다.

⑪ 주식백지신탁 심사위원회의 심사절차 및 운영 등에 필요한 사항은 대통령령으로 정한다.

[전문개정 2009.2.3]

제14조의6(주식취득의 제한) ① 제14조의4제1항에 따라 주식백지신탁계약이 체결된 경우에는 그 신탁계약이 해지될 때까지는 공개대상자등과 이해관계자 중 어느 누구도 새로 주식을 취득하여서는 아니 된다.

② 공개대상자등은 본인 또는 이해관계자가 제1항에 따라 주식취득이 제한되는 기간에 상속이나 그 밖에 대통령령으로 정하는 사유로 주식을 취득하게 된 경우에는 취득한 날(상속의 경우에는 상속 개시를 알게 된 날을 말한다)부터 1개월 이내에 그 주식을 직접 매각 또는 백지신탁을 하거나 이해관계자로 하여금 그 주식을 매각 또는 백지신탁을 하도록 하고 그 사실을 등록기관에 신고하여야 한다. 다만, 주식백지신탁 심사위원회로부터 직무관련성이 없다는 결정을 통지받은 경우에는 그러하지 아니하다.

③ 제2항에 따른 주식백지신탁 및 직무관련성 심사에 관하여는 제14조의4제3항부터 제6항까지 및 제14조의5를 준용한다.

[전문개정 2009.2.3]

제14조의7(신탁재산에 관한 정보제공금지 등) ① 제14조의4제1항 또는 제14조의6제2항에 따라 주식백지신탁계약이 체결된 경우 공개대상자등 및 그 이해관계자는 「자본시장과 금융투자업에 관한 법률」 제91조 및 제113조에도 불구하고 신탁업자·집합투자업자·투자회사·투자매매업자 또는 투자중개업자에 대하여 신탁재산의 관리·운용·처분에 관한 내용의 공개 등 정보의 제공을 요구할 수 없으며, 신탁업자·집합투자업자·투자회사·투자매매업자 또는 투자중개업자는 공개대상자등 또는 그 이해관계자의 정보 제공 요구에 응하여서는 아니 된다. 다만, 신탁업자·집합투자업자·투자회사·투자매매업자 또는 투자중개업자는 신탁재산을 처분한 후 그로 인하여 양도소득세 등 납세의무가 발생하는 경우 공개대상자등 및 그 이해관계자가 이를 자진 납부할 수 있도록 납세의무 이행에 필요한 정보를 해당 공개대상자등 또는 이해관계자에게 통지할 수 있다.

② 제14조의4제1항 또는 제14조의6제2항에 따라 주식백지신탁계약이 체결된 경우 공개대상자등 또는 그 이

해관계자는 신탁재산의 관리 · 운용 · 처분에 관여하여서는 아니 된다.
[전문개정 2009.2.3]

第14조의8(신탁상황의 보고 등) ① 주식백지신탁의 수탁기관은 매년 1월 1일(주식백지신탁계약이 체결된 해의 경우에는 계약체결일)부터 12월 31일까지 신탁재산을 관리 · 운용 · 처분한 내용을 다음 해 1월 중에 관할 공직자윤리위원회에 보고하여야 한다. 이 경우 12월 중에 주식백지신탁계약이 체결되었으면 다음 해의 관리 · 운용 · 처분에 관한 내용과 함께 보고할 수 있다.
② 주식백지신탁의 수탁기관은 신탁재산의 가액이 대통령령으로 정하는 금액 이하가 되면 이 사실을 관할 공직자윤리위원회에 통보하여야 하며, 공직자윤리위원회는 이를 신탁자에게 통지하여야 한다.
③ 제 2 항에 따른 수탁기관의 통보시기 및 방법은 대통령령으로 정한다.
[전문개정 2009.2.3]

第14조의9(수탁기관에 대한 감독) 공직자윤리위원회는 수탁기관의 임직원이 이 법 또는 이 법에 따른 명령이나 처분을 위반하면 그 임직원에게 시정명령 또는 징계처분 등 적절한 조치를 취하도록 금융감독원장에게 요청할 수 있다.
[전문개정 2009.2.3]

第14조의10(주식의 매각요구 및 신탁의 해지) ① 주식백지신탁의 신탁자는 관할 공직자윤리위원회의 허가를 받아 수탁기관에 신탁재산을 모두 매각할 것을 서면으로 요구할 수 있다.
② 주식백지신탁의 신탁자는 다음 각 호의 어느 하나에 해당하는 사유가 발생하면 수탁기관에 주식백지신탁계약의 해지를 청구할 수 있다. 다만, 제 2 호의 경우에는 반드시 주식백지신탁계약의 해지를 청구하여야 한다.

1. 제 14 조의8제 2 항에 따른 통지를 받은 경우
2. 제 1 항에 따른 매각요구를 받아 수탁기관이 신탁재산을 모두 매각한 경우
3. 퇴직 · 전보 등의 사유로 해당 공개대상자등이 공개대상자등에서 제외된 경우

③ 주식백지신탁의 수탁기관은 제 2 항에 따라 주식백지신탁계약이 해지되면 해지된 날부터 1개월 이내에 해지사유 및 그 해 1월 1일(주식백지신탁이 설정된 해에 해지된 경우에는 주식백지신탁이 설정된 날)부터 해지된 날까지 신탁재산을 관리 · 운용 · 처분한 내용을 관할 공직자윤리위원회에 보고하여야 한다. 이 경우 주식백지신탁계약이 1월 중에 해지되었으면 전년도의 관리 · 운용 · 처분에 관한 내용과 함께 보고할 수 있다.
[전문개정 2009.2.3]

제 3 장 선물신고

〈개정 2009.2.3〉

第15조(외국 정부 등으로부터 받은 선물

의 신고) ① 공무원(지방의회의원 및 교육위원을 포함한다. 이하 제22조에서 같다) 또는 공직유관단체의 임직원은 외국으로부터 선물을 받거나 그 직무와 관련하여 외국인(외국단체를 포함한다. 이하 같다)에게 선물을 받으면 지체 없이 소속 기관·단체의 장에게 신고하고 그 선물을 인도하여야 한다. 이들의 가족이 외국으로부터 선물을 받거나 그 공무원이나 공직유관단체 임직원의 직무와 관련하여 외국인에게 선물을 받은 경우에도 또한 같다.

② 제1항에 따라 신고할 선물의 가액은 대통령령으로 정한다.

[전문개정 2009.2.3]

제16조(선물의 국고 귀속 등) ① 제15조 제1항에 따라 신고된 선물은 신고 즉시 국고에 귀속된다.

② 신고된 선물의 관리·유지 등에 관한 사항은 대통령령으로 정한다.

[전문개정 2009.2.3]

제 4 장 퇴직공직자의 취업제한

〈개정 2009.2.3〉

제17조(퇴직공직자의 관련 사기업체 등 취업제한) ① 대통령령으로 정하는 직급이나 직무분야에 종사하였던 공무원과 공직유관단체의 임직원은 퇴직일부터 2년간 퇴직 전 3년 이내에 소속하였던 부서의 업무와 밀접한 관련이 있는 일정 규모 이상의 영리를 목적으로 하는 사기업체(이하 "영리사기업체"라 한다) 또는 영리사기업체의 공동이익과 상호협력 등을 위하여 설립된 법인·단체(이하 "협회"라 한다)에 취업할 수 없다. 다만, 관할 공직자윤리위원회의 승인을 받은 때에는 그러하지 아니하다.

② 관할 공직자윤리위원회는 제1항에 따른 밀접한 업무관련성 여부의 확인 및 취업승인을 위하여 필요하면 관련 영리사기업체 및 협회의 장에게 해당 자료 제출을 요구할 수 있으며, 영리사기업체 및 협회의 장은 정당한 사유가 없으면 자료를 제공하여야 한다.

③ 제1항의 경우 퇴직공직자의 소속 부서의 업무와 영리사기업체 간의 밀접한 관련성의 범위와 영리사기업체의 규모 및 관련 협회의 범위에 관하여는 국회규칙, 대법원규칙, 헌법재판소규칙, 중앙선거관리위원회규칙 또는 대통령령으로 정한다.

④ 제3항의 경우 소속 부서의 업무범위 등을 정하고 이를 적용함에 있어서는 퇴직공직자의 자유와 권리가 부당하게 침해되지 아니하도록 유의하여야 한다.

[전문개정 2009.2.3]

제18조(취업승인 신청) 제17조제1항 단서에 따라 취업승인을 받으려는 퇴직공직자는 국회규칙, 대법원규칙, 헌법재판소규칙, 중앙선거관리위원회규칙 또는 대통령령으로 정하는 바에 따라 소속되었던 기관의 장을 거쳐 관할 공직자윤리위원회에 취업승인 신청을 하여야 한다.

[전문개정 2009.2.3]

제19조(취업자의 해임 요구 등) ① 공직자윤리위원회위원장과 국가기관·지방자치단체 또는 공직유관단체의 장은 해당 기관·단체에 재직하였던 자(공직자윤리위원회위원장의 경우는 제17조제1항에 따라 취업이 제한된 자)가 제17조제1항을 위반하여 취업한 때에는 관계 중앙행정기관의 장(국회는 국회사무총장, 법원은 법원행정처장, 헌법재판소는 헌법재판소사무처장, 중앙선거관리위원회는 중앙선거관리위원회사무총장. 이하 같다)에게 해당인에 대한 취업해제조치를 하도록 요청하여야 하며, 요청을 받은 관계 중앙행정기관의 장은 해당인이 취업하고 있는 영리사기업체나 협회의 장에게 해당인의 해임을 요구하여야 한다.

② 제1항에 따라 해임 요구를 받은 영리사기업체 또는 협회의 장은 지체 없이 이에 응하여야 한다.

[전문개정 2009.2.3]

제 5 장 보 칙

〈개정 2009.2.3〉

제20조(기획·총괄기관) 행정안전부장관은 이 법에 따른 재산등록 및 공개, 선물신고 및 퇴직공직자의 취업제한에 관한 기획·총괄업무를 관장한다.

[전문개정 2009.2.3]

제20조의2(국회 등에 대한 보고) ① 공직자윤리위원회는 매년 정기국회 또는 해당 지방의회 2차 정례회에 전년도의 재산등록·선물신고 및 퇴직공직자의 취업제한에 관한 실태와 감독, 그 밖에 공직자윤리위원회의 활동에 관한 연차보고서를 제출하여야 한다.

② 제1항의 연차보고서 작성에 필요한 사항은 대통령령으로 정한다.

[전문개정 2009.2.3]

제21조(위임규정) 이 법 시행에 필요한 사항은 국회규칙, 대법원규칙, 헌법재판소규칙, 중앙선거관리위원회규칙, 대통령령 또는 지방자치단체의 조례로 정한다.

[전문개정 2009.2.3]

제 6 장 징계 및 벌칙

〈개정 2009.2.3〉

제22조(징계 등) 공직자윤리위원회는 공무원 또는 공직유관단체의 임직원이 다음 각 호의 어느 하나에 해당하면 이를 사유로 해임 또는 징계의결을 요구할 수 있다.

1. 제5조제1항을 위반하여 재산등록을 하지 아니한 경우
2. 제6조제1항(12월 중에 등록의무자가 된 경우의 변동사항 신고에 관한 같은 조 제3항을 포함한다)·제8항, 제6조의2 및 제11조제1항을 위반하여 변동사항 신고 또는 주식거래내역 신고를 하지 아니하거나 소명자료의 첨부 등을 하지 아니한 경우
3. 제8조제13항에 따른 공직자윤리위원회의 소명 요구에 대하여 거짓

으로 소명하거나 거짓 자료를 제출한 경우

4. 제 8 조제 14 항을 위반하여 정당한 사유 없이 소명 또는 자료 제출을 하지 아니한 경우
5. 제 10 조제 3 항(제 11 조제 2 항에서 준용하는 경우를 포함한다)을 위반하여 허가 없이 등록사항을 열람 · 복사하거나 이를 하게 한 경우
6. 제 12 조제 1 항(제 6 조의2제 4 항 및 제 11 조제 2 항에서 준용하는 경우를 포함한다)을 위반하여 허위등록 등 불성실하게 재산등록을 한 경우
7. 제 12 조제 2 항(제 6 조의2제 4 항 및 제 11 조제 2 항에서 준용하는 경우를 포함한다)을 위반하여 공직자윤리위원회 등의 등록사항 심사에 응하지 아니한 경우
8. 제 13 조(제 6 조의2제 4 항 및 제 11 조제 2 항에서 준용하는 경우를 포함한다)를 위반하여 재산등록사항을 이 법에서 정한 목적 외의 용도로 이용한 경우
9. 제 14 조(제 6 조의2제 4 항, 제 11 조제 2 항 및 제 14 조의4제 6 항에서 준용하는 경우를 포함한다)를 위반하여 재산등록사항을 다른 사람에게 누설한 경우
10. 제 14 조의4제 1 항을 위반하여 신고를 하지 아니한 경우
11. 제 14 조의6을 위반하여 주식을 취득하거나 신고를 하지 아니한 경우
12. 제 14 조의7제 1 항 본문을 위반하여 신탁재산의 관리 · 운용 · 처분에 관한 정보의 제공을 요구한 경우
13. 제 14 조의7제 2 항을 위반하여 신탁재산의 관리 · 운용 · 처분에 관여한 경우
14. 제 14 조의10제 2 항을 위반하여 주식백지신탁계약을 해지한 경우
15. 제 15 조를 위반하여 외국에서 받은 선물 또는 외국인에게 받은 선물을 신고 또는 인도하지 아니한 경우

[전문개정 2009.2.3]

제23조 삭제〈2001.7.24〉

제24조(재산등록 거부의 죄) ① 등록의무자가 정당한 사유 없이 재산등록을 거부하면 1년 이하의 징역 또는 1천만원 이하의 벌금에 처한다.

② 제 10 조의2제 1 항 및 제 2 항에 따른 공직선거후보자 등이 정당한 사유 없이 등록대상재산에 관한 신고서를 제출하지 아니하면 6개월 이하의 징역 또는 500만원 이하의 벌금에 처한다.

[전문개정 2009.2.3]

제24조의2(주식백지신탁 거부의 죄) 공개대상자 등이 정당한 사유 없이 제 14 조의4제 1 항 또는 제 14 조의6 제 2 항을 위반하여 자신이 보유하는 주식을 매각 또는 백지신탁하지 아니하면 1년 이하의 징역 또는 1천만원 이하의 벌금에 처한다.

[전문개정 2009.2.3]

제25조(거짓 자료 제출 등의 죄) 공직자윤리위원회(제 8 조제 11 항에 따라

공직자윤리위원회로부터 재산등록사항에 관한 권한을 위임받은 등록기관의 장 등을 포함한다. 이하 제26조에서 같다) 또는 주식백지신탁 심사위원회로부터 제8조제4항 및 제5항(제6조의2제4항, 제11조제2항 및 제14조의4제6항에서 준용하는 경우를 포함한다) 또는 제14조의5제10항에 따른 보고나 자료 제출 등을 요구받은 각 기관·단체·업체의 장이 거짓 보고나 거짓 자료를 제출하거나 정당한 사유 없이 보고 또는 자료 제출을 거부하면 1년 이하의 징역 또는 1천만원 이하의 벌금에 처한다.

[전문개정 2009.2.3]

제26조(출석거부의 죄) 공직자윤리위원회로부터 제8조제6항(제6조의2제4항, 제11조제2항 및 제14조의4제6항에서 준용하는 경우를 포함한다)에 따른 출석요구를 받은 사람이 정당한 사유 없이 출석요구에 응하지 아니하면 6개월 이하의 징역 또는 500만원 이하의 벌금에 처한다.

[전문개정 2009.2.3]

제27조(무허가 열람·복사의 죄) 제10조제3항(제11조제2항에서 준용하는 경우를 포함한다)을 위반하여 허가 없이 재산등록사항을 열람·복사하거나 이를 하게 한 경우에는 1년 이하의 징역 또는 1천만원 이하의 벌금에 처한다.

[전문개정 2009.2.3]

제28조(비밀누설의 죄) ① 제14조(제6조의2제4항, 제11조제2항 및 제14조의4제6항에서 준용하는 경우를 포함한다)를 위반하여 재산등록업무에 종사하거나 종사하였던 사람 또는 직무상 재산등록사항을 알게 된 사람이 공개된 재산등록사항 외의 재산등록사항을 정당한 사유 없이 누설하면 1년 이하의 징역 또는 1천만원 이하의 벌금에 처한다.

② 제14조의3(제6조의2제4항, 제11조제2항 및 제14조의4제6항에서 준용하는 경우를 포함한다)을 위반하여 금융거래의 내용에 관한 자료를 제공받은 사람이 그 자료를 타인에게 제공 또는 누설하거나 그 목적 외의 용도로 이용하면 3년 이하의 징역 또는 2천만원 이하의 벌금에 처한다.

③ 제2항의 징역형과 벌금형은 함께 부과할 수 있다.

[전문개정 2009.2.3]

제28조의2(주식백지신탁 관여금지 위반의 죄) ① 공개대상자등 또는 그 이해관계자가 제14조의7제1항 본문을 위반하여 신탁재산의 관리·운용·처분에 관한 정보제공을 요구하거나, 신탁업자·집합투자업자·투자회사·투자매매업자 또는 투자중개업자의 임직원이 정보제공 요구에 응하면 각각 1년 이하의 징역 또는 1천만원 이하의 벌금에 처한다.

② 공개대상자등 또는 그 이해관계자가 제14조의7제2항을 위반하여 신탁재산의 관리·운용·처분에 관여하면 1년 이하의 징역 또는 1천만원 이하의 벌금에 처한다.

[전문개정 2009.2.3]

제29조(취업제한 위반의 죄) 제17조제1항을 위반하여 퇴직공직자가 영리사기업체 또는 협회에 취업하면 1년 이하의 징역 또는 1천만원 이하의 벌금에 처한다.

[전문개정 2009.2.3]

제30조(과태료) ① 다음 각 호의 어느 하나에 해당하는 사람에게는 2천만원 이하의 과태료를 부과한다.

1. 공직자윤리위원회가 제8조의2제1항제2호(제6조의2제4항, 제11조제2항 및 제14조의4제6항에서 준용하는 경우를 포함한다)에 따라 과태료 부과 대상으로 결정한 사람
2. 제8조제13항에 따른 공직자윤리위원회의 소명 요구에 거짓으로 소명하거나 거짓자료를 제출한 사람
3. 제8조제14항을 위반하여 정당한 사유 없이 소명 또는 자료 제출을 하지 아니한 사람

② 다음 각 호의 어느 하나에 해당하는 사람에게는 1천만원 이하의 과태료를 부과한다.

1. 제17조제2항에 따른 자료 제출 요구를 정당한 사유 없이 거부하거나 거짓 자료를 제출한 영리사기업체 또는 협회의 장
2. 제19조제2항에 따른 해임 요구를 거부한 영리사기업체 또는 협회의 장

③ 공직자윤리위원회는 제1항 및 제2항의 과태료 부과 대상자에 대하여는 그 위반사실을 「비송사건절차법」에 따른 과태료 재판 관할 법원에 통보하여야 한다.

[전문개정 2009.2.3]

부 칙〈제3520호, 1981.12.31〉

이 법은 1983년 1월 1일부터 시행한다.

부 칙〈제3993호, 1987.12.4〉 (군사법원법)

제1조(시행일) 이 법은 1988년 2월 25일부터 시행한다.

제2조 생 략

제3조(다른 법률의 개정)

① 내지 ⑥ 생략

⑦ 공직자윤리법중 다음과 같이 개정한다.

제8조 제6항중 "군법회의법"을 "군사법원법"으로 한다.

⑧ 내지 ⑮ 생략

제4조 생 략

부 칙〈제4017호, 1988.8.5〉 (헌법재판소법)

제1조(시행일) 이 법은 1988년 9월 1일부터 시행한다. 〈단서생략〉

제2조 내지 제8조 생 략

제8조 (다른 법률의 개정)

① 내지 ⑩ 생략

⑪ 공직자윤리법중 다음과 같이 개정한다.

제5조제1항제4호중 "제3호외의"를 "제4호외의"로 하여 이를 동조동항제5호로

하고, 동조동항제4호를 다음과 같이 신설한다.

4. 헌법재판소장·상임재판관 및 헌법재판소소속공무원은 헌법재판소사무처

부 칙〈제4408호, 1991.11.30〉
(헌법재판소법)

제1조(시행일) 이 법은 공포한 날부터 시행한다.

제2조 생 략

제3조 (다른 법률의 개정)

① 및 ② 생략

③ 공직자윤리법중 다음과 같이 개정한다.

제5조제1항제4호중 "상임재판관"을 "헌법재판소재판관"으로 한다.

제9조제1항 본문중 "대법원" 다음에 "헌법재판소"를 삽입하고, 동조제2항제3호중 "제1호 및 제2호"를 "제1호 내지 제3호"로 하여 이를 동조제제4호로 하며, 동조에 제3호를 다음과 같이 신설하고, 동조제3항중 "대법원규칙" 다음에 "헌법재판소규칙"을 삽입한다.

3. 헌법재판소공직자윤리위원회는 헌법재판소재판관 기타 헌법재판소소속공무원과 그 퇴직공직자에 관한 사항

제17조제2항중 "대법원규칙" 다음에 "헙법재판소규칙"을 삽입한다.

제18조중 "대법원규칙" 다음에 "헌법재판소규칙"을 삽입한다.

제19조제1항중 "법원행정처장" 다음에 "헌법재판소에 있어서는 헌법재판소사무처장"을 삽입한다.

제21조중 "대법원규칙" 다음에 "헌법재판소규칙"을 삽입한다.

④ 내지 ⑧ 생략

부 칙〈제4566호, 1993.6.11〉

제1조(시행일) 이 법은 공포후 1월이 경과한 날부터 시행한다. 다만, 지방자치단체의 장, 지방의회의원, 교육위원, 지방자치단체의 소속공무원 및 그 관할공직유관단체의 임·직원에 대한 재산등록 및 등록사항공개에 관한 규정은 공포후 2월이 경과한 날부터 시행한다.

제2조 (경과조치) ① 이 법 시행당시의 등록의무자는 이 법 시행일부터 1월이내에 이 법 시행일 현재의 재산을 등록기관에 등록하여야 한다.

② 이 법 시행당시의 재산공개대상 공직자에 대하여는 관할공직자윤리위원회가 제1항의 규정에 의한 등록사항을 그 등록기간 만료후 1월이내에 관보 또는 공보에 게재하여 공개하여야 한다.

③ 이 법 시행당시의 재산등록대상공직자의 등록사항에 대하여는 관할공직자윤리위원회가 제2항의 규정에 의한 공개후 3월이내에 제8조의 규정에 의한 심사를 완료하여야 한다.

④ 이 법 시행당시 종전의 규정에 의하여 등록기관에 제출된 공직자재산등록서류는 이 법 시행일에 폐기한다.

부 칙〈제4739호, 1994.3.16〉
(공직선거및선거부정방지법)

제 1 조(시행일) 이 법은 공포한 날부터 시행한다.

제 2 조 내지 제 9 조 생 략

제 10 조 (다른 법률의 개정)

① 내지 ③ 생략

④ 공직자윤리법중 다음과 같이 개정한다.

제 10 조의2제 1 항중 "후보자등록을 하는 때에는 제 4 조의 규정에 의한 등록대상재산에 관한 신고서"를 "후보자등록을 하는 때에는 전년도 12월31일 현재의 등록대상재산에 관한 제 4 조의 규정에 의한 신고서"로 하고, 같은 항에 단서를 다음과 같이 신설한다.

다만, 후보자가 되고자 하는 자가 전년도 12월31일 현재의 등록대상재산에 관하여 당해 선거의 후보자등록신청전까지 제 10 조제 1 항의 규정에 의하여 등록대상재산을 공개한 때에는 그러하지 아니하되, 공직선거 및 선거부정방지법 제 49 조제 4 항의 규정에 의한 등록대상재산의 공개를 확인할 수 있는 서류를 관할선거구선거관리위원회에 제출하여야 한다.

제 11 조 생 략

부 칙〈제4853호, 1994.12.31〉

이 법은 공포한 날부터 시행한다.

부 칙〈제5108호, 1995.12.29〉
(지가공시및토지등의평가에관한법률)

제 1 조(시행일) 이 법은 공포후 6월이 경과한 날부터 시행한다.

제 2 조 내지 제 7 조 생 략

제 8 조 (다른 법률의 개정) ① 공직자윤리법중 다음과 같이 개정한다.

제 4 조제 3 항제 1 호 및 제 3 호중 "공시지가"를 각각 "개별공시지가(해당 토지의 개별공시지가가 없는 경우에는 동법 제 10 조의 규정에 의하여 공시지가를 기준으로 하여 산정한 금액을 말한다)"로 한다.

① 내지 ⑩ 생략

부 칙〈제5454호, 1997.12.13〉
(정부부처명칭등의변경에따른건축법등의정비에관한법률)

이 법은 1998년 1월 1일부터 시행한다. 〈단서 생략〉

부 칙〈제5491호, 1997.12.31〉
(한국은행법)

제 1 조(시행일) 이 법은 1998년 4월 1일부터 시행한다.

제 2 조 내지 제 6 조 생 략

제 7 조 (다른 법률의 개정) ① 공직자윤리법중 다음과 같이 개정한다.

제 3 조제 1 항제 9 호 및 제 10 조제 1 항제 10 호중 "은행감독원장"을 각각 "금융감독원장"으로 한다.

② 내지 ⑤ 생략

제 7 조 (다른 법령과의 관계) 이 법 시행당시 다른 법령에서 종전의 한국은행법의 규정을 인용한 경우에 이 법중 그에 해당하는 규정이 있는 때에는 이 법의 해당 조항을 인용한 것으로 보

며, 한국은행 이사를 인용한 것은 한국은행 부총재보를 인용한 것으로, 한국은행 은행감독원 또는 은행감독원을 인용한 것은 금융감독원을 인용한 것으로, 한국은행 은행감독원장 또는 은행감독원장을 인용한 것은 금융감독원장을 인용한 것으로 본다.

부 칙〈제5493호, 1997.12.31〉
(금융실명거래및비밀보장에관한법률)

제 1 조(시행일) 이 법은 공포한 날부터 시행한다.

제 2 조 내지 제 12 조 생 략

제 13 조 (다른 법률의 개정 및 다른 법령과의 관계)

① 내지 ③ 생략

④ 공직자윤리법중 다음과 같이 개정한다.

제 8 조제 5 항중 "금융실명거래및비밀보장에관한긴급재정경제명령 제 4 조"를 "금융실명거래및비밀보장에관한법률 제 4 조"로 한다.

⑤ 내지 ⑧ 생략

제 14 조 생 략

부 칙〈제5681호, 1999.1.21〉
(국가안전기획부법)

제 1 조(시행일) 이 법은 공포한 날부터 시행한다.

제 2 조 생 략

제 3 조 (다른 법률의 개정)

① 내지 ⑤ 생략

⑥ 공직자윤리법중 다음과 같이 개정한다.

제 3 조제 1 항제 4 호중 "국가안전기획부"를 "국가정보원"으로 한다.

제 5 조제 1 항제 7 호 "국가안전기획부소속공무원은 국가안전기획부"를 "국가정보원소속공무원은 국가정보원"으로 하고, 동항제 13 호중 "국가안전기획부소속공무원"을 "국가정보원소속공무원"으로 한다.

제 10 조제 1 항제 1 호중 "국가안전기획부의 부장"을 "국가정보원의 원장"으로 하고, 동항제 4 호중 "국가안전기획부"를 "국가정보원"으로 한다.

⑦ 내지 ⑭ 생략

제 14 조 생 략

부 칙〈제6087호, 1999.12.31〉
(대통령경호실법)

① (시행일) 이 법은 2000년1월1일부터 시행한다.

② 및 ③ 생략

④ (다른 법률의 개정) 공직자윤리법중 다음과 같이 개정한다.

제 3 조제 1 항제 4 호중 "4급이상의 외무공무원 및 국가정보원의 직원"을 "4급이상의 외무공무원 · 국가정보원의 직원 및 대통령경호실의 경호공무원"으로 한다.

부 칙〈제6306호, 2000.12.29〉
(외무공무원법)

제 1 조(시행일) 이 법은 2001년 7월 1일부터 시행한다.

제 2 조 내지 제 10 조 생 략

제 11 조 (다른 법률의 개정)

① 및 ② 생략

③ 공직자윤리법중 다음과 같이 개정한다.

제 3 조제 1 항제 4 호를 다음과 같이 한다.

4. 대통령령이 정하는 외무공무원과 4급 이상의 국가정보원의 직원 및 대통령경호실의 경호공무원

제 10 조제 1 항제 4 호를 다음과 같이 개정한다.

대통령령이 정하는 외무공무원과 국가정보원의 기획조정실장

제 12 조 생 략

부 칙〈제6388호, 2001.1.26〉

① (시행일) 이 법은 공포후 3월이 경과한 날부터 시행한다.

② (적용례) 제 6 조의2의 개정규정은 이 법 시행일 이후에 행하여진 주식거래에 대하여, 제 17 조의 개정규정은 이 법 시행일 이후에 퇴직하는 자에 대하여 적용한다.

③ (다른 법률의 개정) 공직선거및선거부정방지법중 다음과 같이 개정한다.

제 85 조제 1 항 후단중 "유관사기업체에의 취업제한"을 "유관사기업체 등에의 취업제한"으로, "유관사기업체의 임·직원"을 "유관사기업체 및 협회의 임·직원"으로 한다.

부 칙〈제6494호, 2001.7.24〉
(부패방지법)

① (시행일) 이 법은 공포후 6월이 경과한 날부터 시행한다.

② (다른 법률의 개정) 공직자윤리법중 다음과 같이 개정한다.

제 23 조 (직무상 비밀을 이용한 재물취득의 죄)를 삭제한다.

부 칙〈제6861호, 2003.3.12〉
(헌법재판소법)

① (시행일) 이 법은 공포후 3월이 경과한 날부터 시행한다.

② 생략

③ (다른 법률의 개정) 공직자윤리법중 다음과 같이 개정한다.

제 8 조제 1 항에 제 5 호의2를 다음과 같이 신설한다.

5의2. 헌법재판소 헌법연구관

부 칙〈제7189호, 2004.3.12〉
(공직선거및선거부정방지법)

제 1 조(시행일) 이 법은 공포한 날부터 시행한다.

제 2 조 내지 제 17 조 생략

제 7 조 (다른 법령과의 관계) ① 공직자윤리법중 다음과 같이 개정한다.

제 20 조의2 (공직선거후보자등의 재산공개)제1항 단서를 삭제한다.

② 생략

부 칙〈제7335호, 2005.1.14〉
(부동산가격공시및감정평가에관한법률)

제 1 조(시행일) 이 법은 공포한 날부터 시행한다.

제 2 조 내지 제 10 조 생 략

제 11 조 (다른 법률의 개정)

① 생략

② 공직자윤리법중 다음과 같이 개정한다.

제4조제3항제1호 및 제3호중 "지가공시및토지등의평가에관한법률"을 각각 "부동산가격공시및감정평가에관한법률"로, "동법 제10조의 규정에 의하여"를 각각 "동법 제9조의 규정에 의하여"로 한다.

③ 내지 〈24〉생략

제12조 생 략

부 칙〈제7493호, 2005.5.18〉

① (시행일) 이 법은 공포 후 6월이 경과한 날부터 시행한다.

② (기존 공개대상자등에 대한 경과조치) 이 법 시행 당시 공개대상자등 본인과 그 이해관계자가 보유하고 있는 주식의 총가액이 1천만원 이상 5천만원 이하의 범위 안에서 대통령령이 정하는 금액을 초과하는 경우 해당 공개대상자등은 이 법 시행일부터 1월 이내에 제14조의4제1항의 규정에 의하여 그 주식을 매각하거나 백지신탁하고 이를 등록기관에 신고하여야 한다.

부 칙〈제7796호, 2005.12.29〉
(국가공무원법)

제1조(시행일) 이 법은 2006년 7월 1일부터 시행한다.

제2조 내지 제5조 생 략

제6조 (다른 법률의 개정)

① 내지 ⑨ 생략

⑩ 공직자윤리법 일부를 다음과 같이 개정한다.

제3조제1항제3호를 다음과 같이 한다.

3. 4급 이상의 일반직 국가공무원(고위공무원단에 속하는 일반직 공무원을 포함한다) 및 지방공무원과 이에 상당하는 보수를 받는 별정직공무원(고위공무원단에 속하는 별정직공무원을 포함한다)

제10조제1항제3호를 다음과 같이 하고, 동항제9호중 "2급 또는 3급 공무원"을 "3급공무원 또는 고위공무원단에 속하는 공무원"으로 한다.

3. 1급인 일반직 국가공무원(이에 상당하는 고위공무원단에 속하는 일반직공무원을 포함한다) 및 지방공무원과 이에 상당하는 보수를 받는 별정직공무원(고위공무원단에 속하는 별정직공무원을 포함한다)

⑪ 내지 〈68〉생략

부 칙〈제7849호, 2006.2.21〉
(제주특별자치도 설치 및 국제자유도시 조성을 위한 특별법)

제1조(시행일) 이 법은 2006년 7월 1일부터 시행한다. 〈단서 생략〉

제2조 내지 제39조 생 략

제40조 (다른 법령의 개정)

① 내지 ⑧ 생략

⑨공직자윤리법 일부를 다음과 같이 개정한다.

제3조제1항제8호 중 "총경이상"을 "총경(자치총경을 포함한다) 이상"으로 한다.

⑩ 내지 〈47〉생략

제 41 조 생 략

부 칙〈제8098호, 2006.12.28〉

① (시행일) 이 법은 공포 후 6개월이 경과한 날부터 시행한다. 다만, 제 6 조제 1 항 · 제 3 항 및 제 11 조의 개정규정은 2007년 1월 1일부터 시행한다.

② (고지거부 중인 자에 대한 경과조치) 이 법 시행당시 종전 규정에 의하여 고지거부 중인 자에 대해서는 등록의무자가 이 법 시행일부터 15일 이내에 제 12 조제 4 항의 개정규정에 따라 관할 공직자윤리위원회에 고지거부의 허가를 신청하여야 하며, 관할공직자윤리위원회는 그 허가 여부를 신청일부터 1개월 이내에 의결하여 그 결과를 통보하여야 한다.

부 칙〈제8435호, 2007.5.17〉
(가족관계의 등록 등에 관한 법률)

제 1 조(시행일) 이 법은 2008년 1월 1일부터 시행한다. 〈단서 생략〉

제 2 조 부터 제 7 조 까지 생 략

제 8 조 (다른 법률의 개정)

①부터 ③까지 생략

④ 공직자윤리법 일부를 다음과 같이 개정한다.

제 4 조제 1 항제 3 호 단서 중 "등록의무자가 혼인으로 부 또는 처의 가에 입적한 때에는"을 "등록의무자가 혼인한 때에는"으로 한다.

⑤부터 〈39〉까지 생략

제 9 조 생 략

부 칙〈제8635호, 2007.8.3〉
(자본시장과 금융투자업에 관한 법률)

제 1 조(시행일) 이 법은 공포 후 1년 6개월이 경과한 날부터 시행한다. 〈단서 생략〉

제 2 조 부터 제 41 조 까지 생 략

제 42 조 (다른 법률의 개정)

①부터 〈28〉까지 생략

〈29〉 공직자윤리법 일부를 다음과 같이 개정한다.

제 4 조제 2 항제 3 호 각 목 외의 부분 및 같은 호 다목 중 "유가증권"을 각각 "증권"으로 하고, 같은 조 제 3 항제 7 호 본문 중 "한국증권선물거래소에 상장된 주식, 한국증권업협회에 등록된 주식"을 "한국거래소에 상장된 주권"으로, "「증권거래법」 제 194 조의 규정에 의하여"를 "「자본시장과 금융투자업에 관한 법률」 제 166 조에 따라"로, "유가증권시장"을 "증권시장"으로 하며, 같은 호 단서 중 "「증권거래법」 제 194 조의 규정의 의하여"를 "「자본시장과 금융투자업에 관한 법률」 제 166 조에 따라"로, "유가증권시장"을 "증권시장"으로 한다.

제 14 조의4제 1 항제 2 호바목 본문 중 "「신탁업법」에 의한 신탁회사(신탁업을 겸영하는 금융기관을 포함한다) 또는 「간접투자자산 운용업법」에 의한 자산운용회사"를 "「자본시장과 금융투자업에 관한 법률」에 따른 신탁업자 또는 집합투자업자"로 한다.

제 14 조의7제 1 항 본문 중 "「신탁업법」 제 17 조의10 및 「간접투자자산운용

업법」 제 125 조의 규정"을 "「자본시장과 금융투자업에 관한 법률」 제 91 조 및 제 113 조"로, "신탁회사 · 자산운용회사 · 투자회사 또는 판매회사"를 각각 "신탁업자 · 집합투자업자 · 투자회사 · 투자매매업자 또는 투자중개업자"로 하고, 같은 항 단서 중 "신탁회사 · 자산운용회사 · 투자회사 또는 판매회사"를 "신탁업자 · 집합투자업자 · 투자회사 · 투자매매업자 또는 투자중개업자"로 한다.

제 28 조의2제 1 항 중 "신탁회사 · 자산운용회사 · 투자회사 또는 판매회사"를 "신탁업자 · 집합투자업자 · 투자회사 · 투자매매업자 또는 투자중개업자"로 한다.

〈30〉부터 〈67〉까지 생략

제 43 조 및 제 44 조 생 략

부 칙〈제8852호, 2008.2.29〉
(정부조직법)

제 1 조(시행일) 이 법은 공포한 날부터 시행한다. 다만, …〈생략〉…, 부칙 제 6 조에 따라 개정되는 법률 중 이 법의 시행 전에 공포되었으나 시행일이 도래하지 아니한 법률을 개정한 부분은 각각 해당 법률의 시행일부터 시행한다.

제 2 조 부터 제 5 조 까지 생 략

제 6 조 (다른 법률의 개정)

① 부터 〈194〉 까지 생략

〈195〉 공직자윤리법 일부를 다음과 같이 개정한다.

제 5 조제 1 항제 13 호 중 "행정자치부"를 "행정안전부"로 한다.

제 14 조의4제 1 항 각 호 외의 부분 본문 중 "재정경제부"를 "기획재정부"로 한다.

제 14 조의5제 1 항 중 "행정자치부"를 "행정안전부"로 한다.

제 20 조 중 "행정자치부장관"을 "행정안전부장관"으로 한다.

〈196〉 부터 〈760〉 까지 생략

제 7 조 생 략

부 칙〈제8863호, 2008.2.29〉
(금융위원회의 설치 등에 관한 법률)

제 1 조(시행일) 이 법은 공포한 날부터 시행한다.

제 2 조 부터 제 4 조 까지 생 략

제 5 조 (다른 법률의 개정)

① 부터 〈43〉 까지 생략

〈44〉 공직자윤리법 일부를 다음과 같이 개정한다.

제 14 조의4제 1 항 중 "금융감독위원회"를 "금융위원회"로 한다.

〈45〉부터 〈85〉까지 생략

부 칙〈제8872호, 2008.2.29〉
(대통령 등의 경호에 관한 법률)

제 1 조(시행일) 이 법은 공포한 날부터 시행한다.

제 2 조 생 략

제 3 조 (다른 법률의 개정)

① 및 ② 생략

③ 공직자윤리법 일부를 다음과 같이 개정한다.

제 3 조제 1 항제 4 호 중 "대통령경호실"을 "대통령실"로 한다.

④ 생략

제 4 조 생 략

부 칙〈제9356호, 2009.1.30〉
(고등교육법)

제 1 조(시행일) 이 법은 공포한 날부터 시행한다.

제 2 조 (다른 법률의 개정)

① 생략

② 공직자윤리법 일부를 다음과 같이 개정한다.

제 3 조제 1 항제 7 호 및 제 10 조제 1 항제 7 호 중 "전문대학장"을 각각 "전문대학의 장"으로 한다.

③ 생략

부 칙〈제9402호, 2009.2.3〉

제 1 조(시행일) 이 법은 공포한 날부터 시행한다. 다만, 제 4 조제 2 항 · 제 3 항, 제 14 조의4제 1 항제 2 호, 제 14 조의7 및 제 28 조의2의 개정규정은 2009년 2월 4일부터 시행한다.

제 2 조(경과조치) 이 법 시행 당시 종전의 규정에 따라 재산등록을 한 혼인한 여성 등록의무자는 제 4 조제 1 항제 3 호의 개정규정에도 불구하고 종전의 규정에 따른다.

제 3 조 (다른 법률의 개정)

① 공직선거법 일부를 다음과 같이 개정한다.

제 266 조제 1 항제 3 호 중 "「공직자윤리법」 제 3 조(등록의무자)제 1 항제 10 호 또는 제 11 호"를 "「공직자윤리법」 제 3 조제 1 항제 12 호 또는 제 13 호"로 한다.

② 공직자 등의 병역사항 신고 및 공개에 관한 법률 일부를 다음과 같이 개정한다.

제 2 조제 12 호 중 "「공직자윤리법」 제 3 조제 1 항제 9 호 및 제 10 호"를 "「공직자윤리법」 제 3 조제 1 항제 11 호 또는 제 12 호"로 한다.

③ 국가인권위원회법 일부를 다음과 같이 개정한다.

제 2 조제 6 호라목 중 "「공직자윤리법」 제 3 조제 1 항제 10 호"를 "「공직자윤리법」 제 3 조제 1 항제 12 호"로 한다.

④ 부패방지 및 국민권익위원회의 설치와 운영에 관한 법률 일부를 다음과 같이 개정한다.

제 2 조제 1 호라목 중 "「공직자윤리법」 제 3 조제 1 항제 10 호"를 "「공직자윤리법」 제 3 조제 1 항제 12 호"로 한다.

부 칙〈제9617호, 2009.4.1〉
(신용정보의 이용 및 보호에 관한 법률)

제 1 조(시행일) 이 법은 공포 후 6개월이 경과한 날부터 시행한다.

제 2 조 부터 제 11 조 까지 생 략

제 12 조 (다른 법률의 개정)

① 생략

② 공직자윤리법 일부를 다음과 같이 개정한다.

제 6 조제 5 항 전단, 같은 조 제 9 항 및 제 8 조제 5 항 중 "「신용정보의 이용 및 보호에 관한 법률」 제 24 조"를 각각 "「신용정보의 이용 및 보호에 관한 법률」 제 33 조"로 한다.

③ 부터 〈24〉 까지 생략

제 13 조 생 략

부 칙〈제10148호, 2010.3.22〉
(국가공무원법)

제 1 조(시행일) 이 법은 공포한 날부터 시행한다.

제 2 조부터 제 4 조까지 생 략

제 5 조 (다른 법률의 개정)

공직자윤리법 일부를 다음과 같이 개정한다.

제 10 조제 1 항제 3 호 중 "이에 상당하는"을 "「국가공무원법」 제 23 조에 따라 배정된 직무등급이 가장 높은 등급의 직위에 임용된"으로 한다.

참고문헌

외국 문헌

Abueva, Jose V., "Administrative Culture and Behavior and Middle Civil Servants in the Philipines," in Edward W. Weidner, ed., *Development Administration in Asia* (Durham, N. C.: Duke University Press, 1970).

ACA, ANNUAL REPORT(1999).

Ackerman, Susan Rose, *Corruption And Government; Causes, Consequences, and reform*(Cambridge university press, 1999).

Adler, Mortimer J., *Six Great Ideas*(New York: Macmillan Publishing Co., 1981).

Alatas, S. H., *Corruption:Its Nature, Causes and Funtions*(Newcastle: Athenaeum Press Ltd., 1990).

Albert, Ethel M., Theodore C. Demise, and Sheldon P. Peterfreund, *Great Traditions in Ethics*(New York: D. Van Nostrand Co., 1969).

Allan PETER "Empirical Knowledge on Strategies for Corruption Control," *Presented at 5th International Anti Corruption Conference*(Amsterdam, Netherlands, 1922), p. 130.

Anderson, Hurst R., "Ethical Value in Administration," *PAR* 17(January 1954).

Appleby, Paul H., *Morality and Administration in Democratic Government*(Baton Rouge, La.: Louisiana State University Press, 1952).

Baier, Kurt, *The Moral Point of View: A Rational Basis of Ethics*(New York: Random House, 1965).

Bailer, Stephen K., "Objectives of the Theory of Public Administration," in J. C. Charlesworth, (ed.), *Theory and Practice of Public Administration*(Philadelphia: American Academy of Political and Social Science, 1968).

Bayley, David H., "The Effects of Corruption in a Developing Nations," *Western Political Quality*, vol. 12, no. 4(December 1966).

Beauchamp, Tom L. and Pinkard, Terry P., "Racial and Sexual Discrimination," in *Ethics and Public Policy: An Introduction to Ethics*(Englewood Cliffs, N. J.: Prentice-Hall, 1983).

Bennis, Warren G., "Organizations of the Future," in *Personnel Administration* (September/October 1967).

Bernard, Chester I., *The Functions of the Executive*(Cambridge, Mass.: Harvard University Press, 1938).

Bernstein, Richard J., T*he Restructuring of Social and Political Theory*(New York: Harcourt Brace Jovanovich, 1976).

Bowman, James S., "Ethical Issues for the Public Manager," in *Handbook of Organization Management*, (ed.), by William B. Eddy(New York: Marcel Dekker, 1983).

Bowman, James S., "Ethics in Government: A National Survey of Public Administration," *PAR*(May/June 1990).

Brandt, Richard B., "Some Merits of One Form of Rule Utilitarianism," in *Mill: Utilitarianism with Critical Essays*, (ed.), Samuel Gorovitz(Indianapolis: Bobbs-Merrill, 1971).

Brandt, Richard, *Ethical Theory: The Problems of Normative and Critical Ethics* (Englewood Cliffs, N. J.: Prentice-Hall, 1959)

Brown, Marvin T., *Working Ethics-Strategies for Decision Making and Organizational Responsibility*(California: Jossey-Bass, Inc., 1990).

Buchanan, Bruce and Millstone, Jeff, "Public Organization: A Value-Conflict View," in Felix A. Nigro and Lloyd G. Nigro, *Readings in Public Administration*(Now York: Harper & Row Publishers, Inc., 1983).

Buckle, J. E., "Expected Consequences of Internationalization for Corruption in Different Regions"(Amsterdam, netherlands, 1992), p. 2.

Caiden, Gerald E. and Caiden, Naomi J., "Administrative Corruption," *Public Administration Review*, vol. 37, no. 3(May/June 1977).

Caiden, GERALD G., "What really of public maladministration," in *Public Administration Review*, vol. 51, no. 6(Nov/Dec. 1991), pp. 486-493.

Carino, LEDIVINA V., *Bureaucratic Corruption in Asia: Causes, Consequences, and Controls*(Quezon City: JMC Press, Inc, 1986), p. 114.

Cavalier, Robert J., *et al.*, *Ethics in the History of Western Philosophy*(Oxford: Macmillan Press, 1989).

Chandler, Ralpf Clark, "The Problem of Moral Reasoning in American Public Administration: The Case for a Code of Ethics," *PAR* 43(Jan./Feb. 1983).

Chandler, Ralph Clark, "The Civil Servant as Trustee: A Reorganization of the Professionalism Discussion," *Dialogue* 5(Summer 1983).

Chapman, Richard A.(ed.), *Ethics in Public Service*(Edinburgh: Edinburgh Univ. Press, 1993).

Chickering, A. Lawrence, (ed.), *Public Employee Unions*(Toronto: D. C. Heath and Company, 1976).

Chitwood, Stephen R., "Social Equity and Service Productivity," *PAR*(1974).

Choi, Pyoung Gil, *et al.*, *Selected Readings in Public Administration*(서울: 다산출판사, 1980).

Commager, Henry Steele, *Selections from the Federalist*(New York: Appleton-Century Crofts, 1949).

Cooper, Terry L., *The Responsible Administrator*(New York: Associated Faculty Press, 1986).

Corrupt Practices Investigation Bureau, Corrupt Practices Investigation Bureau(1997).

Covey, Stephen R., *The Seven Habits of Highly Effective People*(Simon & Schuster Inc., 1989).

CPIB, *CPIB Introduction*(2000).

Curtis Ventriss, "Emerging Perspectives on Citizen Participation," *PAR*(May/June 1985).

Davis, Kenneth Culp, *Discretionary Justice: A Preliminary Inquiry*(Baton Rouge: Louisiana State University Press, 1969).

De Beauvoir, Simone, *The Ethics of Ambiguity*, Trans. by Bernard Frechtman(Secaucus, N. J.: The Citadel Press, 1948).

DeGeorge, Richard T., "Moral Issues on Business," in *Ethics, Free Enterprise and Public Policy*, (ed.), Richard T. DeGeorge and Joseph A Pichler(New York: Oxford University Press, 1978).

Denhardt, Kathryn G., *The Ethics of Public Service-Resolving Moral Dilemmas in Public Organization*(New York: Greenwood Press, 1988).

Denhardt, Robert B., *Public Administration: An Action Orientation*(Brooks/Cole Publishing Company, 1991).

Donaldson, Thomas and Werhane, Patricia H., *Ethical Issues in Business: A*

Philosophical Approach(2nd ed.).

Dunn, William N., *Public Policy Analysis : An Introduction*(Englewood Cliffs, N. J.: Prentice-Hall, 1981).

Edelman, Murray, *The Symbolic Uses of Politics Urbana*(The University of Illinois Press, 1985).

Ellul, Jacques, *The Technological Society*(New York: Knopf, 1964).

Feldman, Frank, *Introductory Ethics*(Englewood Cliffs, N. J.: Prentice-Hall, 1978).

Frankena, William K., *Ethics*(2nd ed.)(Englewood Cliffs, N. J.: Prentice-Hall, 1973); (San Francisco: Chandler Publishing Co., 1971).

Frederickson, H. G., "Introductory Comments: A Symposium, Social Equity and Public Administration," *PAR*, vol. 34, no. 1(Jan./Feb. 1974).

Frederickson, H. George, *Ethics and Public Administration*(New York: M.E Sharp, Inc., 1993).

Frederickson, H. George, "Toward a New Public Administration," in Frank Marini, ed., *Toward a New Public Administration, Federalist Paper*, no. 51.

Friedrich, Carl, "Problem of the American Public Service," *Commission Inquiry on Public Service Personnel*(1935).

Friedrich, Carl, *Public Policy and the Nature of Administrative Responsibility.*

Garnett, Campbell A., *Ethics : A Critical Introduction*(New York: The Ronald Press Co., 1960).

Gastil, R., "Beyond a Theory of Justice," *Ethics*, vol. 85(April 1975).

Gilbert, C. E., "The Framework of administrative responsibility," *Journal of Politics*(May 1959).

Goldman, Alan H., *The Moral Foundation of Professional Ethics*(Towata, N. J.: Rowman and Littlefield, 1980).

Golembiewski, Robert, T., *Men, Management and Morality-Toward a New Organizational Ethic*(New Jersey: Transaction Publisher, 1989(rev.)).

Goodnow, Frank T., *Politics and Administration*(New York: Macmillan, 1900).

Gorta, Angela, *Unravelling Corruption : A Public Sector Perspective*(NSW: ICAC, 1994).

Gortner, H. F., *Administration in the Public Sector*(2nd ed.)(New York: John Wiley & Sons, 1981).

Gouinlock, James, *The Moral Writtings of John Dewey*(New York: Hafner Press, 1976).

Gould, David J., The Effects of Corruption on Administrative Performance: Illustration from Developing Countries, *World Bank Staff Working Papers* (Washington, D. C.: The World Bank, 1983).

Gulick, L. and Urwick, L. F., *Papers on the Science of Administration*(New York: Institute of Public Administration, 1937).

Gulick, Luther, "Science, Values and Public Administration," in Gulick and Urwick, (ed.), *Papers on the Science of Administration*(New York: Institute of Public Administration, 1937).

Guy, Mary E., *Ethics Decision Making in Everyday Work Situations*(New York: Quorum Books, 1990).

Hampshire, Sturt *et al.*, *Public & Private Morality*(Cambridge: Cambridge University Press, 1978).

Harmon, Michael M., "Normative Theory and Public Administration: Some Suggestions for a Redefinition of Administrative Responsiblility," in *Toward a New Public Administration*, (ed.), Frank Marini(Scranton, Pa.: Chandler Publishing Co., 1971).

Harmon, Michael, *Action Theory for Public Administration*(New York: Longman, 1981).

Harmon, Michael, "Social Equity and Organization Man Motivation and Organizational Democracy," *PAR*, vol. 34(Jan./Feb. 1974).

Hart, David K., "Social Equity, Justice and Equitable Administration" *PAR* 34(Jan,/Feb. 1974)

Heady, Ferrel, *Public Administration: A Comparative Perspective*, (2nd ed.) (New York: Marcel Dekker, 1979).

Hegel, George Wilhelm Frederick, *The Philosophy of History*(New York: Dover Publication, 1956).

Heidenheimer, Arnold J., P*olitical Corruption: Readings in Comparative Analysis* (New York: Rinehart & Winston, 1970).

Heidenheimer, Arold J., *Political Corruption: readings in comparative analysis*(New Brunswick: Transation Books, 1978).

Hejka-Ekins, April, "Teaching Ethics on Public Administration," *PAR*, vol. 48 (Sep./Oct. 1988).

Henderson, *The Politics of The Vortex*(Cambridge: Harvard University Press, 1968), p. 921.

Henry, Nicholas, *Public Administration and Public Affairs*(N. J.: Prentice-Hall, 1989).

Hodgkinson, Christopher, *Towards a Philosophy of Administration*(New York: St. Martin's Press, 1978).

Hofstede, G. H., *Culture and Organization*(Berkshire: Sage, 1991).

Holmes, Leslie, *The End Of Communist Power: anti corruption campaigns and legitimation crisis*(New York: Oxford University Press, 1993).

ICAC, ANNUAL REPORT(1999).

Johnston, Michael, *Political Corruption and Public Policy in America*(Brooks and Cole, 1982).

Johnston, Michael, "The Political Consequences of Corruption: A Reassessment," *Comparative Politics*(July 1986).

Kauffman, Stuart, *At Home In The Universe: The Search for Laws of Self-Organization and Complexity*(1995), 국형태 역, 혼돈의 가장자리(사이언스북스).

Kaufmann, W., *Without Guilt and Justice*(New York: Peter H. Wyden, 1973).

Key, V. O., Jr., *Politics, Parties and Public Policy*, (2nd ed.) (Boston: Little Brown and Company, 1976).

Kim, Yong Jong, "Preventing Corruption in korea: A Comparative Perspective among Korea, Singapore and Hong Kong," *Proceedings of International Anti Corruption Cancun*(Mexico, 1993), pp. 405-408.

Kim, Yong Jong, "The Ethical Strategies in the Public Service: A Comparation Perspective among Korea, China, Thailand, Philippines, Singapore, and Hong Kong," *The 4th International Conferrence on Public Ethics*(Stockholm, Sweden, 1994), pp. 1-20.

Klitgaard, Robert, *Controlling Corruption*(Berkely CA: University of California Press, 1998).

Kotler, Philip, *Marketing for Nonprofit Organization*(Englewood Cliffs, N. J.: Prentice-Hal, 1975).

Lasswell, Harold, *Psychological and Politics*(Now York: Viking Press, 1930).

Lee, Yob Chin, "A Study on the History of Term 'DIKAIOSUNE'," Plato, *Republic*.

Leff, Nathaniel H., "Economic Development through Bureaucratic Corruption," in *Heidenheimer, Political Corruption: Readings in Comparative Analysis*(New

York: Rinehart & Winston, 1970).

Levitan, David M., "Administrative Responsibility," *Political Science Quarterly Academy of Political Science*(Colombia University Press, 1946).

Leys, W. A. R., *Ethics for Policy Decision*(Englewood Cliffs, N. J., 1952).

Leys, Waynes A. R., *Ethics and Social Policy*(New York: Prentice-Hall, 1952).

Lilla, Mark T., "Ethos, 'Ethics' and Public Policy," *The Public Interest*(Spring 1981).

Lippman, Walter, *The Public Philosophy*(Boston: Little, Brown, 1955).

Locke, John, *The Second Treatise of Government*(Indianapolis: Bobbs Merrill, 1952).

Long, Norton, *The Polity*(Chicago: Rand McNally, 1962).

MacIntyre, Alasdair, *After Virtue: A Study of Moral Theory*(2nd ed.)(Notre Dam, Ind.: University of Notre Dam Press, 1984).

Mack, Ruth P., *Planning on Uncertainty: Decision Making in Business and Government Administration*(New York: John Wiley & Sons, 1971).

MacRae, Duncan and Wilde, James A., *Policy Analysis for Public Decisions* (Duxbury Press, 1979).

Madsen, Peter and Jay M. Shafritz, (eds.), *Essentials of Government Ethics*(New York: Penguine Books, 1992).

MALAYSIA, PREVENTION OF CORRUPTION ACT.

Manion, Melanie, "Corruption by Design: Bribery in Chinese Enterprise Licencing," *Journal of Law, Economics and Organization* 12:(1996), pp. 167-195.

Marx, F. M., *Public Management in the New Democracy*(1940).

Mauro, Paolo, "Corruption and Growth," *The Quartely Journal of Economics* (OECD, August 1995).

Means, Richard L., *The Ethical Imperative: The Crisis in American Values*(Garden City, N.Y.: Doubleday and Co., 1969).

Mill, John S., Utilitarianism, (ed.), *Oskar Piest*(Indianapolis: Liberty Classics, 1982).

Mosher, Frederick C., *Democracy and the Public Service*(New York: Oxford University Press, 1968).

Naisbitt, John and Aburdence, Partricia, *Megatrends 200-Ten New Directions for the 1990's*(New York: William Morrow and Company, Inc., 1990).

Niebuhr, R., *Moral Man and Immoral Society*(New York, 1932).

Nigro, F. A. and Nigro, L. G., *Modern Public Administration*(4th ed.)(New York: Harper & Row Publishers, 1977).

Nigro, F. A., and Nigro, L. G., *The New Public Personnel Administration*(Ithaca: Peacock, 1976).

Nigro, F. A., *Modern Public Administration*(3rd ed.)(New York: Harper & Row, 1973).

Nigro, Felix A. and Nigro, Lloyd G., *The New Public Personnel Administration*(3rd ed.)(Ithaca: F. E. Peacock Publishers, Inc., 1986).

Nye, J. S., "Corruption and Political Development: A Cost-Benefit Analysis," Political Corruption Reading in Comparative Analysis, in Arnold J. Heidenheimer, Political Corruption: Readings in Comparative Analysis(New York: Rinehart & Winston, 1970).

Okun, Arthur M., *Equality and Efficiency: The Big Trade-off*(Washington, D. C.: The Brookings Institution, 1975).

Ostrom, Vincent, *The Intellectual Crisis in American Public Administration*(The University of Allabama, 1973).

Owen, Robert, *The Life of Robert Owen*(1877).

Pauly, Mark V. and Willett, Thomas D., "Two Concepts of Euqity and Their Implication for Public Policy," Ryan C. Amacher, *et al.*, *The Economic Approach to Public Policy: Selected Readings*(Ithaca: Cornell University Press, 1976).

Philp, Mark, "Defining Political Corruption," *Political Studies*, XLV(1997).

Powell, Norman J., *Personnel Administration in Government*(New York: Prentice-Hall, 1956).

Presthus, Robert, *Public Administration*(6th ed.)(New York: Ronald Press, 1975).

Quah, "Singapore' s Experience in Curbing Corruption," *in Arnold Heidenheimer, Political Corruption: A Handbook*(New Brunswick: Transaction Publishers, 1989), p. 842.

Rawls John A., *Theory of Justice*(Cambridge, Mass.: The Belknap Press of Harvard University Press, 1971).

Redford, Emmette S., *Democracy in the Administrative State*(New York: Oxford University Press, 1969).

Richter, William L., Burke, Frances and Doig, Jameson W., *Combating*

Corruption, Encouraging Ethics–A Sourcebook for Public Service Ethics, ASPA(1990).

Riggs, Fred W., *Administration in Developing Countries*(Boston: Houghton Mifflin, 1964).

Roethlisberger, F. J. and Dickson, W. J., *Management and the Worker*(Cambridge: Harvard University Press, 1939).

Rogow, Arnold A. and Lasswell, H. D., "The Definition of Corruption," in *Heidenheimer, Political Corruption: Readings in Comparative Analysis*(New York: Rinehart & Winston, 1970).

Rohr, John A., *Ethics for Bureaucrats: An Essay on Law and Values*(New York: Marcel Dekker, 1978).

Rohr, John A., "Ethics in Public Administration: A 'State of the Discipline' Report," presented to the 1986 Annual Meeting of the American Society for Public Administration(Anaheim, Calif., April 1986).

Rooke, Peter, *Global Anti Corruption Movements: The Role for Civil Society* (PSPD, 1996), pp. 2–26.

Rose–Ackerman, Susan, *Corruption: A Study in Political Economy*(New York: Academic Press, Inc., 1978).

Rosen, Bernard, *Holding Government Bureaucracies Accountable*(New York: Praeger Publishers, 1982).

Roszack, Theodore J., *The Making of A Counterculture*(New York: Doubleday, 1969).

Roszack, Theodore, *Where the wasteland ends*(Garden City, N. Y.: Anobor Books, 1973).

Schuman, David, *Bureaucracies, Organizations and Administration: A Political Primer*(New York: Macmillan, 1976).

Scott, Fames C., *Comparative Political Corruption*(Englewood Cliffs, N. J.: Prentice–Hall, 1972).

Sennet, Richard, *The Fall of Public Man*(New York: Vintage Books, 1974).

Sharkansky, Ira, *Public Administration: Agenices, Policies, and Politics*(San Francisco: W. H. Freeman & Co., 1982).

Sheeran, Patrick J., *Ethics in Public Administration: A Philosophical Approach* (Westport, Conn.: Praeger, 1993).

Sibly, Mulford Q., *Political Ideas and Ideologies: A History of Political Thought*(New

York: Harper & Row, 1970).

Simon, H. A., "From Substantive to Procedural Rationality," in S. T. Latis, (ed.), *Method and Appraisal in Economics*(Cambridge University Press, 1976).

Simon, Herbert A., *Administrative Behavior: A Study of Decision-making Processes in Administration Organization*(New York: The Free Press, 1947).

SINGAPORE, PREVENTION OF CORRUPTION ACT.

Singapore, *Prevention of Corruption Act*(1993).

Singer, Peter, *Democracy and Disobedience*(New York: Oxford University Press, 1974).

Small, Joseph, "Political Ethics: A View of the Leadership," *Amarican Behavioral Scientists*, vol. 19, no. 5(May/June 1976): *The Encyclopedia of Philosophy* (1967)(Englewood Cliffs, N. J.: Prentice-Hall, 1978).

Smith, Adam, *The Theory of Moral Sentiments*, (ed.), D. D. Raphael and A. L. Macfie(Indianapolis: Liberty Classics, 1982).

Smith, Robert W., "Ethics Commissions, Inspectors General and Ombudsmen: A Discussion of Ethics, Accountability and Democracy in the States," *presented at the ASPA/CASU*, 54th National Training Conference(San Francisco, California, July 1993), pp. 17-21.

Sorauf, Frank J., "The Conceptual Muddle," in Carl J. Friedrich, (ed.), *The Public Interest*(New York: Atherton, 1962).

Stahl, O. Glenn, *Public Personnel Administration*(8th ed.)(New York: Harper & Row, 1983).

Starling, Grover, *Managing the Public Sector*(Chicago, Ill.: The Dorsey Press, 1986).

Stewart, Debra, "Professionalism vs Democracy: Friedrich vs Finer Revisited," Public *Administrative Quarterly* 45(Spring 1985).

Syed Hussein Alatas, *Corruption: Its Nature, Causes, and Functions*, (Gower Publishing Company, Aldershot, England, Broofield, USA, 1990).

Talmon, T. C., *The Rise of Totalitarian Democracy*.

Tanzi, Vito and Hamid Davoodi, Road to Nowhere: H*ow Corruption in Public Investment Hurts Growth*(IMF, 1998).

The Hastings Center Institute of Society, "Ethics and the Life Sciences," *The Ethics of Legislative Life-A Report by the Hastings Center*(New York: Hastings-on-Hudson, 1985).

Thompson, Demmis F., "Paradoxes of Government Ethics," *PAR*, Vol. 52(May/Jun, 1992).

Thompson, Frank, "Types of Representative Bureaucracy and Their Linkage," in R. T. Golembiewski *et al.*(eds.), *Public Administration*(Chicago: Rand McNally, 1976).

Tilman, Robert O., "Bureaucracy: Administration, Development and Corruption in the New States," *Public Administation Review*(September/October 1968), vol. 28, no. 5.

Times, 1975년 12월 1일자.

Timmins, William M., *A Casebook of Public Ethics & Issues*(Pacific Grove, California: Books/Cole Publishing Company, 1990).

Transparency International, "The Corruption Perception Index"(1998).

Tussman, Joseph, *Obligation and the Body Politics*(New York: Oxford University Press, 1960).

Van Kleveren, Jacob, "The Concept of Corruption," in *Heidenheimer*, *Political Corruption: Readings in Comparative Analysis*(New York: Rinehart & Winston, 1970).

Wakefield, Susan, "Ethics and the Public Service: A Case for Individual Responsibility," *PAR*(1975).

Waldo, Dwight, "Scope of the Theory of Public Administration," in James C. Charlesworth, (ed.), *Theory and Practice of Public Administration: Scope, Objectives and Methods*(Philadelphia: The American Academy of Political and Social Science, 1968).

Willoughby, W. F., *Principles of Public Administration*(Baltimore: John Hopkins Press, 1927).

Worthley, John A., "Ethics and Public Management," *Public Personnel Management*, vol. 10, no. 1(1981).

加藤一明, 「행정학입문」(동경: 유비각, 1966).

국내 문헌

감사원, 청백리정신과 감사인(1996).

감사원부정방지대책위원회, 교육부조리실태 및 방지대책(1994).

공직자윤리법(1981년 12월 11일 법률 제3500호).
구민상, "한국관료제의 병폐와 그 진단," 「청림」, 제27권(대전: 한남대학교, 1985).
국가공무원법 제55조~66조, 제73조의 2항.
국가공무원법(1963. 4. 17) 법률 제1325호.
국민윤리학회, 「사상과 윤리」(형설출판사, 1994).
김경동, 「현대의 사회학」(박영사, 1984).
김규정, 「행정학원론」(서울: 법문사, 1988).
김기성, "현재행정의 형평성이념과 조세단순화론에 관한 소고," 「재무행정의 현대적 과제-이원 김영훈 교수 회갑기념논문집」(1990).
김동현, 「직업과 윤리」(서울: 한국정신문화연구원, 1985).
김번웅, "행정부조리, 조직의 민주화 및 간접유도형행정," 「조직과 민주주의-매산 유종해 박사 회갑기념논문집」(서울: 박영사, 1991).
김병진 외, 「생활과 직업윤리」(법문사, 1999), pp. 285-295.
김병철, "외국의 공직부정부패 방지제도와 그 운영," 감사 46호(1996).
김영종, "내면적 부패," 한국부패학회보 9-1호(2003).
김영종, "부패문화의 개혁정책론," 「부패학」(숭실대출판부, 1996), pp. 298-299.
김영종, 「부패학」(숭실대학교출판부, 1998).
김영종, "한국관료부패와 부패방지," 「계간경향」, 1988년 봄호.
김인영 외, 「비리와 합리의 한국사회」(소화, 1999).
김종호, "직업윤리의 뿌리는 사회적 책임," 경향신문, 1981년 8월 3일.
김중위(역), 「권력과 부패」(서울: 한벗, 1982), 60면.
김철수, "감사원의 직무감찰 기능과 부정부패 방지 감사," 감사(1996).
김태길, 「윤리학」(서울: 박영사, 1976).
김 택, "행정부패개혁의 법. 제도 정책적 대응," 한국행정학회 춘계 학술대회 발표논문(2000).
______, 「관료부패론」(학문사, 1999).
______, 「관료부패이론」(한국학술정보, 2002).
김해동, "한국관료형태의 전통문화적 요인," 「행정논총」 제16권1호(1978), pp. 57-68.
______, 「조사방법론」(서울: 박영사, 1982).
______, "관료부패에 관한 연구(1),"「行政論叢」, 제10권 제 1 호, 서울대학교 행정대학원(1972).

______, “관료부패의 제 요건,” 「행정논총」, 제21권 제1호(1983).

______, “서정쇄신과 사회병리,” 「韓國行政學報」, 제10집(1976).

김호섭, “공무원 윤리적 행위를 위한 조직의 전략,” 한국행정연구, 제 2 권 1 호(1993).

______, “한국사회와 관료부패,” 「한국사회의 현실」(아주대학교 사회과학연구소, 1988).

내무부지방행정연수원(역), 「외국의 공직윤리」(내무부, 1983).

동아일보, “국민생활 사회의식 지표조사,” 1990년 4월 1일, 9면.

류상영, “부패라운드와 정부-기업관계” 세계경영과 윤리경쟁력, 중앙일보사 기업윤리심포지엄(1999).

문신용, “부패통제체계” 국무조정실 연구용역보고서(1999).

문정인 · 모종린, 「한국의 부정부패」(오름, 1999).

박문옥, 「행정학大意」(서울: 신천사, 1984).

朴璉鎬, 「行政學新論」(서울: 박영사, 1985).

박영기, 「현대행정이념」(대전: 한남대학교 출판부, 1990).

朴龍治, 「행정학연습」(서울: 고려원, 1987).

박응격, “공무원 윤리관 확립과 의식개혁,” 「행정문제논집」, 제 3 집(한양대학교 행정문제연구소, 1982년 12월).

박재완, “반부패정책의 평가와 과제,” 국민의 정부에 대한 중간 평가, 추계학술세미나(연세대 사회과학연구소, 1999).

박흥식, 「내부고발의 논리」(나남출판, 1999).

반부패국민연대, 벤처기업의 윤리와 투명성 조사결과(2001).

반부패특별위원회, “반부패국제동향,” 부패방지대토론회 자료(2000).

백선기, “공직윤리의 구조와 제고전략,” 「한국행정학보」, 제16호(한국행정학회, 1982).

백완기, “합리성에 관한 소고,” 「한국행정학보」, 제17집(1983).

법무연수원, 「범죄백서」(1990).

부패방지위원회, 국가청렴위원회 부패방지 및 행동강령 자료.

서울대 奎章閣, 「經國大典」 影印本(1997).

소정 이문영 교수 정년기념논문집 간행위원회, 「작은 정부를 위한 관료제」(서울: 법문사, 1990).

신유근, 「한국의 경영: 그 현상과 전망」(법문사, 1992), p. 172.

申宗淳, 「행정의 윤리」(서울: 박영사, 1971).

심재범, “공공정책신뢰성의 형성요인 및 형성경로에 관한 연구-주택정책에 대한 서울시민의 반응을 중심으로"(연세대학교 박사논문, 1990).
아름다운재단, "환경보전에서의 NGO 협력활동-(주)유한킴벌리," Giving Korea 2002(2002), pp. 95-115.
안문석, "행정개혁과 감사원의 과제," 감사(1998).
안병만, 「한국정부론」(다산출판사, 1990).
안해균 외 공저, 1999년 특별세미나 발표논문집(다산출판사).
안해균, 「현대행정학」(서울: 다산출판사, 1987).
염정공서, 애뉴얼 리포트(1999-2001).
오석홍, 「인사행정론」(서울: 박영사, 1983).
______, "公務員의 倫理와 行動規範," 「行政論叢」, 제20권 제 1 호(서울대학교행정 대학원, 1982).
유석영, "공무원 부패방지에 관한 연구," 「한국행정학보」 제15호(한국행정학회, 1981).
유영옥, 「행정학」(서울: 세경사, 1987).
유종해, 「현대조직관리」(서울: 박영사, 1989).
______, 「현대행정학」(서울: 박영사, 1988).
______, "민주사회에서의 행정윤리의 기능," 「한국민주행정론」(한국행정학회, 1988).
유종해 · 이왕재(편저), 「고시 국민윤리」(서울: 고시원, 1985).
윤우권, "현대 행정관료의 의식구조," 「계간경향」(봄호, 1988).
윤재풍, "공무원의 윤리," 「고시연구」(1984년 2월호), 187면.
이광종, 「행정책임론-책임과 통제」(서울: 대영문화사, 1989).
이서행, "한국사회의 문화적 기저와 그 해체 가능성 모색," 한국부패학회 동계 학술대회 발표 논문집(2000).
______, 청백리정신과 공직윤리(인간사랑, 1991).
______, "한국행정윤리연구실태에 관한 연구-행정학연구의 경향과 관련하여-," 「한국행정학보」, 제20권 제 1 호(한국행정학회, 1986).
이선우, "공무원 윤리지수측정을 위한 지표개발," 한국부패학회 하계학술대회 발표 논문집(2002).
이양수 · 김호섭 · 박천오 · 하태권, "한국행정문화와 행정행태에 관한 연구" (한국행정학회, 1990. 5).
이장우 · 이민화, "신바람 관리: 개념적 모형," 「경영학연구」 제24집 2권 (1995), pp. 339-369.
이정훈, "경영성과를 위한 윤리경영의 방향," 「기업윤리연구」 제5집(2002),

pp. 7-22.

______, "한국의 문화적 특성이 조직구성원의 윤리의식에 미치는 영향," 「인사관리연구」, 제26집 2권(2002), pp. 183-212.

______, "생산성개념체계에 관한 연구"(한국생산성본부, 1997), pp. 185-212.

이준방, "한국행정윤리의 실태와 확보전략에 관한 연구"(경희대 박사학위논문, 1986).

전국경제인연합회, 기업윤리헌장 제정 및 실천실태 조사결과(2001).

전수일, 공무원 윤리규범과 행동기준에 관한 연구: 선물, 접대 및 이익수수의 한도를 중심으로, 「부패학회보」, 제4호(1999).

______, 「관료부패론」(선학사, 1996).

______, "관료부패에 관한 연구-한국관료와 시민의 행태분석을 중심으로"(고려대학교 박사논문, 1982).

______, "관료부패연구," 「한국행정학보」, 제18권 제 1 호(1984).

전종섭, 「행정학: 구상과 문제해결」(박영사, 1987).

정영국, "공직자 윤리규범 및 국민의식 개선연구," 국무조정실 연구용역보고서(1999).

정진헌 · 박상규, "복잡성 이론의 조직환경연구에 대한 적용가능성," 「한국행정논집」 제11집 2호(1999), pp. 267-286.

조석준, 「한국행정학」(서울: 박영사, 1980).

조철옥, "귀인요인(causal attribution) 형태와 상벌체계의 괴리현상에 관한 연구: 부정사건을 중심으로," 「한국행정학보」, 제19권 제 1 호(1985. 6).

차하순, 「형평의 연구」(서울: 일조각, 1983).

총무처, 「공무원의 길」(1981).

총무처, 「총무처연보」(1988).

총무처, 「행정백서」(1982).

최창호 외, 「행정학」(서울: 법문사, 1979).

테리 L. 쿠퍼, 신재명 역, 「공직자의 행정책임과 윤리」(대학사, 1993).

표시열, "공무원의 윤리적 의무와 법적 의무-헌법정신의 준수를 중심으로," 작은 정부를 위한 관료제-소정 이문영 교수 정년기념논문집(서울: 법문사, 1990).

한국부패학회, 기업부패: 원인과 대책, 제 3 회 부패학회 학술대회 논문집(1997).

한국정신문화연구원, 한국인의 윤리관(1984).

한국정신문화연구원, 한국인의 윤리의식연구(1992).

한국행정학회, 「한국민주행정론-민주사회의 성숙을 위한 공공행정」(서울: 고시원, 1988).

한상진, 「한국사회와 관료적 권위주의」(1988), p. 93.

함정호, "인권과 정의," 「대한변협지」, 8월호(1996).

행정개혁위원회, 「행정개혁에 관한 건의」(1989).

행정자치부, 「늦었지만 이제부터라도」(1999).

허 범, "공공정책결정과 공직윤리"(1991), 한국정신문화연구원 개최세미나에서 제출된 논문에서 참조.

황경식(옮김), 존 롤스(지음), 「사회정의론」(서울: 서광사, 1989).

황성돈, "유교사상과 한국관료문화," 「한국관료제와 정책과정」(1994).

색 인

ㄱ

가치 19, 31
가치기준 22
가치명시화 105
감시자 198
갈등 247
감원 290
강탈행위 163
객관적 책임성 116
거래적 부패 162
경제성과 능률성 97
공모 125
공무원 행동강령 304
공무원단체 260
공무원의 정치적 중립 262
공익 92, 139
공익성 274
공익성의 원칙 274
공정성의 원칙 274
공직윤리 13
공직자윤리법 274
국가공무원법 274
권력지향적 부패 162
권력형 부패 162
귀인이론 190
규범 25
규범적 윤리 28
급행료 163
기능주의적 접근 9

ㄴ

내재적 책임 118
뇌물수수행위 163
능률성 249

ㄷ

단독제적 계층제 5
대응성(responsiveness) 121
대표관료제 138
도구주의(instrumentalism) 45
도덕 20
도덕적 상대주의(ethical relativism) 44
도덕철학 36
도벽관료제 177
독직 163

ㅁ

목적론적 접근방법 48
무규범상태 189
물화 13
민주성 99

ㅂ

번문욕례(red tape) 12
법칙공리주의 54
변증법적 접근 11
보수 290
복무선서 286
복종의 의무 272
부정부패 148
부패(corruption) 149
비밀엄수의 의무 272
비판적 윤리 34
백색부패 157
백지신탁 325

ㅅ

사전적 형평성 68
사인주의 182
사회적 형평성 69, 101
사후적 형평성 68
상대적 윤리설 20
상호주관성(inter-subjective) 68
생계형 부패 161
서정쇄신운동 193
선물신고 279
성실의무 271
수직적 형평성 68
수평적 형평성 68
시민참여 135
신중앙집권화 5
신축성(flexibility) 121
신행정학 88

ㅇ

연고주의 158
염근리 223
염정공서 202
영리의무 및 겸직금지 273
영예 등의 수령규제 272
윤리(ethics) 19
유교적 권위주의 182
윤리적 딜레마 242
의사결정이론(decision making theory) 84
의무론적 접근방법 48
이기주의 52
일탈행위 186

ㅈ

자연법 75
자유 71
자유방임주의 74
재산공개 275
재산등록 의무자 275
재산등록제도 275
절대적 윤리설 20
정년퇴직제도 289
정언명령(Categorical Imperatives) 49
정의 50, 62
정치 행정이원론 8, 95
정치적 중립성 273
정치철학 37
조직가치관 4
주관적 책임 116
직업윤리 13
집단행위 273
징계제도 289

ㅊ

책무성　124

책임성(responsibility)

청렴의 의무　272

청백리 정신　222

체제가치(regime values)　58

충성(loyalty)　258

취임선서　286

친절공정의 의무　272

ㅌ

투입형평성　69

TQM(Total Quality Management)　9

ㅍ

평등　75

품위유지의 의무　272

ㅎ

합리성　98

해석적 접근　10

행위공리주의　53

행정가치　112

행정개혁　190

행정규제　299

행정윤리(administrative ethics)　3

행정의 원리(principles of administration)　81

행정책임(administrtive responsibility)　112

형평성　66

후기기능주의　152

共著者略歷

劉 鍾 海

서울大學校 法科大學 卒業(法學士)
서울大學校 行政大學院 修了(行政學碩士)
Michigan大學校(碩士 및 政治學博士)
Eastern Michigan University 敎授(1969~1971)
成均館大 · 國民大 · 建國大 · 檀國大 · 東國大 · 漢陽大 · 高麗大 · 中央大 講師 歷任
內務部地方行政硏修院 · 中央公務員硏修院 · 法務部硏修院 講師 歷任
韓國行政學會長 및 延世大 社會科學硏究所 所長 歷任
行政高等考試委員, 3級公務員特別昇進 · 採用試驗委員, 外務高等考試委員, 國會事務處試驗委員 歷任
延世大學校 行政大學院長
延世大學校 社會科學大學 行政學科 敎授
延世大學校 地域社會開發硏究所長
延世大學校 國際學大學院, 政治 · 行政專攻 主任敎授
總理室 地方自治制 硏究委員
總務處 · 內務部 政策諮問委員
明知大學校 客員敎授
韓國行政學會長, 韓國矯正學會長
韓國腐敗學會 顧問
現 매산公共政策硏究所長

著 · 譯書

發展行政論(共著)(法文社)
比較行政論(延世大 出版部)
組織理論(延世大 出版部)
行政學(譯著)(博英社)
美國의 政治와 社會(博英社)
現代行政學演習(博英社)
現代組織管理(第三全訂版)(博英社)
캐나다의 政治와 行政(譯著)(博英社)
主題中心行政學(華學社)
客觀式行政學(華學社)
客觀式行政學槪論(華學社)
行政學세미나(考試院)
日本政治論(共著)(博英社)
行政學大辭典(共著)(考試院)
地方行政論(와이제이물산)
現代行政學(第三全訂版)(博英社)

金 澤

미국 American University 포스트 닥
독일 슈파이어행정대학원 비지팅 스칼러
미국 로욜라유니버시티 객원연구원
강원대학교 대학원 행정학 박사
한국학중앙연구원 연구교수
백석대학교 겸임교수
협성대학교 연구교수
부패방지위원회 전문위원
대통령반부패특별위원회 전문위원
국가청렴위원회 전문위원
대통령 민주평통 자문회의 자문위원
한국외대, 중앙대, 단국대, 서울시립대, 경찰대, 강원대, 한림대, 방송통신대, 숭실대, 국민대, 세종대 등 강사 역임
서울시공무원교육원, 강원도공무원교육원, 경기도공무원교육원 강사 역임

저 서

관료부패이론, 윤리경영론, 지방행정학 등

제 3 개정판
행정의 윤리

1992년 8월 30일 초판발행
1995년 8월 20일 개정판발행
2006년 2월 25일 제 2 개정판발행
2010년 8월 10일 제 3 개정판인쇄
2010년 8월 20일 제 3 개정판발행

共著者 劉鍾海 · 金 澤
發行人 安 鍾 萬
發行處 (株) 博 英 社
서울특별시 금천구 가산동 345-90 한라시그마밸리 211호
전화 (733)6771 FAX (736)4818
등록 1959. 3. 11. 제300-1959-1호(倫)

www.pakyoungsa.co.kr e-mail: pys@pakyoungsa.co.kr

定 價 25,000원 ISBN 978-89-6454-071-8